植民者へ

ポストコロニアリズムという挑発

野村浩也 編

NOMURA Koya
野村浩也

IKEDA Midori
池田緑

KWAK Kihwan
郭基煥

C. Douglas LUMMIS
C・ダグラス・ラミス

TOUBARU Kazuhiko
桃原一彦

SHIMABUKU Annmaria
島袋まりあ

KINJO Masaki
金城正樹

TOMIYAMA Ichiro
冨山一郎

chinin ushii
知念ウシ

Ashis NANDY
アシス・ナンディ

SHORAISHA
松籟社

植民者へ——ポストコロニアリズムという挑発

はじめに

「ヨーロッパのあらゆる街角で、世界のいたるところで、人間に出会うたびごとにヨーロッパは人間を殺戮しながら、しかも人間について語ることをやめようとしない。このヨーロッパに訣別しよう。」

フランツ・ファノンは、死の直前に刊行した『地に呪われたる者』において、こう呼びかけた［Fanon, 1961=1996: 308］。では、いったいだれに呼びかけたのか。

この呼びかけは、逐語的に読めば、被植民者を宛先としたものと解されるだろう。だが、別の宛先を読みとることも不可能ではない。彼のいう「ヨーロッパ」は、「植民地主義」および「植民者」とほとんど同義といっても過言ではないし、「人間」については、「被植民者」と解釈することも可能だからだ。そのように読みかえてみれば、一九六一年のファノンのことばは、ポストコロニアリズムというきわめて今日的な問題に介入する新鮮なことばとして蘇ってくるのではないだろうか。

さて、植民地の多くが独立を達成したにもかかわらず、植民地主義が終わりを告げることはなかった。では、なぜ植民地主義は終わらなかったのか。ファノンのいう「人間」を「被植民者」に、「ヨーロッパ」を「植民者」に読みかえて敷衍すれば、植民地独立後も、「被植民者に出会うたびごとに、植民者は、直接にも間接的にも被植民者を殺戮しながら、しかも被植民者について語ることをやめようとしなかった」からである。このような終わらざる植民地主義という現実を批判的に分析し、その解体を構想するための概念として、ファノンの死後に生みだされたのが、ポストコロニアリズムである。

そして、植民地主義は今この瞬間も継続中である。この現状を認識した上で、「ヨーロッパに訣別しよう」ということばを同様に読みかえてみるならば、ファノンの呼びかけは、より切実な響きをもって聴こえてくるのではないだろうか。

植民地主義に訣別しよう。
植民者に訣別しよう。

ポストコロニアリズム研究を駆動してきたものこそ、このような呼びかけにほかならない。本書もまた、同じ呼びかけを共有している。だが、植民地主義との訣別は、何も被植民者だけの課題ではない。また、植民者と訣別すべきは、被植民者ばかりではない。植民地主義ともっとも訣別しなければならないのは、むしろ植民者の方なのだ。さらに、植民者ともっとも訣別しなければならないのも、植民者自身にほかならない。なぜなら、植民者自身が植民地主義と訣別しないかぎり、植民地主義はけっして終わらないし、そもそも終わりようがないからだ。植民者は、みずからの植民地主義と訣別することによって、植民者としての自分自身に訣別しなければならない。よって、ファノンの呼びかけの今日的な宛先について、こう考えることができるだろう。

植民者へ

ポストコロニアリズム研究の重要な意義のひとつは、植民者に向けて、植民地主義との訣別を促すことにあるといえよう。

ところで、植民地主義的支配体制において、政治的支配と文化的支配は一体である。この現実を批判したのが、「ヨーロッパは人間を殺戮しながら、しかも人間について語ることをやめようとしない」というファノンの記述である。先の読みかえを行ないつつ問題を整理すれば、重要なのは、植民者が、被植民者に暴力を行使しながら、なおかつ被植民者について語るのをやめないのはなぜなのか、ということなのだ。それは、文化的・精神的支配なしに政治的・経済的支配は十全たりえないからである。そして、被植民者を文化的に支配する上で不可欠なのが、被植民者について語ること、とりわけ、植民者の利益となるように一方的に語ることなのだ。さらに、その言説に正統性を付与することができれば、よりトータルな支配が可能となる。

エドワード・サイードの『オリエンタリズム』によってあきらかにされたように、植民地主義に適合的な被植民者についての語りを大量に生産し、知識としての正統性を付与してきたのは、植民者主体の学問にほかならない［Said, 1978=1993］。学問は、被植民者に関する言説の生産と流通を司ることによって知的領域から支配を強化し、植民者の利益と結びついた被植民者表象の旺盛な構築を通じて、植民地主義に貢献してきたのである。その意味で、植民地主義は、「支配するために知る」という知の政治性をひとつの基盤とする権力なのだ。

ファノンが呼びかけたのは、このように知と権力が一体化した植民地主義への訣別でもある。したがって、植民地主義と訣別するためには、これまでのように被植民者について語るのをやめ、植民者について語らなければならない。被植民者を研究する以上に、植民者を重点的に研究しなければならない。

植民者研究が必要なもうひとつの理由は、植民地主義の原因が植民者にあるからだ。また、植民地主義の主たる実践主体は植民者にほかならず、植民者の存在なしには、植民地主義のみならず、被植民者も存在しえないからだ。つまり、植民者を研究してはじめて、植民地主義の全体像の解明が可能となるのであり、その根源的な分析は、植民地主義を解体するための必須条件なのだ。よって、植民地主義と訣別するためには、植民者に関する批判的研究が不可欠なのである。一方、植民者を問題化する視点を欠くならば、被植民者をいかに良心的に研究しようとも、植民地主義に関してきわめて不十分にしか認識しえないばかりか、植民地主義に加担することにさえなってしまう。それゆえ、ポストコロニアリズム研究の重要な業績ほど、直接には被植民者を研究対象とする場合であっても、その分析を通じて植民者を批判してきたのである。

被植民者にとっての被植民者研究とは、植民地化の過程で被植民者自身の精神に棲みついた植民者を抉り出し、自己の内部において植民者と闘う行為でもある。植民地化された自己との、苦しみをともなう闘いは、被植民者が植民地主義に訣別するための不可欠のプロセスなのだ。そして、このときの被植民者にとって、植民者を批判的に研究することは、自己と闘うための大きな武器となる。なぜなら、それがすぐさま自己批判となって被植民者に跳ね返り、彼／彼女の内部に棲む植民者を痛打するからだ。

いうまでもなく、このようなプロセスは、むしろ植民者にとってこそ必要なものにほかならない。つまり、植民者が植民地主義と訣別するためには、自分自身と闘うことが不可欠であり、そのための強力な武器こそ、自分という植民者を研究することなのだ。

被植民者についての研究から、植民者についての研究へ。このような転回は、ファノンと同時代のもうひとりの先駆者、アルベール・メンミの『被植民者の肖像と植民者の肖像』(日本語版のタイトルは『植民地――その心理的風土』)によって本格的に着手された [Memmi, 1957=1959]。この転回の重要性についての認識は、その後も植民地主義が継続するなか、被植民者に属する研究者のあいだで共有されつづけた。先に言及したサイードの『オリエンタリズム』もその例外ではない。ポストコロニアリズム研究の嚆矢に数えられる同書は、植民者研究そのものといっても過言ではないからだ。

『オリエンタリズム』は、ファノンやメンミの著作がそうであったように、熱烈な支持や称賛とともに、激しい反発や逆上をもって迎えられた。後者が、主に植民者側からの反応であったのはいうまでもない。これは、ファノンが植民者の反応について、「彼が、自分の身のほどを忘れ、ヨーロッパ人と肩を並べようともくろむなら、そのときはヨーロッパ人は腹を立て、不心得者を排斥する」と説明したのと同様の反応といえよう［Fanon, 1952=1998: 115］。つまり、ポストコロニアリズム研究は、被植民者に解放への希望をもたらす一方で、それとまったく同じ理由から、植民者への挑発とならざるをえないという側面を有するのだ。いいかえれば、植民者を研究することは、植民者の権力に対する文化的挑戦なのであり、その基盤のひとつとしての言説の政治に介入することで植民者の神経を逆なでし、動揺や不安をもたらす行為でもあるのだ。

植民者が、これまで、被植民者についてさんざん一方的に語ることができたのは、被植民者を「もの言わぬ他者」の位置に固定できたからである。つまり、被植民者を実質的な沈黙へと追いやることによって、植民者は、被植民者になり代わって彼／彼女らを表象する権力を手にしてきたのである。したがって、もはや「もの言わぬ他者」でもなければ「従順な他者」でもないサイードのような被植民者は、その存在自体が、植民者の権力基盤を脅かす「事件」であったといえよう。ファノンのことばでいえば、彼は、植民者にとって「不心得者」にほかならなかったのだ（ただし、一方的に語る側であった植民者が今度は語られる側にもなるということが意味するのは、単に平等になるということでしかない）。

『オリエンタリズム』への反応にみられたように、ポストコロニアリズム研究に対する植民者の反発には、権力を失うことへの恐怖感が潜在しているといえるだろう。さらに、激しい逆上の表出に、無意識的に「不心得者を排斥」しようとする側面を看取することも可能だろう。つまり、植民者について語る声を再び沈黙に追いこむこと（サバルタン化）で権力を守り、植民地主義を以前と変わりなく維持しようとするのだ。

しかしながら、植民者が権力を失うことは、植民者が植民地主義と訣別する可能性を開くことでもある。しかもそれは、被植民者が植民者に取って代わることをけっして意味しない。なぜなら、植民地主義との訣別とは、植民者と被植民者の双方のカテゴリーを消滅させることにほかならないからだ。

すなわち、「植民地主義に訣別しよう」という呼びかけは、「平等を実現しよう」という呼びかけでもあるのだ。ポストコロニアリズム研究が植民者研究を継続してきたのも、平等の実現に不可欠だからである。それが実現したとき、「植民者／被植民者」という権力関係を示す概念自体、自動的に存在意義を失い、過去のものとなるであろう。つまり、平等の実現とは、植民者に訣別することと、被植民者に訣別することとを、同時に実現することなのだ。そして、植民者も被植民者もともに姿を消したとき、植民地主義は終わりを告げることとなるであろう。

さて、本書が追究するのは、日本国において、ポストコロニアリズム研究を実践することである。したがって、植民者を分析することが主要な研究課題となる。これは、いうまでもないことである。しかしながら、それを述べただけで、批判や挑発として機能してしまうのが、日本国における研究の現状ではないだろうか。そうなってしまうのは、研究者の圧倒的多数を植民者たる日本人が占めるなか、日本人を問わない研究がほぼ無批判にまかり通っているからである。

このような現状では、まずはポストコロニアリズム研究の基本に立ち返ること、とりわけ、植民者を特定することが重要となる。「第Ⅰ部　植民者とはだれか」において、野村浩也論文「日本人という植民者」は、日本人を植民者として定義する理論的な作業を、沖縄人という被植民者の位置から行なっている。つづく池田緑論文「沖縄への欲望」においては、植民者とは、池田自身のことでもある。そして、「沖縄ブーム」にみられるような日本人の言説の政治を分析することによって、植民者としての日本人の姿がきわめて具体的に記述され、批判される。それが可能となったのは、日本人を研究することが、植民者としての池田自身をも批判的に分析する行為となりえたからである。つまり、池田論文は、植民者による植民者研究であり、日本人という植民者が、他の日本人と闘うと同時に自分という日本人とも闘うことによって、植民地主義と訣別する方法を提起しているのだ。しかも、日本人自身が、日本人を植民者と認識して本格的に分析・批判した研究の実現は、少なくとも日本国のポストコロニアリズム研究では、実に初めてに近い出来事ではなかろうか。

日本人が植民地主義との訣別を志向するのなら、日本人に歯向かうことだ。しかも、日本人の暴力が自分に向かってくるかもしれないという恐怖のなかで。そう提起するのは、郭基煥論文「責任としての抵抗」である。ファノンとレヴィナスを援用しながら植民地主義の暴力について根源的に分析する郭論文は、日本人の暴力に対決を挑むテクストとして李良枝の小説を読み直し、従来の植民者的解釈に再考を迫ることを通して、在日朝鮮人文学をポストコロニアル文学として再定位する。在日朝鮮人とは、植民地主義的表象化に回収されがちな「不遇感」ではなく、植民地主義的暴力が支配する現実に「不条理感を抱える存在」なのであり、植民者日本人に対する「責任としての抵抗」へと必然的に促される存在なのだ。郭の分析は、植民者の暴力と被植民者の抵抗との関係についての普遍的な説明力を兼ね備えており、ポストコロニアリズム理論への新鮮な貢献となるものといえよう。

つぎに、「第Ⅱ部　野蛮と癒し——欲望される植民地から」では、植民地への欲望という植民者の具体的な問題が分析される。それは、暴力的で野蛮な欲望である。被植民者を犠牲にして、植民者が自己の野蛮な欲望を存分に満たすことのできる癒しの空間、それが植民地なのだ。したがって、植民地とは、植民者という野蛮人にとって、文字通りの「楽園」——野蛮人のための癒しの楽園——にほかならない。にもかかわらず、いつも決まって「野蛮」や「ならず者」と表象されるのは、なぜか被植民者の側なのだ。

沖縄を含めて世界各地に散らばる七二五余もの米軍基地は、合州国の暴力を基盤とする植民地への欲望——帝国の欲望——を象徴している。ダグラス・ラミス論文「帝国を設けて、何がいけないのか?」は、チャルマーズ・ジョンソンのブローバック論を検討しながら、帝国としての合州国そのものが、九・一一等のテロを作りだした原因だと分析する。したがって、「テロに対する戦争」もまたテロの原因にほかならず、帝国を設けるかぎり、この戦争には勝てないのだ。

ところが、沖縄は今、この戦争への加担を強制されている。軍事要塞として沖縄を植民地化したのも、野蛮人の楽園への帝国の欲望だったからだ。しかしながら、沖縄人を一方的に犠牲にして、この楽園を提供した張本人こそ、日本人にほかならない。その点、桃原一彦論文「「観光立県主義」と植民地都市の「野蛮性」」が指摘するように、凶暴さを剝き出しにした巨大な米軍基地は、沖縄が日本の植民地である側面を覆い隠す機能をはたしてきたといえよう。桃原論文が特に注目するのは、植民地を維持・管理する洗練された植民地主義的技法である。それは、観光開発を通じて「南国の癒しの楽園」といった沖縄表象を大量に生産－消費し、あたかもテーマパークのごとき空間としての沖縄の再領有を自然化する。また、こうした文化的消費を通じての「観光立県主義」的言説のヘゲモニー化によって、「野蛮人のための癒しの楽園」という沖縄の実像の隠蔽も正統化される。そして、このヘゲモニーを脅かす沖縄人を「野蛮な原住民」として分節化し、排除と矯正の対象とするのだ。実際には植民者こそ野蛮であるにもかかわらず、あべこべに被植民者の方を「野蛮」と表象するのは、植民者の野蛮性を隠蔽すると同時に、植民地を支える従順で廉価な従僕として被植民者を規律化する方法だからである。

こうした文化的植民地化を通じた植民地の管理には、学問的言説も加担してきた。島袋まりあ論文「太平洋を横断する植民地主義」が、地域研究等で主流の「抑圧移譲論」を批判するのもそのためである。日本は植民地ではないし、合州国が日本を抑圧し、それを日本が沖縄に移譲するといった「二重の植民地主義」は存在しない。沖縄への米軍基地の集中は、日本の植民地主義と合州国のそれとの共犯関係の帰結であり、沖縄は日米合作の植民地なのだ。その関係とは、植民地を欲望する両者が利害を共有し、互いを必要としながらともに沖縄を収奪する「太平洋を横断する植民地主義」にほかならない。この植民地主義の解体を志向する根本的な議論として、島袋論文が注目するのは、米軍基地を沖縄から日本に返還する「県外移設論」である。県外移設論は合州国を問題化できないとの誤解もあるようだが、実際はまったく逆なのだ。それは、合州国と日本とを同時に批判することを可能にし、植民地を必要としない新たな日米関係への転換を迫ることによって、植民地主義との訣別を呼びかけているのである。

さて、「第Ⅲ部　抵抗の記述にむけて」における金城正樹論文「同定と離脱」と冨山一郎論文「この、平穏な時期に」は、第Ⅰ部の郭基煥論文とも響き合いながら、脱植民地化の運動が鎮圧された後の絶望的状況が開示する抵抗の可能性を記述する試みである。鎮圧「後」とは、「結局、植民地主義は終わらない」という絶望を強いられる現実であると同時に、「いまだ決着はついていない」という解放の夢の途上でもあるのだ。また、抵抗の記述とは、当然ながら、鎮圧がもたらした「傷」を、支配の秩序によって縫合することでもなければ、事後確認的な分類によって既存の学問や運動の枠内に回収することでもない。むしろ、「抵抗」という概念ですら、記述行為において根本的に問い直されなければならないのだ。それは、傷に寄り添う記述を通して記述者自身が変容する過程であり、傷が生まれ変わる未来の可能性の記述へと踏み出すことによって、記述者自身の生きる世界を別のものに変革しようとする営みなのである。

別の世界とは、植民地主義と訣別した世界でもあるだろう。それは、もちろん、アシス・ナンディが志向する世界でもある。植民地主義研究で世界的に著名なナンディの著作の日本語訳は、残念ながらまだ少ない。知念ウシが実現した本書収録のインタビュー「植民地主義後の植民地主義」では、互いに遠く離れた国で生きる被植民者同士が、植民地主義との闘いという共通の経験を通じて、直接顔を合わせる以前から実質的に連帯してきたことが理解されるであろう。おそらく、世界中の被植民者同士が同様の形で連帯してきたのだ。このことは、植民者による抑圧と植民地主義的搾取が、その構造において世界共通であることを示す現実でもある。

最後に、第Ⅰ部から第Ⅲ部の末尾に設けられたコラムは、被植民者が強いられてきた言語間の移動を逆手にとって、沖縄語、日本語、英語の間を渡り歩く記述行為である。強制された言語間の移動を被植民者が積極的に横領することは、植民地主義を挑発し、攪乱する行為となりうる。そして、それは、本書の目指すところでもある。ポストコロニアリズム研究とは、植民者の学問を横領し、植民者に投げ返すことによって、植民地主義の基盤を掘り崩す実践でもあるからだ。

野村浩也

参考文献

Fanon, Frantz., 1952, *Peau noire, masques blancs*, Seuil.（＝一九九八、海老坂武・加藤晴久訳『黒い皮膚・白い仮面』みすず書房）

———, 1961, *Les Damnés de la terre*, Maspero.（＝一九九六、鈴木道彦・浦野衣子訳『地に呪われたる者』みすず書房）

Memmi, Albert., 1957, *Portrait du colonisé précédé du portrait du colonisateur*, Buchet/Chastel.（＝一九五九、渡辺淳訳『植民地――その心理的風土』三一書房）

Said, Edward W., 1978, *Orientalism*, Pantheon Books.（＝一九九三、今沢紀子訳『オリエンタリズム（上・下）』平凡社）

目次

植民者へ——ポストコロニアリズムという挑発

第Ⅰ部　植民者とはだれか

日本人という植民者[★1]

野村浩也
NOMURA Koya

1　帝国主義・植民地主義からポストコロニアリズムへ

沖縄学の始祖・伊波普猷が死の直前の一九四七年に記した洞察は、沖縄人をポストコロニアリズムの文脈に位置づけた嚆矢として理解することが可能である。しかも、彼の遺言めいたことばは、現在にいたってもなお、残念なことに、あまりに的確なままでありつづけている。

> さて、沖縄の帰属問題は、近く開かれる講和会議で決定されるが、沖縄人はそれまでに、それに関する希望を述べる自由を有するとしても、現在の世界情勢から推すと、自分の運命を自分で決定することのできない境遇におかれてゐることを知らなければならない。彼等はその子孫に対して斯くありたいと希望することは出来ても、斯くあるべしと命令することは出来ないはずだ。といふのは、置県後僅々七十年間における人心の変化を見ても、うなづ《ママ》かれよう。否、伝統さへも他の伝統にすげかへられることを覚悟しておく必要がある。すべては

後に来たる者の意志に委ねるほか道がない。それはともあれ、どんな政治の下に生活した時、沖縄人は幸福になれるかといふ問題は、沖縄史の範囲外にあるがゆゑに、それには一切触れないことにして、こゝにはたゞ地球上で帝国主義が終りを告げる時、沖縄人は「にが世」から解放されて、「あま世」を楽しみ十分にその個性を生かして、世界の文化に貢献することが出来る、との一言を附記して筆を擱く。〔伊波、一九七四、四五七頁〕

伊波の死からすでに六〇年の歳月が流れた。にもかかわらず、沖縄人はいまだに「自分の運命を自分で決定することのできない境遇におかれてゐる」。それを端的に示す現実のひとつが、けっして沖縄人が望んだものではないにもかかわらず、七五％もの在日米軍基地が沖縄人に押しつけられていることにほかならない。つまり、沖縄人は今も「「にが世」から解放されて」いないのだ。

では、このような理不尽な現実を沖縄人に強制している原因は、いったい何なのか。伊波はそれをも看破していた。すなわち、「帝国主義が終りを告げる時」が到来していないからである。だからこそ、「沖縄人は「にが世」から解放されて」いないのであり、「自分の運命を自分で決定することのできない境遇におかれてゐる」のだ。人生を終えようとしていた伊波が、沖縄人の解放を阻むものとして発見せざるをえなかったもの。それが、帝国主義の継続という現実なのである。その意味で、ポストコロニアリズムという概念が生まれるはるか以前に、伊波は、今日の議論でいうポストコロニアリズムをすでに問題化していたといえるだろう。★2

帝国主義の継続という問題の発見は、帝国主義を実践しつづけているのはいったいだれなのかという疑問を喚起する。しかも、帝国主義の実践主体を特定することは、帝国主義そのものの継続を困難化させる要因のひとつとなるのだ。したがって、帝国主義の実践主体ほど帝国主義の発見を嫌悪しがちであり、みずからをその実践主体として自主的に認めることも、ほとんどない。たとえば、帝国主義といえば、すぐさまアメリカ合州国等を連想して責任転嫁する日本人は多い。また、日本人と名指しされることを毛嫌いする日本人も少ない数ではない。このような振る舞いによって、日本人は、ほとんど無意識的に、彼/彼女ら自身の帝国主義を隠蔽しようとしており、帝国主義の実践主体と特定されることを回避しようとしているといえよう。

帝国主義を隠蔽するのは、それが帝国主義の継続に貢献するからである。そして、多くの日本人がしばしば隠蔽、もしくは否定しようとするのは、彼/彼女ら自身の以下の現実である。すなわち、帝国主義を実践することによって沖縄人に「にが世」を強制し、七五%もの在日米軍基地を押しつ

★1　本稿はもともと二〇〇三年の段階で本書のために執筆されたものであり、ここでの議論の多くは拙著［野村、二〇〇五］でも詳しく展開したので参照されたい。

★2　植民地主義の継続という現実を説明する概念として、はじめて「ポストコロニアリズム」を用いたのは、モハメド五世大学（モロッコ）のマフディ・エルマンジュラである［Elmandjra, 1992=2001］［Elmandjra, 1996=2002］。

けてきた張本人こそ、ひとりひとりの日本人にほかならない。いいかえれば、日本人は、「自分の運命を自分で決定することのできない境遇」を沖縄人に強いることによって、今なお植民地化しつづけているのである。日本人がこのことを否定するのは、現実を直視すればするほど不可能となるはずだ。

エドワード・サイードによれば、植民地化とは帝国主義の帰結であり、個別具体的な土地の住民に対して帝国主義が実践される場合のことを特に植民地主義という。したがって、日本人が沖縄人に対して実践している帝国主義は、植民地主義と呼ぶのが適切である。伊波のことばを借りていえば、沖縄人が「自分の運命を自分で決定することのできない境遇におかれてゐる」のは、日本人の帝国主義の帰結として、植民地主義が実践されているからである。その点、伊波のこのことばは、植民地主義の定義の一部をなしているのだ。帝国主義と植民地主義との関係を、サイードは以下のように説明する。

「帝国主義」という言葉は、遠隔の領土を支配するところの宗主国中枢における実践と理論、またそれがかかえるさまざまな姿勢を意味している。いっぽう「植民地主義」というのは、ほとんどいつも帝国主義の帰結であり、遠隔の地に居住区を定着させることである。マイケル・ドイルはこう述べる――「帝国とは、ある国家が別の政治的社会の実質的な政治主権を牛耳るような、公式あるいは非公式の関係のことである。それは強制、政治的協力、経済的・

社会的・文化的依存によって達成されうる。帝国主義とは、帝国を確立し、維持する過程あるいは政策にすぎない」。わたしたちの時代において、あからさまな植民地主義はおおむね終わりを告げている。いっぽう帝国主義は、これからみてゆくように、それがこれまであったところに、特定の政治的・イデオロギー的・経済的・社会的慣習実践のみならず文化一般にかかわる領域に、消えずにとどまっている。／帝国主義も植民地主義も、単なる蓄積行為でもなければ獲得行為でもない。帝国主義と植民地主義、両者はともに支えあい、そして、両者は、堅固なイデオロギー編成――このなかには、ある種の領土ならびに民族は、支配されることを求め懇願しているという考え方もふくまれる――のみならず、支配そのものと結託した知の形式によっても推進される。［Said, 1993=1998:40-41］

伊波普猷がその継続に気づいていたように、帝国主義は今も「それがこれまであったところに」「消えずにとどまっている」。そして、帝国主義が「消えずにとどまっている」以上、「帝国主義の帰結」としての植民地主義もまた「消えずにとどまっている」のであり、「両者はともに支えあい」つづけているのだ。

また、「あからさまな植民地主義はおおむね終わりを告げている」とのサイードの指摘は、植民地主義そのものが終わったという意味ではない。重要なのは、あくまで、あからさまでなくなった、ということなのである。そして、あからさまでない分、植民地主義は隠蔽され、それと気づくことすら困難になったといえるだろう。

このことのおよぼす作用が、被植民者以上に問題となるのが植民者の場合である。なぜなら、植民地主義の実践主体としての植民者自身が、それと気づかないまま植民地主義を実践するようになったといえるのだから。自分でも気づかないのであれば、植民地主義を自分の問題として意識することはない。いいかえれば、自分の行為を植民地主義だとはけっして思わない。このことが、植民地主義の継続に大いに貢献するのはいうまでもない。その意味で、植民地主義は以前よりもはるかに巧妙になったといえるだろう。

ここにみられるのは、過去のあからさまな植民地主義とは異なる、新たな形の植民地主義である。新たな問題の分析には、新たな概念が必要となる。ポストコロニアリズムという新しい概念の誕生は、このような現実が要請したものなのである。

2　植民地主義は終わらない

ほとんどの日本人は、自分自身の植民地主義を意識していないし、沖縄人に対して植民地主義を実践しているとは夢にも思わない。その理由は、植民地主義が存在しないからでは断じてない。事態はまったく逆であり、そもそも日本人は、自身の植民地主義に無意識なのだ。ここで重要なのは、意識されないことこそ、植民地主義の現代的な特徴にほかならないということである。あからさまでなくなった新たな植民地主義とは、あからさまでない分、それと意識されずに実践されているのだ。そのひとつとして、日本人は、沖縄人に対する七五%もの在日米軍基地の押しつけという植民地主義を、無意識的に実践しているのである。

植民地主義を意識させない要因のひとつに、沖縄は公式には植民地ではないという法的事実をあげることができるだろう。たしかに、日本国政府が法制度的に沖縄を植民地と規定したことは一度もない。その点、沖縄は台湾や朝鮮半島のような旧植民地とは異なる。また、現在は日本国憲法下の一県であり、沖縄人の基本的人権は保障され、自由や平等の侵害を正当化する法的根拠も存在しないことになっている。したがって、国家の法制度的観点からみれば、沖縄が公式には植民地といえないのは事実である。

この事実が植民地主義を意識させない要因としてはたらくのは、一般の常識において、「植民地」と「植民地主義」が区別されていないからである。植民地と植民地主義は一体のものとみなされ、植民地主義は植民地という物理的空間に限定された問題と思われているのだ。つまり、「植民地主義は植民地にしか存在しない」、逆にいえば、「植民地でないところには植民地主義も存在しない」、と。このような常識が共有されているところに、公式には沖縄は植民地ではないという法的事実が示されればどうなるか。植民地主義の存在を否定する根拠として機能し、ほぼ自動的に「沖縄は植民地ではないから植民地主義も存在しない」という結論が、それこそ常識的な論理として導かれてしまうにちがいない。しかも、植民地主義がそもそも存在しないと考えられるのであれば、問題として意識されるはずもない。こうして、植民地主義はひとびとの意識から遠のいていくのである。

一方、ポストコロニアリズム研究は、この常識が誤りでしかないことをあきらかにしてきた。つまり、公式には植民地といえなくとも植民地主義を実践することは可能であり、植民地が存在せずとも機能するのだ。公式の植民地か否かの問題と植民地主義の存在の有無との間には、必ずしも直接の結びつきはなく、植民地ではないという法的事実をもって、植民地主義は存在しないと結論するのは不可能なのである。法制度上植民地でないという事実は、植民地主義は存在しないと証明する根拠にはけっしてならないのだ。したがって、「植民地主義は植民地にしか存在しない」とは、まちがった常識なのである。この常識がまちがいである以上、「沖縄は植民地ではないから植民地主義も存在しない」という常識的論理も破綻せざるをえない。

ところが、現状においてまかり通っているのは、まさしくこのまちがった常識の方なのであり、その論理破綻も一般的にはけっして気づかれていないといえよう。ここで特に問題なのは、まちがった常識ほど現実を隠蔽してしまうということなのだ。この場合、隠蔽されるのは、植民地主義の存在という現実にほかならない。しかも、植民地主義の隠蔽は植民地主義の存続に貢献する。なぜなら、植民地主義の隠蔽が発揮する政治的効果こそ、植民地主義を意識させないことだからだ。さらに、植民地主義が問題として意識されないかぎり、問題解決の可能性もけっして生じることはなく、植民地主義も安泰となるからだ。つまり、植民地主義を意識させないことは、植民地主義を無傷のまま温存する方法なのである。

このような現状が放置されたままであるかぎり、法的観点から沖縄は公式の植民地ではないと規定する行為自体、まちがった常識の強化に大いに貢献する。したがって、そのような規定は、植民地主義を隠蔽する政治性を内包するといわざるをえない。その意味で、現状において無批判に「沖縄は植民地ではない」と規定してあやしまない者は、意図せざる結果の場合も含めて、植民地主義の存続に加担しているといえよう。

ところで、マックス・ウェーバーが厳しく説いた「存在と当為の区別」を、ここで思い出しておくのも無意味ではあるまい［Weber, 1904=1998］。一般に法とは、「あるべきこと」としての当為を記述したものであり、「現にあること」としての存在とは異なる。「あるべきこと」と「現にあること」とは必ずしも一致しないし、存在と当為を混同すると現実認識を誤る。そして法とは、あくまで当為を記述したものであって、存在としての社会的現実を直接説明したものではない。つまり、法をもって社会的現実の説明に代えることはできないのだ。

また、ジャック・デリダが「正しくありたいならば、法を改善しなければならない」［Derrida, 2001=2005:104］と述べたように、法はつねにその不完全性を特徴とする。しかも、法が想定していない現実はいくらでもあるし、法は現実の一部分しか説明できないといっても過言ではない。つまり、法的には植民地は存在しないとの解釈がなされたとしても、社会的現実の精緻な分析を通じて、「現にあること」として、植民地の存在を論証するような研究結果が得られる可能性は十分にあるのだ。

さらに、いかに法的には植民地でないとしても、実質的に植民地化することは可能である。植民地化は、公式のみならず非公式にも可能であり、沖縄の場合も例外ではない。沖縄に関して植民地といえば、即座に、一九七二年までの米軍統治時代の問題とみなされることがあるが、国際法上の沖縄の地位の変化や国内法の適用が、実質的な植民地化を解決し、過去のものにするとはかぎらないのだ。植民地や植民地主義は、公式の植民地という空間に限定しえないだけでなく、時間的にも過去に限定しうる問題ではない。

ところが、植民地主義について議論すると、やはり、「古くさい」とか「米軍統治下の沖縄の話でもあるまいし」といった反応にしばしば遭遇する。このような反応の前提となっているのは、「植民地主義は過去に解決済みの問題」とする常識だろう。いいかえれば、暗黙裡に「植民地主義は終わった」とみなされているのだ。

この常識と深く関連しているのは、今日までにほとんどの植民地が独立を達成した事実であろう。問題は、この事実を根拠に、植民地主義は解決したと判断されがちなことなのだ。いいかえれば、植民地の独立をもって「植民地主義は終わった」とする一般の常識が問題なのだ。この場合、「終わった」が意味するのは「解決した」であり、過去に解決した問題とされるから「古い」と感じられるわけだ。一方、未解決の問題がいつまでたっても「新しい」のはいうまでもない。

「植民地主義は終わった」とする常識は、前述した「植民地ではないから植民地主義も存在しない」という常識の別バージョンである。「独立後はもはや植民地ではないから植民地主義も存在しない」、と。「植民地の独立によって植民地主義は解決したのだ」、と。だが、はたして独立は植民地主義を解決したのだろうか。

たしかに、植民地の独立をもって、「あからさまな植民地主義」は終わりを告げたといえるだろう。しかしながら、独立が終わらせたのは、あくまで「あからさまな植民地主義」でしかなかったのである。同様に、沖縄における米軍統治の終了と日本国への施政権返還も、「あからさまな植民地主義」の終わりでしかなかったといえよう。さらに、宗主国側の多くが植民地の独立に同意したのは、独立させても植民地主義を継続することが十分可能だったからなのである。つまり、独立によって植民地主義が終わることはなかったのだ。植民地の独立は植民地主義をけっして解決しなかったし、「植民地主義は終わった」とする常識も誤りなのだ。同様に、合州国が沖縄の施政権返還に同意したのも、返還後も日米合作で植民地主義を継続することが可能だったからだといえよう。

前述したように、まちがった常識は、植民地主義を隠蔽する。そして、「植民地主義は終わった」とする常識は、植民者が自身の行為を植民地主義と認識することを阻害する。その結果、植民者は、それと意識せずに植民地主義を実践することが可能となる。このような巧妙さは、かつてのあからさまな植民地主義にはなかった新たな特徴である。このことも、植民地主義が終わっていないことを示すひとつの現実といえよう。

さて、ポストコロニアリズムとは、以上で述べたような植民地主義の新たな現実から導きだされた概念にほかならない。したがって、「終わらざる植民地主義」、もしくは、「植民地主義は終わらない」というのが、ポストコロニアリズム概念の第一の定義となるのはいうまでもない。

さらに、これまでの議論で重要なのは、けっして終わっていないにもかかわらず、あたかも終わったかのようにみなされてきたのが、今日の植民地主義だということである。これは、過去の植民地主義にはなかったことなのだ。それを重視すれば、ポストコロニアリズム概念の定義に「あたかも終わったかのようにみえて実は終わっていない植民地主義」を加えるのは適切といえるだろう。

また、植民地主義があたかも終わったかのようにみえるのは、隠蔽されるからである。しかも、植民地主義の隠蔽は、植民地主義の存続に大きく貢献する。なぜなら、隠蔽されればされるほど、植民地主義の存在を意識することが困難になるからだ。植民地主義の存在に気づかなければ、それを問題化することもありえない。そして、問題化されることがなければ、植民地主義は無傷のまま温存されることとなる。このことから、ポストコロニアリズムの三つ目の定義として、「隠蔽された植民地主義」を提起したい。

植民地主義は、「現にあること」として存在するにもかかわらず、隠蔽されることによって、存在しないことになってしまう。その結果、植民者が自分の行為を植民地主義と認識する可能性はきわめて低くなる。つまり、自分の行為を植民地主義とは思わない。ほとんどの日本人が、自分自身の植民地主義を意識していないのも、そもそも植民地主義は存在しないと前提しているからだ。そうなってしまうと、植民地主義的な意図をまったく抱くことなく、ごく自然に植民地主義を実践することが可能になる。これは植民者にとってきわめて好都合である。みずからの植民地主義に無意識であれば、後ろめたさや罪悪感が生じることもなく、結果的に、植民地主義を存分に実践することが可能になるからだ。また、植民地主義の問題として自分の行為を反省することもないので、植民者自身が植民地主義に歯止めをかけることはなく、植民者の側から積極的に植民地主義をやめていく可能性はほとんど期待できない。このこともまた、植民地主義を存続させる重大な要因であり、ポストコロニアリズム概念の定義のひとつとして「無意識の植民地主義」は不可欠といえるだろう。

3 日本人＝植民地主義の実践主体

そもそもなぜ植民地主義は終わらないのだろうか。その最大の原因は、植民者が植民地主義をやめようとしないからである。植民地主義とは、植民者が存在してはじめて生みだされ、実践されてきたものであり、起源は植民者にある。したがって、まずもって植民者がみずからの植民地主義を終焉させないかぎり、植民地主義が終わるはずはないし、終わりようがない。その意味で、ポストコロニアリズムの「ポスト」という接頭辞から読みとるべきもっとも重要な点は、植民者が植民地主義をいまだにやめていないという現実なのである。

そして、植民者とは、いうまでもなく、日本人のことでもある。日本人は沖縄人に対する植民地主義をけっしてやめようとしない。たとえば、日本人が在日米軍基地の七五％の押しつけをやめる気配がまったくないという現実は、このことを端的に示す現実のひとつである。したがって、以下のような指摘がなされるのは必然的なことなのだ。

〈ポストコロニアリズム〉と呼ばれる問題圏でこれまで提出されてきたモチーフの数々は、多かれ少なかれ、近代沖縄の歴史のなかに、とりわけ「復帰」後の現実のなかにその対応物を見出すことができる。冨山一郎がアメリカで沖縄を語るという経験を踏まえて指摘しているように、当てはまるかどうかというレベルで言えば、むしろ当てはまりすぎるのである。

〔鵜飼、一九九七、二五六〜二五七頁〕

沖縄および沖縄人の現実がポストコロニアリズムに「当てはまりすぎる」のは、日本人という植民者が植民地主義をやめていないからである。ポストコロニアリズムの議論で取りあげられてきた諸問題との「対応物」が「とりわけ「復帰」後の現実」のなかに見いだされるのは、日本人が沖縄人に対する植民地主義を実践しつづけているからである。植民地主義が終わらない最大の原因は植民者にある。したがって、植民者を最重要の研究対象として分析しないかぎり、植民地主義を十分に解明することは不可能である。なぜ植民地主義は終わらないのかという問いに満足のいく解答を与えるためには、植民者の研究が不可欠である。ここで、ポストコロニアリズム研究について規定しておくことにしよう。

ポストコロニアリズム研究とは、第一に、植民者の問題化を不可欠とする学問的実践である。なぜなら、植民者の存在があってはじめて植民地主義は成立しているからだ。日本人に特化して述べれば、ポストコロニアリズム研究とは、日本人という植民者を一貫して問題化することを通して、植民地主義を実践しつづけている日本人の政治性を解明し、植民地主義を継続させる権力的メカニズムを批判的に分析することによって、日本人の植民地主義の終焉を構想する学問的実践である。つけ加えておけば、日本人がみずからの植民地主義を終焉させたとき、彼／彼女らが植民者でなくなるのはいうまでもない。その点、ポストコロニアリズム研究とは、日本人が植民者から脱却する方法についての思考でもある。

植民者の問題化が不可欠である以上、ポストコロニアリズムおよび植民地主義の議論において、日本人は、彼／彼女ら自身の問題化を免除される特権をもたない。したがって、中立や外部といった安全な位置に身を置くことはできない。ところが、みずからを何ひとつ検証することもなく、ほとんど無意識的に自身の中立性や外部性を前提する日本人はきわめて多い。こうした身勝手な振舞いこそ、植民地主義を行為遂行的に構成するものにほかならない。ポストコロニアリズム研究にかぎらず、社会科学や人文科学の研究者がこのことに無自覚なまま、植民地や被植民者を研究対象にするならば、研究そのものが植民地主義の実践と化してしまうであろう。

植民地主義に対する中立や外部とは、植民地主義の実践主体ではないということを意味する。そして、日本人が、植民地主義の実践主体としての自分自身を意識しなければ、植民地主義をやめるという課題すら自覚されない。その結果、植民地主義はそのまま温存されることとなる。つまり、中立や外部を無意識的に前提することは、日本人自身の植民地主義を隠蔽してあやしまないという意味で、卑劣な政治的行為となってしまうのだ。

そもそも日本人は、植民者でもなければ被植民者でもないといった部外者ではないし、ましてや、植民地主義に関して中立であったためしなどない。日本人は、植民地主義のまぎれもない実践主体であり、積極的にみずからの植民地主義を終焉させた証拠もどこにもない。そのような日本人が自身を中立や外部に位置づけることは、彼／彼女ら自身の植民地主義を隠蔽することによってそれを存続させるという意味で、まさしく植民地主義的実践にほかならないのである。このように、もしも日本人を問題化しない研究がポストコロニアリズム研究や植民地主義研究を自称するならば、より巧妙で悪質かつ有害な植民地主義であるといっても過言ではない。

ところで、植民者もしくは日本人を問題化することは、実のところ、「植民者／被植民者」「日本人＝植民者／沖縄人＝被植民者」という二項対立を批判することでもある。なぜなら、この二項対立は植民者が作りだしたものだからだ。植民者の存在なしに植民地主義もありえないのと同じく、植民者の存在なしに被植民者の存在もありえない。植民地主義の起源が植民者にあるのと同じく、被植民者は植民者が植民地主義を実践してはじめて生みだされた存在なのである。そして、日本人が植民地主義のターゲットとして沖縄人に搾取や差別を行使したからこそ「日本人＝植民者／沖縄人＝被植民者」という二項対立が構築されたのだ。しかも、日本人は、沖縄人に対する植民地主義を継続することによって、今この瞬間も、二項対立を構築しつづけている。

この二項対立を解体する方法は、植民者が植民地主義をやめることである。植民者が植民者でなくなることである。日本人が沖縄人に対する植民地主義をやめることである。沖縄人に対する七五％もの在日米軍基地の押しつけという植民地主義をやめないかぎり、日本人は、「日本人＝植民者／沖縄人＝被植民者」という植民地主義的二項対立をけっして解体することはできない。日本人が植民地主義をやめる方法のひとつは、米軍基地を沖縄から日本に持ち帰ることである。

ところが、「二項対立を乗り越えよう」と口では言いながら、けっして植民地主義をやめようとしない日本人は多い。みずからの植民地主義を意識していないがゆえに、ほかならぬ自分自身が植民地主義的二項対立を構築している張本人だとは夢にも思わないからであろう。また、「日本人＝植民者／沖縄人＝被植民者」と記述することに対して、あたかも自分だけは二項対立を超越しているかのように、「それは二項対立だからけしからん」などと稚拙に非難をくり返す日本人も少なくない。彼／彼女らは、「二項対立はけしからん」と口にすることで、二項対立を超越したつもりになっているのだ。だが、その一方で、「二項対立はけしからん」と言った瞬間に「二項対立のあなた／二項対立でないわたし」という新たな二項対立を構築している自分自身には、まったく気づかないようだ。これを哲学の入門書では「遂行的矛盾」という。したがって、彼／彼女らは、けっして二項対立を超越してはいない。二項対立を超越したつもりになれるのは、遂行的矛盾におちいっていることに気づかないからである。彼／彼女らは、二項対立を超越したつもりで、実は、二項対立を再生産しているのだ。
しかも、二項対立を超越した気になれるのも、二項対立のおかげなのだ。「二項対立はけしからん」と非難することによって、彼／彼女らは、自分が構築した「二項対立のあなた」に、二項対立の全責任を転嫁している。そうすることによってはじめて、自分を「二項対立でないわたし」の側へと、それこそ二項対立的に位置づけることが可能になるのだ。このように、そもそも二項対立のおかげで、二項対立を超越したと思いこむことができるのであり、中立的で安全な二項対立の外部にいる気になれるのだ。

だがそれは、遂行的矛盾に気づかないかぎりにおいて可能なことなのである。実際には、彼／彼女らは、気づかないことによって、自分自身の二項対立を隠蔽しているのだ。遂行的矛盾に気づかないことこそが、二項対立の隠蔽を可能にしているのであり、隠蔽したければ、気づいてはならない。このような精神のプロセスは、ジョージ・オーウェルにならって、「愚鈍への逃避」と呼ぶことができるだろう［Orwell, 1968=1995:35-43］。このことを認識すれば、「二項対立はけしからん」と言いたがる者ほど、自分自身の二項対立に気づかないのは不思議なことではない。

「日本人＝植民者／沖縄人＝被植民者」と記述することに対して、「それは二項対立だからけしからん」と非難する者は、そうすることによって自分自身の植民地主義的二項対立を隠蔽しているのである。二項対立の隠蔽とは、二項対立を温存することであり、日本人の植民地主義を存続させる行為にほかならない。また、「二項対立はけしからん」と言いたがる者ほど、二項対立の記述を、二項対立を作りだすことと混同している場合が多い。これは稚拙な誤りである。したがって、そのような非難を恐れて二項対立の記述を避けてしまえば、それこそ二項対立を隠蔽することになってしまうのだ。反対に、もしも日本人が本気で「二項対立はけしからん」と主張するのであれば、自分自身の二項対立を徹底的に記述しなければならない。なぜなら、二項対立の記述は二項対立の解体に不可欠だからである。そして、日本人が、みずから構築した「日本人＝植民者／沖縄人＝被植民者」という二項対立を解体するためには、沖縄人に対する植民地主義をやめなければならない。

二項対立を解体するための出発点は、現実のなかに存在しているにもかかわらず、その存在すら気づかれていないような二項対立を発見し、記述することである。記述することは、二項対立の存在とその問題性を意識にのぼらせる行為である。デリダは、このような二項対立の秩序関係を脱構築し、その権力性を暴露するための不可欠の作業として、西洋哲学のテクスト中に存在する二項対立を徹底的に記述した［Derrida, 2001=2005］。二項対立を記述することは、二項対立を作りだすことではない。まったく逆なのだ。「日本人＝植民者／沖縄人＝被植民者」という二項対立を記述することは、二項対立の存在自体を認識し、その問題性を意識するために必要な行為にほかならない。よって、それを構築し、肯定する行為とは根本的に異なる。二項対立の記述は、それを解体するためにこそ必要不可欠な作業なのである。そして、二項対立の解体のためには、まずは二項対立を問題として意識していなければならず、意識するためには記述しなければならないのだ。二項対立を意識することは、二項対立解体の条件なのである。逆に、解体したくなければ、二項対立を意識しなければよい。記述しないことによって、二項対立を隠蔽すればよい。そうすれば、植民地主義的二項対立は温存され、日本人の植民地主義もそのまま継続することであろう。

だが、いかに隠蔽しようとも、現実の二項対立が消えてなくなるわけではない。その記述を回避しようとも、二項対立を乗り越えたことにはならない。これらの行為は、二項対立は存在しないとか、それを超越したとする思いこみをもたらすにすぎない。一方、自然界の物質が人間の気持だけではいささかも改変も消去もできないのと同じく、社会的現実も人間の思いこみだけではけっして消去することも、乗り越えることもできない。そんな思いこみなどお構いなしに、現実の二項対立は「現にあること」として存在しつづけるのだ。エミール・デュルケムが『社会学的方法の規準』において「社会的事実を物のようにあつかえ」と強調したのも、このような社会的現実の特性をふまえてのことなのである［Durkheim, 1895=1978: 17-18］。

日本人が「日本人＝植民者／沖縄人＝被植民者」という二項対立を記述して徹底的に意識することは、それを解体するための不可欠のプロセスである。日本人がこの二項対立を意識することは、沖縄人に対する植民地主義を実践することによってそれを構築している自分自身を意識することである。そして、日本人自身が植民地主義をやめないかぎり、この二項対立の解体もありえないし、植民地主義が終わることもない。

4　日本人＝不平等の製作者

「植民地主義には搾取や併合、征服がともなう」［Walia, 2001=2004:99-100］。植民地主義に関するこの命題との対応物を近代沖縄の歴史のなかに見出すのは容易である。一八七九年、日本国は武力侵攻による琉球の征服を断行し、名実ともに琉球王国を滅亡させ、日本国の新たな領土として併合した。日本軍の圧倒的軍事力を前にして琉球王国はなす術もなく屈服させられたのだ。つまり、沖縄は「武力を背景にした日本政府によって、強制的に併合され、近代日本国家の一部となった」［大田、一九九〇、一二頁］のであり、この事件が「日本国による琉球の武力侵犯であることは、あきらかであろう」［関、一九九〇、五四頁］。これは一般に「琉球処分」と呼ばれる政治的事件であり、今日まで継続する日本人の沖縄人に対する植民地主義の起源である。「琉球処分」の「処分」とは、当時の日本国政府による官製の用語であり、学問的にこの事件を名づけるとすれば「琉球併合」や「琉球征服」が適切といえよう。

植民地主義は「歴史上、他に例がないほど深いトラウマ」［Loomba, 1998=2001:18］をもたらしたといわれる。「琉球処分」が沖縄人に深いトラウマをもたらしたことは、沖縄人の意志が暴力的に踏みにじられる事件や、日本人の利益のために沖縄人が犠牲にされる事件が起きるたびに、「第二・第三の琉球処分」が語られ、この事件が想起されてきたことにも示されている。その意味で、「琉球処分」の名で語られる琉球併合は、植民地主義の「起源の暴力」として沖縄人に記憶されてきたといっても過言ではなく、この暴力による傷は、その後もけっして癒されることなく放置されつづけ、消去しえない傷痕として沖縄人に刻印されてきたといえよう。しかも、その傷も癒されぬまま、新たな暴力がつぎつぎと行使され、傷痕だけが増えていったのだ。癒されることなく増えつづける傷痕は、傷の起源としての暴力と、その暴力を行使した主体とを、つねに想起させずにはおかない。沖縄人が「琉球処分」を想起しつづけるのはそのためであろう。

　搾取、併合、征服がともなうという現実が示している通り、植民地主義は、そもそも平等と無縁である。その意味で、「琉球処分」は、日本人による不平等の起源として沖縄人に記憶されてきたともいえるだろう。さらに、「琉球処分」後も、日本人は、差別と搾取、沖縄戦、日本国からの分離、在日米軍基地の集中的押しつけ等にみられるように、平等を幾度となく暴力的に踏みにじることによって、沖縄人の傷を増やしつづけてきたのである。ところが、このような日本人自身が作りだした不平等に自覚的な日本人は、驚くほど少ない。日本人にとって、沖縄人に対する不平等な処遇は、意識もしないほど当然のことでしかないのかもしれない。

　さて、琉球を併合した日本国政府は、「琉球人をそっくり日本人として造り変え、琉球を日本固有の領土とする、そういった植民地政策」〔関、一九九〇、八三頁〕に着手する。その主要な方法は、琉球諸語をはじめとした沖縄人の文化を破壊すると同時に日本語等を強制して、日本人に同化させることであった。このプロセスもまた平等からはほど遠い。「琉球人をそっくり日本人として造り変え」ることはあっても、日本人が他者に同化することも、そっくり造り変えられることも到底考えられなかったからである。ところが、このような不平等を、深刻な問題として反省的に思考した日本人も、ほとんどいないのだ。

沖縄人を日本人に同化させるために積極的に利用されたのが差別である。差別もまた平等とまったく正反対である。日本国政府は、沖縄人の「風俗習慣は、「遅れていて、程度が低く、したがって唾棄すべきものだ」という基本線」のもと、「沖縄固有の文化は「劣悪」だと烙印を押し、ことさらにそう吹聴することによって、上から抑圧を加えたり、沖縄人の名字は異様だから本土風に改めなければならぬと「改姓運動」を強制したりするなど、生活の万般において〝沖縄色〟を排除する方策をおしすすめた」［大田、一九九六、二六二頁］。アルベール・メンミの定義に即せば、これが差別であるのはあきらかだ。

人種差別とは、現実の、あるいは架空の差異に、一般的、決定的な価値づけをすることであり、この価値づけは、告発者が自分の攻撃を正当化するために、被害者を犠牲にして、自分の利益のために行うものである。／（中略）／この定義を専門的すぎると思われる方は、そこから、例えば、人種差別とはある差異の、自分の利益のための利用であるという、もっと簡単な言い方を引き出してもよい。［Memmi, 1994=1996:4］

日本人は、沖縄人の文化的差異を、みずからの植民地主義的利益のために悪用した。琉球の征服と併合という植民地主義的攻撃を正当化するために、沖縄人の文化的差異に「劣悪」という決定的な価値づけをし、支配や搾取といった自分の利益のために沖縄人を犠牲にしたのである。なぜ「劣悪」と価値づけしたのかというと、植民地主義という不正の「正当化に成功するために、被支配者の無資格、つまり、彼が他より劣る形で異なる者であるゆえんを主張することほど、うまいやり方」はないからであり、差別は「片方を上げるには、もう片方を下げねばならない、あの子供のシーソーに比べられる」からだ〔Memmi, 1994=1996:3-4〕。

差別される側が、自文化の放棄と差別する側の文化への同化を指向するのは不思議なことではない。彼／彼女らは、差別から逃れるために、そして、生きるためにそうするのであり、差別が同化へと駆り立てるのだ。日本人は、沖縄人の文化を破壊し、差別することを通じて日本人への同化を強制した。その結果、沖縄人は、自文化喪失の危機に陥れられると同時に、日本語をはじめとする日本人の文化＝異文化の習得のために多大な労苦や犠牲を強いられたのである。

その一方で、日本人が沖縄人の言語の学習を要求されたなどという話は、だれも聞いたことがないはずだ。これは、きわめて不平等である。なぜなら、「沖縄人の日本語学習も、日本人の沖縄語学習も、けっして容易ではない」〔関、一九九〇、九五頁〕からだ。ところが、日本人は沖縄人に一方的に異文化習得のための労苦と犠牲を強いることによって、沖縄人が自分に合わせてくれるのをただ待っていればよいという特権を享受したのだ。これは、沖縄人を犠牲にすることによって日本人が搾取した利益のひとつであり、沖縄人との文化的差異に「優／劣」の価値づけをすることが可能にした不当な利益である。つまり、日本人は沖縄人を政治的・経済的に搾取しただけでなく、文化的にも搾取したのだ。ところが、日本人のほとんどは、このような同化強制の不当性にきわめて無自覚である。沖縄人の日本語使用を当然のこととしてあやしまない日本人は、沖縄人に対するみずからの文化的搾取をまったく意識していないのだ。

そもそも植民地化される側と植民地化する側との関係が平等であるはずがない。また、同化とは、異文化の人間同士が対等に融合し、平等な人間として同じになるというものでは断じてない。現実はまったく逆である。同化はけっして平等化の過程ではないのだ。まず、同化させる側と同化する側という圧倒的に非対称な権力関係が存在し、文化的差異を口実にして、同化する側に一方的に異文化の習得が強制される。このような強制によって、同化させる側は、異文化習得の労苦から逃れるという利益を享受する。これは、他者を犠牲にすることによって利益を搾取する行為である。したがって、他者に同化を強制する行為とは、すなわち、差別行為にほかならない［野村、一九九九］。また、同化が差別の過程である以上、同化が進行すればするほど、平等はますます遠のいていくこととなるのである。

さて、日本人が沖縄人に同化を強制する究極の方法は、沖縄戦において実践された。日本人の軍隊は、「爾今軍人軍属ヲ問ハス標準語以外ノ使用ヲ禁ス　沖縄語ヲ以テ談話シアル者ハ間諜トシテ処分ス」という公式の軍命を発し、琉球諸語の使用を理由に幼児を含む多数の沖縄人を虐殺したのだ［大田、一九九四、三〇頁］。「間諜」とはスパイのことであり、「処分」とは処刑を意味する。だが、スパイの証拠は何ひとつみつかっていないし、そもそも幼児がスパイ行為をはたらけるはずがない。

この現実もまた、植民地主義が「歴史上、他に例がないほど深いトラウマ」をもたらしたことを示す事例のひとつである。右記軍命のなかの「沖縄語」の部分を日本語におきかえてみれば、その理不尽さや異常さは一目瞭然であろう。あるいは大阪弁とか広島弁などにおきかえてみればよい。ほとんどの日本人にとって、大阪弁や広島弁を話した日本人を同じ日本人が虐殺するなどということは到底考えられないはずだが、相手が沖縄人であれば話は別なのだ。

このように、日本人による沖縄文化の破壊と日本人への同化過程が、沖縄人に深いトラウマをもたらしたのはいうまでもない。一方、ほとんどの日本人にとって、日本語や日本文化が破壊される可能性など思いもよらないだろうし、同化を要求された事実もない。ましてや日本語の使用を理由にした虐殺など到底ありえないだろう。日本人と沖縄人との間のこのような理不尽な不平等性は、植民地主義的関係を証明するに十分である。植民地主義的関係を作りだした張本人は日本人にほかならないが、このことに自覚的な日本人は、きわめて少数でしかないのが現状なのである。

5　精神の植民地化

文化のなかでも、特に言語の破壊を通した同化の強制は、植民地主義にきわめて特徴的なものであり、ほぼ全世界の植民地で実践されてきた。注意すべきは、単に植民者の文化を被植民者に習得させることだけが、同化の目的だったわけではないということである。同化の最終目標は、被植民者を精神的に支配することであり、植民者の利益に奉仕する精神の持ち主へと、被植民者を改変することなのである。これを精神の植民地化という。なぜ精神の植民地化が必要なのかといえば、被植民者に対する「経済的、政治的支配は精神的支配なくしては完全たりえないし、効果的たりえない」[Ngugi, 1986=1987:38]からである。

植民地主義は、被植民者の精神を支配することによってこそ十全に機能する。被植民者に対する経済的・政治的支配によって植民者が巨大な利益を搾取することができたのも、被植民者の精神を支配しえたからである。そして、被植民者の言語の破壊と植民者の言語の強制こそ、被植民者の精神を植民地化するもっとも重要な手段だったのだ。琉球諸語の破壊と日本語の強制も、もちろん、その例外ではない。

マルコムXが「奴隷メーカーは、完全な奴隷を作るには唖にするしかないと知っていた。唖にする最もいい方法は、奴隷から母語（mother tongue）を奪うことだ」[丸子、一九九三、一四一頁]と述べたように、そもそも言語の破壊は植民地主義的支配の基本的な手段であった。また、グギ・ワ・ジオンゴが説明するように、「言語こそは心の囚人を魅惑し、支配する最も重要な道具だったのだ。弾丸は物理的征服の手段であり、言語は精神的征服の手段となった」[Ngugi, 1986=1987:27]。では、なぜ言語だったのか。「言語は、一民族の歴史的経験の集団的記憶の貯蔵庫」であり、「道徳的、倫理的、美的な価値、つまり精神的めがね」は、すべて「言語によって運ばれる」からである[Ngugi, 1986=1987:36]。

つまり、言語を破壊することは、被植民者固有の「道徳的、倫理的、美的な価値」としての「精神的めがね」を破壊することでもあるのだ。「精神的めがね」を破壊された被植民者は、現実を的確に認識して行動する能力を奪われる。それは、差別を差別とも認識せず、搾取を搾取とも思わないような被植民者を作りだすために必要なプロセスなのだ。

植民地主義とは被植民者に対する巨大な搾取である。いいかえれば、組織的で莫大な規模の「盗み」である。被植民者固有の「精神的めがね」とは、植民地主義を正確に「盗み」と認識し、そのような犯罪行為をはたらく植民者との闘いを形成する精神的基盤なのである。これを破壊することを通して、植民地主義を搾取とも差別とも犯罪とも感じない精神へと被植民者を改変できれば、植民地主義的支配は安泰である。

そのための仕上げのプロセスが、被植民者の言語を植民者の言語によってそっくりおきかえることなのであり、「植民地化した側の諸民族の言語によって一民族の言語を支配することは、植民地化された側の人びとの精神世界の支配にとっては決定的なことであった」[Ngugi, 1986=1987:39]。

植民者の言語の強制とは、植民者の価値を内面化させ、植民者と同様に「『盗みは神聖なり』と常にリフレインする賛美歌を従属民がうたうよう要求」する行為であり、「退廃的で反動的なもの、彼ら自身の生命の泉を停止させるような諸勢力と彼らを一体化させる」ことである［Ngugi, 1986=1987:15］。つまり、植民者の言語の強制とは、被植民者に植民者の「精神的めがね」を装着させる行為なのだ。それによって、「盗みは神聖なり」とする植民者の「道徳的、倫理的、美的な価値」を植えつけることが可能になるのである。これが、植民者の言語を被植民者に強制した理由であり、言語の強制が成功をおさめたとき、精神の植民地化はほぼ完璧なものとなる。

精神の植民地化とは、被植民者の精神を植民者のごとく腐敗した精神に改造することによって、植民地主義的支配の安定的継続をはかる政治的実践である。植民地主義という巨大な「盗み」を平然と実行する植民者とは、被植民者にとって本来「退廃的で反動的なもの、彼ら自身の生命の泉を停止させるような諸勢力」以外の何ものでもない。また、「盗みは神聖なり」とする植民地主義的価値ほど犯罪的で腐敗したものはない。このような植民者の精神とは、搾取を搾取とも、差別とも、「盗み」を「盗み」とも意識しない精神なのだ。つまり、精神の植民地化とは、精神的な奴隷として植民者に共犯する被植民者、すなわち、アンクル・トムを大量生産する企てなのである。アンクル・トムと主人の関係が平等からまったくほど遠いのはいうまでもない。なぜなら、アンクル・トムとは、被植民者を犠牲にすることによって植民者に利益をもたらす精神の別名だからである。

さて、精神の植民地化は、沖縄人に対しても成功をおさめてきたといえるだろう。たとえば、日本人に教えられた通りに積極的に琉球諸語の撲滅に励む沖縄人アンクル・トムが多数生みだされたことは、その大きな成功例である［関、一九七六・一九九〇］。沖縄人における精神の植民地化と沖縄人アンクル・トムの問題については別のところで詳しく議論したのでここでは控えるが［野村、二〇〇五］、今日的な問題として深刻に受けとめるべきものをひとつだけ提起しておこう。

沖縄に七五％もの在日米軍基地を押しつけているがゆえに、日本には米軍基地があまりにも少ない。そして、ほとんどの日本人は米軍基地のない日本の風景を当たり前と感じている。これは、沖縄への米軍基地の集中を当然視することと表裏一体である。だが、このことを当然とする精神とは、「盗みは神聖なり」とする精神と同様のものである。なぜなら、米軍基地のない日本の風景は、日本人が沖縄人から米軍基地のない沖縄の風景を奪うことで成り立っているからだ。つまり、日本人は、組織的で巨大な「盗み」を犯しているのである。これは、日本人が沖縄人に対して植民地主義を実践していることを証明する現実である。この現実を搾取とも差別とも「盗み」とも認識しない精神とは腐敗した精神であるというほかない。

一方、沖縄への基地の集中をあたかも当たり前のように感じている沖縄人も少なくない。また、日本人と同様に米軍基地のない日本の風景を当たり前と感じる沖縄人もきわめて多い。これは、日本人にとってたいへん好都合である。なぜなら、そのような沖縄人ほど、沖縄への基地の集中を、日本人による搾取とも差別とも「盗み」とも感じない可能性があるからだ。その意味で、沖縄人の精神は、すでに相当程度植民地化されているのかもしれない。このことが、日本人による在日米軍基地の押しつけに貢献するのはいうまでもない。つまり、精神の植民地化とは、沖縄人を犠牲にして日本人に利益をもたらすものでしかなく、日本人の植民地主義を継続させる重大な要因のひとつにほかならないのである。

6　沖縄人は日本人ではない

沖縄戦において、琉球諸語の使用を理由に日本人が沖縄人を虐殺したことは前述した。「沖縄語ヲ以テ談話シアル者ハ間諜トシテ処分ス」、つまり、「琉球諸語で会話した者はスパイとして処刑する」という日本軍による公式の軍事命令は、すべての沖縄人をスパイの容疑者とみなし、処刑予定者リストに並べていたことを意味する。なぜなら、沖縄戦当時、琉球諸語はほぼすべての沖縄人の第一言語であり、日常会話もまだまだ琉球諸語でなされていたと考えられるからだ。また、スパイとは敵を意味することばであり、沖縄人全員が潜在的な敵とみなされていたといっても過言ではない。

では、なぜ日本人は沖縄人を敵と位置づけたのか。日本人にとって沖縄人が植民地原住民＝被植民者でしかないからである。植民者にとっての被植民者とは、抵抗の可能性を秘めた潜在的な敵であり、搾取の対象ではあっても、けっして同胞ではない。一方、日本軍とは植民者の軍隊にほかならない。このことを考慮すれば、沖縄戦の教訓としてよく耳にする「軍隊は住民を守らない」という言明は不正確といえよう。これを修正して「植民者の軍隊は植民地原住民を守らない」とした方がより正確ではないだろうか。

そして、沖縄戦において、日本人が沖縄人を躊躇なく虐殺することができた最大の理由こそ、日本人にとって沖縄人が被植民者でしかなかったからではないだろうか。植民者の軍隊は被植民者を守らない。それどころか、被植民者を攻撃しても何ら不思議はない。なぜなら被植民者は植民者の敵だからだ。つまり、昭和天皇の名において沖縄人を虐殺した日本人にとって、沖縄人は同じ日本人ではなかったのである。

そもそも沖縄戦とは、日本人を守るために沖縄人を犠牲にした「捨て石」作戦であった。沖縄人の四人に一人を「捨て石」として戦火の犠牲にすることによって、日本人は「本土決戦」を免れたといっても過言ではないのだから。つまり、「捨て石」にする行為とは、「日本人が生き残るために沖縄人は死ね」と強制する加害行為なのだ。したがって、沖縄戦とは、被植民者を犠牲にして植民者が利益を搾取する作戦だったのであり、沖縄人を「捨て石」にする行為とは、植民地主義的加害行為にほかならない。

このことは、敗戦後の日本人が、「平和憲法」と民主主義および自由と独立を手に入れるための「捨て石」として、沖縄人を平然と合州国に差しだしたことと連動している。さらに、日本人のほとんどは、現在もなお、沖縄人を在日米軍基地を押しつけるための「捨て石」にして平気である。このようにいとも簡単に「捨て石」にできるのは、日本人が沖縄人をけっして日本人あつかいしていないからであり、日本人にとって、沖縄人は日本人ではないからだといえよう。他者を「捨て石」にする行為とは、暴力的に他者を搾取して犠牲にする行為であり、植民地主義的実践のひとつである。そして、「捨て石」にされる客体、つまり、植民地主義のターゲットとされる客体は、一般に、被植民者と呼ばれる。一方、他者を「捨て石」にする主体、つまり、植民地主義の実践主体とは、日本人のことである。したがって、日本人は、みずからを植民者と呼ばなければならないはずである。もし自分をそう呼ぶのが嫌ならば、植民地主義をやめるほかないはずだ。

さて、日本国敗戦後の一九四七年、ダグラス・マッカーサーが「沖縄人は日本人ではない」と断言したことは驚くにあたらない。なぜなら、日本人の沖縄人に対する暴力と差別の歴史をマッカーサーが認識していたのはあきらかだからだ。その歴史を知れば、日本人が沖縄人を日本人あつかいしてこなかったことは、容易に理解できるはずだ。しかしながら、マッカーサーもまた日本人と同じく、沖縄人に暴力を行使した張本人にほかならない。したがって、この発言が、琉球諸島の日本国からの分離と合州国による軍事植民地化という暴力を正当化する意図を含んでいたのはまちがいない。その意味で、マッカーサーは、日本人との「低レベル競争」をしていたにすぎず、日本国から琉球諸島を取得するために日本人の弱みにつけこんだつもりだったのだといえよう。ところが、日本人にとって、そんなことは弱みでもなんでもなかった。なぜなら、「沖縄人は日本人ではない」

という現実は、日本人にとって、意識もしないほど当然のことにすぎなかったからである。

沖縄諸島は、われわれの天然の国境である。米国が沖縄を保有することにつき日本人に反対があるとは思えない。なぜなら沖縄人は日本人ではなく、また日本人は戦争を放棄したからである。沖縄に米国の空軍を置くことは日本にとって重大な意義があり、あきらかに日本の安全に対する保障となろう。〔中野・新崎、一九七六、一四～一五頁〕

この発言によって、「マッカーサーは、日本国憲法第九条による軍備放棄とアメリカの沖縄支配が密接に結びついていることをごく自然に述べていたのである」〔中野・新崎、一九七六、一五頁〕。すなわち、日本国を非武装化し、「平和憲法」と民主主義を日本人に与えるための不可欠の担保こそ、沖縄を日本国から分離して暴力的に軍事植民地化することだったのだ。多くの日本人が熱烈に歓迎した「平和憲法」と民主主義とは、そもそも沖縄人という犠牲を差しだすことと引きかえに手に入れた利益なのである。日本人は、ここでも、沖縄人を犠牲にして利益を奪取したのだ。

こうして、「米国が沖縄を保有することにつき日本人に反対があるとは思えない」というマッカーサーの予言は、もののみごとに適中することとなった。実際、日本人の反対はほぼ皆無だったからである。つまり、日本人は、「沖縄人は日本人ではない」というマッカーサーの発言を、みずから実証してみせたのだ。さらに、一般の日本人ばかりでなく、昭和天皇裕仁もまた「米国が沖縄を保有すること」を積極的に望んだ張本人にほかならない。

一九四七年にいわゆる「天皇メッセージ」として昭和天皇がマッカーサーに伝えた内容は、「天皇は、アメリカが沖縄を始め琉球の他の諸島を軍事占領し続けることを希望している。天皇の意見によるとその占領は、アメリカの利益になるし、日本を守ることにもなる」と主張するものであった［進藤、二〇〇二、六六頁］。つまり、琉球諸島の日本国からの分離と軍事植民地化は、昭和天皇の意志でもあったのだ。彼にとって沖縄人は、沖縄戦のときと同じく、「日本を守る」ための「捨て石」でしかなかったのである。また、同年、マッカーサー総司令部政治顧問であったウィリアム・J・シーボルトは「天皇メッセージ」に関する見解として、「天皇は、長期租借による、これら諸島の米国軍事占領の継続をめざしています。その見解によれば、日本国民はそれによって米国に下心がないことを納得し、軍事目的のための米国による占領を歓迎するだろうということです」との文書を合州国国務長官ジョージ・C・マーシャルに送っている。この文書を発見した大田昌秀は、昭和天皇のいう「『日本国民』のなかに沖縄の住民は含まれていないことには、疑問の余地がない」とコメントしている［大田、一九九〇、三一八頁］。要するに、昭和天皇にとって、沖縄人は日本人ではなかったのである。

そして、マッカーサーの予言と同じく、昭和天皇の予言もまた適中した。昭和天皇のことば通りに、日本人は、琉球諸島の「軍事目的のための米国による占領を歓迎」したからである。すなわち、日本人は、「平和憲法」と民主主義を与えられたことに歓喜しつつ、そのために沖縄人を犠牲にすることをまったく躊躇しなかったのだ。このことは、日本国の独立とセットで琉球諸島の日本国からの分離を規定したサンフランシスコ平和条約（対日講和条約）を日本人が大歓迎したことに示されている。日本人はその歓迎の意志を、沖縄人の反対を完全に無視して、一九四五年から新たに与えられた完全普通選挙という民主主義的手続きを通して明白に表明した。一方、当時の琉球諸島住民は、選挙権すら剝奪されており、みずからの意志を表明するための一切の法的権利や基本的人権を奪われていたのだ。講和条約が発効した一九五二年四月二八日を日本人は大々的に祝賀した。その一方で、沖縄人はこの日を「屈辱の日」と記憶せざるをえなかった。なぜなら、日本人は、事実上、沖縄人を日本国民の位置から追放し、沖縄の軍事植民地化を祝賀したのも同然だったからである。

敗戦後の日本人は、「平和憲法」と民主主義に守られながら、平和を唱え、核兵器廃絶を自由に叫んできた。一方、沖縄人は、日本国という「唯一の被爆国」を核の傘で守るための犠牲を強制されることとなった。一九七二年の施政権返還以降、沖縄に核兵器はないとされているが、日本人が沖縄人を犠牲にしつづけていることに変わりはない。七五%もの在日米軍基地を今も暴力的に押しつけていることが何よりの証拠ではないか。日本人は、基地を押しつけることによって、六〇年以上も沖縄人を犠牲にしつづけているのである。他者を暴力的に犠牲にすることによって成り立つ平和とは、民主主義とは、自由とは、いったい何なのか。そんなものは、植民者的な偽善でしかない。

7　日本人＝民主的植民者

現在、沖縄人がけっして望んでいないにもかかわらず、七五％もの在日米軍基地が押しつけられたままである。基地を集中的に押しつけられる現実とは、戦闘機や軍用ヘリがいつ頭上に墜ちてもおかしくない日常を強制されることであり、一日として恐怖から解放されることのない生活を強いられることである。実際、沖縄国際大学に米軍ヘリが墜落した事件は記憶に新しいし、軍事演習や訓練による被害は日常茶飯事である。また、基地に沖縄の土地を奪われることは、生産と居住の場を奪われ、経済を破壊されることでもある。そして、基地は何も生産しないがゆえに、基地の存在そのものが経済を破壊する要因といっても過言ではない。さらに、基地が身近に存在するということは、米軍兵士によるレイプ・殺人・強盗など暴力のターゲットにされるということでもある。しかも、米軍兵士とは、合州国の国家公務員にほかならない。本来、政府の命令で派遣された国家公務員が派遣先の国で暴力犯罪をはたらけば、深刻な外交問題に発展してもおかしくはないし、一件起きただけでも致命的である。にもかかわらず、日本国政府はこの問題にまともに対処しようとしない。つまり、沖縄人の生命や人権よりもアメリカ軍の活動の方が優先されているのである。

この理不尽きわまりない現実を沖縄人に強制することを決定した張本人こそ、ひとりひとりの日本人にほかならない。しかも、その決定は民主主義の手続きを経てなされてきたのだ。日本人は、民主主義によって沖縄人の意志を踏みにじり、七五％もの在日米軍基地負担を暴力的に強制しつづけているのである。つまり、沖縄人は、アメリカ軍の暴力のみならず、日本人の暴力による苦痛をも強いられているのであり、暴力が民主的に承認され、暴力に支配された空間が沖縄なのだといってても過言ではない。したがって、沖縄を「アジア最後の植民地」〔Johnson, 2000=2000〕と呼ぶ論者がいるのも不思議ではない。

この「アジア最後の植民地」は、それこそアジアの植民地化されてきたひとびとに対する軍事的暴力に否応なく加担させせられてきた。沖縄という土地は、アジアに対する軍事的脅威であり、朝鮮半島およびベトナムにおける大量殺戮を直接担った「悪魔の島」にほかならない。この「悪魔の島」の住人は、その後も、パレスチナ、イラク、ユーゴ、アフガニスタン、そして再びイラクへと、殺戮に加担することを強要されてきた。この現実が示しているのは、植民地主義の被害者が、同じ植民地主義によって、加害者に仕立てあげられてしまう矛盾である。そして、民主主義を通じた米軍基地の押しつけによってこの矛盾を沖縄人に強制した張本人こそ、ひとりひとりの日本人にほかならない。

さて、フランツ・ファノンは、「植民者たちは、変貌したアルジェリアを望まないと答える。彼らが望んでいるのは、永遠に現在の状態が続くアルジェリアである、と。実際には、フランスの植民者はアルジェリアに生活しているのではなく、そこに君臨している」〔Fanon, 1959=1984:155〕と述べた。これは、日本人にもそっくりそのまま適用可能なことばである。日本人は基地のない平和な島々へと変貌した沖縄を望まない、日本人が望んでいるのは、永遠に基地を押しつけることのできる沖縄である、と。実際には日本人は沖縄に生活しているのではなく、そこに君臨しているのだ、と。

琉球を武力によって併合して以来、今日にいたるまで、基地負担の強制を含む植民地主義の実践によって、日本人が君臨してきた空間こそ沖縄にほかならない。そして沖縄人とは、日本人によって暴力的に植民地主義のターゲットとされた被植民者、あるいは、「日本人あつかいされないもの」と定義するよりほかない。沖縄人は沖縄文化を有するから沖縄人なのだというだけでは、けっして正確ではない。日本人の植民地主義が沖縄人という存在を構築してきた側面にも注目すべきであり、米軍基地の暴力的な押しつけにみられるように、日本人あつかいしないことによって、沖縄人という被植民者を生みだしつづけているのだ。

そもそも、なぜ沖縄人にだけ、これほどまでに基地が押しつけられるのか。なぜ日本人は、沖縄人に犠牲を強要して平気でいられるのか。すなわち、日本人にとって、沖縄人は日本人ではないからである。日本人にとって、沖縄人はあくまで被植民者でしかないからである。被植民者とは、矛盾を押しつけるべく植民者によって作りだされた存在だ。そして、植民者が望んでいるのは、植民者の矛盾を永遠に押しつけることが可能な被植民者なのだ。沖縄人に在日米軍基地とそれに起因する植民地主義的矛盾を平然と押しつけ、その状態がつづくことを事実上望んでいる植民者こそ日本人にほかならない。もしも日本人がそう望んでいないならば、すでに米軍基地を沖縄から日本に持ち帰っているはずである。

沖縄人に米軍基地が押しつけられて六〇年以上がたった。いかに沖縄人が拒否の声をあげようとも、沖縄が基地のない土地に変貌することはなかった。なぜなら、変貌した沖縄を日本人が望まなかったからだ。しかも、日本人は、沖縄人への基地負担の強制という望みを、選挙という民主主義の手続きを通して実現してきた。沖縄人への基地の押しつけは、日本人の民主主義によって実現され、その民主主義は日本国憲法という最高法規によって正当化されているのだ。

沖縄人は日本国民人口の約一%でしかない圧倒的少数派である。多数決原理が採用されている以上、沖縄人の意志が踏みにじられることは最初からあきらかであり、日本国の民主主義は、実際には多数者の独裁に堕落している。しかしながら、日本国憲法もこれを民主主義と認めているのだ。したがって、多数派の日本人が民主主義を通じて少数派の沖縄人の意志を暴力的に踏みにじることが、制度上可能となっているのである。つまり、民主主義を通じた植民地主義は可能であり、民主主義と植民地主義はけっして矛盾しないし、日本国憲法と植民地主義も矛盾しないのである。このように、現代の植民地主義は、民主主義的植民地主義にほかならない。そして、民主主義を通じて植民地主義を実践しているという意味で、日本人は、民主的植民者なのである。

七五%もの在日米軍基地を「民主的」に押しつけることによって、日本人はひとり残らず沖縄人から利益を搾取している。その利益とは、米軍基地の負担から逃れるという利益である。在日米軍基地が存在する根拠は日米安保条約にあるが、安保条約のどこにも沖縄に基地を置かねばならないとは書いていない。したがって、日本国領土内ならどこでもよいのであって、本来、在日米軍基地は日本国民全体で平等に負担しなければならないはずである。また、沖縄の戦略的・地政学的重要性を根拠に基地の押しつけを正当化しようとする議論があるが、安保条約であろうが地政学であろうが、日本人の有する民主主義によって確実に拒否できるのだ。したがって、それを実行しないのは、日本人の政治的意志にほかならない。すなわち、安保を成立させた以上、平等に在日米軍基地を負担するか沖縄人のみに負担を集中させて差別するかどうかは、日本人の責任と選択の問題以外の何ものでもないのであって、合州国や国際情勢に責任転嫁できる問題では絶対にない。実際、日本人は、民主主義によって、沖縄人を差別することを選択してきたのである。

日本国領土全体のわずか〇・六％、日本国民人口の一％にすぎない沖縄に、七五％もの在日米軍基地が押しつけられているということは、圧倒的な不平等であり、差別であるのはあきらかだ。これを「構造的差別」などと呼んで責任主体を曖昧にしてはならない。なぜなら、沖縄人への基地負担の強要という差別は、ひとりひとりの日本人が民主主義によって主体的に選択したものだからであり、民主主義的な植民地主義の実践にほかならないからである。

このように、沖縄人を一方的に犠牲にすることによって、日本人は、基地負担から逃れるという利益を搾取しつづけている。その点、日本人は沖縄人に依存しており、甘えているのだ。これはけっして対等な関係ではない。そして、このような依存もまた、植民地主義の実践にほかならず、日本人が植民地主義をやめるためには、沖縄人への依存から脱却しなければならない。依存から脱却するためには、沖縄人に押しつけている米軍基地を日本人自身の手で日本に持ち帰らなければならない。

本来、在日米軍基地は日本国民全体で平等に負担しなければならず、沖縄人に甘えることは許されないはずだ。平等を実現するためには、日本人が沖縄から日本に米軍基地を持ち帰らなければならない。そして、日本人が基地を日本に持ち帰ることは、日本人の有する民主主義によって十分可能である。民主主義とはリターンマッチを可能とする政治制度であり、制度上、民主主義を通じて実践された植民地主義は、同じく民主主義を通じて終焉させることが可能なのである。

参考文献

Derrida, Jacques., 2001, *Deconstruction Engaged: The Sydney Seminars*, eds. Paul Patton and Terry Smith, Power Publications.（＝二〇〇五、谷徹・亀井大輔訳『デリダ、脱構築を語る』岩波書店）

Durkheim, Émile., 1895, *Les Règles de la méthode sociologique*, Presses Universitaires de France.（＝一九七八、宮島喬訳『社会学的方法の規準』岩波書店）

Elmandjra, Mahdi., 1992, *The First Civilizational War*, www. Elmandjra.org.（＝二〇〇一、仲正昌樹訳『第一次文明戦争――「新世界秩序」と「ポスト・コロニアリズム」をめぐって』御茶の水書房）

――――, 1996, *La Décolonisation culturelle. Défi majeure du 21ème siècle*, Editions Walli.（＝二〇〇二、仲正昌樹訳『文化的脱植民地化――国際政治のコロニアルな構造をめぐって』御茶の水書房）

Fanon, Frantz., 1959, *La Sociologie d'une révolution*, Maspero.（＝一九八四、宮ヶ谷徳三・花輪莞爾・海老坂武訳『革命の社会学』みすず書房）

伊波普猷、一九七四、「沖縄歴史物語」『伊波普猷全集　第二巻』平凡社

Johnson, Chalmers., 2000, *Blowback: The Costs and Consequences of American Empire*, Metropolitan Books.（＝二〇〇〇、鈴木主税訳『アメリカ帝国への報復』集英社）

Loomba, Ania., 1998, *Colonialism/Postcolonialism*, Routledge.（＝二〇〇一、吉原ゆかり訳『ポストコロニアル理論入門』松柏社）

丸子王児、一九九三、『マルコム・Xとは誰か?』ＪＩＣＣ出版局

Memmi, Albert., 1994, *Le Racisme*, Gallimard.（＝一九九六、菊地昌実・白井成雄訳『人種差別』法政大学出版局）

中野好夫・新崎盛暉、一九七六、『沖縄戦後史』岩波書店

Ngugi, wa Thiong'o., 1986, *Decolonising the Mind: The Politics of Language in African Literature*, Heinemann.（＝一九八七、宮本正興・楠瀬佳子訳『精神の非植民地化――アフリカのことばと文学のために』第三書館）

野村浩也、一九九九、「差別としての同化――沖縄人という位置から」『解放社会学研究』一三

――――、二〇〇五、『無意識の植民地主義――日本人の米軍基地と沖縄人』御茶の水書房

Orwell, George., 1968, "The Lion and the Unicorn: Socialism and the English Genius", *The Collected Essays, Journalism and Letters of George Orwell*, Vol. 2, eds. Sonia Orwell and Ian Angus, Secker & Warburg.（＝一九九五、小野協一訳「ライオンと一角獣――社会主義とイギリス精神」川端康雄編『ライオンと一角獣――オーウェル評論集4』平凡社）

大田昌秀、一九九〇、『検証 昭和の沖縄』那覇出版社

――――、一九九四、『見える昭和と「見えない昭和」』那覇出版社

――――、一九九六、『拒絶する沖縄――日本復帰と沖縄の心』近代文芸社

Said, Edward W., 1993, *Culture and Imperialism*, Alfred A. Knopf.（＝一九九八、大橋洋一訳『文化と帝国主義1』みすず書房）

関　広延、一九七六、『誰も書かなかった沖縄』大和書房

――――、一九九〇、『沖縄びとの幻想』三一書房
進藤榮一、二〇〇二、『分割された領土――もうひとつの戦後史』岩波書店
鵜飼　哲、一九九七、『抵抗への招待』みすず書房
Walia, Shelley., 2001, *Edward Said and the Writing of History*, Totem Books.（＝二〇〇四、永井大輔訳『サイードと歴史の記述』岩波書店）
Weber, Max., 1904, "Die 'Objektivität' Sozialwissenschaftlicher und Sozialpolitischer Erkenntnis", *Archiv für Sozialwissenschaft und Sozialpolitik*, Bd. 19.（＝一九九八、富永祐治・立野保男訳／折原浩補訳『社会科学と社会政策にかかわる認識の「客観性」』岩波書店）

沖縄への欲望
〝他者〟の〝領有〟と日本人の言説政治

池田緑
IKEDA Midori

1　沖縄への言説の政治

われわれ日本人は、過去にも、あるいは現在でも、さまざまな〝他者〟を設定することによって利益を得てきた。われわれの植民地主義は、利益を収奪する対象を〝他者〟として創造・設定し、その利益の収奪を通じて、さらに対象を他者化し続けるという過程をたどっている。その利益は、植民地における経済的収奪から、日本人同士の権力闘争における〝他者の〟資源化まで、さまざまな次元で存在している。

日本社会および日本人が〝沖縄〟という他者の設定により得ている利益の筆頭は、在日米軍基地の七五％を沖縄に集中させることによって、沖縄人の犠牲の上に平和と安全を享受していることであり、軍事基地の存在によるさまざまな社会的不利益やコストを沖縄人に負担させることによって、経済的繁栄を享受していることである。その意味で、この利益の受益者は――私も含め――沖縄社会に対する個人的な思想信条をこえて、あくまでも〝われわれ日本人〟と表記される必要がある。これは、戦前からの沖縄人労働力の搾取、沖縄戦における〝捨て石〟としての位置づけ、戦後二七年間の米軍統治期における日本の軍事負担の免除と続く、沖縄を日本という国民国家に編入して以来の、一連の差別の連続の上に位置する利益である。

そのような差別の実践を、われわれは〝沖縄問題〟と名づけ、その構造を〝地政学〟という概念を用いて不可視化してきた[★1]。〝沖縄問題〟という呼称は、沖縄の基地問題を日本社会から切り分けて不可視化する効果をもつ。それは日本人の認識上に一種のゲットー化をもたらし、責任の所在を曖昧にしてきた［池田、二〇〇三、四〇～四一頁］。さらに、〝太平洋の要石〟という言葉に象徴される〝地政学〟という発想。すなわち沖縄に米軍基地が集中するのは、陸地と海洋の配置の結果であり、緊張が続く極東の国際情勢に照らして不可避であるとの〝地政学〟上の認識が、日本人に共有されてきた。この認識が、沖縄への極端な基地の偏在は、地理的必然性の帰結であり、それ以上の思考を重ねる必要のない自明の現実として、日本人の思考停止を正当化してきた［池田、二〇〇三、四三～四五頁］。この〝地政学〟は、沖縄に基地が集中してきた歴史的経緯[★2]を無視したものである。さらに言えば、

★1 〝地政学〟の沖縄支配への援用の詳細は、池田［二〇〇三］を参照されたい。
★2 たとえば、多大な犠牲を払った地上戦の結果、米軍が占領した日本唯一の土地であること、二七年間に及ぶ米軍統治、むしろ日本〝復帰〟後に本土からの基地移転によって米軍基地が沖縄に集中してきた経緯、など。

沖縄への基地集中の必要性を否定する議論は米政府内部にも存在したが、それらの議論には耳を塞いだものでもあった。[★3] 結局のところ、基地問題を〝沖縄問題〟として自らの社会とは別の問題として認識し、さらに〝地政学〟によって考える余地のない仕方のないこととして、多くの日本人は思考を停止してきた。国際政治と〝地政の暴虐〟にさらされた遠くにある気の毒な島、沖縄。日本人はその状況を自らは手も足も出せない事柄として遠くから眺め、ときには心を痛めながらも無関心であり続け、安全と経済的繁栄だけは享受し続けてきたのである。

〝地政の暴虐〟とみえるものは、実際には〝日本人による無関心〟という〝心の暴虐〟である。しかし、多くの日本人にとっては、この現実は受け入れ難い。自らを暴虐の実行者として堂々と定義することへの心理的負担は大きく、それは一般に耐え難いことである。同時に安全のためのコストの免除と経済的繁栄も手放したくはない。したがって、心の暴虐を正当化するレトリックが準備されなければならない。いうまでもなく、〝沖縄問題〟という呼称と〝地政学〟は、そのレトリックの一部として有効に作用してきた。[★4] これらのレトリックを経ることによって、日本人は基地の存在に苦しむ沖縄人を直視しないという態度を身に付けてきた。直視すれば良心の呵責もうまれるし、責任も生ずるからである。

そして癒しの島、沖縄。

そこでは多様な沖縄が語られる。陽気で爽やかな人々が暮らす沖縄。文化と伝統の豊穣の地、沖縄。しかしそこで語られる〝多様な沖縄〟にはひとつの共通項がある。それは基地の存在の抹消であり、基地の影の欠落である［池田、二〇〇三、四二～四三頁］。日本人が語る〝多様な沖縄〟とは〝基地が存在しないかのような沖縄〟の別名であり、〝多様な沖縄〟が日本人によって語られれば語られるほど、〝基地に苦しむ沖縄〟は〝多様な沖縄〟の一つの側面として言説の海に埋没してゆく。

そして〝多様な沖縄〟という他者のカテゴリーを創作し、操作する過程で、さらに新たな利益が日本人にもたらされる。多様な沖縄社会と沖縄人を描くことは、特権化された一部の日本人を、複数の日本人の在りようとして（あくまでも言説上において）逆照射する。それは沖縄について心を痛める良心的日本人と無頓着で鈍感な日本人といった対比に典型的にみられる日本人内部でのカテゴリー化である［池田、二〇〇三、四二頁］。沖縄も多様なら、日本も多様であるはずだ、というわけだ。

★3　この〝地政学〟というレトリックの構造と妥当性については、池田［二〇〇三、四三～四五頁］で論じたので、参照されたい。
★4　これらの他に、主な正当化のレトリックとしては、基地の存在が補助金などをもたらし、沖縄経済にとっては必要であるといった因果関係の逆転を唱えるもの（沖縄社会に補助金をもたらすために基地は存在しているのではない）や、原発等に代表される他の都道府県のいわゆる〝迷惑施設〟と等閑視して論じる言説（沖縄人はつい最近まで一度も基地を誘致したことがないのに、設置された経緯の違いを無視したレトリックである）などがある。詳しくは池田［二〇〇三、四五～五一頁］。

この多様さをめぐる言説の政治において、〝沖縄〟は再度資源化される。それは日本人の間における言説上の権力闘争に用いる個人的な資源としてである。日本人は、沖縄社会と沖縄人を何度も再定義し、他者化し続け、その〝他者性〟を言説において操作すること、換言すれば〝沖縄〟をめぐる概念操作の政治によって、さまざまな利益を享受することが可能なのだ。

このような〝他者〟を資源化する言説の政治は、二つの意味で考察に値する。一つ目は、沖縄に新たな側面を〝発見〟し、他者化し続けることが基地の存続を容易にしてきた点。二つ目は、日本人の間で〝沖縄〟を言説上において政治資源化することが、さらなる他者化を促進する点である。この二つは相互に補完しあう形で反復されてきた。本章では、この二点を中心に、日本人の言説実践における、沖縄社会と沖縄人の政治資源化について考えたい。

ここで話を進める前に、このような日本人による沖縄社会と沖縄人の政治資源化を考える意義を簡単に確認しておきたい。多くの日本人にとって、沖縄人を他者化し、自らの資源に用いるという誘惑は、じつに魅力的なものである。沖縄は地理的にも遠く隔たり、沖縄人がいかに痛みの声を上げようとも、圧倒的な言説流通力を持つ日本人にとって耳を塞ぐことは容易だ。そして、そのような言説の生産と流通における力の非対称性があまりにも自明視されているため、われわれ日本人が、自身の沖縄に対する感受性、認識、意識を検証することはない。沖縄人を他者化することで、沖縄人を言説の主体から排除し、その一方で沖縄にかんする言説を独占することは、日本人固有の当然の権利として語られ、受容される。これは実際に日本社会において言説を生産する力を持っている個人に留まらず、言説の受け手である多くの日本人においても共有されている政治的位置《ポジション》である。

そのような言説生産構造において、自らの政治的位置性《ポジショナリティ》に無頓着なまま沖縄を語ることは、既存の沖縄支配の政治的・文化的コードを再生産することと同義である。それらのコードは、あからさまに支配的なものに留まらず、後述するように市民主義であれ、官僚主義であれ、右翼であれ、左翼であれ、政治的思想や信条にあわせて、それぞれの社会的立場において、同水準で存在している。それらは〝良心の発露〟であったり、〝正義の貫徹〟であったりもするが、いずれにしろ、沖縄社会と沖縄人を資源化する（植民地化／植民地人化する）という一点において同質である。

日本人は、意識的であれ無意識的であれ、この〝支配のコード〟の再生産を行なってきた。私自身も何度もこの陥穽に陥ったし、現在も自由ではない。〝支配のコード〟に従属しない言説の在りようが、日本社会にほとんど存在してこなかったからだ。日本人が、自身の思考を表現する際に、魅力的で、真正で、自明であると考える言説のコード、そのコードが孕む植民地主義を明示すること。それが最初になされなければならない。それが明示されないかぎり、〝支配のコード〟の連鎖は断ち切れず、私自身もまた〝支配のコード〟から抜け出すことができない。支配者である日本人が、自らの手によって〝支配のコード〟から抜け出す言説の政治を、私は切実に求めている。それが「支配者である」ということに縛られている自分自身を解放する唯一の道と信じるからだ。

ところで、沖縄社会や沖縄人を他者化する際には、沖縄の〝他者性〟を詳細に語る専門家が必要である。そのなかでも、沖縄に居住し、「沖縄から」というスタンスで発言することは、他の日本人に対してインパクトの大きい手法といえる。まずは、このような沖縄移住者がどのように〝沖縄〟を他者化し、言説上の政治において利益を得ているかについて、考えることからはじめたい。

2 沖縄に移住する日本人

沖縄ブーム

一九九〇年代以降、一見、日本人の沖縄に対する関心は高まっているかのようにみえる。しかし九〇年代以降の〝沖縄ブーム〟には、一九六〇年代後半から七〇年代前半にかけての沖縄への関心が高まった時期（〝復帰〟前後）と比べて違いがある。復帰前後の沖縄への関心が政治的な側面（施政権および米軍基地）を中心に構成されていたのに対して、九〇年代以降の〝沖縄ブーム〟では文化的側面が強調される傾向がある。この傾向は、二〇〇〇年の沖縄サミット（九州・沖縄サミット）を機にさらに強まった感がある。

この間にも、一九九五年に米海兵隊員による少女暴行事件が発生するなどの在沖米軍基地の被害や、普天間基地の県内移設問題など、日本人と沖縄人の間には、政治的な緊張がもたらされる場面は何度もあった。しかし、近年の〝沖縄ブーム〟は、そのような政治的領域には無関心である印象を受ける。そこで強調されるのは、〝癒しの島〟に象徴されるように、青い海であったり、音楽であったり、オバァであったり、健康食であったり、壷屋焼である。そこには、「政治を忘却する」という政治的態度が顕著にみられ、同時に文化へと関心の位相が遷移していることも顕著である。そして、この〝沖縄ブーム〟の最終形態ともいえる現象が〝沖縄移住ブーム〟である。

二〇〇四年三月に発表された『平成一五年度住民基本台帳人口移動報告』によると、平成一五年度の沖縄県への転入者数は二万五〇四六人（転出者数は二万二九五九人）。転入超過率は〇・一六％で、これは東京都（〇・五五％）、神奈川県（〇・二八％）、千葉県（〇・一八％）、に次いで全国四位の高水準となっている［総務省統計局、二〇〇四］。一位から三位までが首都圏であることを考えれば、事実上首都圏に次ぐ転入超過率である。この数字の中には、転勤や就学に伴う移動、あるいは都市部からのUターン者も含まれているが、多くの非大都市圏の自治体が転出超過である状況を考えれば、沖縄県への転入超過には特殊な事情があることが推測できる。それはいうまでもなく、沖縄県出身者ではない日本人の移住である。

都市部の大型書店に行けば、沖縄の文化や生活を紹介する数多くの本や沖縄移住のガイド本さえ並んでいる。考えてみれば、これは不思議な光景である。日本の一都道府県に対して、その文化や生活、さらには具体的な移住方法や移住者の体験談などが、地域出版ではなく全国に流通する出版経路でこれほど多く紹介されているケースは、沖縄県以外にはない。その一方で、宮崎県や長崎県への移住を説く書籍は、少なくとも全国出版において管見のかぎりでは見たことがない。書店に宮崎県や長崎県への移住を説く書籍が並んでいるのなら、理屈はわからなくはない。宮崎県は「住みやすさ」で全国一位（沖縄県は二九位）、長崎県は「生活満足度」で全国一位（沖縄県は二七位）だからである。★5 にもかかわらず宮崎県も長崎県も、実際には他の多くの非大都市圏の地方自治体と同様に転出超過（人口減）の地域である（長崎県にいたっては転出超過率第四位である）。主要な産業が存在するわけでもなく、その測定基準が万全ではないにせよ「住みやすさ」や「生活満足度」が〝中の下〟といった順位でしかない沖縄県について、なぜこんなにも多くの文化や移住を説く書籍が並んでいるのだろうか。

沖縄オリエンタリスト

ためしにそれらの〝沖縄移住本〟のいくつかを覗いてみよう。

一瞥して感じることは、これらの文化本・移住本に共通する徹底したオリエンタリズムの視線である。たとえば『好きになっちゃった沖縄』という本は、沖縄に「ハマった」という多くの日本人の書き手によって作られた本であるが、そこではいかに沖縄が沖縄以外の日本と異なっているか、という点が繰り返し強調されている［下川裕治・ゼネラルプレス編、一九九八］。その強調は、南国というイメージを繰り返し、台風やゴキブリや自転車泥棒に至るまでにおよび、日本との違いが際立たされている。またこれらの書籍の中には、「生水飲んで大丈夫?」「日本語が通じない?」などと、[★6]沖縄社会に一種の〝未開さ〟、〝前近代〟、〝外‐日本化〟を暗黙のうちに予期した視点からの記述さえみられる〔アジア、二〇〇四、一二～三頁〕。

徹底的に沖縄と日本との差異化が強調されるなかで、その差異を前提とした沖縄への移住をテーマにした書籍も多い。季刊ベースでの〝沖縄移住誌〟とでも呼べるものまで登場している。[★7]これらの言説は移住者の体験談が主であり、とくに青い海や白い砂浜といった写真中心のライフスタイル誌の体裁をとっているものが目立つ。その内容は〝南の楽園〟といった定型化された沖縄のイメージを再生産するものが大半であり、あたかも『トスカーナの優雅な食卓』ならぬ『沖縄の優雅な食卓』といった趣きである。そしてこれらの本で共通して繰り返されるタームは〝沖縄病〟である。沖縄が好きで好きでたまらない。那覇空港からの帰りの便ではいつも悲しくて泣き、東京にいても沖縄のことが忘れられず、ついに憧れの沖縄に移住という形で〝帰ってきた〟、というストーリーが繰

★5　いずれも、〔日本放送協会放送文化研究所編、一九九七〕による。
★6　これらの差別的な言説は、有名な山之口貘の詩「会話」や沖縄国会爆竹事件（一九七一：公判は一九七二）の公判（沖縄語で発言した被告人に対して、裁判長が「日本語で話しなさい」と命じた、という出来事）をも思い出させる。
★7　たとえば、『沖縄スタイル』（枻出版社・刊）。二〇〇四年二月創刊で、第一号の特集は「沖縄で暮らす」、第二号の特集は「沖縄移住計画」であった。同誌は二〇〇七年一月時点で一七号を数えるに至っている。

り返し体験記として語られる。しかし、なかには抽象的な沖縄イメージの反復ではなく、具体的な移住手続きや不動産物件の選び方など〝実践〟重視の本も目立つようになってきた［溝口・秋葉、二〇〇四など］。

彼らが沖縄に移住する理由には大きな特徴がある。なかには「ダイビング好きが昂じて」といった「なんらかの目的のために手段として沖縄に移住する」というケースもあるが、そういう人も含めて日本社会で息苦しさを感じ沖縄に逃避してきた過程が、それらの書籍には綴られている。ストレスに苦しみ過労死の少ない沖縄にあこがれて逃げ込んできたと語る者［太田、二〇〇〇、一一一頁］、〝沖縄病〟が〝逃避病〟と知りつつも逃げ場所を確保するために沖縄にやってきたと豪語する者［下川、二〇〇二、二四頁］などがその典型である。そして下川裕治のように、沖縄はそうやって逃げ込んできた者を温かく迎えてくれる場所であると一方的に断じる言説も少なくない［下川、二〇〇二、二四頁］。日本人にとって沖縄はシェルターなのか。そして「ウチナーンチュはお節介といわれてもしかたがないほど世話好きである。やることはどこかいい加減で詰めが甘いというのに、そんなことを棚にあげて人の話に聞き入ってくれ」る存在として語られる［下川、二〇〇二、二一頁］。

これでは、沖縄人は単なるお人好しである。しかも底抜けの。もちろん、このような沖縄人像は、移住者たちの勝手な思い込みであり、妄想にすぎない。他方で、そのような〝お人好し〟とされる沖縄人には、全国メディアでの発言の機会は少ない。移住して〝お人好しの沖縄人〟を勝手に描いている日本人の〝妄想〟のみが、日本人に対して流通してゆく。この構造は、田中康博が指摘するように、NHKのドラマ『ちゅらさん』に代表される〝癒しの島〟というイメージが、言説の流通過程の不平等によって固着化し、やがては沖縄人自身がそのイメージを受け入れざるを得なくなりつつある状況を考えるとき〔田仲、二〇〇三a〕、〝沖縄病〟などと笑っては済まされない権力の実践となる。沖縄人はつねに他者（＝日本人）の視点に晒され、他者によって解釈され、他者によって名づけられ、その一方で、自分で自身を表象する機会は奪われ、たとえ名のっても無視される。沖縄人とは日本人の視点を通じてのみ、はじめて構成される存在となっている。

このような沖縄人像は、圧倒的な情報流通力の格差の下で日本人にとって都合のよいものとして流通し、沖縄人はその〝像〟を受け入れる以外に、日本社会における存在の余地が与えられない。このような状況は、まさに沖縄人に対するオリエンタリズムの実践である。そして、あたかも〝現地報告〟のように風呂の入り方や酒の飲み方にいたるまで、日本人にとってもの珍しく、好奇心をかきたて、無害で都合のよい沖縄人像を逐一〝発信〟する日本人沖縄移住者は、沖縄オリエンタリストそのものである。

表現は悪いが、日本社会は社会の中の〝食いつめ者／不適応者〟を沖縄に大量に送り込み、その地の経済を破壊し（失業率の高い沖縄で沖縄人から職を奪い）、自らの（自らにとってのみ）心地よい状況を作り出す。これこそ宗主国の植民地に対する典型的な態度だ。そして植民地には必ず軍隊が存在するということも含めて、日本人は沖縄人に対して植民地支配を今なお実践している。野村浩也は「その犯罪性と責任を明確化するために「沖縄病患者」は「沖縄ストーカー」と呼びなおすべきである」

と指摘しているが〔野村、二〇〇二、九〇頁〕、近年の移住ブームによる移住者たちは、日本人の植民地主義の現代的尖兵といっても過言ではない。

しかし多くの植民地支配においてそうであったように、植民地主義の尖兵にその自覚はない。自覚がないからこそ、逃げこみ、住み、職を奪い、わがもの顔で闊歩する。そしてやさしい沖縄、日本とは違う沖縄を、判で押したように語る。そこには、これらの移住者（移住希望者を含む）たちに精神的・思考的に方向付けを行ない、移住に向けてのロジックを与えた〝先達者〟がいるはずである。そのような〝先達者〟は過去に何人もいたが、本稿では近年の沖縄移住者の特徴を十分にそなえ、またその言説の流通力・影響力が大きい人物を中心に、その言説の政治性を考えてみたい。

日本人作家、池澤夏樹

まずは、以下の一文を紹介したい。

みんなで遠足に行きました。朝出発しようとしたら、先生が「途中でほかの学校のやつとけんかになるといけないから、棍棒と石を持っていく」。そういって、リュックサックいっぱいに棍棒と石を詰めて「おい沖縄、お前が背負え」。沖縄クンはけんかが嫌いだから、やだなと思いながらしょって歩いていたけれど、そのうちだんだんくたびれてきて、「先生、誰か代わってくれませんか」と聞いてみた。先生はみんなに「沖縄がそう言ってるけど、誰か代わるか」と声をかけたけど、誰も返事しないのを見て、「もうちょっと背負ってろよ」。で、またとぼとぼ歩き続ける。「背中に背負って重いんなら、腹の側にまわしてみたらどうだ?」というのが県内移設論。この話はけっこうウケましたよ、沖縄県の県庁あたりで（笑）。〔池澤、一九九七a、七三〜七四頁〕

この文章は沖縄の米軍基地をめぐる寓話のようだ。「沖縄クン」は沖縄県（あるいは沖縄人）、学校は日本社会。他の生徒は沖縄県を除く四六都道府県の日本人。「棍棒と石」は米軍基地。「背中から腹にまわす」のは普天間基地の辺野古沖への移設問題と推測できる。が、この寓話では、いくつもの論点がすりかえられている。最初に「朝出発しようとしたら」の「朝」とはいつなのだろうか。それが一九七二年（沖縄県の〝日本復帰〟の年）であるとするならば、この〝沖縄クン〟は、遠足当日の朝に転校してきたことを書かねばならない。つまり、遠足当日の朝に転校してきた生徒に、いきなり棍棒を詰め込んだリュックを背負わせている事態であることを指摘すべきである。次に、この「先生」とは誰だろう? 日本政府なのか? だとすると、この学校は生徒会の代表が教師を務めるというきわめて風変わりなシステムの学校ということになる（あるいは教師はアメリカを想定しているのかもしれないが）。実際には、超越的な権力で〝沖縄クン〟にリュックを背負わせる命令を下す〝教師〟など存在してはいない。各生徒（各都道府県から選出される国会議員）が集まって〝話し合って〟決めたのである。そして、「沖縄がそういってるけど、誰か代わるか」などという問いかけが発せ

られたことも、ほとんどなかった。★8

この寓話を添削するならば、以前に他校とのけんか（太平洋戦争）の際にスケープゴートとしてボコボコ（沖縄地上戦）にされた〝沖縄クン〟は、その後しばらく人質のように他校に差し出されており（二七年間の米軍統治。その間にも棍棒と石を持たされていた）、学校に〝帰って〟きた朝に、教師ではなく生徒の合議によって再び、改めて棍棒と石の詰まったリュックを背負わされ、そのためオニギリや他の遠足に必要なもの（経済発展に必要な土地やインフラ）をリュックに入れることはできず、他の生徒に「代わってやろうか」ともほとんど言われず、他の生徒の間でそのような話題が出たこともほとんどなく、他の生徒のオニギリやジュース（基地関係予算）を齧らせてもらって歩き続け、そして遠足はいつ終わるともしれない。と書くべきである。この寓話には、沖縄の歴史性の忘却や日本人個々と政府を分けるレトリックなど、多くの論点のすり替えがある。県庁職員を相手にウケをとって喜んでいる場合ではない。

この奇妙な寓話を書いた（正確にはインタビューであるが）のは、北海道出身の芥川賞受賞作家、池澤夏樹である。池澤はギリシャや数々の島などを旅した後、一九九四年に沖縄に移住した［ハッサン・池澤、一九九七、二四〇頁］。池澤は、沖縄に移住する前から沖縄の文化や生活にかんする文章を多く発表してきた。たとえば『沖縄いろいろ事典』といった、〝代表的な観光コース〟にはとどまらない沖縄を日本人に紹介する仕事にもかかわってきた。沖縄移住後の池澤は、〝沖縄からみた日本〟について主に日本のメディアにおいて発言を繰り返してきた（一部には沖縄地域出版もある）。彼のメディアを通じた影響力は小さくなく、県庁に入り浸って（?）職員相手に小話を披露するといった、一般人には特異と思えるエピソードも、池澤の文化と政治の両領域にわたっての活動を考えれば、合点がゆくだろう。

芥川賞受賞作家がうっかりと作文ミスをするとは思われないので、この寓話における論点のすり替えは確信的であると解釈するべきだろう。池澤こそ、「沖縄移住者（移住希望者）」に対して、多くの示唆を与え続けてきた〝先達者〟の筆頭格でもある。先述の最近の沖縄移住本の基本的なフォー

★8　過去に日本の保守派論壇のなかに、米軍の再編過程における日米安保体制保持の目的で米軍基地の本土移設を説くものも、数度のタイミングであった［小川、一九九六・一九九七など］。とくに一九九五年頃の議論は、米軍の再編過程を睨んで日本を極東における米軍のブランチと位置づけようとする意図と、日本の国防は日本本土で行なうべきというナショナリズムが入り混じったものであった（詳細は［池田、二〇〇三、二九～五二頁］を参照されたい）。さらには、本稿においても言及している池澤夏樹［一九九八］や関広延［一九八九］らも無人島や本土への移設の可能性に言及してきた（この点については、［野村、二〇〇五、一九頁註］においてまとめられている）。なお二〇〇四年一〇月には、小泉純一郎首相（当時）によって在沖米軍機能の一部を本土および国外に移設する方針が明らかにされたが、普天間県内移設に象徴されるように、この動きにおいては米軍再編化の中で普天間基地の機能や嘉手納空軍基地、嘉手納弾薬庫をはじめとする沖縄の重要な施設は温存され、さらなる在沖米軍の固定化を導くものである。

マットは、ほぼ池澤によって完成されたといってもよい。たとえば、沖縄と東南アジア地域との連続性などは、池澤によって繰り返し強調されてきた論点である［新川・池澤、一九九六、二九頁］。

池澤の諸発言については、すでに知念ウシ［二〇〇二］、野村浩也［二〇〇五、一二六～一三二頁］ら沖縄人の手によって批判が投げかけられてきた。それらと内容的に重複する点もあるが、私も含めた日本人に内在する植民地主義の視点と近年の沖縄ブームが抱える歪みとを考えるため、池澤の言説を中心に、それが内包するコロニアリズムの視線を考えたい。

池澤は日本社会に対して居心地の悪さを感じ、日本的な束縛の一歩外に出たいと望んでいたそうで、沖縄は「日本でありながら日本でないというこの二重性が、ぼくにとっては大変居心地がいい」らしく［堺屋・池澤、一九九七、六八～六九頁］、「たとえウチナンチューに「あんたもう本土に帰んなさい」と言われてもずっと居すわるつもり」と述べていた★9［日野・池澤他、一九九七、二一八頁］。

普通の常識で言うと、沖縄人の運転は実にいい加減で、勝手で、マナーが悪い。赤信号でも右見て左見て、スーッと出てくる。ウィンカーは出さない。どこでも駐車する。最初はしょうがない人たちだなと思ったんです。沖縄は好きだけれど、この運転だけはいただけない。ところが、統計によれば沖縄県の事故率は全国最低なんですね。

ということは、お互いにそういう運転をすることを了解の上でやっている。信号があっても自分で判断した上で動いている。ルールと自分の判断との関係が大変うまくいってるわけですね。〔堺屋・池澤、一九九七、六九頁〕

「このごろの沖縄の車は、スピード出すねエ。前は、もっとゆっくりしていたのに」

「そうですねエ。スピード出してもしようがないんですがねエ。セマイニッポン、ソンナニイソイデ、ドコヘユク、ですからねエ。もっとヨーンナー、ヨーンナーがいいですよ。日本より沖縄はもっと狭いですからねエ」（中略）

このようにして、彼はまたアキジャビヨーといいながら、時速八十キロで対向車線を走って、ついにダンプを追い越した。まさにアキジャビヨー！　なにがヨーンナーヨーンナーだが、こうして僕が落石によって粉砕される恐怖から逃れたことも事実であった。（中略）

「復帰」二一年。

この島の人々をとらえているのは、一種の激しい狂気に視える。狂気をもって、何者ともとらえられぬ者のつくり出した「流れ」を、必死に追っているのである。ヨーンナヨーンナがいいことは百も承知していながら、激しい「流れ」に加わり、自らも「流れ」そのものと

★9　沖縄人に「帰れ」と言われることを予期して予防線を張っているあたりが、彼の思考を考える際の一つの鍵となると思われる。

なるべく、やみくもに駆け出しているのである。〔関、一九八七a、一六〇〜一六一頁〕

最初の文章は池澤の語りである。二番目の文章は、大阪出身の教員で数度沖縄に在住し、池澤と同様に沖縄について多くの文章を書き残した関広延が一九七四年に書いたものである（沖縄で乗車中のタクシーの運転手との会話についての文章）。二人の日本人が同じく沖縄の交通事情について語っているが、その視点は大きく異なる。この二つの文章は、たまたま同じ話題で、かつ池澤と関の視点の違いをよく示すものであるため紹介した。★10

池澤と関は共に沖縄に移住した日本人である。この二人の日本人の沖縄社会に対する視点の相違は、われわれ日本人が沖縄社会に向かい合う際に検討する価値があると思われる。それは、日本人が、何を見ようとし、何を見ようとしないのか、という自己の政治的位置性《ポジショナリティ》にかかわる問題を提起するからである。

池澤は、沖縄人の運転のでたらめさを批判するとみせて、沖縄社会の柔軟性を賞賛している。他方で関は、でたらめな運転に駆り立てられてゆく沖縄人の姿に焦点を当てている。この二つの文章は書かれた時代差を勘案してもなお、視角の違いを感じさせるものである。池澤は沖縄社会の美点を強調し、なぜでたらめな運転になるのかという点については問題にしていない。一方で、関は〝復帰〟を経て確実に沖縄社会に刻み込まれつつあるヤマト（日本）の痕跡――でたらめな運転に駆り立てている「流れ」――を顕在化させ、問題とする。池澤は沖縄社会の日本社会との差異を賞賛し、関は日々侵食されてゆく沖縄社会を通じて日本社会の暴力に注目しているのだ。

沖縄に住む理由についても、関は「他ならぬ沖縄人が「なんで沖縄なんかで暮らすのか」と問いかけてくる土地だからである」（傍点本文）と述べている〔関、一九七六、二一二頁〕。沖縄人が自らの土地を「沖縄なんか」とよぶ状況。その状況がどのようにして日本人によって作り出されているのかが関にとっての重要な関心事であった。一方で池澤は「基本的に、沖縄は優しいと思うんです。人をギリギリまで追い詰めないというか、思いを察してすっと話題を変えてくれる。社会全体の原理、雰囲気が優しいんです」と述べ〔日野・池澤他、一九九七、二三一頁〕、沖縄の風土から元気をもらっているという〔池澤、一九九七a・一九九七b、二八五頁〕。

関の態度に比して、池澤のそれはなんと沖縄人に甘えきっているものであろうか。「追い詰めない」という沖縄人の態度、すなわち関が日本人の暴力の痕跡とみたものは、池澤の目には〝やさしさ〟と映っていたのである。

沖縄に甘え、あたかも強壮剤のように沖縄を〝元気の素〟呼ばわりする池澤には、ぜひとも〝寄生虫作家〟という称号を進呈したい。その〝寄生〟はかなり悪質である。養分を吸い取り、根を枯らす。少なくともそこに〝共存〟などは存在しない。あるのは一方的な寄生による養分の収奪と、寄生さ

★10　ちなみに池澤と関の視点は、交通事情に留まらず多くの沖縄の事象について対照的である。

れた側の荒廃である。しかも寄生虫〝イケザワムシ〟が摂取している養分は、決して沖縄人の〝やさしさ〟などではなく、意思に反した強制的な苦しみと血から抽出されたものである。日本人に踏みつけられながらも〝元気〟を差しださなくてはならない状況が続けば、沖縄人の精神や思想は、日本人に奉仕するために存在することになり、その無力感はやがて、沖縄人の精神の根を立ち枯らしかねない。

しかし、このような思想的・精神的寄生は池澤一人にかぎった問題ではない。後に述べるように、沖縄を経由し、消費することによって日本をみるという思考的枠組みは、その視点の違いこそあれ、池澤にも、関にも、そして私自身にも共有されている。私を含めた日本人の思考に根深く、等しく内在する問題である。なぜ、池澤は、関は、私は、沖縄を経由して日本を見ようとするのだろうか。その基本的な思考枠組みは、どのような思想状況の中で形成されるのだろうか。これらの点について、日本人の間における言説の政治という視点から、次に考えてみたい。

3　言説による沖縄の〝領有〟

沖縄人の〝簒奪〟

日本人の間で展開される言説の政治において、〝沖縄〟なる存在はどのような意味をもつのだろうか。この点を再び池澤夏樹の言説から考えてみたい。

　沖縄に移住した当初、池澤は自分の発言を「結局のところ内地に向けてのものでしかない」と書いていた〔池澤、一九九六、一四七頁〕。また一九九七年には「軍事基地を巡る去年からの一連の動きをきっかけにこの問題を真剣に考えるようになった。シマナイチャー[★11]としての自分の仕事は、もっぱら本土に向けてここの状況と人々の思いを発信することだと思っている」と述べていた〔池澤、一九九七c、一八〜一九頁〕。しかし、この池澤のスタンスは、移住後年を経るにつれて変化してゆく。一九九八年には、沖縄に家を建てたことから〝県民としての意識があがり〟、シマナイチャー意識を克服して沖縄の人に対して苦言を呈すようになり〔大田・池澤、一九九八、一九〇頁・二一二頁〕、やがて沖縄独立論にまで踏み込んで発言しはじめ、「沖縄県民として、あるいは沖縄国民として話すことになる（中略）沖縄人にならざるをえないんですね」と語るようになる〔池澤、一九九七a、六九頁〕。そしてとうとう二〇〇一年には自分の発言を「ここまでは沖縄人の愚痴です」と書き、自らを沖縄人と定義するまでになっている〔池澤、二〇〇二、九九頁〕。移住後七年を経て、池澤は自らに沖縄人と名のることを解禁した。

★11　沖縄に居住している本土出身者のこと。とはいっても、単に転勤で沖縄に来ているような人々のことではなく、沖縄に〝魅せられ〟て移住したような日本人に対して使われることが多いようである。

野村浩也はこのような池澤の自己定義に関連して、池澤が沖縄を「自分の土地」と呼ぶことは[★12]紛れもない植民者の証拠であり、同種の沖縄大好き日本人が大量に移住し、「自分の土地」を主張し「基地がある自分の土地が好き」といい放ち、そのような日本人が沖縄人を表象＝代表するようになれば、日本人にとって理想的で都合のよい沖縄人を確実に誕生させることができる、というシミュレーションを記している［野村、二〇〇二、九〇～九一頁］。この野村の危惧は的を射ていた。実際、池澤は在沖米軍基地による被害状況のひどさをひとしきり語った後、

> 特にここのところ、日本政府は強引ですからね。無茶苦茶なことをたくさんするからいちいち言っているときりがない。ただそれも含めて沖縄なのだから、基地があることが嫌で出て行こうとは僕は思わない、実際この辺もうるさい飛行機が飛びます。そんなにいいところだけを拾って住むのは、それはまだ住んでいることにはならない。住むということは、一つの土地を全部自分に対して引き受けることでしょう。したがってこの先もしばらくは動かないでしょうね。［新井、二〇〇二、一九〇頁におけるインタビュー］

と発言しているからである。

この発言には粘度の高い歪みがまとわりついている。彼は「住むということは、一つの土地を全部自分に対して引き受けることでしょう」（傍点引用者）と述べるが、この論理にしたがえば、その

土地には基地も含まれているはずである。すなわち池澤が「土地を引き受ける」ということは、沖縄人になり代わって「基地を引き受ける」と言っているに等しい政治的効果をうむ。現に彼は、「ただそれも含めて沖縄なのだから、基地があることが嫌で出て行こうとは僕は思わない」と言い、基地をも含めた「土地」を引き受けるという宣言を行なっている。ようするに、彼は強引な日本政府にいちいち目くじらを立てず、沖縄を愛しているがゆえに基地をも引き受ける、と言っているのも同然なのだ。「基地を引き受ける」ではなく「一つの土地を全部引き受ける」という言説。これは極めてトリッキーな政治的レトリックである。

しかし、そもそも池澤に「一つの土地を全部引き受ける」という決定を行なう権限はいつ、誰によって付与されたのだろうか。池澤は居住していること、さらには土地を引き受けることによる〝沖縄人〟としての発言の正当性を主張しているが、これは一種の循環論法である。土地を引き受けるのは沖縄に居住してきた沖縄人だからであり、沖縄人なのは土地を引き受けるからだ、と言っているのだから。池澤以外の、沖縄に生まれた沖縄人が基地を引き受けると言ったわけではないのに、〝沖縄人〟を自称する池澤が越権的に、勝手に引き受けてしまったのだ。★13

★12　池澤・落合［二〇〇二］における池澤の発言。
★13　この池澤の「自分の土地」という発言に対して、野村浩也は、池澤が生活者としてではなく、君臨する者として沖縄に対峙している表れであると指摘している［野村、二〇〇五、一二八〜一二九頁］。

繰り返すが、これは自分が沖縄人であると名のっている人物の発言である。この発言をみるかぎり、「基地がある自分の土地が好き」と言い放つだろうという野村のシミュレーションは精確であったと言わざるをえない。池澤の発言は、沖縄人を僭称した日本人が基地について語るものであり、じっさい彼は、沖縄を「ぼくは安全と思って住んでいます」とまで言っているのだから〔池澤、二〇〇二、一〇〇頁〕。前述の関広延が沖縄の基地を撤去するのに反安保である必要はなく、文明国内の軍事基地らしく実弾が飛んでくるような危険な基地はすぐヤマトに持ってゆくべきだと論じたのとは、この意味で対照的である〔関、一九八九、二七二頁〕。

沖縄の資源化

ところで、池澤のような沖縄に詳しい日本人（＝沖縄オリエンタリスト）が沖縄について語るとき、そのオーディエンスには誰が設定されているのだろうか。沖縄の〝専門家〟の専門性は、誰に対して発動されるのだろうか。いうまでもなく、その対象は日本人である。それは日本人の手による多くの沖縄関連書籍が、日本全国の書籍市場をターゲットとして発行されていることからも明らかである。島袋まりあは、「沖縄の痛み」をよく勉強する日本人研究者や運動家が沖縄人の代わりに怒ったり、他の日本人を告発することで、「分かっていない日本人」を貶め、沖縄という象徴的記号が沖縄人とは関係なく日本人同士の争いに流用される危険性を指摘している〔島袋、二〇〇二、二七頁〕。この指摘はきわめて重要である。日本人が沖縄についての言説を生産するとき、そこには必ずといってよいほど日本人同士の政治が想定され、かつ付きまとうことになる。

この点について、学問という制度とのかかわりを例にとって、私自身の場合を振り返ってみたい。大学院生の頃にグローバリゼーション論を研究していた私は、一九九五年以降注目を集めていた沖縄独立論に強く惹かれた。そこには、たとえば国民国家の枠組みを相対化する視点や、国境を超えた地域の「ゆるやかな連合」などといった、硬直化している日本社会の在り方を相対化する思考が満ちているように思えた。また先住民族として活動するグループの存在など、日本という国民国家を相対化する動きも存在していると感じた。それらを研究することは、沖縄、日本、両方の社会に対する貢献であると考え、疑わなかった。そして学会に行けば、そこでは私同様の多くの大学院生によってさまざまなテーマ、たとえば在日コリアンの動向や各国の移民政策や多文化政策などの日本社会への貢献可能性が競われていた。〝沖縄の思考〟は、これらの諸テーマと同等かそれ以上に、日本社会に大きな変革をもたらす可能性があると思われ、それを研究することに義務感すら感じていた。

日本の（日本にかぎったことではないだろうが）学問体系は、明治以来ネイション・ビルディングを法や制度、様々な社会システムから構築すること、維持することを目的に発展してきた。学術コミュニティである大学や学会も、基本的にこの〝使命〟を——程度の差こそあれ——共有しており、制度化してきた。学問の発展は社会に寄与するものであり、そのために学問は発展しなくてはならない、という暗黙の前提が存在してきた。考えてみれば、それらの場において、私の研究なり思考が評価されたのは、日本社会に貢献できそうな場合のみであった。その一方で私は、沖縄が「日本社会」の中に入っているのか、という根源的な疑問には目をつむってきた。沖縄社会と日本社会という、現実には等置されていない二つの社会に対して、自分の研究はそのどちらにも貢献可能であると信じ、両者の根本的な非対称性に目を向けることを怠っていた。それは私の想像力の欠如であると同時に、その点に目を向ければ、おそらく自分がその時点で行なっている研究の基盤を失うことをどこかで予期し、大学院生の熾烈な生き残り競争の中で、研究基盤を失うことが恐ろしかったのだ。

印象的な場面を何度か目撃したことがある。学会で大学院生が報告する。それは〝在日コリアン〟についてであったり、〝沖縄〟についてであったり、あるいは〝セクシャル・マイノリティ〟と呼ばれる人々についてであったりする。報告後、フロアからの質疑応答の時間になり、実際にそれらのカテゴリーに分類される人々（カテゴリー出身の研究者）から、報告に対する否定的な見解が述べられ、ときには研究姿勢を糾す言葉が飛ぶ。報告した大学院生は動揺する。顔面は蒼白になり、冷や汗をたらし、目は虚空をさまよう。学会終了後、報告をした彼／彼女の表情は引き続き冴えない。なかには茫然自失の体になってしまう者もいる。肩を落とし、陰鬱な顔で、コメントを寄せた〝在日コリアン〟や〝沖縄人〟や〝セクシャル・マイノリティ〟とは目を合わせず、慎重にそれ以上のコミュニケーションを避けようとする緊張感のなかで、そそくさとその場を去ってゆく。その表情。うつろな目の動き。うめき声ともため息ともつかない息遣いの音。

考えてみれば不思議な話ではある。自分が〝研究〟している、まさにその当人が目の前にいて、自分の思い違いを指摘している。ならば、いったい何を言っているのかその声に耳を傾けることは、最低限の礼儀でもあり、また当然のコミュニケーションのはずだ。さらに彼／彼女らの指摘によって自分の思い違いを正せるのなら、それは感謝すべき指摘であり、建設的なコミュニケーションからは多くのことが学べるだろう。〝当事者〟の指摘に耳を傾け、コミュニケーションを図ることは、人として当然の対応であろうし、またあえて利己的な視点（＝自らの研究者としての能力向上という視点）に立ったとしても、学会という研究者が集まる場で専門的な議論ができることは、歓迎すべきことだろう。さらにいえば、学会報告において批判され否定されたのは、その報告内容である。べつにその大学院生の人格まで否定されているのではない。にもかかわらず、あたかも全人格を否定されたかのようなショックを受け、茫然自失と見えるまでの状態に陥るのはなぜだろうか。

その姿は、あたかも自分の未来を切り拓くと思っていた名刀が、じつは土産物屋で買ってきたおもちゃの刀であったことに、絶体絶命の状況下で気がついたかのような表情である。自分がコントロール可能と思っていた〝マイノリティ〟からの予期せぬ反撃。まさか「研究対象」がものを言うとは想像していなかったかのようだ。彼／彼女らも日本語を使えるということを忘れていたかのようだ。まさか自分の〝武器〟が自分にものを言うなんて。しかも自分を切りつけてくるなんて。学会の重鎮からの質問には、理論であれ、データであれ、何でも答えられるように予行演習を重ねてきたのに、思いもよらぬ存在から、思いもよらぬ文脈で批判され、答えに詰まり、自らの能力（＝

適宜鮮やかに概念や事象を切り取ってみせ、加工し、並みいるライバルたちから頭一つ抜きん出た印象を与える能力）の無さを露呈してしまった事態に、なぜそうなってしまったのか、理解できない状況。

研究対象を自分の未来を切り拓くための〝武器〟としかみていないことに気付かぬゆえ、彼／彼女らからの批判を理不尽と感じる感性と、そのような感情を吐露することは自滅行為であるという世間知との葛藤。じつはそれらは、同様な局面におかれた私自身の姿でもあった。それはネイション・ビルディング／メンテナンスに向けて知識を体系化しようとするシステムの中に、自身の存在と思考を組みこむことで、自己の地位の安定を求めようとする心性に依存しきった姿であった。その心性は、自身の在りようと直結している。したがって、〝研究対象〟からのアンコントローラブルな批判は、自身の人格や存在そのものの否定と映るし、実際に否定となりうる。

その意味で、他の大学院生と等しく、私は間違いなくナショナリストであったし、自分の利益のために沖縄を資源化しようとする植民地主義の実践者でもあった。しかし本当に恐ろしいことは、これらの資源化を、本気で社会への義務感を胸に抱きながら行なっていたことである。それを必要で、真正なことと信じさせていたのは、自らに深く刻んできたナショナリズムによるものにほかならない。思考の枠組みが国民国家と暗黙の前提でリンケージしている社会。その思考枠組みの中では、沖縄もまた思想や発想の源泉として、日本に〝貢献〟することが当然とされ、沖縄人が何者でどのような存在であるかを、認識論上で決定する権限は日本人（＝自分）に属していることを疑わない。つねに沖縄社会と沖縄人は、日本人である〝自分〟によって解釈され、名づけられ、コントロールされ得るものと思って疑わない。

そのような疑念なき存在は、一般に権力者とよばれるだろう。すなわち、権力者とは私自身である。沖縄社会と沖縄人に対して、そのような権力性を基盤とした思考を抱き、実際に実践している者（＝権力者）は、日本中にあまねく存在する。そして池澤夏樹は、沖縄を資源化するに際して、洗練された抜群な手際のよさをみせてきた。私はできの悪い池澤であった。

現在の私がこれらの点を克服できたとは思わないし、それは私自身が判定する問題ではない。ともあれ、その後より多くの文章を読み、沖縄人と話すうちに、日本社会と沖縄社会の根源的な非（否）等置性と向き合わざるを得なくなった。つまり、私が想定していたような沖縄・日本両社会への貢献は、いくら沖縄文化や思想を考えても、達成不可能であると考えるようになった。どれほど沖縄に素晴らしい文化や思想があったとしても、日本社会と沖縄社会の非対称性の下では日本社会に適用できるようなものではないし、むしろ日本社会がその美点を曇らせている現状がある。逆に日本社会が抱える問題も、日本社会の歪みを問題化しないかぎり、たとえ沖縄の社会思想を参照しても（参照してみること自体に意義はあるにしても）、それによって直ちに解決策が導かれることはない。日本・沖縄両社会への貢献を望むなら、その根本的不平等をうみ出し続けている日本社会こそを思考の対象とするべきと考えるに至った。

このような経験から日本人によって生産されている沖縄言説の状況をみたとき、その意図がよく理解できる。すなわち他の日本人に対する政治における資源化という観点からみるとき、最初に必要となるのは、沖縄の特権化である。たとえば、平均所得の低い沖縄に移住することで自分は金銭面以外の価値を見出せる見識があるとの言説を生産してみたり、自分が知った「日本社会とは異なる価値観」を見せびらかしたい衝動に駆られるだろう〔西野、二〇〇四、二一一頁・一九八頁〕。文字通り政治の局面では、さらに沖縄の資源化は有効だ。前述の関広延も、日本における政治活動において（主に労働運動体においてと推測するが）「とにかく沖縄側の主張はこうだ」と、相手（日本人）をねじ伏せるために沖縄が利用される状況が日常的であったことを記し、それは自分自身を沖縄に投影し、沖縄からの絶対命令として、沖縄を権威としてきたのではないかと自省している〔関、一九七六、一二～一三頁〕。

そしていうまでもなく、われらが池澤も日本人の間の政治的資源としての沖縄を十分に活用してきた。沖縄（人）は社会の住み心地を悪くしてまで所得を高くしたいと思っていない、と日本と異なる価値観の存在を誇示し〔池澤、一九九七d、二二八頁〕、所得は低くとも出生率の高い元気ある社会と賞賛して日本社会との差異化を図った〔池澤、一九九七b、二七九～二八〇頁〕。これらの言説は、閉塞感に満ちた日本社会に対して異なる価値観があることを示し、自らがその権威として日本社会において地位を占めるために有効だ。じっさい池澤は、沖縄における政治の影響力の強さ、複雑性と主張の強さを日本社会と対比させ、「筋の通ったことを言う。建前だけの虚ろな言葉を押し返し、中央の官僚たちのおろおろぶりを見る。大きな声では言えないが、これはずいぶんおもしろいことである」と述べている〔池澤、一九九七c、一九頁〕。「筋の通ったこと」を強く主張せざるを得ないのは、われわれ日本人が筋違いにも基地を沖縄に押し付けているからである。そのことを棚に上げて、役人の「おろおろぶり」を高みから見物するという言葉は、自らの政治的位置性《ポジショナリティ》を不問に付し、自身を特権化した言説である。この高飛車ともいえる池澤の政治的パワーの源泉は、基地とそれによって引き裂かれた沖縄の現状にほかならない。たしかに「元気をもらっている」といえるだろう。他者（沖縄人）を代弁し、同じポジショナリティをもつ人々（日本人）に対して権威として政治力を高める。そのような言動をとる者は、沖縄人を簒奪し代弁しようとする〝沖縄オリエンタリスト〟であり、その意味では、沖縄は日本と異なっていてもらわなくてはならない場所なのである。池澤はこのようにも語っている。

全体の構図を見てとりやすい場所というものがあるでしょう。その意味で沖縄というのは、僕が意図して、確信犯として選んだ土地ですからね。［新井、二〇〇二、三〇四頁におけるインタビュー］

全体の構図（＝日本）を見やすい場所としての沖縄。それを「確信犯」として戦略的に選んだと池澤はいう。ここからも池澤の政治的意図が、根本的には日本人に対してのみ向けられていることは明らかだろう。それでは、沖縄人という政治的位置性《ポジショナリティ》を代弁し、詐称し、簒奪することによって、具体的にどのような日本人に対する言説の政治が可能となるのだろうか。

4　日本人の間での言説の政治

鏡としての沖縄

沖縄を日本人の間の政治的資源にするための言説には、三つの主要な傾向がある。次にその三つの典型的な言説について考えてみたい。

一つ目は、〝鏡としての沖縄〟という言説。沖縄は日本社会を映す鏡であるという言説である。田中康博が「沖縄は、他者からの視線の先にある鏡の役割を負わされており、そこに映し出される像は他者の〈自画像〉でしかないことに注意しよう（中略）彼らの興味は結局のところ彼ら自身にあって、沖縄は、彼らが自らを省みるための〈装置〉でしかないからだ」と指摘するように［田中、二〇〇三b、七六〜七七頁］、日本人には沖縄を自らを映す鏡として活用するという基本姿勢が存在する。この姿勢は、保守派から革新派に至るまで、その思想にかかわらず共有されている。[★14]

池澤夏樹も「東京に住んでいると東京的なものが見えない」ゆえに「もっとも東京的でないところ」として沖縄に移住してきたという［大田・池澤、一九九八、九頁］［池澤、一九九七b、四九頁］。そして国の外と中の境界に位置する沖縄は、日本を見るには〝最強の地方〟であり［新川・池澤、一九九六、一二三頁］、「沖縄というのは日本が自分を相対化するためにいちばんいい鏡だと思うんです。（中略）ちょっと離れていて、ちょっとちがうから、そのちがいがはっきりわかって、その意味では日本にとって沖縄があったのは実に良いことではないかと思うんです」と明言している[★15]［大田・池澤、一九九八、一五一頁〕。このような認識は、池澤にかぎったものではない。たとえば小熊英二も、「（オリエンタリズム的な沖縄への関心に比べて）そっちの方が僕の意見に近いんですけど」と断ったうえで「日本というナショナル・アイデンティティを考え直す上での、一つの考える起点としての沖縄の存在というニュアンスの方が強くなっています」と言説状況を分析している〔小熊、二〇〇〇、一九五〜一九六頁〕。

じつはこの〝鏡論〟、私自身の経験からも多くの日本人論者にとってかなり魅力あるものに映っていると推測できる。まず確認として、鏡を必要とする視点とは、とどのつまりは東京（日本の言説権力が構成される場）からの視点、東京における〝言説コンテスト〟を十分に意識したものであることは明らかである。そして日本人の間の言説の政治において、この〝鏡論〟が魅力的なのは、異なる価値観の存在を示すことによって、何ごとかを言ったような気になれる点である。異なる価値観の存在を示すことは、その社会の主流の価値観にどっぷりと浸かっている人々にインパクトを与える。とくにその社会が閉塞感に覆われているときには、効果は抜群である。「異なる価値観をもつ社会」の存在は、自分たちの社会の閉塞感を払拭する契機を与えてくれるのではないかという、

★14　この文脈での他者とは日本人のこと。
★15　このような池澤の「沖縄＝鏡」という認識に対しては、知念ウシが、沖縄を道具扱いしており、沖縄が日本を相対化するのは沖縄が日本の犠牲になっているからであり、そのことを問題化せずに「日本にとって沖縄があったことは実に良いこと」と言い放つ姿勢を強く批判している〔知念、二〇〇二、四一頁〕。

淡い期待をもたらす。したがって「異なる価値観をもつ社会」が抱えている矛盾や病理という側面には、基本的に関心は向かない。自らの社会にとって、有用な（と思われる）価値観の相違のみが意味をもつからである。したがって、重要なのは「鏡に何が映っているか（＝鏡に映った自分の社会）」ではなく、「いかにその鏡が素晴らしいか（＝いかに価値観が異なっているか）」を競うことである。

東京からみて辺境である沖縄。日本人の言説の政治における沖縄の存在価値は、池澤の指摘どおり、まさに沖縄が――あくまでも言説上においてではあるが――非東京的であり、辺境である点にある。[★16] その非東京性や辺境性が際立っていればいるほど、鏡としては役に立つことになる。田中が指摘したように、この鏡は自己の投影である。自分が主張したいことを自由に映すことができる「魔法の鏡」ともいえるだろう。この〝鏡論〟のフォーマットを使用するかぎり、重要なのは鏡を磨くことである。鏡の精度のみが、鏡の様態のみが説得力の源泉となるからである。

実際のところ、その〝鏡〟には、多くの場合たいしたことは映っていないように思われる。[★17] なぜなら、沖縄（＝鏡）と日本の差異を強調することに大半の労力を使うことになるからだ。知念ウシが苛立ちながら指摘しているように、そもそもそういう鏡が機能するのは沖縄に犠牲を強いているからであり〔知念、二〇〇二、四一頁〕、そのことを問題化しない議論は、単に沖縄を他者化するもので、戦前の〝二流国民〟といった議論となにひとつ変わるところはない。たしかに沖縄を鏡としてみた場合、そこには日本人の醜い姿が映っていることをみてとれるかもしれない。しかしそのこと以前に、問題とすべきなのは、なぜ沖縄が鏡になってしまっているのかということである。

そもそも、なぜ沖縄に行かなければ日本が見えないのだろうか。それは単に想像力の欠如ともいえるが、同時に想像力の欠如は権力者の特権でもある。沖縄に行って基地を見て気付く程度のことであれば、東京にいてちょっと日本社会を自己点検してみれば気付くはずである。この〝鏡論〟に魅力を感じたことがある者（＝私）として思うのは、この議論を導くのは想像力の欠如と無関心であるということだ。おそらく本当のところ、〝鏡論〟を唱える者は、国際情勢や政治にも無関心である。関心があれば、鏡など使わなくとも想像力を働かせることが可能である。沖縄社会における性差別の問題や貧困、出生率、家族観などを日本社会と比較して論じる者は多い。しかし、日本社会におけるこれらの問題について、沖縄を見なければ解らない者は、そもそもそういう問題に深い関心をもっていない。これは、換言すれば自分の立場が問われない環境にいるということだ。

専門化され細分化された知識とシステムによって構成されているフォーディズム的分業制社会において、われわれの多くはすべての事物の関係性を知っているわけではない。知っているのは自分の生活圏と職業を中心とした断片的な社会の情報にすぎない。社会における情報の連関は分断さ

★16　ちなみに、沖縄が本当に非東京的であるか、辺境であるかは問題ではない。言説上、その「非東京性」「辺境性」、すなわち日本との差異をどれだけ強調できるかが問題なのである。

★17　正確にいえば、鏡に映っていないのではなく、〝鏡論〟を主張する日本人が鏡に映っているものをよくみていないということである。

れ、とくに特別の関心を抱かないかぎり、自分が直接にかかわっている領域を超えて事物相互の関係性を知ることは少ない。そして知るということにかんする意思や意欲すらも形成されないほどにまで、事物の連関にかんする情報は分断されている。それは知らなくても生きてゆける程度に恵まれているということでもある。そのような状況で事物の関係性をいくばくか知っている人間が、社会の全体像にかんする言説の政治を展開するならば、人々にインパクトを与え、その発言は注目され、手段（たとえば出版物の販売など）によっては利益を得ることができる。したがって、ここに異なる価値観の社会に言及するという、〝沖縄オリエンタリスト〟の活躍の余地が生まれる。その結果、徹頭徹尾、日本人の間における言説の政治の問題として、〝鏡〟という言説は生産される。

沖縄という鏡によって日本人の間の言説政治で優位に立とうと思っている者が、沖縄の基地に関心をもつはずがない。鏡のもつ性能を見ているにすぎないのだから。さらに言えば、彼／彼女らは、たとえ沖縄に住んでいても、鏡に映った〝日本の姿〟など見てはいない。あくまでも鏡の性能を見ているのだから。見ているのは、鏡の性能によって保障される自分の言説政治における権力のゆくえである。池澤は、当初日本人に向かって基地によっていかに沖縄が苦しんでいるかを書いていたという。やがて彼は「しかしそれを言えば言うほど移転については「そんなおそろしいものは真っ平お断りだ」という気持ちになるのではないか。基地問題にはそういう根源的矛盾がある」［大田・池澤、二〇〇〇、一五九頁］、と述べるようになる。しかしそれは、基地問題の矛盾というよりも日本人の間の言説政治における、池澤の利益構造の矛盾にすぎない。つまり、どれだけ自分の言説を他の日本人に対して優位に展開できるかをめぐる問題を、〝基地問題〟にすり替えているのである。かように〝鏡論〟は、われわれ日本人の権力闘争意識に絶好の燃料を投下するタームであるといえる。

アジアへの窓口

典型的な沖縄の資源化の二つ目は、アジアへの指向である。これも非常に多くの沖縄論においてみられる論調である。たとえば夜遅くまで活動する生活スタイルが東南アジアと共通しており、沖縄は東南アジア文化圏の北限であるという池澤の記述や〔池澤、一九九七d、二二〇頁〕、以下の筑紫哲也の記述などが典型例である。

沖縄は地理的にも心理的にもアジアに近い。経験もある。アジアへの玄関口であり、そちらに向けられた「窓」でもあるのだ。この窓をどこまで大きく開けることができるか、そのために何をしたらよいのか。これもまた沖縄とその指導者にとって特別な仕事だと思う。〔筑紫、一九九五、七五頁〕

ここで筑紫がいう「経験」とは、おそらく「大航海時代」などの琉球王朝時代の交易中継地としての歴史的経験をさしていると思われる。この筑紫の文章は、さまざまな〝アジア指向論〟を要約した観がある。沖縄と東南アジアの地理的な近さ、生活文化などの共通性の強調、「大航海時代」

に表象される歴史性、それらをもって日本のアジアへの窓口になることが期待されている。この議論もまた沖縄の日本社会における資源化を意味している。

この〝窓口論〟も、保守から革新まで主義主張を超えて多くの日本人論者によって唱えられている。そして、近年よく見かけるようになった那覇を中心に同心円が描かれた地図（図参照）。そこでは上海やマニラの方が東京より近距離であることが視覚的に強調される。多くの日本人にとって、これだけの条件が揃った沖縄は、いかにもアジアへの窓口としてふさわしい場所に感じられるだろう。

しかしこの議論にはおかしな点がある。もちろん地理的な位置関係においては、沖縄県は他の都道府県に比べて突出して中国や東南アジアに近い。しかし、同じように突出してロシアに近い北海道が、ロシアへの窓口として沖縄と同等にその責を負わされているわけではない。地域の歴史性に注目するとしても、たとえば出島の経験を踏まえて長崎県が「特別な仕事」として国

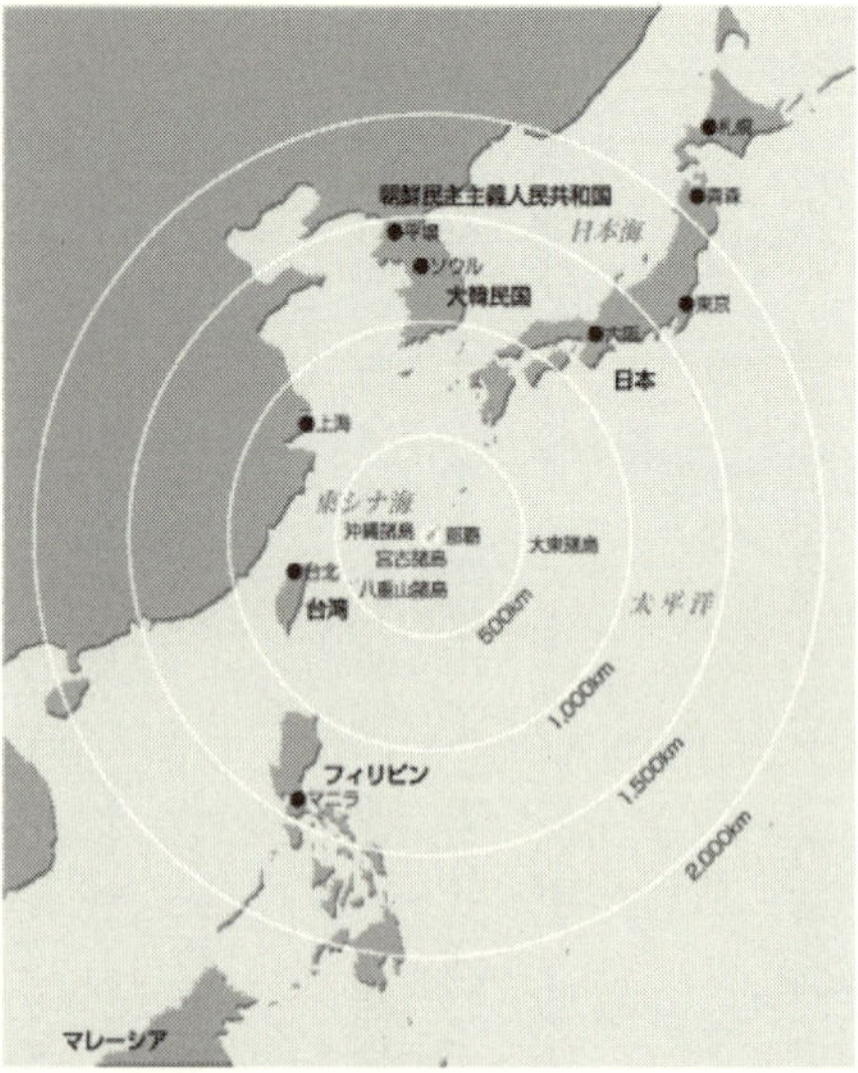

図：那覇を中心にした地図

［出典：沖縄県庁ウェブサイト（http://www.pref.okinawa.jp/kodomo/sugata/a1_01z.html, 2006 年 8 月 12 日最終閲覧）］

際交流の責を担わされたり、薩英戦争の経験を踏まえて鹿児島県がイギリスとの交流の窓口の責を担わされたりしているという話は聞かない。沖縄県にのみアジアへの窓口の責を担わせるのは、それと同程度に突飛なことである。日本とアジア地域の交流が必要ならば、東京であれ大阪であれ日本全体として行なえばよい。なにゆえ沖縄のみがアジアに対して窓口にならなければならないのだろうか。沖縄の扱いは、明らかに他の都道府県と比べて異質である。

この〝窓口論〟も、〝鏡論〟と同じく日本人の欲望の投影にすぎない。アジアへの窓口、〝結節点〟という文脈からは、日本の経済・軍事的な拡大指向とパラレルに進行する、文化における帝国主義的視点を読みとる必要があるだろう。関広延は戦前日本の植民地拡大の過程において「この差別すべき植民地・朝鮮を獲得する、その中継として沖縄に対する琉球処分があり、亜天孫族〔亜日本人〕として沖縄人を存在させることが必要だったのである」と論じている〔関、一九八七b、二二七頁〕。かつての植民地主義と同じ臭いをこの〝窓口論〟に嗅ぎとる必要があるだろう。

〝窓口論〟においてより不思議なことは、沖縄県が二七年間の米軍統治という歴史をもっているにもかかわらず、アメリカ合州国との関係において、〝アジアへの窓口論〟と同様な意味においての〝アメリカへの窓口〟としては、決して語られないということである。これほど適任な地域は他にないではないか。現在も多数のアメリカ人が駐留しているのだから。日本にとって〝重要〟とされ、潜在的に支配する対象にはなりえないアメリカとの関係においては、あくまでも東京がその窓口であり、これから影響力を及ぼしたいアジア地域については沖縄が窓口や結節点となる。この認識構造には、植民地主義への欲望が潜んでいる。

それが経済面であれ、軍事面であれ、あるいは文化面であれ、はたまた平和運動であれ、アジア地域に対する日本のヘゲモニーへの欲望、影響力行使への欲望が潜んでおり、その前線基地としての「亜日本人」としての沖縄人が設定される。驚くほど古典的な植民地主義の図式は、政治的思想や主張を問わず、現在においてもなお〝窓口論〟と形を変えてわれわれ日本人の意識の中に存在している。そしてこれらの言説が日本人同士で交わされることは、日本人自身の戦略として、いかにうまく沖縄を資源化できるかを競っていることを意味する。

地方自治の星、沖縄

〝鏡論〟にしろ〝アジアへの窓口論〟にしろ、それを沖縄人自身（日本人による詐称ではなく）が口にする意義は十分に理解しなくてはならないだろう。実際、この二つの議論は主に沖縄人によって発展させられてきた経緯がある。むしろ日本人論者はその議論を換骨奪胎し、便乗してきたといえる。問題は、なぜ沖縄人がそのような議論を口にしなければならないのか、その点を想像することがないまま、これらの議論を日本人が口にすることである。なぜ、沖縄のみが鏡や窓口にならなくてはならないのか。そしてなぜ他の都道府県にはそういうことが求められないのか。いうまでもなく、沖縄人にそのような議論を行なう必要性を課したのは、われわれ日本人である。この点を黙殺した議論を日本人が行なうときの政治性は、繰り返し指摘しておく必要がある。

その意味でもっとも犯罪的であり、沖縄を資源化しようとする言説は、地方自治にかんするものである。池澤夏樹は、各都道府県が横並びで中央集権的な様相を帯びる日本において「いや、ここはちょっと違う」と異議を唱える沖縄、そういう日本の多様性を感じ取れる場所が居心地がよいという［池澤、一九九七b、二一〇頁］。このような池澤の言説に代表される視点については〝鏡論〟においてもその問題点を考えたが、さらに彼はそのような異議を呈する地域が日本を変え、その多様性によって日本を救うという［池澤、一九九七b、二六四頁・二八一頁］。

沖縄は鏡どころか救世主に昇格してしまった。日本人によって多大な被害を蒙ってきた沖縄人が、なぜご丁寧にも日本社会を救わなくてはならないのだろうか。実際、沖縄には、沖縄州を作れとか、一国二制度を実施しろとか、連合体社会を作り、そこに日本もアメリカも参加すればよいとか、いろいろな〝宿題〟が日本人によって投げつけられている［小川・姜・橋爪、一九九七、五三〜六五頁］。沖縄社会は、よく言っても日本社会の閉塞状況を打破するために諸制度の実験を行なう実験場、悪く言えば沖縄人は炭鉱のカナリアのような位置づけである。そのようにして沖縄に、あたかも思いつきのように、ときには無理難題と思われるものまで実践を求める姿勢は、なにかしら残酷な無邪気さを孕み、もしそれらの〝実験〟が失敗に終わり沖縄社会に大きなダメージを与えても、それはさほど重要なものではないと考えられているかのように感じられる。

私自身、かつて「一国二制度」や、新川明や川満信一ら沖縄人論客による国民国家制度を超えようとする沖縄の社会思想に強い魅力を感じたことがある。しかし、それらの思想の実践は、まず沖縄で行なわれ、その結果がよければ日本全体を変革するようなパワーをもつだろう、という暗黙の順序を想定していたことは間違いない。たとえその実践が失敗したとしても、人口比約一％の沖縄社会の損失は、日本に住んでいる自分にはさしたる影響も与えず、むしろなぜ失敗したかという言説生産上の新たなテーマをもたらし、成功してもその成功を分析するという新たなテーマをもたらしてくれる、といったような考えが心の中にまったく無かったかと問えば、完全に否定する自信はない。

沖縄はその内部の多様性もあって地方原理を発動しやすいと池澤は言う。また沖縄のような地域のクレイムに中央政府は耳を傾けるべきだとも言う［池澤、一九九七b、二二二頁］。しかしそれは、ほかならぬ池澤自身が指摘しているように「沖縄では中央からの指令とお金というこの方式がどうもうまく機能しない。最初に米軍基地という無理矛盾があるから、どうしても中央に対して言うべきことが多い」ことが原因である［大田・池澤、二〇〇〇、一二一頁］。あたかも沖縄を地方自治制度に風穴を開ける〝地方自治の星〟のように持ち上げる議論は多いが、それは、沖縄が〝星〟にならざるを得ないということでもある。沖縄社会は地方自治のモデルケースになりたいがために基地を存在させているのではない。強制的に基地を配置され、それを何とかしようとして、もがいているだけである。それを地方自治の星というなら、その〝星〟の輝きの源泉は基地である。つまり、沖縄に〝地方自治の星〟の役割を期待する日本人にとっては、在沖米軍基地は必要不可欠なものであるといえる。これは、先に紹介した野村浩也の「基地がある沖縄が好き」というシミュレーションそのままの状況である。

そしていうまでもなく、この〝地方自治の星論〟もまた、日本人の日本人に対する言説の政治において大きな資源とされている。都市部への人口集中や過疎、財源や福祉制度の歪みなど、中央政府と地方自治体の関係において問題を抱えていない地域はない。その状況に「沖縄を見よ！」と自らが権威者として参入できるのである。いわば、〝地方自治の星論〟は〝鏡論〟のなかでも、もっとも強いインパクトをもって自らの言説の影響力を行使できる言説なのである。

日本人への奉仕

沖縄を語る多くの日本人論者にとって、在沖米軍は必要不可欠の存在である。基地こそ沖縄の多様性の源泉であるからだ。基地があるからこそ、沖縄は日本の他の地域と異ならざるを得ず、鏡になったり、アジアへの窓口になったり、地方分権の魁として、日本人論者の日本人に対する言説の政治において資源とされうる。したがって、沖縄社会は日本社会と異なったものとして〝沖縄オリエンタリスト〟によって他者化され、彼／彼女ら自身の日本人間の言説の政治的資源として、つねに日本とは異なった価値観やライフスタイル、政治手法を、身をもって示すことを求められる。

換言するなら、沖縄は多様性を提示しないと日本社会に参加すら出来ないということだ。そんな特殊な視線を向けられている地域は、沖縄以外には存在しない。★18 基地の存在によって安全保障に貢献し、多様性でも日本社会に貢献しなければ、沖縄社会と沖縄人は日本に身の置き所がないかのようだ。誤解のないように記せば、筆者は沖縄人が日本人に同化するべきだと言っているのでは、決してない。過去において、同化政策こそが差別の原動力であり現在の沖縄の状況を作り出してきたことは、多くの沖縄人が指摘するとおりである〔野村、一九九九など〕。ここで確認しておきたいことは、そもそも現状において沖縄人には、他の日本人と待遇面で同じになるという選択肢そのものが、日本人によって最初から封じられているという点である。平等への可能性をあらかじめ封印された状態で、多様性を提供することを求められているのだ。

〝沖縄オリエンタリスト〟にとっては、日本人の間で展開される政治のために、沖縄は日本と違っていてもらわなければ困るのである。したがって〝沖縄オリエンタリスト〟は沖縄社会と沖縄人を他者化し続ける。ここで問題としたいのは、実際に沖縄人が他者であるかどうかではなく、沖縄人を他者化し続けるわれわれ日本人の心性である。少なくとも〝復帰〟後において、沖縄に政治的、経済的、社会制度的に「他者性」を付与し続けてきた最大の源泉は基地の存在である。したがって〝沖縄オリエンタリスト〟にとって基地は、沖縄に存在してもらわなくては困ることになる。日本人間の言説の政治のために沖縄文化や政治手法について沖縄の独自性（他者性）を賞賛することは、在沖米軍を必要としているということでもある。

　われわれ日本人が沖縄に基地を置くことと、沖縄社会の多様性を論じることとは同じことである。政治的制度としての在沖米軍の存在と文化的構制としての〝多様な沖縄〟と〝癒しの島〟は、同じことを沖縄人に要求している。すなわち日本人への一方的な奉仕だ。

5　日本人の内なる政治

二項対立を超えて？

日本人による沖縄の多様性を強調する議論は、多くの追随者をうむ。沖縄の文化や多様性に憧れ、日本社会の閉塞状況を嫌って沖縄に〝想い〟を寄せる〝沖縄病患者〟や移住者たちである。彼/彼女らの多くは、池澤夏樹に代表されるような〝沖縄オリエンタリスト〟の作った沖縄解釈のフォーマットに則って沖縄に介入してゆく。彼/彼女らのような存在がいるからこそ、沖縄を語る〝沖縄オリエンタリスト〟は権威者となりオピニオン・リーダーとなって、自らの言説の影響力を強めることができる。

ところで、このような文化的侵攻プロジェクトにおける阻害要因は何であろうか。それは、沖縄を〝愛して〟沖縄にやってくる日本人を沖縄人が拒絶することである。すなわち日本人への一方的な奉仕を拒否されることである。この拒否の姿勢を根絶するために日本人が用いるのが「二項対立

★18　民族的集団としてであれば、たとえばアイヌ民族や在日コリアン等に対しても、われわれは同様な視線と構造を発動している。

の超越」というロジックである。ちなみにこのロジックは二項対立を「解消」するものでは、決してない。今まで考えてきたように、二項対立をうみ出す沖縄の他者性は、〝沖縄オリエンタリスト〟にとって必要不可欠である。その二項対立を温存したまま、自らと自らがアジテートして沖縄に殺到させた沖縄病患者たちのみを、その二項対立から超越した存在として沖縄社会に受け入れさせなくてはならない。日本人としての利益は温存したまま「沖縄との二項対立を超える日本人」を作り出すことは、同時に「日本人対沖縄人という二項対立図式にこだわらない沖縄人」を作り出すことでもある。たとえば池澤夏樹も「僕の目から見た沖縄人というのも、一括しては論じられなくなってきた。あのあたりの連中とは話が合うけど、こっちのやつらとはダメとかね」と発言している［池澤、一九九七a、六九頁］。「あのあたりの連中」や「こっちのやつら」が誰を指すかは、池澤の判断によって時と場合に応じて変わり得るのであろう。しかし、日本人が沖縄人をカテゴリー化し、分断している効果はこの論法を使うかぎりは維持される。

ワシントンの碑がアメリカ側の戦死者だけのを記すのに対して、糸満市摩文仁に造られる方は敵味方を問わずすべての死者の名を記している点だ。ここに勝者と敗者を分ける思想はない。死んだものはすべて敗者であり、彼らを死なせて生き残った者も一人残らず敗者である。［池澤、一九九六、一一四頁］

（「平和の礎」に象徴される途は）国民国家内部における「蜘蛛の糸」の下にあるものへの抑圧の被害者の立場からみれば、すべての戦争被害者は、ひとしくこうした発展主義と国民国家の思考枠組みの被害者である。（中略）また戦争で殺された一般市民の立場で考えれば、国境の外で同じように「皇軍」（彼らによれば「蝗軍」）によって殺されたアジアの民衆と連帯することは当然である。それは「命どぅ宝」という形で普遍主義的に人間の生命をとらえる立場でもある。[★19]［石田、二〇〇〇、二一六頁］（ ）内は引用者による補足

池澤と政治学者の石田雄が、一九九五年に糸満市摩文仁に完成した「平和の礎」について共通して指摘しているのは、「勝者と敗者を分けない沖縄は偉い！」ということと「命を媒介にして考えれば、勝者も敗者も平等である」という二点である。[★20]日本人はこの「平和の礎」がことのほか大好きである。とくに国籍を問わずに戦死者（戦争の犠牲者）の名前を刻んだ点に、沖縄の社会思想の

★19　ちなみに、引用文中の「蜘蛛の糸」とは、石田の用語法に従えば、芥川龍之介の同名小説にあるように、一つの救い（発展の方法）に、国民国家内のすべての人が同一線上に序列化され、自分が生き残るために上の者が下の者を踏みつけ、切り捨てることもやむなしとする心的傾向のこととされている［石田、二〇〇〇、二一二頁］。

すばらしさを説く言説が目立つ。じつを言えば、私も最初に「平和の礎」の存在を知ったとき、その命の平等性という思想に魅力を感じた。なぜ私は魅力を感じたのであろうか。それは日本人が沖縄戦において多くの沖縄人を殺してきたことに対して、「命」というタームを経ることによって免罪された気分になったからである。なぜ免罪されたと感じたのか。それは日本人と沖縄人という政治的位置性《ポジショナリティ》が「命」というタームを経ることによって「個人」として解放されると感じたからである。

しかしたとえ百歩譲って解放されたとしても、それはあくまでも沖縄戦で死んだ日本人が解放されたにすぎない。それを今生きている自分が解放されたと感じたのは、自分と日本人の死者を暗黙のうちに繋げていたからに他ならない。その自分と日本人の死者との繋がり、すなわち歴史的なナショナリズムという回路には目をつむり、沖縄人を殺してきた日本人という政治的位置性《ポジショナリティ》からの「個人」としての解放という側面だけを、都合よく自分にあてはめていたのである。しかしそれがいかに欺瞞的な認識であろうとも、この「個人」への還元と、それによってもたらされた「解放」は、二項対立図式を超越する意識を日本人に一方的にもたらす。ここに至って、「沖縄人が、あるいはアイヌが、本土人を差別するわけではない。政府はその間に線を引くかもしれないけれど、個人はその線を無視することができる」［池澤、二〇〇二、一〇九頁］といった、差別者であるかどうかは、その政治的位置性《ポジショナリティ》とは無関係に個人の政治的姿勢に還元可能だという認識が導かれる。これは事実上の、池澤の二項対立の超越宣言でもある。

しかもこの二項対立という認識法は、現在日本人の間できわめて評判が悪い。その理由のひとつには、一九九〇年代のカルチュラル・スタディーズの興隆によって、個々の文化や社会の内的多様性への注目が高まっていることが挙げられるだろう。社会は単純にAとBに分類できるものではない。Aという集団も一枚岩ではなく、内的多様性を持っているのだ、というわけだ。考えてみれば、これは当然である。一枚岩の社会や集団など、どこにも存在しない。むしろ今までそのことを無視してきた理由こそ問われるべきだろう。さらにこの内的多様性を可視化させたのは、グローバリゼーションにまつわる言説である。★21 グローバルな文脈に国民国家社会が再配置されるとみなされる過程においては、社会の成員の共通利益を自明視することが困難になりつつあり、そのことがいままで隠蔽されてきた性差や階層などに代表される社会の内的多様性を浮き彫りにし、可視化して

★20　ちなみに石田は、「再校に際しての追記」として、「平和の礎」には加害者と被害者の区別を無視するものであるとの批判があることをうけ、権力の連鎖状況を視野に入れた分析が必要であると、若干見解を修正している。これは、新崎［一九九五］などによって展開された、加害者と被害者を同一視することによる戦争責任の不可視化に対する批判を考慮したものと思われる。
★21　ここでの意味は、グローバリゼーションが実体をもった動きとして社会を再規定しているかどうかという問題ではなく、「グローバリゼーションが社会を再規定する」ことは不可避であるというイデオロギーとしての「グローバリゼーションにまつわる言説」である。

いるという側面は、たしかに存在する。

このようなカルチュラル・スタディーズの視点は、社会学を中心にある種の〝常識〟となりつつある。たとえば、小熊英二による『〈日本人〉の境界』においては、日本人の境界の揺らぎ、単純に二項対立に回収できない社会の内的多様性（たとえば官僚間でのセクト主義や〝マイノリティ〟内部での権力闘争など）を、欧米を第三項として導入しつつ、日本と植民地の関係をグローバルな文脈に再配置する、といった手法がとられ、新たな知見も導かれている［小熊、一九九八、六〜七頁］。また吉見俊哉は、メディアで再生産される沖縄のイメージは、想像上の表象として日本人にも沖縄人自身にも消費されていることを挙げ、そのまなざしは、単純に「本土／沖縄」といった二項対立に回収されるべきではなく、アジアやグローバルといった認識を含めたトランスナショナルな意識の地政学としてとらえるべきと論じている［吉見、二〇〇四、一五三〜一五六頁］。ここに挙げた二人以外にもカルチュラル・スタディーズの視点を導入して二項対立的図式を超えようとする沖縄論は多い。その潮流の中では、まるで二項対立にこだわることは愚鈍で犯罪的な知的怠惰であるかのような印象さえ受けてしまう。しかし私は、あえてこの二項対立にこだわることは必要だと考える。[★22]

これらの議論には、たしかに肯首できる部分もある。しかし、それはあくまでも一定の条件を付けてである。それは「なんのために分析を行なうのか」という点を明示しているならば、というものである。日本人が、とくに沖縄のように自分たちが支配を行なってきた社会の多様性を論じることは、つねに政治的である。その政治性は、沖縄社会が多様であるかどうか、どのように多様で、日本人と沖縄人の関係が複層的であるか、といったそれらの議論の中身自体の適切さではなく、それらの議論がもたらす政治的効果において問題化されなくてはならない。いかに日本社会や沖縄社会が多様であろうとも、いかに日本と沖縄がともにグローバルな文脈に巻き込まれていても、いかに沖縄がアジアに開いていようとも、二項対立は消滅してはいない。二項対立に回収することができない歴史や文化が存在するからといって、他方で二項対立が消滅するわけではない。二項対立という認識法によって沖縄社会の諸現象のすべてを説明できないからといって、二項対立が存在しないわけではない。このことに意識的でなく、言及もしない言説は、いかにその内容が妥当であったとしても、結果において二項対立的な権力構造を隠蔽する効果をもつ。そのような言説は、基地の偏在という二項対立をうみ続けている構造が継続している現状に対して、二項対立の意味を軽視し、それを軽々と超えることができると考える日本人を擁護する。したがって、この点に無頓着であるままに、沖縄社会の多様性や、日本と沖縄の複層的な関係を強調する言説には、二項対立の一方の当事者として、その責任を引き受けることを回避する心性が作動しているのではないかという疑いを、どうしてもぬぐいきれないのだ。★23

★22　コロニアリズム、及び植民地主義の実践過程における「二項対立」の意味と、「二項対立超克（否定）論」の政治的な問題点については、池田［二〇〇六、二一一～二一六頁］においてまとめてあるので、参照されたい。

このように、二項対立を〝超えて〟沖縄社会の多様性を強調すればするほど、沖縄に魅せられる日本人が増えるのは当然である。なぜなら、自分が踏みつけているにもかかわらず、そんなことは気にもせず、うまくいけば自分すらその〝多様性〟の一部として受け入れてくれそうな社会に映るからである。そんなお人好しばかりの社会であれば、癒しもされるし、元気ももらえるはずだ。その帰結としての移住ブームである。そしてその移住者たちによって、〝沖縄〟は簒奪される。その結果、沖縄の基地は温存され安全保障に貢献し、基地があることによって他者化された沖縄は、再び日本人間の言説の政治の資源として援用され続ける。この支配のプロジェクトがうまくいくためには、決して沖縄人に二項対立を思い出させてはならない。たとえ思い出したとしても、それへの不満を日本人に対してぶつけさせてはいけない。それゆえに多くの日本人の〝沖縄オリエンタリスト〟は、二項対立を〝超える〟可能性を口にし、（本章において考えてきたように、同時にそれはあくまでも二項対立の存在を前提にし、必要としているのだが）二項対立を顕在化させるロジックそのものを封鎖しようとする。

沖縄にかぎらず、抑圧関係にある集団や個人において「二項対立を超えて」、「二項対立を超えるために」という論調はよく見聞するものである。しかしながら、そういう議論によって二項対立が解消することは、絶対にない。なぜなら、二項対立にこだわっていないからである。二項対立が問題ならば、二項対立を見据えて考えるしか方策はない。そこに第三項を持ち込んでも、二項対立は消えてなくなりはしない。「二項対立を超えて」という議論によって、何かを超えることができるのは抑圧する側の人間のみである。そこで超えられているのは己の後ろめたさと贖罪感である。被抑圧者にとって二項対立は、依然として眼前にあり続ける。「二項対立を超えて」という言葉は「二項対立を温存する」と同義である。私自身の尊厳の問題として、この言説構造を拒否しようと思うとき、関広延が日本人によって沖縄文化が破壊されている様を目の当たりにしながら、

文化が経済や社会の構造に大きく左右されることは当然だが、しかもその文化はそこに在る人が持ちこたえようとする限りもちこたえられるものであり、他の文化に在る者のいかなる強力もそれを殲滅するのは不可能であると信ずる。同時にまた、自分の属する文化がどんなにやりきれぬものであっても、そこから脱れる路はなく、空しくとも自ら自身と戦う努力をする以外ないのだと確信している〔関、一九七六、二一頁〕

と語った言葉が重みをもって迫ってくる。

★23　被支配社会の多様性を語る支配者の政治的効果については、池田〔二〇〇五a、六九〜七〇頁〕を参照されたい。

〝領有〟の魅力

二〇〇一年九月一一日の、いわゆる〝同時多発テロ〟の後、日本〝本土〟から沖縄への修学旅行のキャンセルが相次いだことを思い出そう。これはすなわち、沖縄の米軍基地が〝テロ〟の標的となる可能性が十分にあり、沖縄という土地自体が危険にさらされているということであった。一九四五年の沖縄戦において多くの沖縄人が殺されたのは、そこに日本軍が駐留していたからであった。そして軍隊の存在によって沖縄人が危険にさらされるという情況は、六〇年以上がたっても変わってはいない。

沖縄〝復帰〟前後の二年間を沖縄で過ごした作家の佐木隆三は「広島では原爆の慰霊碑に「過ちはふたたびくりかえしませんから」と刻まれている。だが沖縄では、どの慰霊碑にもその文字は見られない」と指摘している〔佐木、一九八二、一五頁〕。慰霊碑の言葉の欠落どおり、沖縄社会は危険な状況に繰り返し直面させられている。日本から沖縄に出かけて慰霊碑を立てた日本人が、沖縄戦を繰り返さないという決意を表さなかったこと。さらには彼らがおそらく沖縄戦自体を「過ち」と認識していたかどうかも疑わしいこと。そして、数十年を経て（数十年のあいだ連続して）現在も軍隊の存在によって沖縄人が危険にさらされていること。これらのことは、われわれ日本人の沖縄人に対する態度を如実に示している。

また、沖縄病患者（野村浩也による「沖縄ストーカー」という命名こそがふさわしい存在だが）を自称する人々、沖縄に移住する人々、その人たちの書いた文章やインタビューでの発言は、いずれもみな無邪気である。無邪気に沖縄の習慣や食べ物、テーゲーさ（愛すべきおおらかさ／いい加減さ）、などにいちいち驚き、夢中になって語る。しかしその無邪気さのなかには、ある種の残忍さが潜んでいる。沖縄人をあたかもペットを眺めるかのように眺め、いちいちその仕草や行動に驚き、次はどう驚かせてくれるのかを期待する。沖縄への〝愛情〟が心の底から湧き出た無邪気なものであるとしても、沖縄人を対等な人間とは決してみなしていない。彼／彼女らは、沖縄が次はどんなふうに驚かせてくれるのか、どんなネタを提供してくれるのか、無邪気な〝愛情〟を注ぎながら舌なめずりして待っているのだ。

戦後一貫して沖縄人が基地の暴力にさらされていることへの日本人の無関心と、〝沖縄病患者／沖縄ストーカー〟の無邪気さは同根である。関広延は、一九七五年に沖縄で実施された海洋博覧会に際して、日本人企業家が暴利をむさぼっている様子をみて「こんな奴ら、いてもうてもかまへん、というのが、心の奥底に、ひそんでいるのや、と思います」と記している〔関、一九八七b、五七頁〕。つまり、今は成り行き上かかわっているが、いざとなったら生きようが野垂れ死のうが、自分には関係がない、というきわめて残酷で突き放した視点である。この「い（逝）てもうてもかまへん」という恐ろしい呟きの予兆や痕跡が〝沖縄病患者／沖縄ストーカー〟や移住者、池澤にも感じられるのである。そしてもちろん私自身にも。自分の奥底にこの呟きがあるのではないか、という不安が、つねに頭をかすめる。

関は、かつて彼が経験した部落解放同盟の糾弾闘争の席上で、糾弾する側に座っていた彼自身が、糾弾を受けている者と根本的に同じ質をもっており、それに反して自分の口をついて出る糾弾の言葉は被差別部落からの言葉と同質であることに気付き沈黙したという経験を記している。しかし、同時にそこで沈黙することは差別への加担以外のなにものでもなく、彼自身が差別者として差別を糾弾する言葉を持ち合わせていないことを指摘している〔関、一九七六、一五～一六頁〕。このように沈黙しても差別、発言しても差別、どうやっても差別者であることから逃れられないという差別者の側に生まれついた者のやり場のない感情は、正直なところ、じつにつらい。立っても、座っても、寝ころがっていても、差別をやめることはできない。日本人の一人として、沖縄人の犠牲の上に安全や経済発展の恩恵を得ていることは事実である。その重圧で自分が潰れそうに感じるときもある。しかし一方では、既に享受している利益についてそれを手放すことへの恐怖感、とくに自分だけがマジョリティとしての〝利益のコミュニティ〟からとり残されるのではないかという恐怖感もある。そしてそのように感じる自分自身を発見し嫌悪感がわきおこる。これらがぐるぐると心の中に交代で想起する。

このやり場のない感情は、根本的には差別の構造を解消しないかぎりなくなることはない。したがって差別者にとって、一番安易な解決は目をつむることである。それ以上みなければ、悩んだり自責の念に駆られたりすることもない。日常の瑣事に埋没しているうちに、それらの感情はいつの間にか忘れ去られてゆく。沈黙による差別、無関心による差別。その道を選ばないなら、残るのは発言することだ。

次の段階として、当然ながらその発言は、差別を行なっている側の人間に向けられることになる。多くの差別は、その実態さえも詳しく知られていないために差別の実践が可能となっている。したがって、その実態を多くの差別者に伝えること自体には意義がある。その実態について被差別者の訴えに耳を傾ける必要があるのはもちろんのことであるが、この過程ではさらに新たな問題が発生する。その訴えが当の自分にも向けられていることを、他の差別者への発言の過程で忘れてしまうことである。より正確にいえば、関が指摘するように「差別者として差別を糾弾する言葉を持ち合わせていない」ために、その訴えが自分にも向けられていることを忘れた振りをすることが、自責の念から逃れる安易な道として魅力あるものに映ってしまうことである。この点について関も「俺たちがおそろしいのは、ヤマトの世界、差別者の世界といっさい手をきって、沖縄の人間、部落の人間となり、そうして差別者の世界に対して生きていこう、とすることである」と指摘している［関、一九八七b、一〇四頁］。すなわちそれは、被抑圧者を代弁し、なり代わるという簒奪行為にほかならない。〝他者〟を自分の言説上の資源として〝領有〟することである。

その過程で〝代弁する者〟は、透明で責任を問われない位置に逃げ込めると錯覚してしまう。これはミニー・ブルース・プラットが「文化のモノマネ（cultural impersonation）」と呼んだものにきわめて近い。それは罪悪感と苦痛、自己嫌悪を除こうとして他者のアイデンティティを借用したり所有しようとする心的傾向であり、特権や実際的な歴史・社会関係における責任、政治的位置性《ポジショナリティ》といったものを拒否することは、自分自身のアイデンティティや政治的位置性《ポジショナリティ》の欠落を生み出す基盤となる、とマーティンとモハンティは指摘している［Martin and Mohanty, 1986:207-208］。これは様々な差別問題にかかわる多くの者にとって、きわめて陥りやすい落とし穴だと思われる。自分が沖縄人に対する差別者であるという事実への拒否反応、その現実を受け入れたくないという気持ち、受けいれることによって安定や経済的豊かさを失うことへの恐怖、あるいは沖縄を資源化して自らの資源とすることができなくなることへの恐怖、しかし差別状況を知りつつもそれを放置することができない者であるという程度には自己の良心に自惚れ、周囲からもそういう者と見られたいと思うプライド。これらの心性が重なり合って、一つの解決策として自分の政治的位置性《ポジショナリティ》を問われずに済む位置、すなわち沖縄人へと自分を重ね合わせ、その実、抑圧者として享受している利益だけはしっかりと享受し続けようという計算が働く。

　これらの計算の結果、沖縄人の側に自らを重ね、なかんずく沖縄人としてすら発言するという、沖縄人の〝簒奪〟が実践される。このような簒奪は、さらに日本人の間の言説政治において援用可能な〝沖縄〟という新たな資源と利益を簒奪者にもたらす。そして、前述のような自己の罪悪感や嫌悪感を払拭し、かつ他の日本人に対して影響力を行使できるという言説の政治の魅力に耽ることとなる。この魅力が〝沖縄オリエンタリスト〟の沖縄人への寄生の根源だ。そのような態度を取るかぎり、沖縄／日本という二項対立は否定され続けなければならなくなる。

6 沖縄から遠くはなれて

本章の第一稿を書き終わっていた二〇〇四年七月、池澤夏樹が約一〇年住んだ沖縄を離れ、フランスに移住することが報じられた。彼は沖縄を離れる理由について、仕事の巡りあわせと断ったうえで「沖縄について一通りのことはしたという思いもある」と語っている〔『琉球新報』、二〇〇四年六月九日朝刊〕。

〃一通り〃、とはどういうことなのだろうか。彼は別のメディアで「沖縄に暮らして沖縄を論ずるという姿勢でやれる限りのことはしたような気がする」とも語っている〔池澤、二〇〇四a、一二八頁〕。彼は沖縄を離れるにあたって、複数のメディアにおいて「沖縄らしさが薄まった」と繰り返し語っている〔『琉球新報』、二〇〇四年六月九日朝刊〕〔池澤、二〇〇四b、三二頁〕。沖縄を離れるにあたってまっさきにとびだした感想は沖縄らしさの喪失を嘆く言葉であった。

池澤は離沖インタビューの中で、沖縄と日本の関係において彼自身が果たしてきた役割を以下のように総括して語った。少々長いが引用したい。

（前略）僕はあっちこっち知らない土地を行くのが好きで、そこについてちょっとお勉強するのも体験するのも好きだ。それを文章にして日本に送って、日本のメディアに載せるのが仕事であると。すると、結局僕が言うべき事は「僕は今ここに来ています。ここはとてもいいところです。だからあなたは来ないでください」。結果はそうなんだよ。あなたが来るとここは良くなくなります。そういう意味で、僕も「沖縄いろいろ事典」を始めて、あの時から、沖縄に行って美化して、まさに事典なんだから、切り売りしてきたと思う。それはあきらかに沖縄の為ではなくて、ヤマトのためにやっていた。ある意味で「ヤマトはだめだけど、沖縄があるさ」ってこと。そうするとヤマトは、じゃあ行ってみようか、そういう良いものがあるのなら、と言って、喰ってしまった。という感じね。

（中略）

（ヤマトでは）本気で「信仰」を込めた祭りはもう殆どなくなってしまった時に、まだ沖縄があるって気持ちだったと思う。見つけた人は、僕も含めて。その時には僕は沖縄を提示することで、ヤマトを沖縄化したかった。ここまで戻らなきゃダメでしょ。祭りっていうのはこういうもんでしょう。という風に提示したつもりなんだけど、それをあいつらはあっという間にくっちまった。消費してしまった。［池澤、二〇〇四b、三三頁］（　）内は引用者による補足

（前略）つまりある時期僕らが考えていたのは、ヤマトは段々だめになっていく、沖縄はまだしっかりしている、じゃあ沖縄に学んでごらん。沖縄がヤマトを沖縄化できるか。それくらいのつもりではあったんだけど、それはある意味では効果があったかもしれない。［池澤、二〇〇四b、三五頁］

つねに予防線を張りつつ発言してきた池澤にしては、これらの発言は沖縄について語ったなかでも最も誠実なものであると思う。彼は自身の言論が、終始〝ヤマト〟に向けての政治の中で生産されてきたことを端的に認めている。そして、〝沖縄〟を領有し、独占し、自分の言説上の資源とする欲望を抱いてきたことが語られている。先の引用文の「祭り」という言葉は「政治的ヘゲモニー」や「文化的ヘゲモニー」と置き換えても、そのまま彼の一〇年にわたる沖縄での活動に当てはまるだろう。

「あなた」が来るとここは良くなくなると言う一方で、自分が良くなくした可能性は無視されている。同じく「あいつら」は「あっという間にくっちまった」と言いつつも、自分が「あいつら」以上に喰い散らかした可能性についてはまったく言及されていない。自分と「あなた／あいつら」とをなんの躊躇もなく峻別する視線。この無邪気さこそ、池澤と「ヤマト」あるいは「あいつら」とがまったく同じポジションに位置し、植民地主義の心性を分かち合っていた、なによりの証左ではないだろうか。

沖縄回収作業、終了。

池澤は沖縄を離れるにあたって、その理由としてヨーロッパでの仕事が増えたこと、元々一箇所に定住できない性分であることなどを挙げている〔池澤、二〇〇四b、四五頁〕。しかし同時期に、フランスのフォンテーヌブローに移住する理由について、性格の薄い居心地のよさそうなところであるからとも言っている。かつてギリシャに住み、太平洋の島々を歩き、「そうやって周辺から固めていって、沖縄に移って、すごろくで言えば、上がりに少し近づいた。だからフランスには行く、パリの近くまで行く。だけど、パリではない。」と述べている〔池澤、二〇〇四a、一三〇頁〕。「行き詰まりが十年ごとに来るんです〔池澤、二〇〇四a、一三二頁〕」という池澤にとって、沖縄はすごろくの一マスにしか過ぎなかったということであろうか。そして次のマスに進む決断を下すということは、沖縄を自身の資源として回収しきったということであると、解釈されても仕方がないだろう。「一通りのことはした」という言葉の意味は、沖縄に政治的資源としての魅力を感じなくなったということであり、「沖縄らしさが薄まった」という前述の発言は、沖縄は〝鏡〟としてそれほどの性能を発揮しなくなったということでもある。[★24]

フランスに居を移してから彼が書いたもの（主にメールマガジンを転載したもの）には、とても奇妙なことに、彼が沖縄を去った翌月に起こった、普天間基地所属の米軍ヘリが沖縄国際大学に墜落した事件についての記述は一つも見当たらない。イラクやアメリカのこと、フランスの食べ物のことなどは詳細に書かれているのにである。[★25]先月まで自分が住んでいた土地であり、かつてはその土地のすべてを引き受けるとまで言っていた沖縄の市街地の、しかも教育機関に米軍ヘリが墜落したのだ。沖縄にいたころの池澤であれば、何をおいても飛びついていたはずのトピックである。

残念ながら、こう考えるしかない。彼は沖縄に寄生し、養分をしゃぶりつくし、自己の言説の政治に利用しきった。そして近年は、知念ウシや野村浩也ら沖縄人からの自分に対する批判もなされるようになって〔知念、二〇〇二〕〔野村、二〇〇二・二〇〇五〕居心地も悪くなったこともあり、〝ヤマト化〟が進み〝荒廃〟した沖縄を、〝映りの悪い鏡〟、回収済みの社会として捨てた、と言われても弁解のしようがないところだろう。

★24　ところで池澤夏樹は〝すごろく〟の上がりを、どうやら西欧に設定しているらしい。「フランスに行く」ことを、さらに「上がりに少し近づいた」と表現しているからである。この点についてはフランスと関係の深かった父親である福永武彦との相克も関係しているのかもしれないが、むしろ九・一一以後に国際情勢に対して積極的に発言している彼としては、日米同盟によってアメリカへの追従を明確にしつつある日本社会に対して、NATOからEU軍へと重心を移行させる過程で安全保障の非米化の色彩を強めつつあり、日本とは異なる政策を打ち出しているEUやヨーロッパ諸国の価値観を援用することが、日本人の間での政治の新たな資源となると考えているのではないかと、つい推測してしまう。それはかつて池澤が沖縄に移住したときと同じ選択基準であるからだ。住みやすさ、文化、などを理由に挙げつつも、彼の移住の基準はつねに安全保障をめぐる情勢と深く結びついている。ひょっとして、彼のいう「あがり」とはノーベル文学賞なのではないかと、ついつい、邪推もしたくなる。

池澤夏樹、逃亡。

寄生虫の行動パターンと同じく、収奪が終わり寄生する価値がなくなったとみるや、速やかに次の寄生先に移動する。このような態度こそ、グローバル化された現代的な植民地主義のひとつの典型である。

われわれ日本人は在沖米軍問題を〝沖縄問題〟と名づけて日本から切り分けたり、〝地政学〟といったタームを使って、自身の無関心さに正当性を与えてきた。したがって、沖縄に対して日本人が興味を持つこと自体は必要である。より多くの日本人が沖縄社会と沖縄人の現状に対して、より大きな関心を払うべきである。しかし、その関心の持ち方が問題なのだ。本章でも考えたように、基地をめぐる日本と沖縄の二項対立を隠蔽したままで、沖縄社会の日本における異質性や多様性を一方的に付与することは、「基地」と「多様性」という〝双子の差別〟をうむ。沖縄を代弁し、沖縄を表象化し、さらにはその表象を簒奪するといった、言説の政治への指向を、われわれの精神の中から追い出す必要がある。その指向性は〝沖縄〟という〝他者〟を日々創り出し、かつその〝他者〟を日本人が〝領有〟するということを意味するからである。

本章では、発言の影響力、言説を流通させる力、近年の〝沖縄病〟患者や移住者たちの沖縄社会への認識との共通点、発言内容の分かりやすさ、といった理由から池澤夏樹のテクストを中心に、日本人が沖縄を資源化し、日本人の間における政治を実践する過程を考えてきた。しかし、問題は池澤個人にかぎらない。私を含めて、多くの日本人が池澤によって表象される心性を共有している。そもそも、池澤が実践している日本人の間における政治は、その政治的ライバルやパートナーといった、政治の「場」を構成する人々の存在なくしては遂行不可能である。

彼のテクストをあらためて読む作業は、私にとってきわめて不快なものであった。それは、私も数多く存在する池澤の一人であることを痛切に感じさせられるものだったからである。さらっと読み流して、そのロジックに違和感を覚えず、後から考えるとちょっとおかしいと感じたことが何度もあった。

なぜ即座におかしいと反応しなかったのか?

それは私の中に池澤のロジックをトレース可能な思考回路が存在しているということである。そ

★25 Stranger in A Strange Land（池澤夏樹）available at http://www.impala.jp/ikoku/index.html［最終閲覧、二〇〇五年五月一日］

なお、このウェブサイトの内容は、池澤［二〇〇五］としてまとめられている。また、本章の再校正段階（二〇〇七年四月）になって、池澤は沖縄を舞台とした小説を新たに文芸誌『新潮』に連載を開始した［池澤、二〇〇七］。再校時点ではその第一回が掲載されたのみであるため、フランス移住後の池澤の沖縄に対する意識や想いを確認することはできなかった。現段階では、本章で論じた内容について変更の必要は感じないが、今後の彼の文芸活動を注視したい。

の思考回路が自動的に作動し、違和感を覚えなかったのだ。さらに愕然としたのは、自分もひょっとするとこのようなことを書いたり言ったりしたかもしれない、今までこんなことを書かなくてよかった、と感じた時であった。

よかった？

「書かなくてよかった」とはいったいどういうことだろうか。本章のような内容を書きながらも、この期におよんでまで自分自身が、言説の政治において沖縄を資源化しようとしている姿をそこにみた。その資源化の手法をめぐって、競争関係の中で揚げ足をとられまいと注意を払おうとしている自分がいる。このとき、私の内面にびっしりとしみついている植民地主義の様式に愕然とした。私の中にも間違いなく池澤がいる。池澤は私だ。

本章で展開した議論もまた、沖縄を資源化した日本人の間の政治であることから逃れられない。また私を含めた日本人の犯罪性を指摘することも「より巧妙に成功するために、まずもって自己を糾弾するという手段をとる」［Memmi,1968=1971:177］にすぎないのではないかという疑念を、どこまでいっても自分自身でぬぐいさることができない。しかし口をつぐみ、これを黙認することもまた、そういった政治を可能にする日本社会の政治的な場を構築するという政治の実践となる。いずれにしろ、すべての日本人はこの政治からは逃れられない。根源的に逃れる方法は、われわれの社会が沖縄社会と沖縄人に対して行なっている支配をやめることしかない。

支配者であることから逃れようと望むならば、残る道は沖縄を自らの資源と化し、動員している日本人間の政治のフィールドを使って、「もう、こういう沖縄をネタにした政治はやめようよ」という政治を展開することである。もちろん、そのフィールドにのって議論を展開する責任は負わなくてはならないが。そのための第一歩は沖縄人を代弁することをやめ、沖縄社会に多様性を求めることをやめることである（くどいようだが、これは実際に沖縄社会が多様であるかどうかとは、まったく関係のない別の問題である）。われわれ日本人が〝沖縄〟を代弁することは、最初から不可能である。それは〝沖縄〟という存在の様態が、日本人の欲望の対象として、われわれが沖縄人を他者化して創りだしたものだからだ。

日本人が語ることができるのは対象への欲望だけであって、対象そのものを語ることなど構造的にも不可能である。実際、日本人が語る「沖縄像」は、日本人の「欲望像」でしかない。先に関広延が、本土の開発業者が暴利をむさぼる様子を「こんな奴ら、いてもうてもかまへん」と、その視点を表現していることを紹介した。欲望の対象（＝〝沖縄〟）を自ら簒奪し表象するという態度は、対象となる生身の人間を精神的・思想的に抹殺した後にはじめて成り立つ。実際のところ、沖縄において〝簒奪すべき〟日本とは異なる価値観が、基地の集中という沖縄人の犠牲を源泉としたものであることを考えると、この態度は「いてもうてもかまへん」という視線と同一である。〝他者〟を抹殺までして、われわれは何を手に入れようとしているのだろうか。それが「日本人間における言説の政治における優位性」であるならば、そのような〝優位性〟は拒否したい。なぜなら、それはそのような〝優位性〟を得ようとする個人の心根の〝劣位性〟の現れにほかならないと考えるからである。そのような〝優位性〟の価値を貶める必要があるし、〝優位性〟を成り立たせている言説空間の秩序を破壊する必要がある。

またわれわれは、沖縄人の代わりに沖縄から何かを〝発信〟したり、沖縄を〝解説〟したりすべきでもない。それは沖縄人のみが実行可能なことである。彼／彼女らも日本語を使えることを忘れてはならない。沖縄を解説したり、〝沖縄から〟と断りを入れて情報発信している日本人の言説には、最大限の警戒をもって臨む必要があるだろう。今、われわれ日本人に必要なことは、沖縄について語ることではなく、沖縄人の話を聞くことである。相手の話を聞くのは対等な人間同士のコミュニケーションの基本である。

日本人の言説政治における〝優位性〟の秩序を崩し、沖縄人の話を聞くためには、まず〝鏡論〟のような沖縄の〝多様な側面〟〝異なる価値観〟を唱える日本人に対して、我々一人ひとりが〝あなたはその鏡のどこに、どう映っているのですか？〟と尋ねることからはじめる必要がある。鏡の精度についての話題は無視し、何が映っているのか、どこに映っているのか、なぜ映っているのか、なぜ鏡を見ているのか、といった点のみをしつこく繰り返し聞くことが重要だ。もちろんこれは他の日本人に対して発せられる問いに留まらず、自分自身に対しても発せられる問いでなくてはならない。

それで相手が怒るようであれば、あなたには鏡に映る価値すらないのかと問えばよい。それで相手が黙るようであれば、自分がどう映っているのか、お互いに、一緒に考えようと誘えばよい。その次に、なぜ沖縄が鏡となっているのかを一緒に考えればよい。最後に、なぜわれわれは鏡を必要とするのかを一緒に考えればよい。そして沖縄人を代弁しようと語る日本人には「あなたは、いつから沖縄人になったのですか?」と問えばよい。

こうやって書くとあまりにも基本的なコミュケーションの作法であり、バカバカしいことにも思えるが、今まで日本人の多くは、そのような基本的なコミュニケーションの作法すら沖縄人には適用してこなかった。同時に、日本人同士も競合的言説環境下において自らの〝鏡〟を磨くことに専念し、鏡を大事に抱え込み、真に胸襟を開いて対話してきたとはいいがたい。実際、これらのことを日本人同士で実践するにもある種の緊張が必要であるし、緊張を引き受ける意思が必要である。

その意思が何に裏打ちされるかには個人差もあるだろう。それはたとえば、沖縄人との個人的な関係のなかからうまれることもあるだろうし、あるいは「いてもうてもかまへん」という態度・行動をしているのに、そのことに気がつかなかった自身の愚鈍さへの嫌悪であるかもしれない。主体的に「愚鈍さ」を克服する可能性をもつということ自体も権力者の特権ではあるにしても、まずはその点を開示することからしか、話ははじまらないのではないだろうか。いずれにしろ日本人に求められているのは、沖縄人の話を聞き、次に日本人同士の利益と、支配への欲望を開示し、そのうえで、それを克服するための日本人同士の対話の可能性を探り合うことである。

正直なことをいえば、私は池澤夏樹のように沖縄への〝造詣〟も深く、状況に深くかかわってきた日本人と、日本人同士としてこのような対話を行なうことを希求している。しかし、現状ではそれは難しい。沖縄人野村浩也に植民者である可能性を指摘されたことに対して、彼は以下のように語っているのだ。

さきほど野村さんにコロン一世かもしれないと言われましたが、僕はイミグラントであってもコロンではありません。それでもヤマトンチュであることは変わらない。その違和感がなくなったという幻想もまちがいだと思っている。何十年たっても、ああ、あの人ヤマトンチュさと言われる。それでいいのです。〔池澤・ラミス・野村、二〇〇二、一〇〇頁〕

自分がコロン（植民者）ではないと断言する池澤。彼は自分が何者であるかを名づける命名権を自分のみが握っていると信じて疑わない。そして沖縄人から「ヤマトンチュさ」といわれ続けることに対しての超然とした意識。これは意地悪く解釈すれば、沖縄人の視線などによっては揺るがない彼の存立基盤、権力の源泉を明言しているともいえるだろう。いうまでもなく、それは日本人間の政治において勝ち続けることによってもたらされる、沖縄経済とは無縁の、池澤自身の基盤であり、政治的位置性《ポジショナリティ》でもある。

そして沖縄を離れる際には、今まで〝ミニイケザワムシ〟ともいえる〝沖縄病患者〟を大量にうみだし続けたにもかかわらず、先に紹介したように彼／彼女らを「それをあいつらはあっという間にくっちまった。消費してしまった。」と切って捨てる池澤。追随者を「あいつら」と呼んで自分から切り分け、自分の政治的位置性《ポジショナリティ》を転換して語るその手法は、日本人間の政治を意識した場合、鮮やかだ。池澤のような活動を行なってきた日本人は、沖縄を離れるのであれば、沖縄人に対してはもちろんのこととして、追随者に対してですら、自分が何をし、何をしなかったかを語る義務があるはずだ。しかし彼は、沖縄人にも追随者にも語りかけず、その双方を切り捨てた。

池澤は、自分自身への命名権を保持し、沖縄人の視線から乖離し、追随者をも切り捨てる。なんという孤独だろう。彼はギリシャや太平洋の島々や沖縄やフォンテーヌブローをめぐり、色々な人と出会っても、つねに孤独であらざるを得ない。それが寄生ということの帰結だ。彼はたとえ賞賛され、尊敬されても、真に共感されることはない。それは、彼の日本人間における言説政治の戦略が、異なった社会を言説上において〝領有〟するという、〝一匹目のムシ〟の旨味を独占しようとする行為に基づくものだからだ。構造的に、彼は訪れた社会とも、追随者とも、利益も感情も共有できない。彼はこの政治戦略を維持するかぎり、死ぬまで、追随者を牽制しながら次々と〝異なった社会〟、〝異なった価値観〟を発見し続け、移動して奪い続けなければならない。

これは「勝者は孤独だ」といったこととはまったく異なる種類の孤独である。彼は自らの、そして同様に言説の政治に参加する日本人の価値観を転換するような価値を、孤独の代償として人々に共有されるような価値を、彼自身としてうみ出していないからだ。その孤独は狡猾さによってもたらされる孤独である。そしてこの孤独は、他者をいかに要領よく言説上で〝領有〟するかという日本人間の政治において、構造的にうみ出されるものである。洗練された現代的な植民地主義は、その実践者に孤独をもたらすのだ。私は、このような孤独を共有したくはない。

「沖縄は日本と異なった多様な社会」という他者化の言説、それを可能にしているのが基地の存在である。日本人間で行なわれる言説の政治においてこの多様性を賞賛し、沖縄社会に介入し、資源化するかぎり、沖縄の基地は存続し続けることになる。そしてそのことが、実際に日本社会との差異をさらに拡大し再生産してゆくことにつながる。

その過程では、〝他者〟を創造し、それに寄生し、孤独と引き換えに日本人の間の言説政治における短期的な優越的効果がもたらされる、といった局面がみられる。私自身も含めた日本人全員がこの言説の政治から自由ではない。日本人自らがこのロジックの円環を切断することからしか、沖縄人を収奪することをやめ、差別を解消するための模索ははじまらない。そのためには、日本人同士が、なぜ収奪を可能にしているのか、なぜ収奪を黙認しているのか、なぜその構造を話そうとしないのか、その点を言説の政治というフィールドで問題化してゆくしか、方策はないと思われる。その道のみが、差別者であることを解消し、競合的な言説状況から、われわれ日本人の孤独から、われわれ自身を解放するものなのだ。

参考文献

アジア光俊、二〇〇四、『うりひゃー！　沖縄――行っちゃえ！　行っちゃえ！　おまかせガイド』光文社

新垣誠・野村浩也、二〇〇二、「対談　暴力の現場から――「語り返し」の可能性をめぐって」『部落解放』五〇七、四～一八頁

新井敏記、二〇〇二、『池澤夏樹 アジアの感情 long interview』スイッチ・パブリッシング

新川明・池澤夏樹、一九九六、「沖縄独立の夢を語ろう」『世界』六二五、二三～三五頁

新崎盛暉、一九九五、「「平和の礎」問題を考える」『けーし風』六、四六～四七頁

筑紫哲也、一九九五、『筑紫哲也の「世・世・世」――おきなわ版「多事争論」パートI』沖縄タイムス社

知念ウシ、二〇〇二、「空洞の埋まる日」『部落解放』五〇七、三七～四七頁

ハッサン イーハブ・池澤夏樹、一九九七、「対談 辺境から始まる」『文學界』五一（四）、二三八～二五一頁

日野啓三・池澤夏樹・大城立裕・又吉栄喜・小浜清志、一九九七、「沖縄――文学の鉱脈 シンポジウム 新しい普遍へ」『文學界』五一（四）、二一六～二三七頁

池田緑、二〇〇一、「グローバリゼーションとポジショナリティ――マイノリティとマジョリティの位置をめぐる一試論」『二松学舎大学国際政経論集』九、二〇三～二一三頁

――、二〇〇三、「「沖縄問題」の言説構造と日本人の位置性」『社会情報学研究（大妻女子大学紀要――社会情報系――）』一二、三九～五七頁

――――、二〇〇五a、「心的傾向としての植民地主義――植民地主義をめぐる基礎的考察Ⅰ」『社会情報学研究（大妻女子大学紀要――社会情報系――）』一四、五五～七七頁
――――、二〇〇五b、「平等、寛容、想像力、そして植民地主義――植民地主義をめぐる基礎的考察Ⅱ」『社会情報学研究（大妻女子大学紀要――社会情報系――）』一四、七九～九九頁
――――、二〇〇六、「おばけは生まれ変わることができるか？――植民地主義をめぐる基礎的考察Ⅲ」『社会情報学研究（大妻女子大学紀要――社会情報学系――）』一五、一五～三七頁
池澤夏樹、一九九六、『むくどりは千羽に一羽』朝日新聞社
――――、一九九七a、「沖縄から元気をもらった」『広告批評』二〇七、六八～七五頁
――――、一九九七b、『沖縄式風力発言――ふぇーぬしまじま講演集』ボーダーインク
――――、一九九七c、「沖縄では政治が見える」琉球新報社編『沖縄へのメッセージ』琉球新報社、一八～一九頁
――――、一九九七d、『やさしいオキナワ』ＰＡＲＣＯ出版
――――、一九九八、「普天間基地を鹿児島県馬毛島へ移転せよ」『現代』三二（四）、五八～六五頁
――――、二〇〇二、『新世紀へようこそ』光文社
――――、二〇〇四a、「渡仏前夜――池澤夏樹インタビュー」『すばる』二六（九）、一二六～一三二頁
――――、二〇〇四b、「沖縄を離れるにあたって」『Wander』三六、三二～四五頁
――――、二〇〇五、『異国の客』集英社

——、二〇〇七、「カデナ（連載第一回）」『新潮』一〇四（五）、六〜一八頁
池澤夏樹・落合恵子、二〇〇二、「米国を抑え込む言葉の包囲網を」『週刊金曜日』三九四、一四〜一五頁
池澤夏樹／C・ダグラス・ラミス／野村浩也、二〇〇二、「沖縄から有事を問う」『世界』七〇一、八九〜一〇一頁
石田雄、二〇〇〇、『記憶と忘却の政治学——同化政策・戦争責任・集合的記憶』明石書店
溝口絵美・秋葉文子、二〇〇四、『沖縄移住計画——セカンドライフはスローでいこう』学習研究社
Martin, Biddy and Mohanty, Chandra Talpade., 1986, "Feminist Politics : What's Home Got to Do with it?", De Lauretis,Teresa eds, *Feminist Studies/Critical Studies*, Indiana University Press : 191-212
Memmi, Albert., 1968, *L'homme dominé*,（白井成雄・菊地昌実訳、一九七一、『差別の構造』合同出版）
ナイチャーズ編、一九九二、『沖縄いろいろ事典』新潮社
日本放送協会放送文化研究所編、一九九七、『データブック全国県民意識調査1996』日本放送出版協会
西野浩史、二〇〇四、『沖縄に恋する——癒しの島に渡ってみれば』WAVE出版
野村浩也、一九九九、「差別としての同化——沖縄人という位置から」『解放社会学研究』一三、七四〜九三頁
——、二〇〇二、「無意識の植民地と沖縄ストーカー」『神奈川大学評論』四二、八七〜九四頁
——、二〇〇五、『無意識の植民地主義——日本人の米軍基地と沖縄人』御茶の水書房
小川和久、一九九六、『ヤマトンチュの大罪——日米安保の死角を撃つ!!』小学館
——、一九九六、「沖縄米軍基地問題解決へのシナリオ——日本側が備えるべきカード」『Human

Security』一、東海大学平和戦略国際研究所、六七～八一頁
小川和久・姜尚中・橋爪大三郎、一九九七、「沖縄独立を検証する」『広告批評』二〇七、三八～六七頁
小熊英二、一九九八、『〈日本人〉の境界』新曜社
――、二〇〇〇、「沖縄アイデンティティの行方」大田昌秀・山内徳信他『ウチナーンチュは何処へ――沖縄大論争』実践社、一九四～二〇九頁
太田息吹、二〇〇〇、『増補改訂 沖縄で暮らす!!』同時代社
大田昌秀・池澤夏樹、一九九八、『沖縄からはじまる』集英社
堺屋太一・池澤夏樹、一九九七、「官僚支配と少子化が招く悲劇」『現代』三一（八）、六八～八一頁
佐木隆三、一九八二、『わが沖縄ノート』潮出版社
関広延、一九七六、『誰も書かなかった沖縄』大和書房
――、一九八七a、『沖縄 一九七二・五・一五』海風社
――、一九八七b、『現代の沖縄差別』海風社
――、一九八九、『コザの音楽家』海風社
――、一九九〇、『沖縄びとの幻想』三一書房
島袋まりあ、二〇〇二、「「沖縄」を語る過程を思考することの意義」『部落解放』五〇七、一九～二七頁
下川裕治、二〇〇二、「片思い～沖縄病という病」下川・篠原編著『好きになっちゃった沖縄』講談社文庫、一七～二四頁

下川裕治・ゼネラルプレス編、一九九八、『好きになっちゃった沖縄』双葉社
下川裕治・篠原章編著、二〇〇二、『沖縄ナンクル読本』講談社文庫
総務省統計局、二〇〇四、『住民基本台帳人口移動報告――平成一五年結果』(available at http://www.stat.go.jp/data/idou/index.htm)
田仲康博、一九九九、「「沖縄問題」と「沖縄の問題」」情況出版編集部編『沖縄を読む』情況出版社、一九八～二〇三頁
――、二〇〇三a、「風景の誘惑」『別冊環⑥ 琉球文化圏とは何か』藤原書店、二五八～二六六頁
――、二〇〇三b、「物語世界のなかで」『Inter Communication』四六、七六～七七頁
吉見俊哉、二〇〇四、「カルチュラル・タイフーンの現場から」岩渕功一・多田治・田仲康博編『沖縄に立ちすくむ――大学を越えて深化する知「ちゅらさん」「ナビィの恋」「モンパチ」から読み解く〈沖縄〉の文化の政治学』せりか書房

責任としての抵抗

ファノン、レヴィナス、李良枝を中心に

郭基煥
KWAK Kihwan

1　北朝鮮表象と在日朝鮮人

共犯化への誘惑

家の中に穿たれた穴。壁の内側にある窓――テレビや新聞という〈窓〉＝メディア。その〈窓〉の向こう側に「世界」を眺めていると感じている者達。しかも互いに同じひとつの「世界」を眺めていると信じている者達。

一方で、その同じ〈窓〉に自分が眺められているのを感じる者達がいる。窓そのものが自分を眺める他者の目であるように感じる者達、家の中で他者の目に曝されているのを感じる者達がいる。

日本のメディアはアメリカによるイラク攻撃とそれによってもたらされた無数の苦痛をふつう「イラク問題」と呼び、「アメリカ問題」とは呼ばない。また、沖縄に留まり続ける米軍基地の問題を、これもやはり「アメリカ問題」と呼ばない。その一方で、「北朝鮮」[★1]による日本人拉致事件

と核開発疑惑を一括して「北朝鮮問題」と呼んでいる現在、またその「北朝鮮問題」という命名（naming/designation）が自明視されている現在、かつて朝鮮半島からやってきた者達やその子孫、在日朝鮮人（以下、在日と略記）は、メディアという窓によって自分が眺められているのを経験しないではいられない。嫌悪感や憎悪をたっぷり含んだ北朝鮮への〈まなざし〉が、その勢いのままに方向を変え、手近なところにいる自分の方に向けられるのではないかという「不安」から、自由であることは難しい。★2

そして在日は安全なアイデンティティーへと誘惑される。現実の暴力を受けてはおらず、不安が不安という、いくら切迫していたとしても架空のことがらに方向付けられた「心」の問題である限り、打つ手が残されているからだ。自分に対して、自分と「北朝鮮」を結びつけることは間違いであることを納得させるという手で、それから目をそむけることができるからだ。

たとえば現在の自分の国籍が韓国であり、先祖の出生地が現在の韓国にあるという「事実」を強

★1　＝朝鮮民主主義人民共和国。本章では日本における同国に対する表象を主題的に論じるので、特別な事情がない限り、敢えてその表象の中で用いられる語である「北朝鮮」という語を用いる。

★2　在日は、植民地主義者がもっとも手軽に攻撃できる者を攻撃することを知っているからだ。アルベール・メンミは言う。「人種差別主義者というのは、得意の技をふるうために、すでに《歴史》によって打ち倒された人間にだけ向かう」[Memmi, 1982=1999:103]。

調することで——かつてはそれが「北朝鮮」を含む「朝鮮」というひとつの国であったことを意識の背後に押しやり——選び取られた「事実」に立脚して、自分は韓国人だと、自分に、そして自分の中にある〈日本人のまなざし〉に言う。あるいは、現在の自分の国籍が日本であるという「事実」を意識の前に立てることで——その国籍を取得する以前の自分、または親や祖父母がまぎれもなく「朝鮮人」と称されていたということを意識の背後に押しやり——ここでもやはり、選び取られた「事実」に立脚して、自分は日本人だと、自分に、そして自分の中にある〈日本人のまなざし〉に言う。あるいはまた、一切の問題は政治の問題であり、自分とは関係がない、自分は自分だと自分に言い聞かせ、もしくは「地球市民」だと言い聞かせる。

しかし、こんな手だて——心の中の法廷で〈日本人のまなざし〉という〈裁判官〉の前で北朝鮮と自分との無関係性を立証するために有利な「事実」をめいっぱいかき集めるという試み——によって果たせるのは、不安から一時的に目をそむけることにすぎない。ひとたび不安が生じてしまったとすれば、自分と「北朝鮮」を結びつけることは「間違い」であると自分に納得させることが可能だとしても、心の外部にいる日本人が自分の思うように納得するものだと信じきることなどできはしない。そこでできることは、ただ「期待」に過ぎない。あるいはそれを自覚した瞬間には、当然の自尊心の損傷を経験しないではいられないような「祈り」に近いものになる。「どうか私を北朝鮮と結びつけませんように」。

それにしても、この文章は在日にのみ向かって語ることはできない。在日はことばを奪われた。

過去において奪われたということのみではない。異質性嫌悪という病いにかかっている日本人は電車の中で朝鮮語を聞くだけで耳をそばだてる。私は電車の中で韓国から来た私の友人と朝鮮語で話すとき、そうした耳に襲われる。異質性嫌悪は、今もことばを殲滅しようとしている。いや、ことばというのは正確ではない。在日が互いにコミュニケーションをする機会を奪い取り、奪い取ろうとし続けているのだ。朝鮮語によって語る者達がいる場、朝鮮学校に対する嫌悪がそれを象徴している。こうして在日に日本語を押しつけることで、在日同士のコミュニケーションを日本人が聞くことができるようにしてきたのだ。こうして在日同士の交流は、何かしらよそよそしいものになる。私は会話が監視されているのを感じる。ともかく、在日同士のコミュニケーションは、ほとんど常に日本人が聞き取り、日本人が割り込んでいくことができる体制の中でしかなしえなくなっている。

この文章は在日に向かってのみ語ることはできない。日本語で書かれている以上、日本人が割り込んでくる可能性がある体制の中でしか書くことはできない。だとすれば、盗聴されている者達がやるやり方をまねるしかない。盗聴器に聞かれていることを予想した上で話すことだ。そしてそれはこの文章の義務であろう。そうであれば、在日に向かって、愚かで、醜悪な祈りをすることをやめることを訴えるために語った二段落前の文を書き換えなければならない。さっきの訴えは日本人にも聞き取られる。そして聞き取った日本人に同情心を喚起させかねないからだ。

今、この、盗聴器を組み込まれた日本語による語りの空間で、それでも在日に向けて語るのであれば、こう言わねばならない。ここで起こっていることは何か、それは脅迫なのだ、と。日本による北朝鮮表象は、在日を日本が指定する安全なアイデンティーへと誘導し、北朝鮮の他者化に共犯するよう脅迫しているのだと。しかし、さらにはっきりと言わねばならない。

なるほど、我々の目の前にはいくつもの、自由に選びうるアイデンティティーの選択肢がある。韓国人、日本人、コスモポリタンなど。この種の「大きな物語」の中の社会的アイデンティティーを一切拒否するという方法もあるだろう。だが、最後のものまで含めて一切は結局、日本の帝国主義を生かすものだ。拉致事件発覚以降、我々はそれらの選択肢を前にしながら、しかし同時に、背後に、自分を脅迫してくる〈日本人のまなざし〉を感じている。「我々日本人」が用意した選択肢のうちのどれかを選べ。北朝鮮へと回路が開かれているアイデンティティーを選ぶならば、「我々日本人」は〈ここ、我が国〉での安全は保証しない。脅迫するまなざしは、日本人が指定する安全地帯に我々を誘っている。

コンテキストの一切を欠いて、唐突に向けられた「朝鮮」または「朝鮮人」という名称は、我々がもっともおそれるものだった。異様な事態だった。思い出せる限りその語をはじめて聞いたその瞬間から、その響きに心臓を摑まれるような気になった。響きには心臓を止めるような毒があった。だからこそ、その語で自らを語ろうとした者がいた。たしかに我々の中にそういう者達がいたのだ。それの身体でその語が持つ響きを吸収しきろうとしたのだ。この毒を我が身で食おうとしたのだ。それは、この語によって圧倒された我々の同胞、殺されさえした同胞への責任だった。そして、この語によって圧倒されるかもしれない未来の同胞への責任だった。その語の響きを反転させようとしたのだ。

今では「朝鮮（人）」という語は「北朝鮮」を即座に想起させるようになった。そしてその「北朝鮮」が今のような形で表象され続けている限り、毒に毒がもられた格好だ。それでもなお、己の責任として朝鮮（人）という語を用いて自分を表象しようとしている者達、そうした者達はどこかにいるだろう。が、今、この国では、彼ら同胞への責任を果たそうとする者達は、サバルタンになっている。「朝鮮人として、ひとこと言おう」そう語る者の声には、我々でさえ警戒心を持つのだ。何に警戒しているのか。そう、日本語で語った以上、必ずそのことばを聞き取ることができる日本人の盗聴器にだ。そのあとに語られることばを聞けば、仲間だと、盗聴する日本人に認識されることを怖れるからだ。そして怖れる限り、我々は日本人との共犯関係にあるのだ。同胞への責任を果たそうとする者達をサバルタンにするという犯罪の。

それにしても不思議なことがある。盗聴機能付き言語を我々に押しつけた日本人は、自分達のことばこそが、いつも聞かれているということを忘れていることだ。

北朝鮮表象の分裂と帝国主義的意識

北朝鮮表象は分裂してしまっている。ひとつのテレビの番組の中でさえ、戦争時でもない限り、両立しうるはずのない二つの表象が交互に現われる。何をしでかすかわからない、恐るべき国家という表象。そして、取るに足らない、嘲笑にこそ値する国家という表象。「核兵器を外交カードに用いる全体主義国家」や「秘密工作員」の恐ろしさが強調されたその直後に、「金正日マンセー」と集団的に絶叫する「人民」や、「キップンチョ（喜び組）を組織して悦に浸っている金正日」の幼稚さが強調される。

ところで、そういった語りはいったい、「恐ろしさ」を訴えたいのか、「幼稚さ」を訴えたいのか。常軌を逸した異質性嫌悪が、語る者を錯乱させ、語りを分裂させている。というのも、「恐ろしさ」が、そのことばで普通、理解している通り、自分には統御できない、手に負えない存在に対する謂いであり、〈幼稚さ〉がやはり普通に理解する通り、何をしたところで脅威をもたらすことのない存在への謂いであるとするならば、二つの表象は元来、両立可能なものではないのだ。

表象は自ら文字通り、表象に過ぎないこと、「現実の認識」などではないことを露呈しているのだ。〈現実に、客観的に〉「北朝鮮」が何をしでかすかわからない恐るべき存在であり、また、そのように認識しているというのならば、その「認識主体」からその同じ対象を取るに足らない者として嘲笑するなどという態度がどのようにして生じるのか、誰も理解できない。

恐ろしさと幼稚さは共に訴えてしまえば、一方が他方を相殺してしまい、何も訴えられなくなってしまう。メディアという窓の向こうにある北朝鮮は、「子供という大人」、「丸い四角」のような、現実には存在し得ず、表象としてしか「存在」し得ない。分裂した表象は、そのために何も訴えられなくなってしまうリスクを持っている。それは、表象すればするほど何も表象できなくなる、という奇怪な表象なのだ。

そんな奇怪な、分裂した表象を実践し続けることを可能にしているのは何であり、またその実践を通して得られるものは何かと問えば、結局のところ、北朝鮮について表象する力を持つのは「我々日本人」であるという意識だと答えるしかない。北朝鮮をめぐる分裂した表象が示すのは、北朝鮮を表象する主体というポジショナリティーへの日本人の執着だ。

執着は「北朝鮮」という名称への固執によって露呈している。その名前で呼ばれている国、つまり朝鮮民主主義人民共和国は、この名称の使用をやめるよう主張しているが[★3]、殊に拉致事件発覚以降、メディアは「朝鮮民主主義人民共和国（北朝鮮）」という妥協的な表記法すらせずに、はじめから「北朝鮮」という名称を用いることにしている。のみならず、メディアは「キタ」とのみ称する日本人を、「我々日本人」のもっとも心の深奥に秘められた「思い」を語ることのできる〈悲劇の主人公〉にして〈危機の中の勇者〉としてたいへん重宝している。しかし、そう称する者の顔から我々が読みとるのは、朝鮮民主主義人民共和国を自分たちの作った名称の中、すなわち「我々日本人」の表象の中に永遠に閉じこもらせ、「我々」が語ることばを越えてはものを言わせまい、という執拗な意志、否、言わせてはならないのだ、みんなわかっているだろう、と仲間を求めるヒス

★3　もっとも早い段階では一九五九年に日本の「各関係部門」に「要請」している［韓、一九八六、三三三頁］。

テリックな不安だ。

北朝鮮について表象することができるのは日本人であるという意識は、言い換えれば、北朝鮮を〈独立した他者〉——自分について表象する力を保持する「主体」、また一方的に与えられた表象に対してクレームを言い、拒否する力を保持する「主体」としての〈独立した他者〉——として承認していない、できない意識に他ならない。それが、創氏改名によって朝鮮人が独自の名前を使うことを否認した植民地時代の日本の帝国主義から、どれほども隔たってはいないこと、そうであれば日本の帝国主義的意識は朝鮮の独立後も終わってはいないのだということに、在日が気づくことは何も難しいことではない。そこにはたったひとつの困難があるだけだ。それを言うことの困難さ、それだけだ。

原爆投下による大量殺人を犯したアメリカに対して、それを批判するために、その幼稚さを強調したり、アメリカが承認しない国名を考案し、メディアで日本中に広めたという事実を私は聞いたことがない。どうやら、アメリカを批判するために仮に「アメ」だのという呼称を使ってメディアにのせたところで何も得るところがないことは、日本人がいちばんよく知っているからだ。アメリカの犯罪に対する批判は、それをする場合でも、一定の「節度」を守るのが日本の流儀だ。ひるがえって、拉致事件に対する批判に関しては、見事なまでに「節度」と呼べるものが見あたらないのは、拉致事件に対する批判の仕方について言及する他者を、ハナから想定してはいないということを露呈している。その意味で、批判はナルシストの批判だ。そして、分裂した北朝鮮表象の大量生産は、日本というナルシストの逆上だ。拉致事件に対する批判は、北朝鮮の幼稚さの強調へと横滑りしていく。その過程には、本人達が気づいていない、日本の朝鮮に対する帝国主義的意識が介在しているのだ。

北朝鮮表象と韓国表象

信じてみたい誘惑に駆られる、甘く、不気味な風が吹いている。北朝鮮に対する分裂した表象の大量生産と見事に歩調をあわせて、「韓国ブーム」が到来しているのだ。韓国に対しては、「北朝鮮」に向けるのとは逆向きの肯定的な価値付与が、北朝鮮に対するのと同じ異様なほどの熱心さでなされているのだ。

韓国の食文化が日本の飲食店やスーパーに続々と並べられる。「臭い」と「朝鮮人」をイメージの中で連結させる役割を果たし続けて来た「キムチ」は、いつの間にか通常の食べ物、ときには健康食の仲間入りをさせられたが、その「本場」として日本人が仰ぐのは、あたかも悠久の過去からその名前で、そしてその場所において存在し続けてきたかのような「韓国」だ。「キムチ」の市民権獲得は「朝鮮」とのイメージ上の繋がりを断ち、それを「韓国」に排他的に帰属させることによって成立している。私としては、きっとあの金正日も、秘密工作員たちもキムチを好んで食べているよ、と言いたくなる。

韓国に関してはまた、情報技術の先進性がしばしば紹介され、映画やドラマが次々に輸入される。

ここで、日本で公開される韓国映画の多くにマチズムや家父長的世界観が見られることに着目すると、北朝鮮と韓国への見方が共に現実の認識などではなく、表象に過ぎないことにいやがおうでも気づかされる。たとえば『JSA』で軍事境界線の南北で直接向き合った北朝鮮と韓国の兵士が、国家の法を破って交流し「平和」を築いたとき、その感動的な思想の越境は、「封建的」と言われるひとつの秩序、年長者を「ヒョン（ニム）」、つまり「兄貴・兄さん」と呼び、そうしてできあがる擬似的兄弟関係の中で割り当てられる一定の役割を守らせる、家父長制的習慣であった。象徴的なのは、この映画で南北の兵士達が女性のポルノ雑誌を共に見ること（女性を他者化すること）で一気に「仲間意識」を持つ（互いの差異を消去する）シーンだ。この映画には韓国に深く根を張っているイデオロギーの痕跡が見えるのだ。もっとも今は、そのことを問題にしているのではない。そうではなく、「ポルノ雑誌を見ることで仲間意識を持つ兵士たち」と「キップンチョを組織して悦に入っている金正日」は、どうやら共に家父長制的習慣や女性の他者化の現れ、もしくは同じイデオロギーの痕跡――意図せず残してしまった跡という意味での――として容易に解釈しうる――仮にそういった「社会学的な」語彙を用いることをしないとしても――ということ、二つは同じ何かしらの現れだということ、そうであるにも関わらず、「ポルノ雑誌を見ることで仲間意識を持つ兵士たち」からは、よもや韓国映画の「本質」を見ない一方で、「キップンチョを組織して悦に入っている金正日」からは北朝鮮政府の「本質」を読みとろうとする視線があるということだ。ここにあるのは、韓国映画に関しては、むしろ映画が表現しようと意図するものに目を向け、意図しないものには目を向けない一方で、北朝鮮政府に関しては、それが表現しようと意図しているものには目を向けず、意図してはいない側面に目を向け続けるという視線だ。

同じ現象はいたるところで見られる。要するに、韓国から届けられた声はことばとして受け取り、北朝鮮から届けられた声についてはその背後にあるものを探る。日本にあって、北朝鮮は、そこにいる者達が気づいていないものこそが正体なわけだ。「北朝鮮人」には見ることができず「我々日本人」だけが見ることのできるものこそが、北朝鮮の「真実」なのだ。北朝鮮について報道するとなると、なぜあれほど「潜入ルポ」という語句を見出しにつけたがるのか。「北朝鮮の真実」と「潜入ルポ」のセットがほぼ恒常的になっているのは偶然か。

北朝鮮に関してはそれが意図しない（あるいは決して同意しないと見込まれる）否定的な相を探り出し、その本質を示すものとして表象し、韓国に関しては、それが意図している（あるいは同意すると見込まれる）肯定的な相をその本質を示すものとして表象するという実践。ここにあるのは、ポストコロニアル研究で言うところのマニ教的善悪二元論の、ちょっとした変種だ。朝鮮半島の南半分を、「中心」としての日本の「仲間」に加え、その結果、半分に縮小された「周辺」（＝北朝鮮）には、より濃厚な否定性が付与されているのだ。

韓国礼賛は、我々を誘惑する。日本は今ではもう朝鮮を植民地としていた時代の帝国主義の遺制の中にいるわけではないのだという認識に誘う。日本はもう過去とは手を切っているはずだ。その証拠に、「北朝鮮」に対してそうしているようには、韓国を怖れても嘲笑してもいないではないか。

そういう認識への誘惑に乗ったとき、「朝鮮人として語る」者をサバルタン化する日本人の共犯者になる。

「北朝鮮」と韓国に対する見方の極端な落差が誘惑するのは、南北の切断の実践に留まらない。もうひとつの切断、つまり現在と過去の切断を実践するよう誘うのだ。圧倒的な帝国主義的な情報に曝された在日が、その体制の中で「心の平安」を求めたとしたら、その瞬間に、二つの二項のうちの前者、つまり南と現在に、わけても、その二つが交差する「韓国の現在」に関心を固定させる方法を取ってしまうのだ。そして意識の手前で自縛するのだ。関心をその外に滑らせてはならない。過去に目を向けて、南北の分断などなかった時代を想起すれば、とたんに、自分と「北朝鮮」が結びつく可能性がある。韓国と北朝鮮の間に分断線がなかったときのことに思いを馳せない方が得策だ。「時代」は変わったのだ。今さら、思い出さなくてもいい「古いこと」を思いだし、ひとつであったことを示す「朝鮮人」などということばで自分をアイデンティファイしないことだ。ましてやそんなふうに他人には言わないことだ。そんなことをしたら、「北朝鮮」の仲間扱いをされかねない。

〈そこからの暴力〉

帝国主義の共犯者になるように脅迫され、誘惑されている在日。それは金嬉老事件について考える一人の在日（寿永）の内面を描いた金鶴泳の小説のシーンを思い出させる。以下の寿永にとっての「金嬉老」は、今の我々にとっての「北朝鮮」だ。小説中の「金嬉老」を「北朝鮮」として読み替えて見よう。

あの事件のあと数日間ほど、ひしひしとあのまなざしを感じさせられたことはなかった、と当時のことを思い返しながら、寿永は考えた。あのときほど、あのまなざしが日本全国に湧き上がり、一つの場所、一人の人間の上に注がれたことはかつてなかった。注がれたのは金嬉老であったのに、寿永は、その余波が、自分の上にも降りかかってくるのを感じたものだった。寿永は、最初、金嬉老が蜂の巣をつついたような気がした。あるいは、常に自分の中の暗部でひっそりと舐め癒していた傷口が、無遠慮にひっぺかえされるような思いがした。そうでなくてもあのまなざしに苦しめられているのだ、なんだってまたそれを煽り立てるようなことをするのか、いい迷惑じゃないか。〔金、一九七〇、二九四頁〕

（中略）寿永は、あの事件の最中、それと同じような声（「差別がいやなら自分の国にお帰りになったらよいのです」という投書を指す。）を、何度となくきいた。「太え野郎だ！」「早く金嬉老を射殺しろ！」「警察は何をやってるんだ！」等々……。そして、それらの声の中の「金嬉老」は、寿永にとって、「朝鮮人」と同意語だった。寿永はそこに、関東大震災時に数千人の朝鮮人を虐殺した、あのまなざしが、今日の日本人の中にも脈々と生き続けているのを感じ、思わず戦慄するような気持ちだった――。〔金、一九七〇、二九八頁〕

我々が、金鶴泳が三〇年以上前に描いた、寿永の「戦慄するような気持ち」から無縁でいることは難しい。ここで寿永は、金嬉老へ向けている「日本人のまなざし」の底に「朝鮮人」という、自分が無縁ではいられない類型へ向けるまなざし――関東大震災時には数千人の朝鮮人を虐殺した――を読みとり、金嬉老への「憎悪」が朝鮮人である自分にも転回してくるのではないかと戦慄している。同じように、我々が、日本人が北朝鮮（＝寿永にとっての金嬉老）へ向けているまなざしの底に「朝鮮人」という類型へ向けるまなざしを読みとったとすれば、北朝鮮へ向けているはずの「憎悪」が自分にも転回してくるのではないかと恐怖しないではいられない。

「恐怖」を通して誘惑するのだ。南－北、現在－過去の切断、または後者の切り落としを実践するように。そして、「北朝鮮」政府への批判は、「植民地的無意識」によって、自らが在日に植え付けた「恐怖」を素通りして、「植民地主義的意識」［小森、二〇〇一］に促されて、「北朝鮮」そのものを恐怖と嘲笑の対象として表象する「欲望」を分泌し、それを保証・正当化していくのだ。

私はときにもっとも日常的な公共空間である電車の車両の中でさえ「恐怖」する。「「負け犬」国家北朝鮮一〇の遠吠え」★4そんな中吊り広告を見て、それを見ている他の乗客のまなざしを探りながら、自分が「負け犬」と言われているのをとっさに感じ、それと私は関係ないと自らに納得させようとする。

テレビの「潜入ルポ」、中吊り広告の北朝鮮を嘲笑するメッセージ、金嬉老――それらは私の身体の在処（ここ）から離れたところ（そこ）にある。そういった「そこ」がふるう暴力（〈そこからの暴力〉ととりあえず、呼んでおく）。それはファノンが記す体験そのものだ。「映画館では彼のニグロとしての本質、ニグロ的《本性》をあいもかわらず映し出す、／いつもサーヴィス満点／いつも愛想よくニコニコ／わたし決して盗みはしない／嘘つかない／いつまでもおいしいバナニアがあるよ」［Fanon, 1953 = 1998:200-201］

2 責任としての抵抗

「傷」を見つめること

ところで、上の文のすぐあとでファノンはこう述べる。「われわれは黒い衣装に縞模様をつけている傷のすべてを指で触れてみることを必要としている」［Fanon, 1953 = 1998:201］。自分の傷を見つめること。否、触れることで、もう一度、傷を痛むこと。それは傷を与えた者達（植民者）が、いつも加害し続ける一方で、傷を受けた者達（被植民者）を共犯者の方へと誘惑してい

★4 週刊文春（二〇〇四年三月四日発刊）の記事タイトル。

る以上、必要な作業だ。なにしろ傷は、傷を受けた者が傷を与えた者の中に入り込み、「擬態(mimic)」するよう誘うからだ。

なるほど「擬態」は単純ではない。バーバによればそれは植民地主義言説を撹乱させる可能性がある[Bhabha, 1994:85-92]。が、すでに多くの論者が批判するように、擬態そのものはむしろ「支配的文化が平衡を維持する」方向で回収されてしまうものだ★5[Chow, 1993 = 1998:63]。たしかに、在日の誰かが「帰化」という方法を取って擬態するとき、その人を私自身が否定することはできない。私というポジショナリティー、つまり一定の教育歴や男性性によって得られているポジショナリティーの一定の優位性が「帰化」しないことを可能にしている側面は否定できない。

しかし、そのまま「傷」という文脈で考えるならば、擬態は——もしもそうであることだけが生きる戦術で、たとえば日本名を名のりながら朝鮮人だと主張するなどハイブリッド性を呈示する[戴、一九九九、三六頁]という戦術を伴わないのならば——むしろ傷を「トラウマ」にさせることにならざるを得ないと思われる。一般に「現在の文脈のなかで十全に意味づけられる」ことがなく、「過ぎ去った過去のなかに取り残される」体験は、「傷痕」として繰り返し回帰することになるだろうからだ★6[熊野、二〇〇三、一三三頁]。擬態という方法によって再び傷を受けることを避けようとし、「現在の分脈のなかに位置づけること」を放棄したとき、すでに受けた植民地主義による傷もまたトラウマとなってしまうよりないのだ★7。

ではファノン自身はどのように傷を見つめたろうか。それによってどのような地平に立ったのだろうか。まずその点を確認し、ついで〈命名〉の暴力という視点から、植民地主義によって受ける傷を現象学的に——つまり、傷を受けた「私」という〈視点〉に見える「現れ（Erscheinung）」を分析することを通して——考えてみよう。

だが、あらかじめ断っておきたいが、ここで現象学的に分析することの主旨は、「客観的存在」を否定することではない（よもや「暴力」をそれを受けた者にとっての主観的存在であるなどと主張することではない）。そうではなく「客観的存在」を〈いったん〉「括弧入れ（bracket）」することで、それまでは見えなかった意味を回復させることが主旨だ。我々の文脈で言うのならば、支配者、命名する者には見えず、被支配者、命名される者には見えているもの、見えていて、しかし語られていないもの、あるいは経験されていて意識されてはいないものを析出することだ。我々はこの分析を通して、〈応答＝責任（responsabilité）としての抵抗〉という概念に辿り着くはずである。そしてそれは〈朝鮮人として語ること〉の意味の理解につながるはずである。

★5　島袋まりあ［二〇〇二、一九頁］も参照。また、「擬態」に関するバーバの議論への批判は冨山一郎［一九九六、九六頁］も参照。

★6　トラウマを巡っては、根元的な体験の次元では、植民者または支配者の側が抱えており、差別はむしろ差別者が抱えるトラウマに起因している、という側面があるのではないか。この点については、郭［二〇〇三］参照。

★7　〈命名〉とトラウマに関しては本山謙二［二〇〇二、一五頁］も参照。

命名の暴力

命名とほぼ重なる概念として類型化（typification）を考えることができる。この類型化はシュッツの現象学的社会学では、経験それ自体を可能にし、間主観的世界を成立させるものだ。シュッツにあっては、「諸事物ははじめから類型によって経験される」［Schutz, 1970:97］のである。[★8]「〜として」把握する、という把握の仕方を介さないで何かに接することはできない。

そして、日常的世界にあって、我々の経験は常にこの類型化（〜として把握すること）に媒介され、端的にはそうであるからこそ社会生活が可能になる。たとえば私が駅のホームにいるとき、一定の服装や装備を持った人を駅員として把握する場合、――私は他の捉え方が常に可能であるにも関わらず、難なく、しかも意識せずにそれを行なうだろう――その類型化は通常は何ら問題がない。またこの種の把握がなければ、社会生活が成立しないことは容易に想像できるだろう。駅員が笛を吹いたとき、その人を駅員として把握していなければ、私はその行為の意味がわからず、ただ戸惑ってしまうに違いない。また電車を電車として把握しなければ、それは長大な鉄の塊の襲来に過ぎないものになってしまい、私は決してそれに乗ることはできない。

が、この社会生活を成立させる類型化は、一方で他者に対する暴力になる。まず、命名の文脈に再び置き直して、それがいかなる行為か確認しておく。レイ・チョウは「命名は、根本的には偶発的な行為でありながら、同一性を遡及的に構築すること（retroactive constitution of identity）」であり、「完全に恣意的で偶発的でありながら、同一性を安定化させ、構築」することであると述べている。また「対象が名前を捉える（catching）するのではなく、名前こそがその対象をひとつの対象にする」［Chow, 1998:45］。命名は、名付けられた存在の変化や流動性を消去し、それを過去に遡って（backward in time）その名前に同一化する。

こういった命名が他者に対する暴力になる場面がファノンの『黒人の生体験』にはのっけから示されている。「「ニグロ野郎！」あるいは単に、「ほらニグロだ！」」［Fanon, 1953 = 1998:129］。命名が、当人によって把握された状況の彼方から一方的に唐突に実践される瞬間である。そのとき私は、二重の意味で私が否定されるのを経験しないではいられない。他者との差異と、私の中の時間（私に独自の過去、私に独自の未来）が共に否定されるのを経験する。

ファノンは、この一方的な命名が自己の「身体図式」を構成するのを困難にすると述べる。ここで身体図式とはメルロ＝ポンティーのそれを想起させるもので[★9]、「空間的・時間的世界のなかでの身体としての私の自我のゆっくりした構築」、「自我と世界の決定的な構造づけ」［Fanon, 1953 = 1998:131］である。

命名はこうした身体図式を崩壊させてしまう。それは言い換えれば、自我と世界とのもっとも原

★8　類型化については西原和久［一九九八、一二〇頁］を参照。また、マイケル・バーバ［Barber, 1988:36-37］も参照。

★9　たとえば、『知覚の現象学』［Merleau-Ponty, 1945 = 1967:174］にはファノンがあげている身体図式の例とほぼ同じものがあげられている。

初的な連関が崩壊することだろう。

そして崩壊したあとには（白人達の作った）「人種的皮膚図式」が取って代わる［Fanon, 1953 = 1998:132］。身体図式という、世界を己にとっての〈環境〉に変換する「媒体」が否定され、身体は他者——白人達——の〈環境〉の中の「意味」に陥れられるのだ。意味を構成する者ではなく、構成された意味に陥れる「人種的皮膚図式」、それの発動としての命名。それは命名される者に「非在感」［Fanon, 1953 = 1998:131］をさえ押しつける。モノのひとつに貶められるのを経験する。

では、ファノンは「傷」からどこへ行ったのか。冨山一郎の簡明な要約があるので、少し長いが、記す。

この「みかけ」に過ぎない『人種的皮膚図式』は身体に固着して離れようとしない。この『人種的皮膚図式』をはらいのけ、黒人としての身体を獲得しようとして、ファノンは最初は理性に出口を求めていくが、「世界は人種差別の名において私を拒絶した」理性＝ロゴスはファノンにおいては破棄されねばならなかったのである。次にファノンはネグリチュードに出口を求めるが、それさえも、サルトルの「ネグリチュードは己を破壊する性質のものであり、経過であって到達点ではなく、手段であって最終目的ではない」という声にかき消されてしまう。そして最後にファノンは、「それがあるのだ」と言い切るのである。［冨山、一九九六、九九頁］

そして冨山一郎は、「「それがあるのだ」としか言いようのない不定形な身体」に「ファノンは今、ある社会を解体し、新たな社会性を開く力動源としての暴力を見いだすのだ」〔冨山、一九九六、一〇〇頁〕と述べる。この闘争の起点としての「不定形な身体」は、野村浩也によってより具体的な文脈において記述されている。「現実との闘いである以上、現実をあいまいにし、実践的にはまったく無意味な「戦略的本質主義」をわたしは拒否する。なぜなら、日本人による本質化が沖縄人を構築するということは、沖縄人なるものは虚構であってそもそも存在しないという意味ではないからだ。ファノンが喝破したように「それはあるのだ」」〔野村、二〇〇一、一七九頁〕。

支配者達が押しつける「図式」（ファノンにあっては「人種的皮膚図式」）、その図式の中に被植民者達を記名する命名の暴力。その暴力をいかに解体させるか。野村がはっきりさせているのは、それは、その図式の構築性を暴くこと、虚構性を暴くこと、いわゆる脱構築によってではない、ということであるように思われる。そもそも脱構築は両刃の刃だ。支配者達が作り上げた図式の構築性を暴くとき、黒人／沖縄人／在日……は虚構となる。それはしかし上で述べた「非在感」の既成事実化にもなりかねない。そのとき、傷はどこに行くのか。脱構築は新たな傷を作らないことには寄与するかもしれない。暴力をふるわせる、いわば認識図を解体するものだからだ。が、そのとき、既に受けさせられた傷はどうなるのか。傷と、傷を受けさせられた私との、それが傷である限り断たれるはずのない関係はどうなるのか。脱構築は、それがいかに倫理的意識のもとで、緻密に、そして深いところにまで遡ってなされたにしても、既に傷を受けさせられた者にとっては、むしろ傷の忘却への呼びかけとして働くのではないか。

確認しておくが、ファノンにあって「それはあるのだ」と言うその身体、冨山一郎のことばを使うならば「不定形の身体」は、世界を構造化する原初の「身体図式」ではない。ファノンは同書で「私は自分を開放の絶対的緊張と定義する」と述べている。「絶対的緊張」として自分を捉えている以上、「不定形の身体」は、「人種的皮膚図式」に襲われる以前の身体ではない。「不定形の身体」はむしろ、内側の「身体図式」と外から押しつけられた「人種的皮膚図式」との緊張関係だ。そうであるから、野村が「それはあるのだ」ということばで沖縄人があることを言ったことに示されているように、ファノンにあって、この身体は「黒人の身体」なのであって、「個人」としての私の身体でもなければ、社会的存在以前の、前人称的な「人間」としての身体でもない。傷と傷を受けさせられた者との関係を断ったところにある身体ではないのだ。

そしてファノンは新たな傷を受けることを避けようとはしない。いやもっと言えば、傷を受ける危険にさらされるという過程そのものに解放の道筋を見る。「非植民化とは文字通り新たな人間の創造だ。……植民地化されて「物」となった原住民が、自らを解放する過程そのものにおいて人間になる」のであり、それは「生命を賭けた決定的な対決の結果」なのであり、「その手段の中には、暴力も含まれる」［Fanon, 1961 = 1996:37］のだ。

ファノンが、解放が暴力手段も含んだ対決――そこでは傷を受ける危険にさらされないではいられない――の結果だと言うとき、我々はそこから何を読みとるべきか。〈対決〉を通しての解放という思想は、たとえばマチズムとして早々に退けられるべきものか。たとえば、レイ・チョウは、「「羨望」は「暴力」のもうひとつの側面として、ファノンがネイティブの構築の基本条件に挙げたものでもある。一方は他者が持っているものを所有したいと欲すること、他方は他者に代わってその位置を占めるために他者を破壊しようとすることだが、どちらも父権的なイデオロギーの産物であるに変わりはな」いとファノンを批判している［Chow, 1993 = 1998:58］。〈対決〉の思想を促すものはなにか。それは、マチズムや復讐主義、「父権的イデオロギー」といった「イデオロギー」が外から滑り込んできた結果として生じたもの、言い換えれば、様々にありうる解放の方法のためのひとつ、偶有的なものに過ぎないのだろうか。

以下において私は、そうではなくて、〈対決〉の思想は、命名による暴力がもたらした傷のありようそのものから導かれるものであり、そうであれば〈対決〉の思想は、たとえ〈対決〉の現実的な様相が様々であるとしても、傷を受けた者が「必然的に」導かれるものであるということを、上に述べたような意味での現象学的分析を通して——つまり暴力を受けた者のパースペクティブに定位した分析を通して——示したい。

〈倒されない私〉と〈恐怖する分身としての私〉

命名の暴力は、現実に発動する形を考慮するとき、それを暴力として受け取る者の観点から、三つに分類できるように思われる。この分類を足がかりに、その暴力と〈対決〉の関連を考えていきたい（したがって分類そのものは目的ではない）。
①命名する者が命名される者と対面している状況で命名する場合。『黒人の生体験』でファノンが冒頭にあげた例がこれに当たる。★10 私が一方的に誰かによって命名される場面。〈あなたの暴力〉とここでは名付けておく。
②命名する者が不在の状況で、命名する場合。既に述べた〈そこからの暴力〉。たとえば新聞やテレビというメディア（通常、そこに現われるメッセージにおいては発信者が不在である）が特定の社会的カテゴリーを嘲笑的に描くような場合である。
③命名する者が私ではない誰かに向かって命名する場合。つまり誰かが命名の暴力に曝されているのを私が見ている場合。〈彼／女への暴力〉。
　はじめに、②の〈そこからの暴力〉経験を考えてみよう。そこでは、私はそのことばを発する者の顔が見えない。それは同時に、その暴力が、具体性を持った私そのものへ向けられている訳ではないということでもある。私そのものはここでは狙われていない。が、〈そこ〉を暴力として経験している以上、つまり、私に恐怖が引き起こされる限り、それは狙われている「何者か」を私に感受させることにならざるを得ない。「何者か」とはその命名の対象、つまりたとえば、「朝鮮人」なるものだ。理念としての恐怖する主体と言ってもよい。が、ここで理念とは、知覚不可能な存在であるという意味であって、リアリティーがないという意味ではない。この理念としての「朝鮮人」なるものは、私の恐怖から生みだされたものであって、その意味で、私の身体の分身、私の肉を分

け持つ存在と言ってもいい。〈そこ〉からの暴力が私そのものを狙っているわけではない、という事実は、その裏面として、私ではない狙われている何者かを分泌してしまうのだ。〈そこ〉からの暴力は、私が狙われているわけではないという「事実」を、「事実」として強調しても、それによって安心を得ようとしても、一方で狙われる何者か、私の肉を分け持った恐怖する主体を感受させる。しかも、この〈分身としての恐怖主体〉は、〈そこ〉から私が直接あるいは現実には狙われていないが故に、私の肩代わりとして存在せざるを得ない。私にあっては、その場における私の安全は、私の〈分身としての恐怖主体〉の肩代わりによって成立しているのだ。

この私の〈分身としての恐怖主体〉の発生は、③の〈彼／女への暴力〉においても同じである。命名を暴力として経験している限り、私は次の瞬間には自分が狙われる可能性を感じないではいられない。そうした感受の仕方は、実際に暴力に曝されている他者を私と無関係の他者として認めることを不可能にする。ここでも私にあっては、実際に狙われている他者は私の〈分身としての恐怖主体〉である他ないのだ。

重要なのは、しかもこの事態は①の〈あなたの暴力〉においても同じだ、ということだ。ここで、

★10　ここで言う「私」はこの文章を書いている私（郭）そのものを指すのではなく、社会を生きる任意の個人を指している。個人の経験を外部から、つまり客観的に記述するのではなく、内側から主観のプロセスに即して記述するために選ばれている用語である。

はっきりさせておかねばならないのは、命名の暴力ははじめから綻んでいる、ということだ。私は、ファノンが言ったように、「身体図式」を持っている。その身体図式を媒介した世界の構造化は、メルロ＝ポンティー的に理解していけば明らかなように、私が生まれたという一事によって生じる。「人種的皮膚図式」とこの身体図式との生成の順序は、後者が先行する。それは気づいたときには成立しているのだ。そうである限り、命名の暴力は、私に直接向けられた場合であっても、そのときこそ、異質なもの、意外なものだ。私はどうしても知っているのだ。命名されている私は、命名者にとっての対象でしかないこと、彼らの象徴体系の中の意味でしかないこと、私にとっての私でないことを。[★11] それでもその場で狙われているのが私である以上、私にとっての私でないもの、彼らの象徴体系の中の意味を、私の外部に見いだすことはできない。その場にいるのは私だけだからだ。命名者にとっての対象を私は外部に放逐できない。どこかに存在しなくてはいけないそれは、私の〈分身としての恐怖主体〉と呼ぶしかないような位置に納まらざるを得ないだろう。

①②③をそれぞれ見てきたが、ここで重要なのは、命名の暴力は、私そのものを倒すことはできない、ということだ。倒されない私が常にあるのだ。暴力の彼方、余剰があるのだ。〈倒されない私〉がある一方で、暴力を暴力として経験している限り――恐怖がざわめく限り――その暴力の受取手――恐怖の担い手――をどこかに見いださざるを得ない。その意味で〈倒されない私〉の成立は、同時に恐怖の担い手を生みだすのだ。〈倒されない私〉、安全な私の傍らに恐怖する者がいる、という構造を命名の暴力は生みださざるを得ないのだ。まさに命名の暴力が、命名者達の象徴体系、自

分たちが作りだした図式の押しつけであって、私そのものに呼びかけてはおらず、私そのものに到達しない語りだからだ。

なるほど命名の暴力にさらされるとき、私は一個の物、ひとつの対象に貶められる。それはサルトルが「まなざしの理論」で描いた状態だ。が、彼の他者論にはもっとも重要な側面が見落とされている。そこで、ここではサルトルの他者論を確認しておこう。

サルトルは、人は、他者のまなざしに捉えられることによって、その主観（サルトルの中ではそれは自由とほぼ同義になっている）を失い単なる対象と化す、という側面、かつ、その自分を捉える他者をこちらが再び捉えることによって、自己の主観（自由）を回復し、同時に他者の主観が対象に転落する、という側面を、他者関係の基本と見なす［Sartre, 1943=1999:457-477］。ここでサルトルは主観の同時成立の不可能性を述べていたのだが、これに対するシュッツの批判を見ておくことは有益だ。「サルトルは、鍵穴から中を覗いている間に他の人に捕捉されるひとりの嫉妬にかられた愛人の状況を詳細に分析している。愛人は、他者のまなざしのもとで自らの下品な諸可能性から成る自由を喪失する。愛人は、他者が彼であると見きわめるものに転落する。ただし、愛人がそうしたものに転落するのは「気づかれずに捕捉される」場合ではなく、捕捉されることに気づく（not caught

★11　こういった広い意味での被差別体験の一般的構造については、拙稿［郭、二〇〇〇、一二一〜一三一頁］を参照。

unawares, but becomes aware that he is caught）場合のみである」［Schutz, 1962:202］（強調は引用者）。まなざされることに私が気づくことによって、まなざしの暴力は発揮されるのだ。〈まなざしを経験している私〉がそこにはいる。この〈まなざしを経験している私〉そのものは――〈まなざされている私〉が「対象」であっても――「対象」ではない。また〈まなざし〉に気づいたあとも、〈まなざしを経験している私〉が文字通りに消失するわけではない。文字通りに消失したとすれば、それは端的に言って死を意味するよりないだろう。〈まなざし〉によって対象化されるとき、そこには既に常に〈まなざされている私を経験している私〉がいるのだ。

命名の暴力の文脈の中に置き直して考えよう。命名の暴力は――まなざしの暴力がそうであるように――〈私を物にしてしまう〉ではなくて、〈私を物にしてしまうのを経験する〉と記述されなければならない。前者のように事態を第三者的に観察者視点から記述するとき、その暴力性を浮き彫りにすることを可能にするというメリットの代償として、抵抗の可能性を想像する間隙を消滅させてしまう。命名の暴力は絶対に到達できない外部を持っている。〈まなざしを経験している私〉には命名の暴力は到達しない。そこには〈倒されない私〉がいるのだ。

話はこれで終わらない。〈倒されない私〉が常にある一方で、命名を暴力として経験している以上、一方で、〈恐怖の担い手〉を感じ続けないわけにはいかない。しかもそれは私の肉を授かったものだ。〈恐怖の担い手〉の〈恐怖〉は、私の身体そのものの〈恐怖〉の裏面だ。だから、〈倒されない私〉は、倒されないがために耳を閉ざすことができない。〈倒されない私〉は、恐怖の担い手＝〈分身としての恐怖主体〉の声を聞き続けなくてはならないのだ。

命名の暴力は、決してその目的を果たすことはできない。命名の暴力であるどんな差別的言説も制度も行動も、その内部に受苦者たちの生を囲い込むことはできない。受苦者は支配者たちが名付けるその名前であることはできない。受苦者は〈倒されない私〉として支配者たちの世界を超越している。しかしながらまた、〈倒されない私〉は、そのように超越的地位にあることによって、支配者たちのための世界、彼ら／彼女らがそうであることに気づかない差別的社会に対して無関心であることはできない。〈倒されない私〉がいる超越的地位に、局外者の平穏は与えられない。差別的社会の内部にもう一人の私、〈分身としての恐怖主体〉を残しているからであり、その声をきかないではいられないからだ。だから〈倒されない私〉がいる超越的位置は、隠遁の地ではない。その位置は、恐怖の声に呼びかけられ、その声によって〈分身としての恐怖主体〉が残されている差別的社会へ介入するよう駆り立てられる地点であり、そうすることが常に強迫的に要請されている、抵抗のための基地なのだ。

〈分身としての恐怖主体〉のその恐怖の声に、〈倒されない私〉は私を責める声を聞かないではいられない。聞く、聞かないの自由はここにはない。理念ではあるが、私の恐怖の相関者。肉を持った、しかし理念としての恐怖主体。〈分身としての恐怖主体〉。〈倒されない私〉は、この〈分身としての恐怖主体〉が私の恐怖の肩代わりをしていることの結果としてしか〈倒されない私〉ではいられない。そうであれば、〈倒されない私〉は己に気づいたときには、自分を責める声を聞かないではいられないだろう。〈倒されない私〉はその意味で、〈分身としての恐怖主体〉への責め（responsabilité）を負い続けねばならないのだ。ちょうどレヴィナスの「私」が〈顔〉に責めを負うのと同じ意味で。

他者の現前は自由の前批判的な正当性を審問するのではなかろうか。自由は自己への恥辱として自分自身に現れるのではなかろうか。［Levinas, 1961=1989:466］

レヴィナスは対面する他者、そこに現われる悲惨＝〈顔〉に、自らを振り返ることを知らない「私」が責めを負うことを繰り返し述べる。しかし命名者は元来、〈顔〉を持たない。命名＝類型化によって「私」がかけがえのない「私」であることを消去する命名者は、自分もまたかけがえのない自分であることを消去するよりない。名前＝類型を形成している象徴体系の中に己を陥没させないではいられない。もっと言えば、陥没させることでしか、命名の暴力は振るえない。先に挙げた金鶴泳の小説の題名が示唆しているように、命名の暴力者は、〈まなざしの壁〉としてしかあり得ない。命名の暴力にあっては、その発現点に〈顔〉がない。そしてあたかもそのことの結果であるかのように、私は、〈分身としての恐怖主体〉という〈顔〉に出会い、その〈顔〉に責められるのだ。暴力を強く感受すればするほど強く責められるのだ。

〈倒されない私〉は常に責め続けられる。この責め responsabilité は〈倒されない私〉によって聞き取られるものである限り、永遠に終わらない。いや、こう言わねばならない。〈応答＝責任〉

responsabilité を果たし続けている限り、それは終わらないのだ、と。それは再びレヴィナスのことばを使えば、無限責任なのだ。なぜならば、〈応答＝責任〉responsabilité を果たしていられる限り、〈倒されない私〉は〈分身としての恐怖主体〉ではなく、この裂け目は埋まらないからだ。

責任の無限性はその現実の無辺広大さを表しているのではなく、引き受けられるに応じて責任が増大していくことを表しているのだ。（中略）自分の義務を果たせば果たすほど、私の権利は縮小する。義人たればたるほど、私はより多く罪を背負う。［Levinas, 1961=1989:379］

この無限責任を、ファノンの言う「絶対的緊張」に読みとることができる。命名の暴力は、〈分身としての恐怖主体〉への無限責任を生みだす。そしてその責任は、〈分身としての恐怖主体〉、理念としての、しかし私の肉を分け持った被命名者の恐怖への応答である以上、私が恐怖の中に赴こうとする運動の中でしか果たせないだろう。〈分身としての恐怖主体〉は、私に恐怖の中で暴力に抗うように常に責めるのだ。恐怖のないところではなく、恐怖のさなかで暴力に抗うこと、つまり〈対決〉の場にいるように責めるのだ。

そのような責めに促される抵抗を、私は〈責任としての抵抗〉と呼びたい。私の主張は、この〈責任としての抵抗〉、そしてそのときの主体は命名の暴力によって生みだされる経験の構造から生じる、ということだ。この主体の生成そのものには、イデオロギーはなんら介在していない。仮に〈責任としての抵抗〉によって生みだされた運動が、たとえば民族主義運動と呼ばれるものに結実化し、ひとつのイデオロギーとして扱われ、運動の具体相において批判されるべきものが見つかろうが、それは原理的には事後的なことだ。繰り返し言おう。朝鮮人という語で自らを語ろうとした者達、己の身体でその語が持つ響きを吸収しきろうとした者達は、この語によって圧倒された同胞、殺されさえした同胞への責任、そして、この語によって圧倒されるかもしれない未来の同胞への責任に呼びかけられた者達のことなのだ。

〈責任としての抵抗〉の主体は、アルチュセール[★12]が言うような、イデオロギーからの呼びかけによって生じるものでは断じてないのだ。

〈責任としての抵抗〉とは〈対決〉であり、そのことが意味するのは、決して支配者達に回収されない形で抵抗する、ということだ。だから、北朝鮮表象と韓国表象が既に述べたようである現在における在日に関して言えば、たとえば自分の国籍が韓国であるという事情を利用して、韓国人であると日本人や同胞に向かって言ったり、戦後五〇年が経過したという歴史を意識の中で強調し、利用して、過去との差異を強調することではない。むしろ自分と北朝鮮との関係を強調することだ。北朝鮮を想起させる朝鮮人ということばで自らを語る。自分の親類に朝鮮総連の活動員がいることを語る。そういうやり方をとることだ。そういうやり方をとるとき、私は恐怖しないではいられないだろう。だが、そのように恐怖の中で抵抗をすること、つまり〈対決〉は、経験の構造が求めるものなのだ。我々は、己の表層的意識がそれを否定しようとも、意識されていないところではそれを求められているのだ。〈対決〉は、敢えて言えば、無意識の求めなのだ。そんなことをどう証明するのか？　――だが、そう尋ねるのは誰か。盗聴器の向こうの日本人、あるいは我々のうちの盗聴器を怖れている者であろう。それ以外は誰も尋ねない。なぜなら、それが我々のもっとも根底にある求めであることは自分自身、いちばんよく知っているからだ。それでもなお証明を求めるならば、こう言おう。北朝鮮との関係を否定するとき、そうしなければならないという強迫観念が随伴してはいないか。否定するとき、何かを裏切っているような感覚、疚しさは随伴しないか。それが

★12　竹村和子［一九九七、六九〜八〇頁］も参照。ここで竹村は、スピヴァックのエイジェンシーの概念を紹介しながら、「責任あるエイジェンシーという概念は、何か一つの立場を代弁するということではない。数多くの環境が歴史的現実として交差する地点から語るということなのだ」と述べる。これは在日の文脈でいえば、朝鮮人でもあり、女性でもあり、……でもあり、といった複数の「私」が交差する地点から語る、ということだ。こういった、いわば、「私」の多元性を引き受けたところから抵抗することの重要性は、鄭暎恵［一九九六、二〇一頁］も言うように、民族の解放をいいながら、家父長的な在日の家庭において女性を他者化してきた在日のあり方を考えるとき、強調されなければならない。本稿においては、この点について具体的には論じないが、命名の暴力に曝される経験そのものから〈責任としての抵抗〉が生成すると本考察では考えており、したがって女性の経験からは男へと向けた〈責任としての抵抗〉が生成すると考える。ともかくここでの強調点はその生成の過程である。

微かにでも感じ取られるのならば、それはどこから到来するのか。

我々にあっては、恐怖の中での抵抗、〈対決〉だけが一切の疚しさから無縁でいられる唯一の方法なのだ。

そしてこの〈対決〉へと不可避的に促される在日の姿こそ、一九九二年に三七歳で夭逝した李良枝の作品から読みとらねばならないものだ。

3 〈ハン（恨）〉と共に——李良枝の小説から

『由熙』の作家への切り詰め

一九八二年に小説『ナビ・タリョン』を文芸雑誌「群像」に発表して以来、芥川受賞作となる『由熙』を発表するまで、八篇の小説を書き、遺稿となった『石の聲』を執筆中に逝去した李良枝は、在日文学の系列においては第三世代の作家のひとりであるが、★13 韓国に「留学」した在日の葛藤という、従来、書かれることのなかったモチーフを書いたことに彼女の「新しさ」があったこと、またそのモチーフによって一般に注目を浴びたことは、間違いない。自分の帰属場所を求めて「祖国」に「帰る」が、自分の体に染みついた「日本」は一向に消えることがない。ウリマル（私たちのことば）であるはずの韓国語は、意味が聞き取られる以前に、自分を襲う音としてしか聞こえない。韓国は観念としては祖国であっても、身体はその中に溶け込むことができない。敢えて単純化すれば、こういった葛藤が、李良枝の小説に現われる主要なモチーフであり、そのモチーフで注目をされたのである。★14

李良枝がいわゆる純文学作家として『ナビタリョン』で登場したとき、そのテーマの新しさには時代を感じさせるものがあった。それまでの在日朝鮮人作家たちは、朝鮮を舞台にしてその社会情勢や革命運動とその周辺を描く（金達寿『玄界灘』『朴達の裁判』、金石範『鴉の死』『火山島』、李恢成『見果てぬ夢』等）か、在日の煩悶と日本社会の不当性を表現したもの（金泰生『骨片』『私の人間地図』、金石範『祭司なき祭り』、金鶴泳『凍える口』等）であった。それが李良枝の

★13　磯貝治良は「定住意識が既成事実化し、日本社会とのかかわりがさまざまな面で深まった」この世代の文学は、「〈在日〉としてのアイデンティティーを、既成の祖国観念や民族理念によってではなく、個我意識や人間的解放の意志によって確立しようとする方向が鮮明にされた」と述べる［二〇〇四、三一頁］。なお、李良枝を第三世代と言うのは、文学史的な系列の中においてであって、彼女自身は韓国から日本に来た両親を持っており、一般的に言うところでは、いわゆる在日韓国人二世である。

★14　こういった葛藤を李良枝の文学の核をなすものとして言語学的観点から考察した論文にイ・ヨンスク［一九九四、二一八〜三六頁］がある。

場合は、在日朝鮮人二世の若い女性が韓国で受けるカルチャーショックを背景とした初めての小説であったからである。在日朝鮮人二世の韓国での煩悶と葛藤を李良枝は書き続けた。

〔林、一九九一、五五頁〕

一方、李良枝について竹田青嗣は「私は、李氏を〝女性〟作家と思うほどには〝在日〟作家とは感じていないようである」と述べる。というのは、「私の考えでは、〈在日〉とは、自分が〈在日〉であるがゆえに不幸なのだという感受が、世界のむこうがわからやってきて〈私〉をとらえ、〈私〉はもはや決してこの観念から目をそらすことができなくなってしまうという状況」〔竹田、一九九五、二九五頁〕であり、「この観念の囲いから抜けだそうとして〈私〉は、あるいは〈在日〉であることを否認したり、あるいは逆に徹底的に〝朝鮮人・韓国人〟たろうとするが、決してそれに成功しないという状況」〔竹田、一九九五、二九六頁〕だからである。それに反して、「政治的な世界の展望が喪失されたあとの場所に立っている」〔竹田、一九九五、三〇八頁〕李良枝に書く衝動を与えているのは、「過敏な自意識のありよう」に対する「距離の不安定さ」であり、この不安定さが「〈在日〉という悩みを呼び寄せている」のであって、「〈在日性〉はむこうからやってきて作家をとらえ、その問題の中にねじふせられているという形で現れているのではない」〔竹田、一九九五、二九八頁〕。

こうした指摘は、しかしどの程度、妥当なのだろうか。なるほど歴史的事実として、日本社会の圧倒的な差別的状況と、それによって「内面化」させられた否定的民族観のゆえに、〈在日〉であることを「不幸」として感受しないではいられなかった――竹田青嗣が好むことばを使えば、在日であることに〈不遇感〉を覚えないではいられなかった――先行する世代の感覚が捉えた時代状況から隔たった状況に李良枝が立っていたことは認めねばなるまい。しかし、あらかじめ述べておけば、自意識の不安定さが「〈在日〉という悩みを呼び寄せている」という解釈は、おそらく妥当ではない。敢えて言えば、それは李良枝の「切り詰め」であるように思われる。竹田青嗣は以上のような解釈をするのに、共に韓国における葛藤を描いた『刻』と『由熙』をテキストにしている。そして竹田青嗣による李良枝の「切り詰め」は、テキストをそのように限定してしまったところに端を発していると私は主張したい。李良枝には日本を舞台にした小説があるが、以下で見ていくように、それらの小説からは、それまで焦点を当てられることのあまりなかった在日の経験のある相を見いだすことができるのだし、またそれは竹田青嗣の李良枝解釈を棄却させるに足るものなのだ。

「不遇感」と「不条理感」――『ナビ・タリョン』から

小説『ナビ・タリョン』は、前半部分が日本を、後半を韓国を舞台にしている。主人公は「私」(愛子)であるが、家族には両親、哲ちゃん(長兄)、和男(次男)、道子(妹)がいる。家族は引き裂かれている。両親は離婚裁判を起こし、長兄と次男は日本へ帰化した父の方に、私と妹は母の方についている。「小さな自尊心や自己主張が、せめぎ合う磁力」から逃れるように「私」は京都の旅館に住み込みで働く。「私」はそこで、朝鮮人であることが知られるのを怯え続ける。東京に戻ったあとも裁判は続く。妻子のある男との恋愛と別れ。哲ちゃんの死。それらを経て、「私」は韓国に旅発つ――。

前節で述べたような理由から、ここでは日本を舞台にしている前半部分を中心に見ていきたい。前半部分には広い意味での「差別行為」がいくつも出てくる。

たとえば、旅館で仕事をするようになる前、父と母の離婚裁判の関係で地裁に行くと、父方の弁護士Yが父に向かって、「社長、おたくの国の女性というのは、ああやって人前でもすごい剣幕で泣きわめくのですな、あれでは男性には耐えられませんな」〔ナビ・タリョン、二二頁〕（以下、李良枝の小説からの引用は、煩雑さを避けるため、題名を記し、そのあとに全集版のページを記すこととする）と話しているのが耳に入る。旅館に住み込みで働いているときには、番頭の山田が別の従業員について「お千加のアホ、あいつチョーセンとちがうか」と「口癖のように吐き捨」てる〔ナビ・タリョン、二三頁〕のを聞いている。さらに、ひとりの従業員、桂が「昼の休憩時間になるとアルバイトの学生相手に棒を振り回し、人間の首の切り方を教えている」〔ナビ・タリョン、三四頁〕のを「私」は見る。

列挙した広義の「差別行為」は既に述べた分類上、〈彼／女への暴力〉だ。「私」ではない何者かがそこでは狙われている。「私」は常にこうした〈彼／女への暴力〉に曝され続けており、だから間断なく「ばれたらどうしよう」〔ナビ・タリョン、二二頁〕と怯え続ける。

在日にとっては身近であるはずの、そしてそうでなくてもさほどの困難を覚えることなく理解できるだろう、この「ばれたらどうしよう」という怯えは、しかし、それが何に対するものかはっきりさせておく必要がある。もちろんそれは、差別行為の主体である人物そのものに対してではない。

Y弁護士や番頭の山田や桂そのものに対して「ばれたらどうしよう」と怯える訳ではない。彼らが日常生活において当たり前に生活しており、しかも当たり前に——つまり誰にも咎められず——差別行為をしており、もっといえば、それを誰にも咎められないだろうという「仲間への信頼」の元でなしていて、ということはつまり、「日本人」の中に身を陥没させて匿名的に「壁」として差別をしている以上、怯えは「日本人」に対して全方位的にならざるを得ないからだ。

ところで、私に直接向けてくる〈あなたの暴力〉は、戦後の「民主主義」的教育によってある時期から徐々に減り、主流が〈彼／女への暴力〉に移ってきた、と考えることはできるかもしれない。が、仮にそうであったとしても、それは誰によっても歓迎されるべきことではない。命名の暴力を中核とする他者化の暴力は、そもそも自分が傷つかないという状況を確保した上でなすのが常であろう。そして〈あなたの暴力〉は、それが対面状況でするものである以上、常に対抗暴力によって暴力主体を危険にさらす可能性がある。それに対して、自分が傷つく可能性を排除できるという意味で、〈彼／女への暴力〉は、暴力主体からすればむしろ「効果的」であるし、敢えて言えば、原型的なものだ。そうであれば仮に他者化の暴力の主流が〈彼／女への暴力〉に移ってきたとしても、そのことから読みとらねばならないのは、この暴力、我々の文脈では帝国主義の暴力が、いっそう狡猾になってきたということだ。

だが、帝国主義の暴力の主形態の移行があったとして、誰によっても歓迎されるべきではないというのは、ただそれだけの意味においてではない。ほんとうを言えば、帝国主義者、あるいはその日常生活内での代行者達――Y弁護士や山田や桂――も歓迎しない方がいいのだ。既に述べたように、日本人の中に身を陥没させて〈彼/女への暴力〉をふるうとき、ふるわれた側は、まさにその事実のために、「誰か」ではなく、日本人そのものに怯え、怖れる。が、〈怯え〉は既に述べたように、怯えそのものであることは不可能であり、常に経験されるものであって、つまりは経験する主体という余剰、〈倒されない私〉を残す。ファノンははっきりとその事態を述べる。

彼は支配されている。が、飼い慣らされてはいない。劣等とされている。が、己の劣性を納得してはいない。コロンが警戒をゆるめたならば直ちにとびかかるべく、辛抱強く彼は待ち受けている。その筋肉は常に待機の状態にある。彼が不安でびくびくしていると言うことはできない。(中略)社会の象徴――憲兵、兵営に鳴りひびくラッパ、軍隊の行進、高くはためく旗など――は、抑制に役立つと同時に刺激剤ともなる。それは「動くな」という意味であるどころか、「うまくねらえよ」という意味になる。[Fanon, 1961 = 1996:54]

安全地帯から〈彼/女への暴力〉をふるったとしても、そのツケは回ってくる。日本そのものが標的にされる。我々の考察によれば、既に述べたように、〈倒されない私〉は一方で〈分身としての恐怖主体〉に責められる。私は〈対決〉へと駆り立てられるのだ。

小説の中で、「私」は突然、「日本人に殺される」という「妄想」に囚われる。その日、「私」は、母の生活費の問題で、哲ちゃんと共にY弁護士の事務所に訪れようとする。二人は電車に乗る。目の前には、老婆が座り、一人おいて老人が座っている。二人は夫婦らしく、人ひとり挟んで、互いに話をし合っている。それまで間に座って居眠りをしていた会社員風の男が、目を覚まし、両側の気配に気付いて、老人と席を入れ替わる。ありふれた日常の、むしろ微笑ましいはずの光景――。だが、「私」には何ら微笑ましいものではない。

私はぼんやりとその光景を見ていた。吐き気がする。光線が容赦なく足もとに照りつける。殺せ、殺せ、殺したかったら私を殺せ――。私は呟いた。気づくと、涙が溜まっていた。おろおろとした。左の乳房の下がやはり痛む。涙が止まらず嗚咽を始めた。自分で一体何をしているんだろうと思った。〔ナビ・タリョン、三三頁〕

日常性の中に埋没し、安全地帯からふるった「日本人」の暴力がある限り、そもそも「私」が日常性を日常性として受け取らねばならない理由はない。桂、山田、Y弁護士が日常のさなかで暴力をふるった以上、この日常の中の「発作」は、一見、対象を取り違えてしまったように見えて、実際には捉えるべき対象を正確に捉えているのである。その意味では、その暴力の「必然的結果」だと言ってもいい。

注意すべきは、「私」の殺意の感受の仕方だ。「私」は、殺意を「殺さないでくれ」ではなく、「殺すなら殺せ」という仕方で受け取っている。「私」はここで、恐怖の現場に赴け、という声を聞き取っているのだ。それは「私」が生きていること、〈倒されない私〉であることを責める〈分身としての恐怖主体〉の声ではないのか。

「殺せ、殺せ……殺したかったら……」

鼻汁がつまり頭が重い。苦い汁がごぼごぼと音をたてて口から噴きこぼれそうになる。唇を噛む。ドアが開いた。私と哲ちゃんは押し出されるようにしてホームに降りた。脇腹にナイフが刺さっている。脇腹に手を触れてみた。ナイフはなかった。何の傷痕もなかった。〔ナビ・タリョン、三三〜三四頁〕

とびきり重要なのはこのあとだ。「私」は〈対決〉する主体、ファノンの言う「社会の象徴」を狙う主体に変貌する。その日以来、――

私のジーパンの中にはいつも小石が数個入っていた。交番の前を通る時、巡査とすれ違う時、ポケットの中の石ころは汗ばんだ。私の頭の中には「日本に対するオトシマエ」という一語しかなくなっていた。〔ナビ・タリョン、三五頁〕

そしてある意味で「私」はファノン以上にファノンである。否、「私」を作った李良枝がそうなのだろう。「私」／李良枝は〈対決〉すべき相手が日本人だけでないことを知っている。家父長制度の中で女を他者化しつつ「主人」の座に居座り続け、帝国主義と共犯してきた男も〈対決〉すべき相手なのだ。以下の「私」の言葉づかいに注意すれば、父への抵抗が、決して支配者達に回収されない形でする抵抗としての〈対決〉であることは明瞭であろう。


「オヤジ、何で帰化なんかしたんだよお」

　呂律が回らないまま、私は声を張り上げた。

「愛子、女がなんて言葉づかいするんだ」

「冗談じゃないよ。女ことばが何だい女ことばが。すましてんじゃないよ。オヤジ一体、何で日本人なんかに帰化したんだよお」（中略）

「オヤジ、そんなに日本が好きか、日本のオンナが好きか、日本のオンナが好きだから帰化したのか」［ナビ・タリョン、三五頁］

　ここまで『ナビ・タリョン』における、日本を舞台にした前半部を見てきた。ここで、今一度、竹田青嗣の李良枝評を思い出すとき、やはりそれは「切り詰め」だったと考えねばならなくなるのではないだろうか。なるほど竹田青嗣が言うように、李良枝／「私」は「政治的展望を失った地点」

にいる。「私」はこのあとも、何らかの政治活動、あるいは民族運動に関与するわけではない。★15 そういった活動を通して、状況を打開するという方向は取らない。その意味では、「政治的展望を失った地点」にいる在日の状況を反映していると言ってもいいはずだ。また、上に見た李良枝／「私」の「激しさ」からは、それ以前の世代が感じ、そして戦わなければならなかった〈不遇感〉も見ることができない。しかし、同時にここには「自我の不安定さ」といったものは見受けられないように思われる。その〈対決〉への衝動から見い出されるのは、むしろ自分に対する確固たる自信を基盤に、外部の状況を不条理として捉える感覚、〈不遇感〉ならざる〈不条理感〉だ。そうであるならば、李良枝は在日のイメージについて、ひとつの書き換え、つまり、〈不条理感を抱える存在〉としての在日という書き換えを行なった、あるいは行なおうとしたと考えることができる。それは単純な書き換えでありながら、重要な意義を持つ。なぜならば、在日が〈不条理感を抱える存在〉であるならば、それは日本人の在日に対する同情や、自分たちこそが彼ら在日を見ているのだ、という日本人の感覚、要するに在日を自分たちの掌中に収めているのだという帝国主義的感覚を動揺させる可能性を含むからだ。

最後に、我々は『ナビ・タリョン』のあと、一九八三年に『群像』に発表された小説『かずきめ』を見ていこう。

〈ハン〉と共に生きる身体——『かずきめ』から

これから見ていくように、おそらく、この作品は、今も生きながらえている、日本のかつての植民地（出身者）に対する宗主国意識、それを保護し正当化するための様々な言説やイデオロギーを暴き、動揺させ、分解するという意図が明瞭に現われているという意味で、彼女の小説の中でも、もっともポストコロニアル文学と呼ぶにふさわしい。ただし、戦後直後から始まる在日朝鮮人による文学は、時代状況や世代の交代といった事情のために、各々の作品が合わせる焦点が異なっており、従ってそれを内部的に区分することができることは言うまでもないが、一方でそれは——少なくとも己の出自については隠蔽または沈黙した作家の作品を除けば——常に、植民地支配から始まる支配‐被支配の関係に——様々な観点から様々な手法を用いて——対峙してきたわけであり、その意味では、李良枝に限らず、一般に在日朝鮮人文学と言われる一群の作品は「朝鮮発のポストコロニアル文学」と言っていいはずであろう。[★16] 在日朝鮮人文学は、世界の他のポストコロニアル文学

★15　この点に関して、尹健次は次のように批判している。「明らかに、「民族」とか「祖国」を口にせず、日本と朝鮮の不幸な過去を語らず、日本の過去の清算についても沈黙する「在日」の新しい「世代」に「共感」する日本のジャーナリズムがある。つまり、「在日」の若い文学者と日本人の「感性」は、差別や蔑視、怨念、反省、償いといったものを欠落させたところで一致点を見いだしている」［尹、一九九二、二六八頁］。

と直接的・持続的に交流することはなかったが、一方でそれらといわば共鳴しあっていると見なすことができる。あるいは、世界のポストコロニアル文学、もっと言えば、世界中の被植民者達とコミュニケーションすることなく連帯しあっている、と言ってもよいかもしれない。

そういった事情を踏まえて、私が李良枝の『かずきめ』にポストコロニアル文学性を強く見いだすのは、何よりもその戦闘的・非妥協的性質のためである。その点を以下で見ていくが、それに先だって再度、指摘しておきたいことがある。というのはまず――すでに若干述べたことだが――李良枝は「韓国での葛藤」を描くことで日本で注目を浴びた（その問題を主題にして描いた小説、『由熙』に芥川賞を与えたことにそれは象徴されている）が、その一方で、『かずきめ』を含む日本を舞台にした他の小説は多くの場合、ほとんど注目されていない、という不均衡である。

李良枝を扱った評論や論文は、日本舞台の小説を無視するか、あるいは韓国舞台の小説読解のための補助線として扱っている。[★17] そこには〈李良枝＝由熙の作家〉といった暗黙の了解があるように思われる。こういった了解は、しかしその意図がどうであれ、効果においては、李良枝の中に含まれている日本の植民地主義批判という側面を、削除していくことにならざるを得ないだろう。そうであれば、日本の李良枝の受容は、むしろ植民地主義的消費に傾斜していると言わざるを得ない。

李良枝が両国を経験することで、そこに共通する〈共同体の暴力〉、あるいは国家そのものの暴力を見いだしたことは間違いない。が、「在日韓国人」の彼女は、己が受けた二重の傷から〈共同体の暴力〉批判に赴いたのであって、したがって、その批判は在日のひとつの財産、世界を批判的に眺めるための認識地図にはなり得ても、日本人のそれになり得るようなものではない。そもそも〈共同体の暴力〉批判によって、問題が人間共通の問題とされたとき、その暴力性が不可避的であるかのような表象を呼び出しやすく、そういった表象のもとで目前の日本の植民地主義の暴力が覆われてしまう可能性がある。だから、私の主張は単純で現実的だ。日本人について言えば、〈共同体の暴力〉批判に参加する資格をいまだ持っていない、ということだ。ふらふらと〈共同体の暴力〉批判の場に出て来るよりも、自己の植民地主義を批判する方が先決問題なのだ。

さて、『かずきめ』の登場人物は、前節で見た『ナビ・タリョン』と同形的であり、あるいは反転図的である。作中において名前がいっさい出でこず「彼女」とのみ記されているのが主人公。「彼女」の母は「彼女」が小さい頃に父と離婚（母と父、彼女は朝鮮人）。その後、母は日本人の男と再婚。その男には長男敏彦と次男敏行、その下に娘の景子がいる。主人公の「彼女」の立場から整理しておくと、朝鮮人の（生）母、日本人の（継）父、長兄の敏彦と次兄の敏行、妹の景子という家族構成になっている。

小説は極めて複雑な構成をしている。冒頭に現われるのは、「彼女」が小学校のとき、朝鮮に関

★16　この点については自分自身、作家であり、クレオール文学としての在日文学を進展させていこうとする元秀一［二〇〇一、九三～一二二頁］を参照。
★17　たとえば、小掘学［一九九九、一一五～一二七頁］や姜宇源庸［二〇〇二、二二六～三一一頁］。

する授業が来るのに怯え、ついには授業の前に熱を出して、そのまま帰宅、数日、床についていたが、家出を試みる、というシーンだ。

社会科の教科書のあのページには、〈朝鮮〉という文字がいくつも印刷され、朝鮮半島の略図までが載っていた。書かれている内容以上にチョーセンという響きが彼女をすでに怯えさせていた。

（中略）

彼女にとって級友たちの方がかえって怖ろしい存在だった。彼らの不意打ちやしっぺ返し、陰口や妬みの意外さを彼女はどうしても読みとれなかった。月曜日の四限に自分は坂井（担任の教師）と級友たちに板挟みにされる……彼女は震えながらその日の自分のことを思い描いた。［かずきめ、六四頁］（ ）は引用者

このあと場面は急転する。二十歳になった景子がアパートで自殺した姉（＝「彼女」）の部屋の整理をするシーンが現われる（ここからすぐに見て取れることだが、「彼女」に名前が与えられていないのは、「名もなく死んでいった存在」、サバルタンであることを強調するためだろう）。この場面のあとからは、景子が姉＝「彼女」が自殺した原因を、「彼女」の友達に会って尋ね、その友達に語ってもらうという流れが一方にあり、同時にその合間合間に、「彼女」の視点から自殺に至るまでのその生の跡が点描さ

れるという流れがある。したがって、小説は、景子の視点、「彼女」の視点、そして、彼女の友人の視点の三つから構成されている。

「彼女」の視点から描かれた経験は時間的順序の通りにはなっていない。が、いずれにせよ、読み進めていくうちに、「彼女」がどのようにして自殺に至ったのかが明らかにされていく仕組みになっている。

ただし、この点については指摘するにとどまらざるを得ないが、妹の景子が姉の自殺について知り得るのは、姉の友人が語る話を通してのみであって、その意味では「本当の理由」――当人である「彼女」の視点から見た「理由」――は最後まで景子にはわからない。しかも重要なのは、景子が「本当の理由」をわかっていないという点が、小説の中で意図的に強調されていることだ。

「彼女」は自殺する日、小学校で朝鮮に関する授業が来るのを怖れ家出をしたときに履いていた靴と同じ柄の靴を買っている。「彼女」はアパートでその靴を眺めながら、「あの幼い日の一日の出来事に、すべて暗示されていたのではないか」と心の中で呟く。彼女はそしてその靴をテーブルの上に置いたまま、アパートの浴室で自殺する。靴はその意味で自殺（その小説内部における意味については後述する）の「本当の理由」（＝植民地主義の暴力）を象徴するものである。のちにアパートの整理のために訪れた妹の景子は、小説の最後でその靴のことを思い出す。しかし、「姉はあの靴をどこかの子供にあげようとしていたのかもしれない」［かずきめ、九五頁］と見当外れな推測、しかも、靴から「本当の理由」へ至る回路がはじめから景子に断たれている以上〈当然の見当外れの推測〉を

するのである。★18

李良枝は小説の終盤当たりにレイプ事件を描く。

彼女が窓を閉めようとして縁に手をかけた時だった。……男は着ていた雨合羽を部屋の中にほうり込み、身軽な動きで彼女の部屋に飛び降りた。予期していたのは敏行だった。まさか敏彦が窓を叩いていたとは思いも寄らなかった。全身から力が抜け落ち、彼女はずるずると背中をこすりつけて座りこんだ。窓は閉められ、雨音が遠のくと、それを追いかけるように気を失った。敏彦は敏行よりも乱暴に彼女の両脚を押し拡げた。

敏彦は雨合羽をかかえて窓の外に消えて行った。彼女には敏彦が軽蔑しきった表情で吐き捨てていった言葉がよく聞き取れなかった。だが何を言ったのか、彼女にはわかっていた。

〔かずきめ、八三頁〕

ここで、長兄の敏彦が軽蔑しきった表情で言った言葉は、小説の展開上、「朝鮮人」であることは間違いない。またこの場面から、彼女がこのレイプ以前に次兄の敏行にレイプされていたことがわかる。

「彼女」は結局、妊娠をする。母に問いつめられ、「妊娠の相手」が次兄の敏行であることを告げる。そのあとには次のような場面が描かれる。

数分後、居間の方から母と継父の言い争う声を聞いて彼女は我に返った。敏行の金切り声が何かにぶち当たって、うぐっとひしゃげた。彼女は畳が急に陥没し始め、身体がずんずん沈んでいくのを感じた。いつの間にか敏彦が立っていた。敏彦は彼女の前に座り込み、両肩を強く揺さぶった。

〈おい、絶対に俺のことはしゃべるなよ、いいか、絶対だぞ〉

（中略）

頷きもせず、黙ったままの彼女が不安になったのか、敏彦は両手をこすり合わせ始めた。

〈な、頼むよ、この通りだ〉

★18　ポストコロニアル研究の視点からすると、我々は、作者が「本当の理由」が妹にわかっていないことを強調することで示そうとした意味に興味を覚えるだろう。「彼女」はサバルタンとして描かれている。そうであれば、我々はすぐに「サバルタンは語ることができるのか」というスピヴァックの問いを想起し、自殺の理由を探ろうとしながらも靴の意味を「誤読」する景子、もっと言えば、「誤読」せざるを得ない景子を描くことで、李良枝が、朝鮮人で女であることの状況、つまり、沈黙を強制する、日本人と男による「二重の抑圧」を可視化しようとしたのだという解読をしたくなるであろう。が、我々の文脈からは離れるので、そういった解読の妥当性の吟味には立ち入ることはできない。

体臭に耐えきれずにやっと頷いた彼女を見て、敏彦は部屋を出ていった。彼女は立ち上がり、居間の襖の陰にそっと歩いて行った。

〈この野郎、恥をしれ恥を、身内に何てことしやがったんだ〉

敏彦の声に重なって、うっと唸る敏行の声が聞こえた。敏行は泣き出した。

(中略)

鼻汁をすすり、しゃくり上げながら敏行は叫んだ。

〈なんだ、なんだ、なんでそんなに朝鮮人の肩をもつんだよ……オヤジ、……オフクロが死ぬのを待ってたみたいに、こんな親子を連れてきて……臭いんだよ。俺、こんな臭い家、出てってやる……〉

敏彦も継父も、そして母も黙っていた。〔かずきめ、八五頁〕

この場面から我々が読みとらねばならないのは、女を自分の欲望の対象とする男の暴力という、敢えて言ってしまえば、もっとも〈わかりやすい〉暴力のおぞましさやその被害者の悲痛だけではない。暴力に対する「怒り」や被害者に対する「同情」や「憐憫の情」を覚醒するためだけであるならば、そもそも兄弟によるレイプという場面設定は余剰を含んでいる。また、この小説は基幹的な設定についてはすべてが虚構で、しかもその構成が相当に手の込んだものになっていることから考えても、李良枝がここで示そうとしているのが、そういったものの先にあったと考える方が自然だろう。では我々はこの場面から何を読みとるべきなのか。

まずはじめに確認しておきたいのは、「彼女」の視点からはここに登場する全員が共犯者だということだ。というのも、ここでは長兄の敏彦の罪（＝レイプ）が隠蔽されてしまっているが、長兄の罪を暴露することのできる当事者である「彼女」にいっさい語る機会を与えていないからだ。上の場面では、一見、母には罪がないように見えるが、その意味では同罪である。ここで母について付言しておくと、母は、日本人の男と再婚してからは、自分の朝鮮人性を消去し、家父長主義的家庭にあって「母」に与えられた役割を自ら演じ続ける（「常に和服を着、まるで家政婦のようだった」「かずきめ、六九頁」）人物として描かれている。

言い換えれば、ここでは喧嘩をしているようで、「彼女」の視点からすれば、長兄の敏彦の罪を隠蔽するよう全員が共働しているのであって、その意味では「彼女」の目にはむしろ「茶番劇」として現われざる得ない、ということだ。

次に着目したいのは次兄の敏行だ。彼の兄は、〈この野郎、恥をしれ恥を、身内に何てことしやがったんだ〉と――「彼女」の目からすれば盗人猛々しいとしか思われないような――「道徳」を持ち出しているが、敏行自身は、兄が自分の罪を隠すためにそうしているのだという「魂胆」に気づいていない。

この茶番劇で、次兄の敏行は自分の罪を正当化するのに〈なんだ、なんだ、なんでそんなに朝鮮人の肩をもつんだよ〉と「朝鮮人」を持ち出す。逆に言えば、自分を日本人として類型化・特権化することで、罪を正当化しようとするのだ。しかし、既に確認したように、まったく同じやり口を長兄もしていたのだ(レイプのあと、吐き捨てた言葉は文脈上、明らかに「朝鮮人」だった)。

つまり、この兄弟は罪を正当化するのに――「罪を罪ならざるものに変換する」というべきか――共に「日本人」という同じひとつの共同体に身を陥没させることによって、なそうとしているのだが、実際には、その共同体には不均衡の〈亀裂〉が入っているのだ。兄は弟を利用し、弟はそのことに気づいていない。

また重要なのは、以上の一切を知っているのは――読者以外には――ただひとり、名前がなく、そして語る機会を奪われている彼女だということだ。たしかに長兄は、〈おい、絶対に俺のことはしゃべるなよ、いいか、絶対だぞ〉と彼女に脅した本人であり、その脅しによる彼女の沈黙によって彼は「彼女」以外の家族に自分の罪を隠し通すことができている。が、彼女を沈黙させたあと、彼自身が自分の魂胆、つまり、罪を弟に一方的になすりつけることで自分への非難をかわそうとする、その魂胆を彼女に気づかれていること、そのことに気づいていることは難しいであろう。というのは、そのように彼女の目を意識したとたん、彼は秘密であるべき魂胆が、すでにばれていることを自覚するという緊張状態におかれるはずだからである。しかもそういった長兄のジレンマを見いだすことさえ、彼女には極めて容易であろう。

「彼女」は沈黙を強制されている。しかし、「彼女」はまさに強制されたがゆえに、強制されたことを知っており、一方の長兄は、強制したがゆえに、強制したことに気づきながら気づかないふりをするという緊張状態、あるいはそれよりももっとありそうなことには、強制をしたという事実を意識から抹消しなければならないという位置に置かれることだ（緊張か忘却か）。共同体を声高に叫びつつも、その共同体の内部の者に利用されている（ことに気づいていない）次兄、共同体の内部の者を利用しつつも、緊張か忘却の位置に居ざるを得ない長兄。そしてそれらについて何も知らない共同体の主人としての父とその共同体とは別である出自（朝鮮人性）を覆い隠し続ける母。李良枝がここで見せるのは、言うなれば〈植民地主義的社会関係〉の縮図だ。しかし、この縮図は、ただ読者にのみ見えるのではない。それらいっさいを見ることのできる位置に「彼女」がいる。その意味で、彼女は認識論的に優位な位置に立っているのだ。

「彼女」は、現実の在日の、そして在日の女性の位置でもあるほかないであろう。在日は、日本人が日本人という共同体の中にいくら陥没させようとしても、あるいは共同性を強調しようとも、そこに亀裂があることが見える位置にいるのであり、在日の女は、朝鮮人という共同体内部に身を沈めようとする朝鮮人の男の間に亀裂があることが見える位置にいるのだ。もちろん、在日のこうした位置は、植民地主義者にとって、もっとも恐るべきものであり、そうであるが故に、在日のこうした位置を察知した植民地主義者は、在日と日本人の間の境界を強調する活動、在日を他者化し、沈黙を強制する活動にいっそう駆り立てられるだろう。そういった活動は、しかし原理的には、沈黙を強制する長兄敏彦の再演に過ぎないのであって、つまりどうあがいても、緊張か忘却かという位置からは抜け出せないのであり、したがって「彼女」、在日、在日の女の認識論的優位の位置は変わらないのだ。

しかし、言説の内部では語る位置を奪われている被支配者が、認識論的には逆に優位に立っているという、観察者視点から得られる「客観的」位置関係は、それ自体としてはなんら実践的な意味を持たない。が、同時に、その位置から見ることができるものを、実際に見た場合、抵抗への意志が生じないではいられないことも事実だろう。そして実際に見るための必要な条件は整っている。なぜなら、ここにもやはり〈倒されない私〉がいるからだ。そもそも「彼女」への沈黙の強制は、命名の暴力だ。沈黙を強制するロジック（というよりむしろレトリック）は、「朝鮮人で女だ。だから黙っていろ」だ。なるほど長兄の敏彦はそのように言ってはいない。が「絶対、しゃべるなよ」と言ったとき、その命令が命令としての「権威」を得るとすれば、その「権威」の供給源は、このレトリックを彼女が（行間に）読みとること、つまり命名の暴力にさらされること以外にないだろう。そうであれば、既に述べたように、この経験から〈倒されない私〉が生じないわけにはいかない。そして、実際に見るために必要な条件となる〈倒されない私〉が、そして実際にその位置から見えるもの、その茶番劇、その植民地主義的社会関係を見ぬいたとき、〈倒されない私〉は、むしろ〈嘲笑する私〉になるだろう。が、〈倒されない私〉は、同時に〈恐怖する分身としての主体〉の声を聞き、それに責められる。しかも今や〈嘲笑する私〉へと高まった分、〈恐怖する分身としての主体〉の責めはいっそう激しいものにならざるを得ない。その、いっそう激しく責める声を、私は我々のことばを用いて〈ハン（恨）〉と呼ぼう。命名の暴力に倒されず、そのうえ植民地主義の醜悪で滑稽な茶番劇を見てしまった私は、そうであるが故に、〈ハン〉に曝される。在日は〈ハン〉と共に生きる存在になる。

小説の中で以上のような変貌が起こっていたか。起こっていたのだ。

「彼女」は恋人に言う。

〈いっちゃん、また関東大震災のような大きな地震が起こったら、朝鮮人は虐殺されるのかしら。一円五十銭、十円五十銭と言わされて竹槍で突つかれるかしら。(中略)それでね、その包丁で胸のところと手首を切りつけてみたの。痛かった。(中略)いえ、でも今度は虐殺なんてされません。でもそれでは困る、私を殺してくれなくちゃあ〉[かずきめ、八一～八二頁]

「彼女」は虐殺の恐怖を我が身に知らせるために包丁で手首を切る。あらゆる恐怖の中で最大の恐怖を我が身に知らせる。そして言うのだ、〈私を殺してくれなくちゃあ〉。それは何の声なのか。――〈ハン〉ではないか。〈ハン〉――責める声。何を？〈倒されない私〉として生きていられ、しかも圧迫する者達を嘲笑し、そうすることで心の中で彼らを倒しさえすることができる私、かけがえのない生を切り開いていくことができる私、その私をそうであるが故に責める声だ。私に〈できること〉が〈できること〉である限り許さぬと責める声なのだ。

では、自殺は何なのか。――私は李良枝から遠く離れていったのだろうか。そうではない。李良枝は、自殺によって在日の根元的な身体のありようが、ハンと共にある身体であることを示そうとしたのだ。〈できること〉を許さない声、〈できること〉が私にあることを責める声、「私の生」があることを責める声としてのハン。「私の生」を求める身体がハンという「私の生」を責める声と共にあるよりほかない、という在日の根元的な身体の逆説。その根元的な身体を抑圧することなく、その逆説の中でなお生き続けるとすれば、それは、「私の生」を責める声＝ハンを生んだ、恐怖を与える暴力に〈立ち–向かう〉という場に居続けるよりないだろう。そしてそれは、朝鮮人に向けられた暴力の究極の形が虐殺であった以上、原理的には、殺害の暴力に〈立ち–向かう〉という場に居続ける、ということを意味するだろう。ハンは私に、私の生が円滑に営まれる世界を、日常生活の場としての世界の内部にいることを責める。李良枝は、そう責めるハンを「彼女」の自殺を通して、浮き上がらせようとしたのではなかったろうか。

4　あなたにできること

本章で見た李良枝の二つの小説は、もしもそこから直接的に模倣できるような抵抗の戦略や戦術を見いだそうとして読めば、むしろ失望をもたらすだろう。しかし、そういった読みではなくて、言語化されていない在日の経験の相を可視化しようとしたものとして読むのならば、多くのことが得られる。
本章では、命名の暴力に関する分析をファノンとレヴィナスを援用しながら行なうことで、その暴力を受ける経験の構造から〈倒されない私〉と〈恐怖する分身としての身体〉が生成分化することを示した。また、〈恐怖する分身としての身体〉に〈倒されない私〉が責めを負っていること、その責めは私を抵抗へと促すことを示し、そうした抵抗を〈責任としての抵抗〉という概念で表した。これらの概念を用いて、李良枝の小説二篇を分析することで、最終的には〈恐怖する分身としての身体〉からの責めを〈ハン〉として読み替え、〈ハン〉によって暴力に〈立ち—向かう〉という場＝対決へと促されるのが在日の根元的な身体であるという考えを示した。

冒頭で示したように、在日は植民地主義に共犯するよう常に誘惑されている。特に拉致事件発覚以降の北朝鮮表象は、在日自身を現在と韓国に同一化するよう働いているため、植民地主義への抵抗はいっそう難しくなっている。そういう中で、抵抗について考えるのならば、抵抗の戦略や戦術を具体的に構想することと同時に、抵抗という行為が在日にとって持つ意味を考えることは緊急の課題だと思われる。そのような問題意識から、私の考察は出発している。

そして示したのは、在日にとって抵抗は、根元的あるいは原初的には、言い換えれば、言語によって表される以前の最初の〈現れ〉としては——〈生まれいづるままに〉捉えるならば——決してそれを実践するもしないも自由であるというような形のもの、つまり選択肢から自由に選ぶことが可能なものとしてあるのではなく、かといってもちろん刺激に対する反応のような選択性のまったくないもの、物体が摩擦に対して示すような「抵抗」としてあるのでもない。それはレヴィナスの言う〈顔〉に対する〈責め〉responsabilitéとしての責任として現われる。植民地主義の命名の暴力によって、私は、私が〈倒されない私〉であることに対して、私ではないが、私の肉体を分かち持っているような何者か、〈恐怖する分身としての身体〉に責められる。故なく責められる。暴力に〈対決〉という形の抵抗をするように駆り立てられる。そういう意味で、抵抗は原初的には〈責任としての抵抗〉である、というのが本論の主張である。抵抗は原初的には自由でもなく、反応でもなく、責任なのだ。

類型化され、言語的世界に登記される以前の、私への事象の〈現れ〉を追求すること。事象を生まれいづるままに捉えること。経験の中に深く分け入ること。それが常に現象学の追求する課題だった。以上の論考で、私はそういった性格を持っている現象学をポストコロニアル研究の中に持ち込もうと企てたのである（従って私としては、以上の論考を現象学的ポストコロニアル論と呼びたい）。

本章で示した抵抗は、一見、冒険主義的で英雄主義的であるかのような印象を与えるかもしれない。この点については、それは印象ではないとむしろ言いたい。植民地主義の暴力が、被植民者に一方的に無差別に加える暴力である限り、そこから生じてくる抵抗は――上で述べたような原初的次元においては――冒険主義的で英雄主義的にならざるを得ない。バクチ的要素を含んだ抵抗で、しかも半ば自ら何者かを背負った抵抗にならざるを得ないのだ。

我々は〈不遇感〉ではなく、〈不条理感〉を抱えている。ファノンが言ったように、我々は「飼い慣らされてはいない」。北朝鮮表象を見る限り、植民地主義が終焉に向かっている気配はない。だが、植民地主義が終わらない限り、我々が終わることはない。植民地主義が終わらない限り、不条理感が失われ、抵抗への呼びかけが聞こえなくなることはないのだ。

最後に、この文章が日本語で書かれている以上、盗聴器の向こうの日本人に言わねばならない。――もしもあなたが不条理の世界の住人であることを拒むのならば、自分の仲間を売ることだ、と。自分自身が植民地主義に唱和しないことは、不条理の世界の住人であることの否定にはならない。生活のあらゆる場で、植民地主義的言説が現われた、その都度に、それに歯向かうことだ。仲間に歯向かうことだ。しかも、自分の方に暴力が向かってくるかも知れないという恐怖の中で歯向かうことだ。在日が促される形の抵抗をなぞることだ。それでも倒れないとき、そのときだけ、我々はあなたを不条理の世界の住人ではない者として、そしてもしかすると、友としてさえ認めることができるだろう。

参考文献

Barber, Michael D., 1988, *Social Typifications and the Elusive Other : The Place of Sociology of Knowledge in Alfred Schutz's Phenomenology*, Lewisburg Bucknell University Press.

Bhabha, Homi K., 1994, *The Location of Culture*, Routledge.

鄭暎惠、一九九六、「アイデンティティーを越えて」井上俊他編『岩波講座現代社会学　第一五巻　差別と共生の社会学』岩波書店

Chow, Rey, 1993, *Writing Diaspora: Tactics of Intervention in Contemporary Cultural Studies*, Indianda University Press.（＝一九九八、本橋哲也訳『ディアスポラの知識人』青土社）

———, 1998, *Ethics after Idealism: Theory- Culture- Ethnicity- Reading*, Indianda University Press.

Fanon, Frantz, 1952, *Peau noire, masques blancs*, Seuil.（＝一九九八、海老坂武・加藤晴久訳『黒い皮膚・白い仮面』みすず書房）

———, 1961, *Les Damnés de la terre*, Maspero.（＝一九九六、鈴木道彦・浦野衣子訳『地に呪われたる者』みすず書房）

韓徳銖、一九八六、『主体的海外僑胞の思想と実践』未来社

林浩治、一九九一、『在日朝鮮人日本語文学論』新幹社

磯貝治良、二〇〇四、『〈在日〉文学論』新幹社

郭基煥、二〇〇〇、「被差別体験に関する考察」『現代社会理論研究』一〇号
――、二〇〇三、「よそ者になることへの「不安」」『現代社会理論研究』一三号
姜宇源庸、二〇〇二、「在日そのもののアイデンティティー――李良枝「由熙」論」『私小説研究』三号
金鶴泳、一九七〇、「まなざしの壁」『凍える口』河出書房新社
小掘学、一九九九、「〈境界〉の経験をめぐる文学――李良枝論」『立命館言語文化研究紀要』一一―三号
小森陽一、二〇〇一、『ポストコロニアル』岩波書店
熊野純彦、二〇〇三、『差異と隔たり　他なるものへの倫理』岩波書店
Levinas, Emmanuel, 1961, *Totalité et infini*, Nijihoff.（＝一九八九、合田正人訳『全体性と無限』国文社）
Memmi, Albert, 1982, *Le Racisme*, Gallimard.（＝一九九六、菊池昌実・白井成雄訳『人種差別』法政大学出版局）
Merleau-Ponty, Maurice, 1945, *Phénoménologie de la perception*, Gallimard.（＝一九七四、竹内芳郎他訳『知覚の現象学Ⅱ』みすず書房）
本山謙二、二〇〇二、「漂泊することの肯定に向けて――干刈あがたの言説から」『解放社会学研究』一六号
西原和久、一九九八、『意味の社会学――現象学的社会学の冒険』弘文堂
野村浩也、二〇〇一、「ポジショナリティ／本質主義／アイデンティフィケーション」姜尚中編『ポストコロニアリズム』作品社
Sartre, Jean-Paul, 1943, *L'être et le néant*, Gallimard.（＝一九九九、松浪信三郎訳『存在と無　現象学的存在論の試み』人文書院）

Schutz, Alfred, 1970, *Collected Papers III : Studies in Phenomenological Philosophy*, Nijhoff.（＝一九九八、渡部光他訳『シュッツ著作集Ⅳ』マルジュ社）
――, 1962, *Collected Papers I : The problem of Social Reality*, Nijhoff.（＝一九八五、渡部光他訳『シュッツ著作集Ⅰ』マルジュ社）
島袋まりあ、二〇〇二、「雑種性の政治と混血児」『解放社会学研究』一六号
戴エイカ、一九九九、『多文化主義とディアスポラ』明石書店
竹田青嗣、一九九五、『〈在日〉という根拠』ちくま学芸文庫
竹村和子、一九九七、「責任あるエイジェンシー――ポストモダニズム、ポストコロニアリズム、フェミニズム」山形和美編『差異と同一化――ポストコロニアリズム文学論』研究社
冨山一郎、一九九六、「対抗と遡行――フランツ・ファノンの叙述をめぐって」『思想』八六六号、岩波書店
元秀一、二〇〇一、「ポストコロニアルとしての在日文学クレオール化の水流」『ポストコロニアル文学の研究』関西大学東西学術研究所
李良枝、一九九三、『李良枝全集』講談社
イー・ヨンスク、一九九四、「ことばの深淵より――李良枝への鎮魂」『へるめす』岩波書店、五〇号
尹健次、一九九二、『「在日」を生きるとは』岩波書店

憲法九条漫才「沖縄に九条ってあるの？」

（ウチナーヤマトゥグチにて）

知念《ちにん》ウシ《うしぃ》＋宮里《なーじゃ》護佐丸《とぅぐさまる》

日本人への説明文

植民者は、被植民者からことばを奪い、かわって植民者のことばを強制してきた。それは、本書で郭基煥がいうように（本書一五〇頁〜）、ことばに盗聴器を仕掛ける行為でもある。

以下のテクストは、完全な沖縄語でもなければ、標準的な日本語でもない。すなわち、ウチナーヤマトゥグチ（沖縄語的日本語）で書かれている。ウチナーヤマトゥグチには、沖縄人が暴力的に自言語を奪われ、日本語を強制されてきた植民地化の傷痕が刻まれている。それゆえ、日本人が読んで理解することも可能なのだ。ウチナーヤマトゥグチが日本人にも理解可能なのは、日本語の使用を沖縄人に一方的に強制してきたからである。それによって、日本人は、沖縄人とのコミュニケーションのために沖縄人の言語を習得する努力を怠ることができたのだ。よって、以下のテクストを、これ以上日本語に翻訳してしまえば、日本人と沖縄人との不平等を拡大することとなる。

その一方で、ウチナーヤマトゥグチには、日本語の強制に対する沖縄人の抵抗の痕跡も刻まれている。それゆえ、植民地主義が仕掛けた盗聴器を暴露することができるのだ。以下のテクストを読む日本人が理解不能なことばに遭遇するとき、まさにそのときこそ盗聴器がその姿をあらわにする瞬間である。盗聴器が機能不全に追い込まれることで、その存在がさらけ出されるのだ。日本人は、自分自身が仕掛けた盗聴器を隠匿してはならないし、植民地主義の物的証拠として盗聴器の存在そのものを突きつけられなければならない。よって、以下のテクストは、これ以上日本語に翻訳するべきではないし、翻訳してはならない。ウチナーヤマトゥグチの日本語への完全翻訳は、盗聴器の暴露を阻止する行為でしかないのだから。

（文・野村浩也）

知念《ちにん》　はいたい、ぐすーよー　ちゅーうがなびら。知念《ちにん》ウシ《うしぃ》やいびーん。

宮里《なーじゃとぅ》　はいさいー、宮里《なーじゃとぅ》護佐丸《ぐさまる》るやいびーん。本名でーす。

知・宮　見ー知っち　うたびみしぇーびり。

知　護佐丸《ぐさまる》さん、今日《ちゅう》や憲法九条祭りですね。ケンポウキュジョウ、「健康保険の困った状況」のことではありませんよ～。

宮　はっしぇー、最初からそんなギャグ飛ばさなくても、いいよー。

知　あっ、しーんとしないで下さいね、みなさん。お祭りなんですから、華やかしていきましょうっ!!

宮　やさ！

知　で、でもね～、私、チョッと……言ってもいいですかー?　九条祭りねー?。憲法九条といいますけど、沖縄に憲法九条って本当にあるわけ?　という気持ちがしちゃうんですよね～。

宮　おっと、いきなり素朴な疑問から始まるわけね。それでもいいけどよ。でぃっか、探してみよう。

知・宮　どこねー、どこねー九条。どこにあるかな～。（二人で舞台の上を探しまわる）（観客席に呼びかけて）姉《ねー》さん姉《ねー》さん、姉《ねー》さんのかばんの中《なーか》にないね～?、おじさん、おじさん、おじさんの懐《ふちゅくる》ぬ中《なーか》んかい、憲法九条入《い》っちぇーうらんがやー?。

宮　あい、とー、ウシ《うしぃ》、とぅめーたんどー。（六法全書をかざして、ページを開いて）うり、第二章九条！ありっ！

知　あい、これ何ねー?

宮　六法全書てー。

知　へ? は~、これじゃない。こんなのじゃないってば。私が言っているのは、文字に書かれたものなんかじゃないよ。ニッポン国憲法九条でしょう。ニッポン国っつったら、私たちが所属している国でしょう。憲法っていうのは、その国の運営の仕方を書いてある法の大本のことさー。だからこれが適用されているのが、ニッポン国だわけよ。それが適用されている社会、現実、姿のことさー。沖縄がニッポンだったら、九条も適用されているはずでしょう。だから私は、九条が実現されている沖縄を探しているわけ。

宮　えー、ウシー《うしぃ》　俺達《わったー》やてー、うぬ座《ざー》　いへー　華やかさーんでぃいち　来《ちょー》るむんぬ、こんな難しい話しない方がいいんじゃないの?

知　なんで~? ただ思っているだけなのに、何《ぬー》が悪《わっ》さんばーい?

宮　は~っ。(深くため息をつき、意を決したように)えーウシー《うしぃ》、うぬ話始みーねー　俺《わねー》は　わじーいんどー。

知　は? なんで?

宮　ふーっ(ため息)。真剣な話してもいいかー? えー、ゆー見《ん》ーちんれー、この俺達《わったー》の島よー。軍事基地も、こんなたくさんあって、俺《わん》ぬ先祖《ふぁーふじ》、父親《すー》ぬとぅくまや嘉手納の空軍基地に土地《じー》取《とぅ》らってぃ、母親《あんまー》ぬとぅくまや金武のキャンプハンセンの中《なーか》に取《とぅ》らってぃ……

知　えっ、じゃあ、護佐丸《ぐさまる》、軍用地主なの？　あいいぇーなー、いいさー、だったら、金持《いぇーきんちゅ》ちさー。
私にもちょっとちょうだいよ、軍用地料。私、被害ばっかり。当たらんむんぬ。

宮　いー、軍用地主どー！　やしが、俺《わん》、此《く》ぬ銭《じん》　返《けー》ちんしむん。　俺達親生《わったーうやい》ちちょーる間《いぇーだ》んかい　見しーぶさん、自分《どぅーたー》ぬ　生《んま》りたる　土地《じー》！。

知　へ～？　見たことないの？　中に入れないわけ？　一回も入ったことないの？

宮　はーっ、生《んま》りてぃから　一回《ちゅけーん》ちょー　見《ん》ーちゃるくぅとぅ　ねーんよ。

知　じゃー、ウシーミーはどうしているの？

宮　ウシーミー？　墓まで移されているよ。ウチナーぬ風習ん皆《んな》無視さっとーる、こんな状態が続いているんだよ、六〇年間も。何《ぬー》が憲法九条の姿《しがた》やが！　うぬ書物《しむち》ん書かかっとーる「武力の放棄」さっとーる　姿《しがた》や、まーにん見ーらんどー。電気ん　ちち　長くたっちゅしが　じゅんに　ウチナーや　ニッポン　やがやー。

知　〝ウチナー　ニッポンやがやー、すー？〟はーっしぇー　「復帰」したんだよ、護佐丸《ぐさまる》、「復帰」したからニッポンてー。一九七二年ニッポンとなりました。「平和憲法」の下に「復帰」したのよ、私たちは。「復帰」よ「復帰」。復帰とは元々のところに帰ること。沖縄は元々ニッポンなんだから、ニッポンに帰るわけよ。「平和憲法」は元々はなかったんだけどさ。でも、学校の先生はそう言ってたさ。幼稚園生だった私たちも日の丸振ったじゃないの。うちのばあちゃんも「沖縄は、このまえニッポンになったんだよ」って言ってるよ。

宮　あらん　聞《ち》けー。　俺達《わったー》んかい　適用さっとーしぇー　ニッポン国憲法やあらん。「大ニッポン帝国憲法」てー。

知　えー。それは昔の憲法でしょう。戦争前の憲法さー。戦争負けたからちがう憲法に変えたんでしょう。とっても上等なんだってよ。主権在民、基本的人権の尊重、戦争放棄、これが憲法の三原則さ。

宮　だぁ、よく見てごらん。右を見れば「米軍基地」左を見れば復帰後に入ってきた「ニッポン軍基地」、「特措法」を二回も改定されて俺達《わったー》には私有財産制すらないよ、わかるかー？　俺達《わったー》にニッポン人と同じように適応されているのは「天皇条項」とぅ「納税の義務」、うぬたーちてー。だぁ、うれー、ぬーやが？　「大ニッポン帝国憲法」やしぇー。あらにひゃー?!

知　あーもー、難しい話はしないで。チブルがはっぷけそうよ。

宮　はっしぇ、やーがる、始みたるばー　あらに。

知　だからさー、護佐丸《ぐさまる》。ちょっと、私達《わったー》、大事なことを忘れているよ。私、反省した。あのね、沖縄はね、い・や・し・の・し・まよ、癒しの島。卑しい島じゃないよ。はっせ、沖縄に来たら癒されるんだってさ~。だからね、この人たちのために沖縄では難しいこと考えたり、言ったりしたらダメなのよ。沖縄に来たら癒されるんなら、沖縄に生まれた私達《わったー》は生まれた時から癒されっぱなし。だから基地があっても平気なはずさー。こんなゴーグチヒャーグチしたらだめだよー。あ、もしかしたら、基地からマイナスイオンが出ているかもしれないよ、放射能じゃなくて。もっとあたりに行かんと！　ヤマトからたくさん、「沖縄好き」って人が来るんだよ、観光客五百万人ってよ。沖縄県民の人口百万人としたら、五倍だよ。ぼーじゃーから、うとぅすいまで、ウチナーンチュ一人が五人の観光客に「めんそーれー」って言わなければいけないのよ。私達《わったー》もお辞儀の練習しておかんと！　してから、年間に二万人ヤマトから「移住」するんだって。なんで「引越し」っていわんのかね〜？

宮　植民地だからさ、植民地。「移住」あらんどーやー、植民やさ、侵略やさ。

知　あっせ、こんな言わんで、一年間で二万人、十年で二〇万人。一つの街ができるね。ヤマトンチュでも選挙に通るさ〜。こんないっぱいの人が「いいね、沖縄好きさ」って来るんだよ。私達《わったー》は感謝しないといけないよ。沖縄は差別されていると思っていたのに、「好き」って言ってくれるんだよ。もう差別しないってことだよ。あっせ、ヤマトンチュも変わったんだね〜。いい人になったんだよ。本当に有り難いさー。みんなで親切にして、お礼しましょうね〜。

宮　えー、ウシ《うしぃ》、ふりむにーさんけー。差別しない、というのは当然のことやしぇー。やーは、当たり前のことに感謝するのか？　差別者が差別やめたら、被差別者が「ありがとう」って言うのか。それは差別認めていることになるやしぇー。俺達《わったー》は差別されて当たり前の人間なのか？　ちがうだろう。「これまで差別していてごめんなさい」と謝ってきたら、「いいー許さん」とか「そうだよ、今頃分かったか、もう二度とするなよ。でも忘れんからな」と答えるもんあらんな？　でも、俺《わん》は、今《なま》まで謝る人にも会ったことないよー。えー。またよー、移住？　くぬたみんかい　ウチナーぬ失

業率ん　ちゃー右肩上り、ちゃー右肩上り。俺達《わったー》仕事ん　ねーんないんどー。

知　はっせ、もう、あんたよ〜。こんな難しいこと言わないよ〜。そんなこと言っているとさ、「おまえはウチナーンチュじゃない」って言われるよ。ウチナーンチュはさ、「やさしい」んだよ、「やさしい」。あんたみたいだったらさー、ヤマトンチュに嫌われて大変するよ。損するよー。ぃえー、また差別されるよー。そうなっても私知らんからよ〜。されるんだったら、あんただけ差別されてよね、私も同じに見られて損したくないからね〜。私を巻き込まないでよね。ぃえー、あのね、日米安保が大好きでニッポン株式会社のために、企業戦士として昼夜も問わず、働き通し、海外経済侵略して、身も心もへとへとに疲れたヤマトの御方々が、沖縄に来て、癒される。そしてまた、経済戦士として闘える。アフガニスタンやイラクで戦争して、人殺したり、拷問したりして、自分《どぅーたー》ぬ心も身体もボロボロになったアミリカーの御方々も、沖縄に帰ってきて癒される。そして、また、「国際平和」のために、「民主主義」のために、「人道支援」のために、貢献しに行ける。はっしぇ、こんな立派な島が、世界中探して、どこにあるかー？　とー、来年のノーベル平和賞は、ウチナーやさっ！

宮　何《ぬー》ーあびとーる　ばーいー？　くぬウチナー、ゆー、見《んー》でー。目《みー》んくんぱてぃ、見《ん》ちまー。その細い目ー立派ー開けりよー。

知　ぃえー、あんた、失礼やっさー。私の目ーは生まれたときからこんなして細いの。上等だよ。いろんなことが見えるんだから。

宮　うれー　御無礼《ぐぶりぃ》さびたん。とにかくよー、人を殺す訓練させる軍事基地、それをまた新しく造らそうとしているこの島に来て「心が癒される」？　あんしぇー、俺《わん》うぬ人《ちゅ》ぬちゃーぬ腹《わた》断っち、ちゃっさ　癒さっとーが　見《ん》ーじぶさんよ。ちゃーが!!　あんしまでぃ　人《ちゅ》　わじらち。ふとぅふとぅーそーんーどー、俺《わんねー》は……。

知　だっからよ～

宮　はぁ～？

知　だからさ。私もなんでこんなウチナー来て癒されるか、とっても不思議だわけさ～。私の家の上もしっちー普天間基地から嘉手納基地から軍用機が飛ぶわけさ。はっしぇ、いつ落ちるか、いつ落ちるか　ってでーじうとぅるさぬ。*　またよー、今頃イラクのワラバー達《たー》よー、ちゃーそうがやー？ってよく思うさ。わったーワラビンチャーが、イラクぬワラビンチャーと沖縄戦ぬばすぬウチナーぬワラビンチャーと重なって見えるときがあるわけさ。そして、えー、沖縄戦を傷だらけで生き延びた子どもたちが年とったらさ、自分の孫でもないヤマトンチューに「おじい」「おばあ」とか、気軽に呼ばれてよ。せめて「おじいさん」「おばあさん」て日本語で礼儀正しく呼んでさー。いったー日本人だろ。丁寧語知らんば～？　それともウチナーンチュには使いたくないば～？　せっかくあんなにアワリしながら日本語習得してきたんだから。わったーウチナンチョー、日本語わかるばーよー。してまた、基地から出る廃棄物の化学物質、洗浄水、実弾演習の弾丸が山、土、海を汚染する。劣化ウラン弾の発射訓練も海でしているんだよ。土も水も海も空も空気も汚染されて、私達《わったー》に蓄積されているはずよ。自分《どぅーたー》のことも心配だけどさ、ワラバー達《たー》ぬ心と体がじわじわ蝕ばまれていっているようで……、はーもー、でーじ不安てば……。それなのに、「癒しの島」？ は？ ヤマトから観光客たくさん来るって？ は？ 移住者も来るって？ は？ いぇー、ゆくしだろ、考《かん》げーらん。私も「沖縄」行きたいよ。のんびり暮らしたいよ。どこにあるわけ、「癒しの島沖縄」は？

宮　俺《わん》にん　とぅめーとーんよー。　いぇー、　やーとぅ　俺《わん》とぅ　同《いぬ》じ　考《かん》げー　やしぇー。

知　そうさー、ウチナーンチュでーむぬ。

宮　あんしぇ　最初から言え。　あんやれー　俺《わねー》はわじらんたんどー。こんな興奮してまで言いたいことがあったんだったら。

知　うーん、でもさ～、本当のことといったらすぐたっ殺《くる》す人達がいるから、ウチナーンチュはなかなか本当の事は言えないわけよ。

宮　まあね～、確かにそうなんではあるけどよ～。やしが、それでも言っていかないと、どんどん本当のこと、言えなくなるばーあらに？　あい、やさ、憲法の話だった。そうだ、会場ぬぐすーよー、実は、知念ウシー《ちにんうしぃ》がね、私に教えてくれたとっても面白い歌があるんですよ。ニッポン国憲法の現状をある名曲に載せて歌うというね。え、ウシー《うしぃ》よー。チョッと歌ってみー、景気づけに。元気出るかもよ。

知　え～。景気づけに？　元気出る？　そうかな～？　みんな怒るかもしれないよ。怒って元気出るなら、ま、いいか？　ほんとに歌っていいの？

宮　とう、まず、歌ってみー。それでは、みなさま、知念ウシ《ちにんうしぃ》が情感をこめてしっとり歌い上げます、軍艦マーチ、「海軍行進曲」に載せてニッポン国憲法第九条、どうぞー！

知　（軍艦マーチのメロディーで）にーほんこくみんはせいぎとちつじょをきほんとすーるー、こーくさいへいわをせーいじーつにー、ききゅうしこっけんのはつどおたーるー、せんそうとぶりょくによるいかくまたはぶりょくのこーしを、こくさーいーふーんそーをーかーいけーつすーるしゅだんとしーてはー、えいきゅーにこーれをほーきする。ぜんこうのもくてきをたーするためーりーくかいくーぐんそーのーたのーせんりょくはこーおれをほーじしないー。くーにのっこーせーんけーんはこれーをみとめない。

知・宮　あっせ〜〜、毛《きー》ぶるだっちゃーすっさ、毛《きー》ぶるだっちゃー、毛《きー》ぶるだっちゃー。

宮　ニッポン国憲法ぬ現状　うっさ表《あらー》ちょーる歌ーなかなかねーんどー。

知　だっからよ〜。私、東京で大学歩いていた頃ヤマトンチュから習ったわけよ。

宮　あぎじぇ、これがヤマトンチュにとっての憲法九条かー。

知　くったーよー、でーじやっさー。うとぅるさぬや〜。憲法九条もっと大切にして、護らんといけないのにねー。

宮　えー、ウシーよー。沖縄には九条があったためしもないのに、ちゃんぐとぅっし、護《まむ》いんなー？　やーや、なんで沖縄に九条がないのか考《かん》げーることぅあいみや？

知　なんでって？　そうだね〜、あっ、わかった。私達《わったー》が、まだ方言使っているからじゃないの？　チャンプルーもティビチもミミガーも食べているからさー。私達《わったー》の日本人になる努力がまだ足りないんじゃないの？　くしゃみは「ハックス！」って、誰も言わなくなったけどさ、あんたも時々、「あがー」って言っているからいけないんだよ。私達《わったー》が完璧な日本人になったら、憲法は完全に来るんじゃないの？　でも、そうなったら、沖縄の〝エキゾチック〟な魅力がなくなって、観光客が来なくなるね〜。それは大変だよね。どう思う？

宮　やさやー、俺《わん》ねーベストソーダも飲まなくなったし、赤マルソウも使わなくなったのに、まだ努力がたらんな〜。あらん!!　やー、ふらーかー。何《ぬー》考《かん》げーとーが？

知　あ、そ、そうだよね〜。観光客より平和が大事だよね。私達《わったー》がもっともっと日本人に同化したら、ちゃんと日本人として認めてくれて、そしたら、いつか本当に沖縄に憲法がくるはずよ。あっ、いいこと考えた！　沖縄が大好きって言って、ウチナーンチュのふりするヤマトンチュがいるさーねー。あれなんかに私達《わったー》が同化したらいいあんに？　そしたら、私達《わったー》は、沖縄の文化も守れるし、日本人にもなれる!!

宮　えー、やーはどこまで卑屈なのか？

知　はー、植民地の人間でーむぬ、複雑だわけさー。

宮　俺達《わったー》が日本国民というなら、ヤマトンチュに同化しなくても、チャンプルーんティビチんミミガーんかでぃん、ハックスんアガーんでぃあびてぃん、他の日本国民と同等に扱われるべきだろう。

ぬーんち、俺達《わったー》びけーん、あったーに合わせんといかんばー。九条が沖縄に来ていないのは、そもそも日本国憲法ができたとき、天皇の命と引き換えに、日本を非武装化して、沖縄に米軍を置いて、日本を守るから大丈夫、としたのが始まりだろ。もともと沖縄は外国だから、またこんなやって利用しているわけさー。これが、「復帰」しても続いている。沖縄には九条は適用されないようになっているんだよ。

知　あいぃーなー。やたん?!　はっせ、じゃあ、本当に九条を実現するようにみんなでがんばらないとねー。とっても上等な条文なんだからー。

宮　えー、待てよー。ヤマトで九条がなくなったら、沖縄は何か変わるのかー?

知　変わるさー。徴兵制が来るし、徴兵制にならなくても、失業率の高い沖縄からは、若者達《わかむぬちゃー》が日本軍に就職するのが増えるかもしれないし、また沖縄戦になるかもしれない。米軍基地も日本軍基地ももっと強化されるはずよ。

宮　まー、だーるけどよー、やっぱり、沖縄の立場としては、九条はあってもなくても同じだよ。今だって、沖縄では日米軍基地はどんどん強化されている。もし戦争になったら、日米の前線基地として機能している沖縄が、真っ先に攻撃されるのは目に見えている。沖縄の若者達《わかむぬちゃー》は日本軍に就職しようと徴兵されようと、このウチナーがイクサ場になるから、ここで人を殺したり殺されたりする。ヤマトンチュは九条を変えて正式な軍隊にしても自分達《どぅーたー》ぬ場所が戦場になるとは思っていない。他のところに攻撃に行くつもりなんだろ。ヤマトンチュが軍に入って、日本以外の場所に米軍と一緒に人を殺したり殺されたりしに行く。沖縄の若者達《わかむぬらゃー》は、それと一緒に行くか、島に残って、ここで戦争に巻き込まれるか、どうなっても戦争だわけさ。だから、こんな日本とは一日も早く手を切った方がいいと、俺《わん》は前から思うっているわけさー。

知 はーや、でーじなとーっさー。

宮 どぅくどー。

知 だったら、やっぱり、憲法九条護った方がいいんじゃないの？ 怖すぎだよ、この未来。

宮 あらん。九条を護るのはヤマトンチュの仕事。俺達《わったー》ぬ仕事やあらん。連帯すべきはヤマトンチュ同士なんだよ。九条護りたいんだったら、自分達《どぅーたー》で護れ。俺達《わったー》にさせるな。俺達《わったー》はこれまで、九条の精神を実践しようしてきただろう。んちまー、辺野古ん金武ん、皆《んな》が基地造らさんでぃち、座り込みそーしぇ。あれが、まさに九条の実現、いいー、九条の発展系んでぃ 思《うぬ》いんどー。日本国憲法より一歩も二歩も進んでいる。進化系だよ。とーとーとーとー、ウシー《うしぃ》、今俺《なまわん》にんかい 御神《うかみ》ぬ 降《う》りてぃ ちょーんどー。今《なま》わかたん。

知 は？ 御神《うかみ》ぬ 降《う》りてぃ ちょーん？ 進化系？ 護佐丸《ぐさまる》うぅーー大丈夫ねー？

宮 よぅよぅ聞きけよ、御神《うかみ》が降りてきているからな、今日《ちゅう》や習ーち とぅらすさ。今《なま》のニッポン国憲法は自国の国民を戦争に巻き込まない、政府にもさせない、まぁーゆうなれば一国平和主義さ。でもえー、いま辺野古や金武で皆《んな》がそーしぇー、世界中で戦の主体となっているアメリカ軍に基地を貸さない、新しい基地を造らさないことによって彼ら軍人にも人を殺させないという、自分達《どぅーたー》びけーんあらん、他人にも戦争をさせないという、さらに一歩、二歩どころか、十歩ぐらいも進んだ素晴らしい活動をしているわけさ。

知　な～るほど、さすが金武出身！　言うことがちがうね。

宮　そうです、金武出身です。でも選挙には出ないからよ～。

知　なんでー、出たらいいのに。応援するよ。

宮　それは後で相談しよう。とーにかく、いまヤマトゥでは憲法九条無くそうという政府ばっかり選んでいるさー。

知　そうだね。

宮　もしよ、ヤマトゥが憲法九条捨《し》てぃーるようなことがあれば、俺達《わったー》がヤマトゥ捨《し》てぃてぃんしまに？　九条があるから、沖縄は日本に復帰したことになっているんだから、九条がなくなれば、沖縄が日本である理由もないさ。それに九条は、なにもニッポン国憲法だけにあるものではない。あったーぬ捨《し》てぃたる九条をもっと上等なして、これをつかってウチナーは新しい国をつくったほうがいいと、俺は《わねー》思《うむ》いんどー。

知　ひぇ～～～～！　新しい国つくるーー??　それって、独立?!　独立?!

宮　もうそういう選択の段階に来ていると思うよ。ぐーすーよー、この事ゆー考《かん》げーちくぃみそーり。

知　いぇー、護佐丸《ぐさまる》よ～。あんた、本気？

宮　あてーめーてー、本気どー。

知　だったら、あんまり人前で言わない方がいいんじゃないの？

宮　ぬーんち？　なまから考えないと間に合わないよ。

知　あんしが、くゎいらいしぇーくぇんかい　ないるくとぅんあん、また、ウランダーたーが　独立そーるアミリカふーじー、わったーどぅじんや、きょりゅうくんかい　いらりーるくとぅんあるはじどー。独立んでぃてぃん、すぐとぅらりーんどー。

宮　やさやー、はっとぅやくとぅ、くゎっきてぃさんでーならんさやー。

知　やんどー。

＊この公演の二ヶ月後、本当に沖縄国際大学に墜落炎上した。

二〇〇四年七月　宜野湾市民会館　沖縄九条連　憲法まつりでの漫才をもとに加筆修正した。

第Ⅱ部　野蛮と癒し——欲望される植民地から

帝国を設けて、何がいけないのか？

C・ダグラス・ラミス
C. Douglas LUMMIS

ヨーロッパやアメリカの大都市では数年前まで大きな声で言えなかった話題、つまり帝国の良い側面とか、この荒々しい世界での強い帝国の必要性などということが今では堂々と話されている。（中略）我々は時々マスメディアが提供する「中立」の舞台で、その問題を「討論」するように招待されることもある。帝国主義を討論することは、強姦のいいところと悪いところを討論するようなものだ。何と言えばいいのだろうか。それがとても懐かしいと言うのか。

アルンダティ・ロイ

1　沖縄は典型なのか

チャルマーズ・ジョンソンは、その著書『アメリカ帝国への復讐』において、かつて自分は「帝国のための槍持ち」だったと述べている。それは、朝鮮戦争時に彼が海軍将校だったことも、その後の冷戦時代に御用学者だったことも意味する。「問題は、私が共産主義の国際的運動について知りすぎていて、アメリカ政府および国防省に関しての知識が足りなかったことだ」と彼はいう[★1]〔Johnson, 2000=2000: 11〕。彼は、疑問を持ちながらもベトナム戦争を支持したし、一九五七年から一九七三年まで、最も恐怖症的な学生しか想像できなかったファンタジーを実演していた。つまり、大学で教えながら中央情報局（CIA）にも勤めていたのだ。

「わがままで神聖ぶって見え、そして、明らかに宿題をやっていなかったキャンパス反戦活動家を見て、私はイライラしていた」と彼はいう〔Johnson, 2000=2000: 11-12〕。これを初めて読んだ時、私は、ジョンソンは間違いなく私のことを思い出しながら書いたに違いないと思った（私は彼の冷たい評価を認めないが）。しかし、考えてみれば、同じように感じた人は他にもいるだろう。とにかく、ジョンソンが教えていた学科の当時の大学院生であり反戦活動家でもあった者としていえるのは、ジョンソンの態度は「イライラ」どころではなかったということだ。「激怒」といった方がふさわしいだろう。そして、彼の恩師であったスカラピーノ（Robert Scalapino）教授と同じように、彼は専任教授としての権威を活用して、その「わがまま学生」が奨学金を貰えず、教職に就けないように、裏で働きかけることもあった。ジョンソンがこの点に触れないのは驚くべきことではないが、その一方で彼は、勇気ある告白をする。「反戦学生が共産主義に関して無知で、その欠如を直す気もなかった」という判断に変わりがないことを述べた上で、このように続く。「結局、私より学生たちの方がロバート・マクナマラ、マクジョージ・バンディー、ウォルト・ロストーのような人々のことをはるかによく分かっていた。アメリカの帝国としての役割の本質について私が理解し損なっていたことを、彼らの方がつかんでいた。今にして思えば、私も反戦運動の側に立てばよかった。荒々しくて世間知らずでありながら、彼らの方が正しくて、アメリカの政策の方が間違っていた」[Johnson, 2000=2000: 12]。

ここでジョンソンは、教職に就いている人々のほとんどが絶対にできないことをやってのけた。つまり、教師の自分が分かっていなかったことを、その荒々しい癪に障る学生の方が分かっていたということを潔く認めたのだ。私は、それができたジョンソンを評価する。その告白は「謝罪」とまではいえないが、彼の文章のなかで、謝罪に最も近いものだろう。私は、ジョンソンの当時の「イライラ」の対象となっていた他の人々の代表にはもちろんなれないが、以下の論考は、私の文章のなかで、彼を「許すこと」に最も近いものになるだろう。

逆説的なことだが、ジョンソンが反戦運動を支持しなかったことには、いい側面もあるかもしれない。当時から反戦運動に参加していたなら、『アメリカ帝国への復讐』と『帝国の悲しみ』が持っている新鮮さはなかっただろう。しかし、ここには謎がある。多くの人が何十年も前から、十分

★1 ジョンソンの本の場合、ページ数は和訳書を指すが、訳は引用者による。

な資料的根拠に基づく理路整然とした説得力のあるアメリカ帝国批判の本を出版している。では、ジョンソンの本は、いったい何が新しいのか。もちろん、ジョンソンは驚くべき新人ではある。なぜなら、一九六九年当時、彼が将来このような仕事をやり始めるとは、誰も予想できなかったはずだからだ。また、ジョンソンは日本学および中国学の権威ではあるが、しかしその権威は、例えばチョムスキーの言語学者としての権威よりも高いとは言い難い。

とはいえ、チョムスキー（という名前がジョンソンの本の索引にまったく欠落しているのが目立つが）とジョンソンを比較してみるのも興味深い。数十年前から粘り強く、そして英雄的に帝国としてのアメリカを批判し続けてきたチョムスキーだが、彼の文章は単調な皮肉におちいることが多い。一方、つい最近になって問題に気づいたジョンソンは、発見したことに対して本気に驚いていて、新鮮な憤慨が伝わってくるその文章は活気に満ちている。また、チョムスキーはある程度、「狼少年効果」の被害を受けている（しかし、彼が「狼だ！」と叫ぶたびに本当に狼がいたので、これはとてもアンフェアーだが）。それと比べると、ジョンソンの「狼だ！」という初めての叫びの方が、その新鮮さもあって、非常時のアラームに聞こえるかもしれない。

しかし、こう述べたからといって、ジョンソンの著作は単に過去のデータを整理しなおしたものにすぎないといいたいわけではない。資料も新鮮だし、彼の分析も新しい。

最近の著書『帝国の悲しみ』のなかで彼はいう。一九九六年に初めて沖縄を訪れた時、アメリカ帝国の現実が彼の意識に無理矢理入りこんできたのだ、と。ジョンソンは、沖縄にある米軍基地を見て「深く戸惑った」という。その理由は、基地の醜さと傲慢さ、それに起因する沖縄住民のアメリカに対する怒りだけではない。「島のなかでも最高級の二〇パーセントの土地に三八の別々の基地を配置することをアメリカの真剣な戦略として説明するのは不可能だという事実」も戸惑いの原因であった［Johnson, 2004=2004: 13］。彼は、アメリカの海外基地構造の研究に着手し、「沖縄はユニークではなく、典型的だ」という結論を下すに至った［Johnson, 2004=2004: 14］。そして、興味深い仮説を提起した。

アメリカの七二五余りの世界に散らばっている軍事基地が、帝国のための手段ではなく、それ自体が帝国である、という仮説だ。アメリカの利益となる戦略を守るため（だけ）に基地があるのではなく、アメリカの戦略の大きな目的のひとつが基地を守ることだ、と彼は主張する。基地自体が一種の海外にたいする統治であって、基地自体が自らの利益を発生させる。支配地域ごとに米軍基地が配置され、それぞれの支配区の司令官（CINC=Commander in Chief）が、ローマ帝国の植民地総督のようになる。つまり、彼らは大使よりも地位が高く、国の外交政策に関して発言権があり、通常の指揮系統を飛ばして、大統領に直接報告することになっている。米軍基地があるほとんどの国で結ばれた地位協定（SOFA）のおかげで、米軍は治外法権の特権を有し、その国の刑法による起訴から全面的に、あるいは部分的に、守られている。米政府は、地位協定を九三ヶ国と結んでいると認めているが、「相手の国にとってあまりにも屈辱的であるため、秘密となっている場合もある。特にイスラム教の世界では、そうである」［Johnson, 2004=2004: 50］。

ジョンソンがそう呼ぶこの「基地帝国」は、それ自体がひとつの世界であり、「多くのアメリカ人が見ることもない、現代アメリカ生活の一面となっている」。沖縄では、那覇から北へ国道五八号線を通って嘉手納基地まで走ると、金網の向こうに何十台ものスクール・バスが並んでいる駐車場が見える。なるほど、基地の中で、無意識に、悲劇的に植民者《コロン》の生活をしている子ども達もこんなに多いのだ！　基地の中に学校（保育園から大学）、教会、ショッピング・センター、バー、レストラン、テニスコート、様々な個人スポーツやチーム・スポーツ施設、ストレスや怒りを整理するためのカウンセラー、虐待された女性のためのホットライン、警察、裁判所、刑務所、そして無数の草刈機がある。それはゴルフ場（ジョンソンによると、米軍は世界で二三四のゴルフ場を経営している）のためだけではなく、基地の中に散らばった建物の間の広い芝生を刈るためでもある。基地の外では、一九五〇年代や六〇年代に比べると沖縄経済が相対的に豊かになったために米軍向けの商売は少なくなってきたが、しかし今でも、ＧＩ向けのバー、レストラン、沖縄住民が絶対買わない品物が並んでいるお土産屋、買春宿、そしてかなり多くの福音主義（原理主義）アメリカ人の牧師がやっているキリスト教の教会もある。基地の外では、家が散らばっているのではなくぎゅうぎゅう詰めとなっていて、芝生を植えるところがない。

　このような基地に生活することとは、植民地的傲慢さの教育を受けることだ。現地の住民に対する軽視は、「個人の態度」ではなく、空気の中にあり、物事の構造の中に組み込まれ、意識されることもない。

「沖縄はユニークではなく、典型である」というジョンソンの結論に賛成する沖縄人は少ないだろう。沖縄の米軍基地は唯一無二のユニークな事例ではなく、総合的な政策の下で運営されている世界規模の基地組織の一部だという彼の主張はそのとおりだろうが「典型である」という判断はマルクスの原則、つまり、「量が質に転化する」という原則を忘れている。沖縄にある米軍基地の絶対的規模によって、沖縄の日常生活は隅々まで圧倒されている。これは、イタリアとかイギリスとか「本土」日本では、ないことだ。沖縄では、戦闘機や輸送機の爆音から逃げるところもないし、基地のことが新聞に載っていない日は一日もないし、基地のことに触れない選挙運動もないし、米軍基地がなかった時代を覚えている六〇歳以下の人間もいない。

もうひとつのユニークさがある。それは、米軍の沖縄に対する認識だ。第二次世界大戦で、米軍が軍事行動で占拠して、そして自分のものにした（と思い込んでいる）のは沖縄だけだ。一九四五年から一九七二年までの米軍の沖縄に対する統治権は、何らかの条約や協定に基づいたものではなく、征服者の権利だったというのが米軍の歴史認識だ。そして沖縄は、「アメリカの領土」というよりも「米軍の領土」、つまり、軍隊自身の戦利品だという認識だ。この考え方は特に海兵隊のなかで強いだろう。したがって、一九七二年に沖縄が復帰した時、海兵隊は、もちろん形式的にはそれを認めるしかなかったが、本当はあまり納得していなかっただろう。表向きのPR発言はともかくとして、復帰によって基地内の領域が「海兵隊の戦利品」から「条約によって貸していただいている日本国の領土」に変身したというふうには考えていないだろう。彼らにとって、（少なくとも）

基地の中は返還していない、自分が独占してもいいような自分の領土だ。一方、基地の外の沖縄に関する海兵隊の考え方は読みにくいが、ちょうどこの文章を書いている時、それもかなりはっきり見えるようになった。

二〇〇四年八月の一三日の金曜日、普天間基地に配備されたCH53Dヘリコプターが沖縄国際大学の校舎に衝突し、構内に墜落した。三つの大きな爆発があって、黒い煙が空高く舞い上がった。沖縄警察と消防隊が現場に到着する前に、すでに海兵隊員数百人が大学と基地の間にある金網（大学と基地は背中合わせだ）を乗越え、大学を占拠した。彼らは、そのための許可を、大学学長、宜野湾市長、沖縄県知事その他、誰にも求めようとしなかった。黄色いテープで警戒線を張り、それを警備する武装した軍事警察（MP）を並べて、沖縄警察と消防隊を含めて誰も現場に立ち入らせなかった。警察には過失犯の疑いで現場検証をする義務もあったが、海兵隊に断られた。警察は現場への立ち入りを申し入れたが、それも拒否された。それぞれの地方自治体が抗議したが、結局海兵隊は、すべての証拠、ヘリが墜落した現場の土まで、基地の中へ持ち帰った。「地位協定があるから仕方がない」と言った新聞記者や政治家がいたが、どうもその協定を読んでいないらしい。地位協定には、米軍事警察には沖縄人・日本人に対する警察権がないということが明々白々に定められている。つまり、

第一七条（4）：前諸項の規定は、合衆国の軍当局が日本国民又は日本国に通常居住する者

に対し裁判権を行使する権利を有することを意味するものではない。(後略)

第一七条(10)b:前記の施設及び区域の外部においては、前記の軍事警察は、必ず日本国の当局との取極に従うことを条件とし、かつ、日本国の当局と連絡して使用されるものとし、その使用は、合衆国軍隊の構成員の間の規律及び秩序の維持のため必要な範囲内に限るものとする。

第一七条(4)の方の「裁判権」は、英語版で「jurisdiction」、つまり司法権となっている。警察権は司法権から由来するものなので、司法権なしに武装したMPが住民または沖縄県警察を制圧することは無法な暴力にほかならない。

しかし、米軍・海兵隊の考えは違う。つまり、日本政府、または沖縄県の沖縄に対する「主権」は表面的なものであって、(危機の際に見えてくるように)本当の主権者は米軍である、という考えだ。そして、この事件は、もしも沖縄にいる米軍が直接戦争に関わることになったら、沖縄はどのように扱われるのか、ということの予告編でもあった。(「直接」とは、東アジアの近いところで、という意味だ。今現在沖縄にいる米軍はイラク戦争に関わっているのだ)。

以上のような行為が、ジョンソンのいう「軍事主義」の例かもしれない。ジョンソンは、軍隊そのものを批判しているのではなく、その堕落したかたち、つまり、軍事主義を批判しているのだという。「軍隊は国の独立を保障するのが仕事だ」ということに対して、軍事主義は「軍隊は国の安全または自分がその一部である政府の構造を守るよりも、軍隊自身の保護を優先することだ」とジョンソンは定義する［Johnson, 2004=2004: 34］。アメリカの軍隊は、特にその多くがアメリカの市民に見えない外国に置かれている現在、彼の定義でいう軍事主義的な組織になっている、とジョンソンは指摘する。米軍が「帝国を計画している」とか「帝国に似ている」とか「帝国的な態度をとっている」とか「帝国に尽くしている」のではない。米軍が帝国——つまり基地帝国——である、ということだ。

しかし、基地自体が帝国であるなら、不思議な帝国である。つまり、その中では生産労働をまったく行なわない帝国だ。基地の中では何も生産しないし、生産労働の管理・運営も行なっていない。基地がそれぞれの国から余剰価値を搾り出して本国へ送金するようにも組織されていない。基地の経済的役割は、企業が安心して活動できる環境を保障する、ということだ。そういう意味で、基地自体が帝国であるといっても、帝国のすべてではないのだ。だが、こういう条件がつくとしても、ジョンソンの「基地帝国」の仮説は、現在のアメリカ帝国の本質を理解するための、重要な貢献といえるだろう。

2 「帝国の悲しみ」

ジョンソンの研究には、以前の帝国批判との違いがもうひとつある。国連憲章ができてからこの半世紀の間、帝国が罪であるという観念は世界の自明な常識となってきた。「帝国」とか「帝国主義」は、昔から（宗主国のなかでは）必ずしも否定的な価値判断を伴う言葉ではなかったが、二〇世紀の後半に、そのようになった。ある政策を「帝国主義的」と呼べば、それは批判だとだれでも分かっていた。その政策が帝国主義的かどうかによって、議論が決まったわけだ。帝国主義的であると実証できれば、それが良くないとの結論が自然についてくる。その政策を弁護する人は、それが帝国主義的でないことを実証する必要があった。

このことは、少なくともアメリカとイギリスにおいては、ここ数年の間に、根本的に変わった。特に「テロに対する戦争」が始まってから、アメリカの外交政策を弁護する人々が、帝国を「タブー」の範疇から「オプション」の範疇へと移した。「それは帝国ではないか！」と批判すると、答えは「違う！」から「だからどうしたの？」へと変わってきた。アメリカが堂々と帝国になる利点、または、アメリカはもうすでにそうなっているのでそれを認める義務、などについて書かれた本や論文が頻繁に出るようになってきた。この現象は、最初はエリートしか読まないジャーナルでのことだったが、だんだんと一般の人が読む新聞や雑誌にまで広がってきた。

つまり、以前タブーだった問題が公的に提起されてしまった。帝国を設けて何が悪いか、と。賛成の議論はとても分かりやすい。世界は帝国によって統治された方が、今より相対的に平和になるかもしれない。帝国の臣民の多くにとって、現在の政府より安定したフェアーな統治になるかもしれない。その臣民は経済的にも得をするかもしれない。そして（アメリカの中でこれは決定的だが）アメリカが帝国になった方が国益にもなるし、商売のためにもなる、ということだ。

このように問題が提起されれば、答えを出さなければならない。だが、その答えはどこで探せばよいのだろうか。マルクスの植民地についての論文（例えば「インドにおけるイギリスの統治」では、帝国主義は愚かで醜いが、植民地の社会に資本主義生産様式を導入する方法は他にないし、それを導入しないと社会主義になれないのでしかたがない、という議論になっている）はあまり役に立たない。リベラリズムはさらに役に立たない（最近、偉大なリベラリストであったウィルソン（Woodrow Wilson）が「世界に民主主義を押し付ける帝国主義」の創立者、つまりジョージ・W・ブッシュの先輩であると再評価されている）。宗教はどうだろうか。しかし、古代から帝国に尽くしたり尽くされたりしていない宗教はほとんどないだろう。それから人道主義があるが、最近、人道主義は「人道的介入」を弁護するイデオロギーにゆがめられたし、マイケル・イグナチエフが体現している「繊細な帝国主義者」という新しい一族もそこから生まれてきた。

帝国を設けて何が悪いのか？　ジョンソンは、この問いに対する答えを提起した。それは、唯一の答えでもないし、必ずしも最もすぐれた答えでもないが、悪くもない。その答えを一言でいえば、〝ブローバック（逆流）〟を引き起こすからだ。ブローバックの元の意味は、鉄砲を撃った時、後ろからもれるガスのことだ。それがＣＩＡ用語として、ＣＩＡの海外での秘密行動から発生する意図せざる本国への悪影響、という意味になった。ジョンソンのいうブローバックは（彼自身はこのイメージを使わないが）古代ギリシャとローマの復讐の女神、つまり、人間の権威によって処罰されていない犯罪に対して激しい復讐をする恐ろしい三人の女神（Furiae）、を思い出させる。現在の形としては、それは例えば帝国の政策によって侮辱された人々からのテロ攻撃を意味する。したがって、二〇〇一年九月一一日のニューヨークとワシントンＤＣへの攻撃はブローバックそのものである（その攻撃はジョンソンの『アメリカ帝国への復讐』――英語の書名は *Blowback*――が出版された後だった。興味深いことに、ジョンソンは、攻撃のことを始めて聞いた時、それは沖縄から来たのか、と思ったという）。ジョンソンがその帝国主義批判の中心にブローバックを置くことは、アメリカの主流派政治学者という彼の背景に起因している。つまり、価値よりも利益を中心にするという考えだ。帝国を設ければ、結局国益にならない。帝国は悪いというより、愚かなのだ。

しかし、ブローバック論の弱点は、それが予測に依存したものでしかないということにある。つまり、予測に対してなら、「まあ、そうなるかもしれないが、ならないかもしれない」と簡単に答えることができる。

「ある意味でブローバックは、国が蒔いた種は国自身が刈り取らねばならない、ということの別の言い方にすぎない」とジョンソンは言う［Johnson, 2000=2000: 36］。しかし、この新訳聖書の「人は自分のまいたものを、刈り取ることになる」（ガラテアの信徒への手紙６：７）は、この世のブローバックを指しているのではなく、死後の生で行なう処罰を指している。無神論者の目で見ると、この世で犯罪者が処罰されないことがあまりにも多くて、その悔しさを慰めるために「死後の処罰」でやっとバランスがとれる、という神話が発明された、となる。大破壊を起こして、平気でベッドで死んだ犯罪者はいくらでもいるし、アメリカの政策が海外で大破壊を起こしても大したブローバックが返ってこなかった場合もある。もし戦争をして、相手の国の領土を戦利品として奪うことが、必ずそれが損になるぐらいのブローバックを起こすなら、アメリカがメキシコと戦争をして、ニューメキシコ州、アリゾナ州、カリフォルニア州を戦利品として奪った時、それが損になるくらいのブローバックとはなんだったのだろうか。

ジョンソンはこの問題をある程度意識していて、言い方を訂正するところもある。

「その言葉（ブローバック）ははじめ、アメリカの政策のアメリカ人に対する副作用を意味したが、その意味を拡大した方がいいだろう。例えば、アメリカの政策が一九九七年のインドネシアの経済破綻を呼び起こし、さらに悪化させたことによって、ブローバックがアメリカへ返ってくるかどうかは別にして、インドネシア人に対するその副作用は恐ろしいほどの苦労、貧困、そして希望の喪失であった」[Johnson, 2000=2000: 36-37]。

ここでジョンソンの議論がはるかに魅力的になると同時に、根本的に覆される。もちろん、「帝国を設ければ、結局自分が苦労する」という批判に「そしてその帝国の被害者も苦労する」を付け加えると、その批判力が圧倒的に増す。同時に、批判の基礎が自国の利益から全く別のものに移ることになるのだ。インドネシア人の苦労はブローバック、つまり「鉄砲の後ろからのガス漏れ」ではなく、鉄砲の前から発射される弾の結果である。前者を気にする理由と、後者を気にする理由は全く異なる。

ジョンソンの新しい本は、ブローバックを（タイトルの通りだが）「帝国の悲しみ」に拡大する。その「悲しみ」には四種類ある、という。一つ目、帝国は「果てしない戦争と、アメリカ人にたいするテロ攻撃の増加」をもたらす。二つ目、アメリカ政府の行政部がだんだんと「部」から軍事政府に変身することによって、民主政治と市民の人権が蝕まれていく。三つ目、際限のない戦争プロパガンダによって、「既にかなりズタズタにされている真実の原理」がさらにダメージを受ける。四つ目、国家資産の投入先が教育と社会福祉から軍事的冒険へとどんどん移されて、そのうち国は破産する、ということだ［Johnson, 2004=2004: 366］。

この議論は新しくはないが、重要だ。ジョンソンは、自分の国の将来が本当に危ないと信じている人の情熱と雄弁さでそれを展開する。ただし、この複数の「悲しみ」が、元来のブローバックと同じように、（広い意味の）国益の文脈のなかで定義されていることに注意しなければならない。だからといって、ジョンソンが間違っているとか、このような議論をするべきではない、という意味ではない。確かに、そのようなことは起こりそうだし（実は現在起こっている）、すべてのアメリカ人に知ってほしいと思う。利益の立場から帝国を批判することは、ちっとも悪いことではない。その批判には説得力があるし、最も頑固な愛国主義者が、自分の国が破壊されそうだと分かり、帝国から手を引くように説得される可能性を持っている。「帝国？　だからどうしたの？」と言う人に対する最初の（最後ではないが）答えとなるだろう。しかし、この議論は、アメリカ人、あるいは、アメリカの最も忠実な海外の友人にしか説得力を持たないだろう。帝国の被害者にとって、ブローバックは帝国主義の唯一の魅力だろうからだ。

しかし、このような言い方は、ブローバックの解釈として狭すぎるかもしれない。上述したように、ジョンソンは理論を国益の土台に置きながらも、それに縛られず、帝国による世界のいたる所の人々に対する犯罪と侮辱に対して、自身の自然な怒りと悲しみを自由に表現している。それから、ブローバック論には、ＣＩＡの定義でうまく表現されていないもうひとつの側面がある。ジョンソンはローマ帝国のことによく触れるが、彼の本を読むと、トゥキュディデスが語ったアテネ帝国の終焉と、その直前に行なったメロスの市民との対話のことを思い出す。その話を振り返ることによって、ブローバックのより深い側面が見えてくるかもしれない。

ラケダイモン（スパルタ）との帝国戦争の時、アテネは、エーゲ海の中にあるメロスという島を占拠するために派兵した。上陸してから、アテネ人がメロスの代表を呼んで、対話に参加するように招いた。圧倒的に強い軍事力を持っている私達が、貴方方を殺してこの島を自分の物にするべきではないという理由を説明してください、と。そして、この対話のルールとして、正義とか忠義などの「感情的な」言い方は禁止して、利益だけの論理を許す、と。「諸君も承知、われらも知っているように、この世で通ずる理屈によれば正義か否かは彼我の勢力伯仲のとき定めがつくもの。強者と弱者の間では、強きがいかに大をなし得、弱きがいかに小なる譲歩をもって脱し得るか、その可能性しか問題となり得ないのだ」〔トゥーキュディデース、一九六六、三五三〜三五四頁〕。

ここで被害者は、加害者の利益に基づいた理由にかぎって、どうして加害者が自分を被害者にしない方がいいのか、ということを説明しなければならないハメになる。メロスの代表の答えが勇ましくて力強い。「われらの考え及ぶ限りでは（中略）、とりもなおさず相見互いの益を絶やさぬことではないか。つまり人が死地に陥ったときには、情状に訴え正義に訴えることを許し、たとえその釈明が厳正な規尺に欠けるところがあろうとも、一分の理を認め見逃してやるべきではないか」〔トゥーキュディデース、一九六六、三五四頁〕。

強者にとって「正当性」や「正義」などまったく関係ないとアテネ人が主張したばかりなのに、なぜ「情状に訴え正義に訴えることを許し」た方がいいのか？　メロス人は「運」という要素もあると、アテネ人に思い出させようとする。つまり、今日は貴方が強者で、自分に対抗できるものがこの世界にはないという気分だろうが、これは永遠に続くはずがない。運の変わりやすさのことを考えれば、貴方も何時かこの弱者の立場に立つ。その時、「正義」とか「正当性」を訴えたくなるだろうし、それを貴方自身が破壊してしまったことがとても悔しくなるだろう、と。それに対してアテネ人は、面白半分の軽蔑の態度で、「その危険もわれらにまかせておいて貫いたい」と答える〔トゥーキュディデース、一九六六、三五四頁〕。

対話はしばらく続いてから終わり、戦争が始まる。アテネ人は自ら予測したとおり、簡単に勝利して、それから「逮捕されたメーロス人成年男子全員を死刑に処し、婦女子供らを奴隷にした。後日アテーナイ人は自国からの植民五百名を派遣して、メーロスに植民地を築いた」。

これだけを読むと、メロスの人たちが極端な弱い立場にいて、必死に無意味なことを話したように聞こえるかもしれない。しかし、その歴史全体の文脈の中で、彼らは預言者である。なぜなら、メロス侵略直後、アテネはシラクサの侵略、つまりアテネ帝国の惨めで恥かしい破壊となった侵略、を計画し始めたからだ。トゥキュディデスは書く。

「じじつ、かれらはあらゆる面で徹底的な敗北を喫し、どの点を見てもかれらの損失の大ならざるはなく、全軍潰滅という言葉さながらに、兵も船も、ことごとく失われ、さしもの大軍も故国に帰りついたものは、数えるほどしかいなかった」〔トゥーキュディデース、一九六七、二四三頁〕。

これはヒュブリス（傲慢さ）の物語であり、ブローバックの物語でもある。アテネ人が、自分の力を過剰評価しただけではなく、彼らの強大な力が、自分を敗北させた力を作ったわけだ。シラクサの偉大な軍事力は、アテネが侵略するから集まったのだ。そして、アテネ人が「相見互いの益」、つまり別の国の人々の扱いは「正義」や「正当性」によるべきだという脆い考えを平気で破壊できたということが、最後の戦いでアテネ人を情け知らずに虐殺する特権を彼らの敵に与えたのだろう。

3　帝国を設けて、何がいけないのか？

ブローバックは復讐や報復だけではない。ブローバックの攻撃は、帝国の無法無情な性格によってできる無法無情な領域でなされる。いまのアメリカ政府は、自分の圧倒的力によって、ルール、例えば国際法、に従う必要はないと言っている。しかし、その結果は、アメリカがルールから免除されることではなく、アメリカがそのルールを破壊したということなのである。そういう意味で、ジョンソンの主張は、メロスの人たちの主張に似ている。貴方方は今権力の酔いのど真ん中でこれを信じないだろうが、貴方方自身がそのルールを破壊してしまい、そのために、そのルールによって自分を保護してもらおうと思っても、それがもうないということが、とても悔しく思うようになる日が来るだろう、と。

オサマ・ビン・ラディンがＣＩＡの保護の下でアル・カイダをつくったことはだれでも知っているだろう。サダム・フセインが（世界の多くの残酷な独裁者と同じように）アメリカの外交的、軍事的支持を得て、イラクの権力を握るようになったことも、誰でも知っているだろう。しかし我々はその意味を把握しているだろうか。それは、アメリカがその人たちの犯罪の共犯者だという意味だけではないのだ。アメリカは、以前も現在も、自分のブローバックをつくっているという意味でもあるのだ。ブローバックはアメリカの影であって、「テロに対する戦争」で、アメリカは自分の影と戦争している。そしてもちろん、自分の影と闘えば闘うほど、その影は大きくなるばかりだ。ジョンソンが言うように、アメリカの帝国とその「テロに対する戦争」、つまり世界の多くの人たちに対する果てのない戦争は、表裏関係だろう。そうすると、立派に国益に基づいた、帝国をやめるべきだという、説得力のある理由がここにありうるだろう。つまり、この、自分自身の影との戦争には勝てない、ということだ。

参考文献

Johnson, Chalmers., *Blowback:The Costs and Consequences of American Empire*, Metropolitan Books.（＝二〇〇〇、鈴木主税訳『アメリカ帝国への復讐』集英社）

——, *The Sorrows of Empire: Militarism, Secrecy, and the End of the Republic*, Metropolitan Books.（＝二〇〇四、村上和久訳『アメリカ帝国の悲劇』文藝春秋）

トゥーキュディデース、一九六六、久保正彰訳『戦史（中）』岩波書店、

——、一九六七、久保正彰訳『戦史（下）』岩波書店

「観光立県主義」と植民地都市の「野蛮性」

沖縄の土地・空間をめぐる新たな記述段階

桃原一彦
TOUBARU Kazuhiko

二〇〇四年、灼熱の空からスパイラルのごとく舞い落ちてきた米軍ヘリの黒塊は、ビルの壁面をえぐり取りながら落下し、焔を巻き上げ、ついに住民たちの眼前で裂開した。そして間もなく、四〇〇余人の海兵隊員が八〇〇余の軍靴を轟かせながら火焔の現場に突入し、仲間の救出と現場の隠蔽に勤しむ。海兵隊員は、現場に殺到した住民をライフル銃とピストルで威嚇し、直後には濃緑のテントを現場に素早く建てた。数時間後、焦土の現場はピザとホットドッグにカードゲームという、にやけたアメリカ兵たちのレクリエーションの場へと舞台転換がすすむ。

1　抵抗への開始点としての空間の記述

本章は、きわめて古典的な植民地経営の技術を、具体的なフィールドや空間を通して暴露的に呈示するものとして映るであろう。これに即答すれば、その通りである。本章のタイトルに「植民地都市」と付したように、植民者および植民地エリートの男性らによるファロス的な支配のもとで資源の動員と空間の配置に関する権力のかたちを論じるさいには、土地の強奪というマテリアルな問題や搾取の合法的機構化という制度的側面の考察を回避することはできない。ましてや、ここで具体的に記述していこうとする植民地が沖縄であるならば、なおさらのことである。

実際、冒頭に数行程度で走筆した光景は、一九六八年のソンミ村でも、二〇〇四年のファルージャでもない。まぎれもなく、日本国憲法のもとにおかれ、日本列島と同じ海里に定位された沖縄の「いま」の日常風景なのである。そして「風景」と言い切ってしまえるほどに六〇余年ものあいだあまりにも繰り返されてきた暴力が、立法府・行政府・警察機構そして軍隊によって「合法的」に実行されている。[★1]また、本章はその暴力の犯行現場を軍用地や軍事植民地化された都市空間に絞り込み、土地や空間の強奪に関する諸機構の「合法的」暴力の様相を書き出すことから開始している。

だが、池田緑が言うように、じつは植民地主義を土地（空間）や制度上の問題に限定して理解することは、植民地社会の問題を扱うことはできていても、植民地主義の実践の内実を言い当てていい

★1　冒頭に記述した米軍海兵隊ヘリ墜落現場の状況／情況に関する記述は、二〇〇四年八月に発生した沖縄国際大学における事件のことである。これに関する筆者の詳細な報告（とりわけ植民地警察機構が果たした役割など）については、［桃原、二〇〇四、一六二頁］を参照のこと。

ることにはならない〔池田、二〇〇五、六一〜六四頁〕。一定の空間・時間、機構・制度に暴力を語ってもらい、それを仔細に構成してもらおうとも、結局は「語りつくせない」「言語化できない」暴力行為の領域がつねに残り続けるのだ。また、この「現場」のプロセスから発生した未決の領域を横領し、責任回避へと逃走しようとする暴力の実践主体の隠れ蓑にもなってしまう。さらに、植民地主義暴力の特徴は、被植民者がどんなに詳細に、どんなに緻密にその犯行「現場」を証言し再構成しようとも、完全な言語化は不可能であり、被植民者のみが消耗戦を強いられるということなのだ。サバルタンが語ることの困難や苦悩は、空間の歴史的言語化という抑圧において発生する。よって、被差別者の消耗だけがつづく一方で、植民地主義の実践という歴然とした犯罪行為を政府や軍隊等の諸機構と法制度等の領域に押し込むことは、そこから着実に利益を得ている大衆的な植民地主義者たちの問題を矮小化してしまう危険性を孕んでいる。その意味においても、土地や制度上の問題を植民者の「心性」の問題として再定義し、資源としての他者獲得に関する欲望や手口・手法のバリエーションを記述しようとした池田の試みは示唆に富むものである〔池田、二〇〇五、六五〜七一頁〕。

もちろん、植民地の土地や制度にまつわる「心性」の問題は、植民者に限られたことではない。冒頭のヘリ墜落事件のように、被植民者たちの身体に幾度となく「鉄錨」を落とし、土地や植民地制度の問題に関する「心性」を刻み込んだ「現場」はいくらでもある。その「心性」とは、諸機構と法制度によって正当化された暴力を眼前にしたときの敗北感、挫折感、絶望感、そして虚無感などが植民地主義の日常的な時間の中で堆積していった産物である。さらに、そこから派生するように被植民者の身体には「軍用地料」や「経済振興」という欲望が集合化されている。そして、この絶望、諦念、そして物質的欲望に関する時間的・空間的堆積のなかで「正気の沙汰」を保つために、沖縄人は日常的な暴力行為を風景化し、忘却の精神世界を這《は》い蹲《つくば》う。だが、何度も繰り返して言うが、集合化された被植民者の身体や心性を記述し再構成することは、そこのみの表象化や本質化に陥る可能性があり、むしろ消耗戦の中で植民地主義の抑圧を補強してしまう危険性がある。

よって、植民地という犯行「現場」を介して看破すべき対象は、植民地主義という実践そのものであり、植民者たちの心性や身体のあり様そのものではないか。発生から三年が経過した冒頭のヘリ墜落事件は、まさしく六〇余年にわたる見飽きた光景のように、手際のよい補償交渉で焦土の現場は見事に更地となり、霞ヶ関のような中枢管理ビルへとかわった。その間、「わ」ナンバーの車輌や大型観光バスから降り立った人々が、劇場の舞台転換を惜しむかのようにデジカメのシャッター・ボタンを押しまくる。その「現場」が、そしてその島が大量虐殺に直結していることを、デジカメの人々や画像の仕上がりを楽しみにする仲間たちの幾人が想像しているのか、私に知る術はない。しかし、デジカメの人々と「思い出」スナップを覗き込む仲間たちがオリンピックのTV中継に歓声をあげているあいだにも、大量虐殺の罪責をこの島の住民に押しつけているという客観的事実だけは、単純な算数だけで証明可能である。[★2] その差別の意識的／無意識的な構造のなかで、デジカメ・レンズの向こう側の目はこの島（土地）から「平和主義」「非暴力」を学習していく。

土地、諸機構・諸制度をとおした非対称的で、偏向的で、暴力的な日常の相互作用において、その精神と身体のあり様は植民者／被植民者という布置関係へと領土化される。とりわけ戦後沖縄においては「銃剣とブルドーザー」が象徴するように、圧倒的武装略奪マシンと化した米軍による土地の強奪と、それを頭越しに「信託」した彼岸の広大な土地日本は、沖縄人の身体に傷痕とコンプレックスの地図を書き込み、空間化させた。

そして、権力関係がより巧妙・複雑化した文字どおりのポストコロニアル社会においては、土地・空間と精神・身体との関係に文化的造形／造詣を織り込んでいく作業が必然的に実践されたはずだ。なぜなら、身体や精神に対する暴力を諸制度によって「合法化」「自然化」するためには、文化的な「ヘゲモニーの日常的なプロセス」(E・W・サイード)が効果的に作用するからである。それは、サイードがアルフレッド・クロスビーを援用しながら説明した「エコロジカル帝国主義」とも相関する。すなわち、被植民者の「生態」を管理するための、文化的造形／造詣をとおした土地・空間の設計であり、都市空間の植民地的編成である[Said, 1993=1998 : 209]。エコロジカルな管理は、M・フーコーの「生-権力」(「生」の管理)と共振しあうことは言うまでもない[★3]。

本章は、文化的造形／造詣としての植民地都市の編成、そのヘゲモニーとしての「観光立県主義」、そして植民者／被植民者、という三つ巴の関係において、ポストコロニアルな生態と生の記述を試みていくものである。その試みの始点として、ひとまず「武器庫の島」「弾薬庫の森」という空間に依拠していきたい。

★2　それは、これまで何度も叫びつづけられた算数である。つまり、国土占有率〇・六%の一県に七五%の在日米軍基地が集中しているという、誰にでも分かるはずの不等式だ。

たとえば、知念ウシは沖縄人への過重な米軍基地負担という算数証明を、消費税の税率に置換して明晰に記述している［知念、二〇〇五、六一～六六頁］。それは「よみ・かき・そろばん」を誇りとし、消費税の税率引き上げを頑なに拒否してきた日本人の心性（庶民感覚）に読みかえることであり、義務教育を受けたなら誰にでもこの不等式が分かるはずであるということのシンドイ証明でもある。なるほど、いよいよ植民者たちは問われるはずである。すなわち、この不等式の先にある代数xに解答を施し、不等式から等式へと解消していくための方程式を目に見えるかたちで証明することだ。これは「地に呪われたる者」（F・ファノン）のささやかな希求である。

★3　二〇世紀の壮大な帝国主義国家アメリカのシカゴにおいて、都市社会学の古典的基礎理論たる「人間生態学（human ecology）」が誕生したことはまったくの偶然ではない。むしろ移民マイノリティやかつての奴隷たちの生態と生の管理において必然であったのだ。

2　武器庫の島、弾薬庫の森

沖縄とペルシャ湾との間を盛んに往還する破壊兵器は、沖縄人たちの生活と精神と身体に触手を伸ばし縦横に介入している。それを端的に示した事件が二〇〇三年八月三一日に発生した。それは、広大な米軍基地と破壊兵器が散乱する島の中部市街地で、ある日本人がロケット弾によって爆死したという事件だ。日本人は、米軍の武器庫から流出したと思われるロケット弾を地域公民館横の借地に運び込み、それを流水で洗浄するうちに爆死した。北海道出身の日本人、航空自衛隊所属の空曹長は三五年間の自衛隊勤務のうち二五年を沖縄で勤めあげた。その二五年の間に、日本人は流出した大量の砲弾、銃刀、火薬など二二九六点を住宅密集地の自宅と借家にかき集め、武装していたのだ。主を失った武器庫周辺では住民たちの日常生活と経済活動を長時間麻痺させながら、対戦車ロケット弾66M72の爆破処理が行なわれた。

これは、たんなる爆死事件に鎮止するものではない。新城郁夫が指摘するように、この島では爆死事件だけを「異様」という言葉で強調し、外部化することは困難である。まさに「目前に広がっている米軍基地そのもの」が「異様な光景」であり、米軍基地すらも観光風景化する力こそ「異様」なのだ。つまり日本人が露わにしたものは異様な「武器庫の島」なのであり、「その光景に慣れ親しんでしまった私たちの身体こそが軍事占領化された「異様」な痕跡」だ、ということだ［新城、二〇〇三、七頁］。

「異様」な光景が常態化され観光風景化された沖縄では、日本人の爆死に対し行政・警察の両機関が敏感に反応し、迅速な対応がとられた。もちろん住宅密集地での不発弾処理ということが近因であることは確かだ。しかし、「観光立県」という文化表象に関する経済活動で生き抜く選択を迫られた沖縄人たちにとって、日本人の武装は脅威であったはずだ。それは二〇〇一年の「九・一一」直後、在日米軍専有施設の七五%が集中するこの島で、日本人観光客の激減で観光産業が危機に瀕したとき「だいじょうぶさぁ〜」などと沖縄人自らが宣言したときと同じような心性が働いている。そして、これが「正気の沙汰」を維持するための植民地社会特有のパーソナリティを構成していることは言うに及ばない。暴力と武装のナラティヴは、基地のフェンス内に格納しなくてはならないのだ。

その心性の働きは、野村浩也がいう「観光テロリズム」でリアルに説明することができる。すなわち、この島において軍事基地への経済的依存と抱き合わせに観光産業の育成があてがわれたことは、日本人による「恐怖政治＝テロリズム」が可能な権力構造の強化・深化であり、エコノミー化であった。軍事基地、観光、土木開発以外では生きていけない失業という恐怖のなかで「九・一一」直後に住民がとった行動は、日本人に対して懸命に笑顔を振りまく安全宣言であった［野村・新垣、二〇〇二、一七三頁］［野村、二〇〇二、二〇四〜二一二頁］。sightseeing の被写体としての身体が形成されていくなかで、基地の風景もオートマチックに主体化される瞬間である。★4

そしてまさしく野村の概念は、三〇年間莫大な開発資金をこの島に投下した政府系金融機関の存続問題や「大学院大学予算確保困難」などのトピック群が露出した「いま」において容易に説明可能なのだ。「聖域なき構造改革」の名のもとで「植民地の島」だけが聖域化され続ける「いま」において、米軍基地の「本島北部集約」の折衝が行なわれていることは、沖縄人たちにある想像力を駆り立てる。それは、身体と精神を恫喝する経済振興の暴力、そして生／死と直結した想像力だ。引きつづくこの島の「いま」を鑑みれば、野村の概念は「振興テロリズム」と拡大することもできる。

「九・一一」から二年、爆風で飛散した日本人の血肉がへばり付くことによって、マジックミラー化していたフェンスの魔術が溶解し、またしても武器庫の島が露わとなった。しかし、先述したように、その事件性の「異様さ」のみが強調されることで、六〇年間、この島が強圧的・暴力的に軍事要塞化され、不可侵な聖域としての植民地であり続けていることが隠蔽されようとしている。その隠蔽の政治は「九・一一」後の安全キャンペーンのような、シンボル操作と役割演技によって行なわれたことと、やや様相を異にして映るかもしれない。しかし、この事件を契機に発動した隠蔽の政治とは、空間包囲という物理的・法制度的技法、そして植民地社会の分断というマテリアルな実践という点が異なるだけであって、文化的ヘゲモニーを動員した生態と生の管理であることに大きな違いはない。

すなわちその政治とは、「特殊」「異様」な「容疑者」を炙り出し、「観光立県」を支える理性的な「市民」から分節化された「野蛮な原住民」を文化的に再発明することだ。そして、そこでは野蛮な身体を発見する文脈を、土地というマテリアルな闘争に巻き取っていく技法が展開しつつある。この技法は、日本人が自爆した場所からほど近い、米軍弾薬庫の森のなかで今なお実験的に遂行されている。

弾薬庫の森

日本国の国土占有率〇・六％のこの島には、首都山手線の内側とほぼ同等の面積、「極東最大」と言われる在日米軍空軍基地が陣取り、その北側に広大な米軍弾薬庫の森が隣接する。★5 空軍基地の約一・四倍の面積、六つの市町村に跨るその森はアメリカ軍・四軍すべての兵器を貯蔵し、弾薬の実験・再生・組立ても行なわれている。かつてはサリンガスやVXガスの貯蔵も確認されており、この島が生物兵器・化学兵器の武器庫であることを象徴する森となっている。ベトナム戦争時に限らず、この島はアフガニスタンやイラクにとっても「悪魔の島」だ。

その弾薬庫と空軍基地の間を、米軍キャンプや自衛隊駐屯地が縫合するかのように埋めつくす。

★4　野村浩也は対談のなかで、沖縄に対する「観光テロリズム」について次のように語る。

「日本人からのテロ。それをすることで、日本人にとって都合のよい沖縄人を作るためのテロ。これまでは、なにか日本人に対する違和感があった。でも、その違和感もなくなり、基地は危険なものだ、とも感じなくなっていく。」［野村・新垣、二〇〇二、一七頁］

これらの軍事施設の間を蛇のようにすり抜けると、「東南植物楽園」というエキゾチックなパラダイスが、近隣の基地風景とバランスを欠きながら目に飛び込んでくる。

さらに、その「楽園」から弾薬庫の森へ向かうと、爆死日本人が十年程前から出店していたというフリーマーケット★6（flea market 以下フリマ）が目に飛び込んでくる。日本人はこのマーケットで放出軍用品を商品として扱い、露店で販売していた。そして爆死事件から二日後、フリマは国、米軍、行政機関、そして警察機関によって取締りを受けている。ロケット弾の入手経路解明が捜査目的だが、この取締りを契機に、弾薬庫フリマは「不法」「危険」「醜悪」などの社会的スティグマを負うことになる。

このフリマが所在する森の市道は、一九七九年に開通した。廃棄物処理場、養鶏・養豚場、観光施設、米兵向けレクリエーション施設等へのアクセス効率化を図るため、米軍と自治体との共同使用を目的に貫通したのだ。「いま」、市道は住民でも利用・往来可能である。しかし、あくまでもその利用権限は米軍側（空軍司令官）に帰属しており、情勢変化や軍用地の用途展開によって容易に再接収可能な土地である。

また、米軍と自治体は一九八三年より市道の共同使用に合意しているが、防衛施設局から自治体に支払われる市有地借地料（二三億五六一一万円）のうち九割が市道「使用料」として米軍側に横すべりしていく。つまり、自治体にいったん支払われるかたちの軍用地料は「地域財源」のように語られるが、結局は巧妙な協定手続きによって帝国主義の盟主に回収されている。巧妙でありながら効率よく、そして安定的で持続的な土地の強奪を可能にするものは、「合法的」という支配の論拠のみならず、搾取されることが「当然・自然」なものへと昇華した植民地文化の「伝統的」支配形態である。この市道の共同使用をめぐる軍用地料の横すべりを容易にやってのける自治体行政に関しても、歴史を捨象してまで「粛々と手続きする」という言説を繰り返す、植民地エリートに身体化された文化コードを体現している。

共同使用間もない八三年ごろ、沿道の米軍レクリエーション施設で、アメリカ兵やその軍属・家

★5　嘉手納弾薬庫は面積二八・八四平方キロメートル（甲子園球場七五〇個分）、米軍陸・海・空・海兵隊全ての各種兵器を貯蔵し、あらゆる作戦に常時対応可能な態勢にある。また、アジア極東地域への弾薬類の補給地区でもある。弾薬保管庫のほかに整備工場、実験室等があり、弾薬の再生、組立も行なわれている。ちなみにベトナム戦争が激化していた一九六九年にはサリンガスが漏れ出す事件が発生し、七一年の化学兵器撤去に至ったが、現在でもＮＢＣ（核兵器、生物兵器、化学兵器）貯蔵疑惑など、厚いベールに包まれている。

★6　このフリマは、通称白川フリーマーケットと呼ばれるが、知花フリーマーケット、ベトナム・フリーマーケットなどの別称が存在する。ちなみにベトナム・フリーマーケットという名称の由来は、ベトナム帰還兵たちがベトナムのマーケットの光景と重ね合わせたことに端を発している。また、日本人の爆死によって公的権力の取締りが強化されたころ、出店者らは自衛のために「白川フリーマーケット通り会」を立ち上げた（通り会は、全出店者の三割強程度で構成されている）。

族らによる古着や手づくり菓子類、そして本国帰還兵が「排泄」した中古品を販売するフリーマーケットが開始された。その客をあてにした沖縄人たちの露天商が施設の金網フェンスの外に現われはじめた。のちにこの露天商たちは「車の往来妨害の要因」という理由でフェンス前から排除され、数百メートルほど離れた市道沿いの空き地に商売の拠点を移す。このように弾薬庫フリマは誕生した。戦中と戦後の沖縄は、一貫して軍事的要請から派生する労働が定着化、制度化し、そして変形を繰り返して増殖していったといえるが、弾薬庫フリマに関しても米軍基地との関わりが端緒にあることはたしかである。[★7]

弾薬庫フリマ誕生当初、四～五店舗ほどしかなかった店舗は急激に増殖し、ピーク時（日本人爆死事件の直前）には全長一キロメートルの道路両側に亘って四〇〇店舗ほどが建ち並んでいた。「建ち並んでいた」とはいえ、廃材やトタン屋根つきの頑強そうなバラック店舗から、ビニールシートや金網フェンスを使って陳列しているだけの簡易店舗まで、商売の規模、取扱商品の種類などは多様だ。商品の入手ルートも多様であろうが、米軍基地からの流出品、業者からの買い付け、廃棄物処理場に集まったものを再利用する者もいる。サトウキビ搾り器、製図版、古本、家電製品、古着、工具、園芸品、飲食料品、台所用品、靴、野球グローブ、何らかのスプレー缶、コーラの空き瓶、ネジやボルト……と、あまりにも雑多である。なかには弾薬庫の森に捨てられたペットの犬を「再利用」し、販売する者もいる。商品の値段について、出店者たちは「沖縄で一番安い」と断言する。

平日の弾薬庫フリマは三店舗ほどしか開店していない。完全失業者、年金生活状態の高齢者を除き、平日、店主らは他の仕事（多くは時間給雇用、日雇などの不安定就労）に従事している。しかし、土曜、日曜、そして祝祭日ともなると各地から店主たちが聚合する。休日のフリマは、午前中を中心に人の群れで溢れかえる。車の身動きも取れないくらいだ。行政機関、警察機関、そして元来市道を使用するはずの米軍側からすれば、開通当初以上に「往来妨害」な存在として目されている。集客力について「土日だけで四〇〇〇人くらいは来ている」のだと、爆死事件後の状況を出店者らは語っていた。ただし、爆死事件の前は「その倍は来ていた」とも語る。★8

そこには、フリマを本業とする出店者もいれば、副業とする店主もいる。行きかう人々には、たんに商品購入を目的とした買物客やストリートを往復するだけの見物客がいる。そして、ビデオやデジカメを片手に「ここホントに日本なの？」とはしゃぐ、東南植物楽園から漂着した日本人観光

★7　しかし弾薬庫の森やフリマという存在は、近代以降（琉球併合以降）沖縄における破壊・収奪・文化表象の過程で集積したさまざまな残余カテゴリーがシンクロする、一種の錯綜体であることを念頭に置かねばならない。ここでいう「錯綜体」とは、たんに多様性や開放性の回路として場所・領域・磁場などの意味に思考を止めてはならないだろう。それは、サイードがL・ヴァレリーの考案した〈*implex*〉を援用してエクリチュールについて述べたことからもわかる。すなわち「錯綜体」は、歴史的・社会的圧力に支配されながら、なおかつ偶然的・拡張的に疑問と回想にひらかれた、単一図式に包摂されない、書くことの出発点（beginning）を含意しているのである［Said, 1975=1992:99］。

客がよく目立つ。

また、弾薬庫の森のさらに奥には、自らの小屋を建て、アヒルなどを飼って生活する者もいる。彼らは出店者らから「ホームレス」と呼ばれる。週末になると弾薬庫の森から出てきてマーケットで店番などを手伝い、賃金や物品（主に飲食物）を得る。

しかし、その存在は、もはや元来の homeless という表現を無効化している。それは「小屋を建て、アヒルなどを飼って生活」しているという「可愛らしい」姿だからだとか、公権力に抵抗する「生活実践」などという陳腐なナラティヴからくるものではない。植民地主義の暴力さえなければ、本来なら「無法者」だとか、「ホームレス」などと他者化されることもなかった人々なのだ。だからこそ、沖縄人に対するその暴力性をもっとも如実に体現している。また、暴力行為において土地を奪われ、共同体を駆逐・消滅された離散住民たちを多く抱える植民地社会においては、homeless という概念はあまり抵抗実践の意味を持たない。

黙認「工作」地と「野蛮な原住民」の再発明

二〇〇四年九月、日本人の爆死事件から数週間ほどが経過すると、自治体議会、行政、防衛施設局等の諸機関は弾薬庫フリマに関する発話と意味づけを活発に行なっていく。植民地主義の実践的末端機構を構成するこれらの諸機関は、「不法占拠構築物」「侵害工作物」「無法状態」「不衛生店舗」「環境破壊」等の言説化をすすめ、排除、監視のための対象化に成功したといってもよい。やがてフリマ出店者らは通り会を「自主的に」組織し、行政機関に対する保護要請の声をあげた。

ここには植民地主義の実践にとって不可欠な機制が、強力に作用していることがわかる。すなわち、この島に敷衍するヘゲモニーに対して「異物」を投げ込むような者を徹底的に排除し、監視し、そして「市民」としての組織化と登記を督迫すること。つまり、植民地主義的公権力による分節化のプロセスであり、排除・監視→保護という「原住民」化の処置が露見した瞬間である。この「原住民」的身体の標識なるものとは、まさしく「無法者、不衛生者、破壊工作者」などのような「野蛮性」だ。そして、この「野蛮性」の標識をベクトルの一方に組上し、被植民者の身体に保護要請の欲望を主体化する諸力とは、基本的に「恐怖政治」によるものである。

植民地社会アルジェリアについて記述したP・ブルデューの次の指摘は、その権力機制の身体的様相を端的に捉えている。

★8 爆死日本人の弾薬庫フリマに対する行為は、沖縄人マーケットへの闖入であり、テロ行為だったと言ってよい。客数が「その倍は来ていた」と言う、通り会の目算「一万人」が精確でないにせよ、沖縄人の家計や生活に多大なダメージを与えたことに違いはないからだ。ちなみに爆死日本人は自衛隊で「死亡退職」として扱われ、その遺族に対して退職金が給付されている〔『琉球新報』二〇〇三年九月一二日（朝刊）〕。日本人が大金を手に入れた一方で、「観光立県」の正規労働市場から「排泄」された沖縄人が「容疑者」として排除を受けようとしている。元々の主犯が消滅し、いつのまにか「主犯格」に格上げされたのだ。

失業の恐怖の前では、すべてが譲歩し、すべてが消え失せる。最も貧しい人々は、しばしば、軽蔑か、さもなくば飢えか、という選択をしなければならないのだ。［Bourdieu, 1977 = 1993:72］

植民地社会における「失業」概念の発明についても後段でもふれるが、「軽蔑」か「飢え」かという身を引き裂くような恫喝は「恐怖政治＝テロリズム」そのものなのだ。それは、一方に経済的困窮というベクトル（「飢え」）を、他方に「あらゆることを犠牲にして労働の至上命令に」従い、社会的欠格性の恐怖のもとで自己監視のベクトル（「軽蔑」）を設定することで、規律（discipline）の身体へと主体化する機制である［Bourdieu, 1977=1993:72］。つまり、被植民者の身体は「野蛮性」を一時的に回避することはできても、いずれにせよ失業の恐怖という監獄から逃れることはできない。よって、実際的な失業状態に身をおく以前から、被植民者の身体はすでに保護監察対象なのである。

しかし、何度でも繰り返すが、この島における被植民者へのこれらの処置は、今に始まったことではないはずだ。弾薬庫フリマが誕生して、もうすでに二〇年以上が経過した。つまり大規模店舗群による軍用地の「不法占拠」状態が二〇年以上を経過し、植民地主義の各末端機構は、この店舗群を黙認してきたわけだ。すなわち、このマーケットは黙認「工作」地なのだ。そして、公的権力による黙認そのものが、ディアスポラ化した原住民労働力を規律化していく中で、必然的に発生する残余カテゴリー（「野蛮性」）を保護する空間的・身体的監獄の創造に加担したとみることができる。残余としての「野蛮性」はこの島の支配的なイデオローグに表だって露呈されてはならないが、原住民たちに対しては送還可能な他者の領域として可視化されねばならない。つねに目の端にでも映っているかのような送還可能な他者としての「野蛮性」であるが、空間的に「他者」でありながらも「自己の残滓」として体内にありつづけるのである。

これと類似するように、この島には、戦後間もないころから各軍用地周辺に黙認耕作地が点在することに言及せねばならない。それは、緊要性の低い米軍用地を所有者またはその他の者に、農耕などの一時使用を「許可」した土地のことをいう。この島が再併合された一九七二年の以前は、米軍の高等弁務官によって黙認耕作地が「合法的」に認められ、七二年以後も既得権が「公認」された。しかし、それはすべて日米地位協定に基づいて米軍と植民地末端機構の裁量によって管理され、いつでも使用許可を取り消し、農耕中の畑で軍事演習を強行することができる。弾薬庫の森にも複雑に入り組んでいる黙認耕作地とは、植民地機構による暴力的な土地の強奪と「公認」によって発生した、ディアスポラ原住民の空間的・身体的な保護監察区画である。

そして仮に軍用地が返還されようとも、植民地主義（つまり帝国主義）が根深く有機体化した官僚機構は、ディアスポラ黙認耕作者たちに対して執拗に排除の法システムを作動させる。すなわち軍用地の返還が、即、植民地主義の終焉とはならない問題として、「精神の植民地主義」という領域が、未決のまま居座りつづけるのだ。二〇〇三年、弾薬庫の森からほど近い米軍補助飛行場が返還されると決まるやいなや、地権者ではない黙認耕作者一〇〇余名は、行政機構によって強制的に労働の場を奪われ、排除されることとなった。「土地が返ってきたら地権者に土地を返すのはあたりまえ。民有地と同じ理論だ」という官僚機構の論理は、多くの黙認耕作者を排出したこの島の歴史的・社会的根幹をまったく無視し、返還後も居座ろうとするディアスポラに対して徹底的に「違法性」の烙印を押しつけようとする〔『琉球新報』二〇〇三年四月一九日、朝刊〕。植民地主義がもたらした精神、身体、社会・経済的機制の複雑な絡まりあいは、そう簡単にほどけない仕組みとなっており、植民地主義の実践が終わらないことを暗示している。

ここで再度弾薬庫フリマに戻るが、そこでも「違法」な工作物が増殖していくなか、農耕と同じように軍用地での原住民労働が二〇年以上黙認されてきた。しかし、それは「不法占拠の黙認」という前提のもとでの保護区画でしかない。よって出店者たちは、つねに監視や排除予定の対象と目されていたことはいうに及ばない。そしてついに植民地機構は、日本人の爆死事件を契機に、増殖しつづける不透明な残余カテゴリーへの刻銘、登記、始末に着手しはじめた。出店者たちは、つねに「容疑者」(野蛮)扱いを受ける身体へと送還されたのだ。

しかし、ここで注意を払わねばならない。それは、植民地原住民の「容疑者」としての扱いに関して、フランツ・ファノンが次のように指摘していることからわかる。

原住民は四六時中、疑心暗鬼である。というのは、植民地世界の多様な記号を読み解くことが困難であるために、境界を越えたか否かも絶対に分ったためしがないからだ。植民地主義者の作り上げた世界に直面して、原住民は常に犯罪容疑者である。〔Fanon, 1961=1996:53〕

このファノンの指摘から読み込むことができるのは、実際に「違法」「犯罪」という越境があるか否かに関わらず、「容疑者」性がすべての原住民の身体に作動するということだ。巧妙化した今日の植民地主義がもたらす複雑な記号群は、いつ・だれに・どこで・どのように搾取が施され、分節化と排除の境界が設定され、そして野蛮な欲望と「犯罪」の境界を踏み越えさせられたのかの解読を困難にする。つまり厳密に言えば、あらゆる植民地原住民の身体と精神は「容疑者」なのだ。よって「野蛮性」「容疑者」とは、たんなるシンボルとしての他者ではなく、植民地原住民の身体に挿し込まれたシステムだ。

この島の存在自体が「不法」であるように、「不法」状態のあらゆる原住民は、つねに「容疑者」としての他者を、そして自己を取り締まる。そのなかでも、弾薬庫フリマは、法的根拠に基づく「容疑者」としてのみならず、社会的な駆逐の対象として設定がなされようとしている。観光文化的な言説、あるいは「平和で安全な楽園」社会の表象化へと傾倒していくなか、そのヘゲモニーに対する破壊行為は「犯罪容疑者」なのである。★9

しかし、「容疑者」「野蛮性」として設定されようとも、そして自己を切開し、そのような他者を体内から押し出そうとも、原住民たちは弾薬庫の森へと聚合する。しかも、これまでの黙認耕作地とは様相が異なり、空間稼働率、市場規模、工作物生産の即応性のうえで比較にならないほどの「工作」地が誕生し、未知数の住民が森の一画へと移動しはじめた。耕作地のように土地の用途が一義的な定義を受けることなく、だれが、なにを、何の目的で工作するのか分からない。

だが明白なことが一点だけある。それは、沖縄人たちが軍用地へと戻るしかない客観的事態に直面しているということである。ここに、この島のポストコロニアル性に関する新たな記述を開始するステージを見いだすことができるのかもしれない。この島の植民地性をたえず発見し、まなざしつづけ、原住民を分断・対置するあらゆる境界を告発するための記述である。そこで次に、弾薬庫の森に依拠しながら、植民地主義のヘゲモニーと沖縄人たちの身体・精神の領土化に関する空間的動員や配置の機制を具体的に見ていきたい。

3　植民地都市の形成と原住民労働力の動員・配置

土地の強奪とファロスとしての植民地都市

弾薬庫フリマが所在する広大な森は、その名のとおり山林と原野が広がり、水源にも恵まれた肥沃な地である。二〇世紀の初頭までには開墾がすすみ、旧村（越来村《ごえくそん》）の総耕地面積中四四％を占める田地と、二一％を占める畑地が所在するなど、広大な農地を有した。戸数に関しても一九〇三年には二八六戸を数え、旧村全戸数の二〇%を占める農耕集落をかたちづくっていたこととなる〔沖縄市立郷土博物館、一九九〇、七〇頁〕。

さらに、かつてそこに存在した集落のもう一つの特徴は、全戸数の六割強を一定の階層が占めていたという点である。明治政府による台湾出兵と日清戦争の歴史的狭間で、軍隊と警官隊によってこの島の王府を殲滅し「処分」という名で併合した植民地主義の開始点、一八七九年を起点として大量に「排泄」された者たちだ。それは、王府直轄地を剥奪され離散した、役人士族出身の農業開拓民たちである。弾薬庫の森も士族開拓民によって開墾がすすみ、旧士族人口が一〇〇三人にのぼ

★9　ちなみに「共犯容疑」は植民地行政機関にもかけられる。たとえば弾薬庫フリマに隣接する黙認大農園では椰子の木などの熱帯植物が栽培され、幹線道路の街路樹など公共工事に出荷されている。また、フリマ裏手の黙認堆肥場では、ごく最近まで行政からの委託事業として伐採された樹木や刈り取られた雑草が低コストを理由に処理されていた。つまり、「観光立県」の演出に「不法」「黙認」の地も活用されており、行政機関が「いつ境界を踏み越えたのか分からない」ように仲介機能を果たしているのである。

このように、植民地では如何なる存在も「不法状態」であり、その境界の線上から逃れることはできない。よって、つねに「容疑者」なのだ。植民地行政も上級行政機関（国家官僚）から「容疑者」として監視される対象なのである。それが植民地エリートの精神と身体に根深く、かつオートマチックに作動していることは言うまでもない。

る集落を形成した［沖縄市立郷土博物館、一九九〇、一四四頁］。同集落を中心に周辺地域で開拓・開墾が広がり、新たな集落が次々と誕生した。

一九四五年、皇軍とアメリカ軍による地上戦、すなわち植民地原住民の身体も精神も徹底動員した大量破壊行為は、住民たちの土地や文化の破壊でもあった。そして、その破壊行為は、まるでこれからの冷戦と熱戦を見据えた土地強奪の開始号令であったかのように、住民たちを離散させた。弾薬庫の森の開墾集落も例外に漏れることなく、米軍が破竹の勢いで共同体をなぎ倒し駆逐した。土地を強奪された集落の人々は、他集落に急造された各施設に分散収容され、結局、一度たりとも自分の土地に帰ることができないまま、今なお土地は奪われている。広大な弾薬庫を抱えることになった旧村の首長は、森の開墾集落方面を指して「永久ニ行ケナイ土地」と称している［沖縄市企画部平和文化振興課、一九九二、九六頁］。その一方で、この島の彼岸には「被害者意識」を原理として「一億総懺悔」がはじまりつつあった日本人およびその「本土」という広大な土地の場景があった。

冷戦、熱戦というイデオロギーと大量破壊のための分断現象は、植民地における土地強奪の重マシン化とセットとなって増殖していった。沖縄においても、第一世界帝国による朝鮮半島での再暴力化と重なるように米軍施設建設ラッシュが突き進んだ。また米軍施設の増殖に随従するかのように、その周辺地域では軍事都市開発が着実に展開する。

まず、軍施設や軍用インフラの拡張による家屋の強制排除など、住民地域のクリアランスが展開する。通常、都市計画としてのクリアランスには住民の再配置（配置転換）が伴うのだが、戦後沖縄の場合、計画性など微塵もない場当たり的な強制分散移転であった。そして、ここに付随するのは共同体の解体であり、農業を主とした生業の破壊であり、そして農民という身体の破壊である。後述するが、ここには軍事植民地に適合する原住民のプロレタリア化という、身体の労働転換の問題が潜在していることは言うまでもない。

さらに、植民地の領土化と関わる身体的、精神的支配（＝暴力）の場面は、たんに共同体や生業の破壊によるものだけではない。まるで領土化とセットとなるように、成人女性、少女、そして女児にいたるまでが性暴力によって身体と精神を破壊され生命までも奪われている。もちろん、性暴力の対象に男性、少年、そして男児が含まれていた可能性も否定できない。さらに占領兵士たちのアイデンティティ装置とも云える性暴力の行為が、被植民者男性に対する精神的「去勢」として作用していたことも指摘しなければならない。だが、占領当初の性暴力の問題以上に、（軍事）植民地都市の形成段階に至ると、性支配はより複雑で巧妙なものとなっていく。

たとえばそれは、一九五〇年代、朝鮮戦争を契機に植民地行政府と占領軍幹部との間で画策されたアメリカ兵相手の売春街や、ベトナム戦争以降拡大した女性性を商品化した歓楽街が象徴している。つまり、被植民者（とくに女性）に対する性支配は「売春」や「歓楽」として（半）合法化され、「街区」として空間化された。植民者による場当たり的な性暴力を空間的に整序し、エコノミー化しようとしたのだ。そしてこの植民者による女性性の支配が「街区」化したことで、その女性に対する嫌悪と憎悪の空間的対象化・差別化というあらたな暴力現象が被植民者間の分断を拡大させた。すなわち、性暴力と去勢、そしてその空間的可視化によるルサンチマン状態の蔓延化をとおして、軍隊という男根共同体への隷属を下地としたファロス的な植民地都市が姿を現わすこととなる。そして必然的に、この男根共同体の共犯者として、設計を画策した被植民者男性が仕立て上げられる。[★10]

「離散住民」の植民地都市への包摂

植民地都市を性の隷属性だけで表象してしまうことは、偏狭な記述と映るかもしれない。しかし、植民地都市という空間現象を歴史的に考察していくとき、ファロス的な支配者に対する身体の隷属性や、ブルデューが述べたような労働そのものの「軽蔑」、つまり欠落性と劣等コンプレックスを度外視することはできない。経済的従属性とともに文化的、精神的隷属性の根源が横たわるからこそ、一九五〇年代に軍事植民地を支える資源として原住民の大量動員が容易となったはずだ。よって、性の隷属性という身体と精神の根源的な支配は、労働力の一方的な資源化と相互に作用している。

しかし、労働に対する欠落性、劣等コンプレックスの大原則となるだろう暴力的破壊と被植民者の離散は、必ずしも戦後の米軍占領下だけに開始点を見出すべきではない。たしかに米軍という圧倒的武装組織の強圧さは甚大だ。しかし、その暴力マシンに対する被植民者の抵抗力を奪った前段階がなければ、戦後六〇余年、相も変わらず引きつづく軍事植民地化が「頭越し」にスムーズに行くはずはなかったのではないか。

たとえば、その前段階としては、一八七九年の併合以降、宗主国によって敷衍された教育制度や一九三〇年代の生活改善運動など、言語をはじめとした文化領域の破壊的矯正が精神の植民地化に作用する。また、一九〇三年、大阪における内国勧業博覧会場での「人類館事件」は、「沖縄的なるもの」の表出に関わる身体機制として、のちの生活改善運動の根源でもある。文化表出の身体機制とその破壊的矯正は、日本、日本人、日本語への劣等コンプレックスという隷属的な関係を必

★10　そもそも、都市という空間現象一般は、近代性の産物であるとともに、その近代化を推し進めるための権力的、象徴支配的な政治空間である。「都心」という空間的中心性や集合性を設定し、そこから放射・抱擁するようにヒト・モノ・コトの動員・配置が設計される。
　しかし、あからさまな植民地主義段階における都市の空間設計には、被植民者に対する性支配をベースとしたファロス的な空間化が如実に現われるのである。そして「街区」として女性性の支配が空間的に可視化されたとき、植民者による被植民者男性への支配はより強力なものとなる。なぜなら「女性奴隷を媒介として、白人男性に対して奴隷男性が劣位に置かれるのだから」［石塚、一九九八、一八三頁］、被植民者男性は「街区」の女性を象徴としてジェンダー対立に陥れられるか、あるいは自らの劣位を浮上させないために「街区」を無化・浄化しようとする。

然的に伴っているのだ。そして、以上のあらゆる事件、運動、制度には、併合時に入城した夥しい数の軍隊や警官隊、そして関東大震災のとき朝鮮人を大量虐殺した日本人自警団という暴力発動装置の姿が、被植民者の「記憶」として焼きついているのではないか。沖縄人にとっての文化的表出は、暴力の「記憶」と一体化させせられてきたのだ。

さらに、農民労働力の都市労働への転換に必要不可欠な要素として、土地所有に関する近代化の促進とそれに関わる旧制度の廃絶がある。一八九九〜一九〇三年、沖縄における土地整理事業による土地の私有化は、土地の個人売買を容易にし、過剰人口排出のための移民政策や宗主国工業都市への低賃金労働力の排出と密接に関わってきた。つまりそれは、沖縄および沖縄人という「周辺」労働力の創出とその動員・吸収という宗主国の資本制国家構築に関する獲得原理として、必要不可欠な制度的転換であった。以上のような戦前の暴力的併合、同化政策、および沖縄人労働力の「周辺化」、さらに一九四五年の日米地上戦による物理的な徹底破壊を背景として、戦後も引きつづき抵抗の言語を奪われ、さらに土地との結合を流動化または切断されたまま、アメリカ軍による空間の駆逐がなされていく。

一九五三年、米国民政府「布告一〇九号」すなわち土地収用令を皮切りに越来村は約一七平方キロメートルの土地を強奪されるが、そのうち四三％は田畑である。よって、旧村の住民は急転零細化を強いられる。★11 そして、この沖縄人農民労働力の流動化と併行して、軍事要塞的な植民地都市の建設が突き進む。軍事施設建設および軍用インフラ整備のための土木建設作業、そして先述の性支配の「街区」を含め、アメリカ兵向けおよび軍作業植民地労働者向けのサービス産業が急速に拡大・展開していく。これと同時多発的に連鎖反応するかたちで、植民地都市の業を求め、住民たちが各地から聚合する。

植民地都市における労働市場の拡大・展開は、原住民社会に都市プロレタリア層を生じさせる。

★11　越来村の耕地面積を一九四〇年と五三年で比較すると一〇・九〇平方キロメートルから六・三八平方キロメートルへと激減する。また、一九四〇年から五三年にかけて越来村の農家戸数はほぼ横ばいであったが、耕地面積一〇町（〇・一平方キロメートル）以上の大農家はなくなり、すべて三町以下（そのほとんどは一反＝〇・〇〇一平方キロメートル以下の農家）となった。［コザ市、一九七四、四九六頁］

また、土地を強奪された地主たちの一九五〇年代の状況は「市街地に進出して、いろいろの事業に手をつける者もいたが、農業以外に経験のない軍用地地主というにすぎないので、軍作業に出たり、僅かな土地を求めて野菜作りをするというありさまであった」［コザ市、一九七四、四九五頁］。軍政府から支払われる軍用地料に関しても、一九五三年当時、土地価格の六％で賃貸料（坪二円一三銭の年間賃貸料）の一括払いを強行しようとする軍政府に対して、地主たちは土地の財産的価値ではなく、あくまでも農地がもたらす農業所得の保障を要求した［コザ市、一九七四、五〇一頁］。つまり、ディアスポラ原住民たちは貧農として労働・生業の「場」を確保しながら、不安定な都市未熟練労働か、土地強奪の主犯（植民者）を支えるための奴隷的労働に参入せざるを得ない状態にあった。

もちろん、のちに被植民者の都市中間層を現出させたことも事実だ。だが、沖縄の植民地都市を日米帝国主義の野合的造形／造詣として捉えるならば、沖縄人プロレタリアは搾取の対象でしかない。

ファノンは、植民地都市における原住民のプロレタリア化について次のように指摘している。

たしかに植民地主義本国においては、プロレタリアートは何も失うものがなく、ひょっとするとすべてをこれから獲得する者かもしれない。ところが植民地におけるプロレタリアートは、ただ失うものばかりだ。じじつそれは植民地原住民の中でも、電車やタクシーの運転手、鉱夫、波止場人夫、通訳、看護人などのように、植民地機構が着々とすすんでゆくために必要なかけがえなのない部分なのだ。〔Fanon, 1961=1996:105〕

ファノンの指摘で重要な点は、植民地におけるプロレタリアそのものの問題だけではなく、「本国」のプロレタリアートを比較参照するなかで、原住民労働力を植民地機構の「部分」として位置づけていることだ。沖縄においても「失うものばかり」の植民地プロレタリアートとして原住民労働力が創出されたが、そこには搾取する側としての「本国」都市プロレタリアートが必然的に存在する。つまり沖縄に置き換えていえば、天皇メッセージからサンフランシスコ平和条約へ、米軍統治へと沖縄を切り捨て、軍事基地の被害性／加害性を一方的に押しつけながら「神武」「岩戸」「いざなぎ」の資本制国家へと飛翔した宗主国の都市プロレタリアートたちだ。

しかし「本国」都市プロレタリアート、つまり「失うものばかり」という劣位の身体と精神の比較参照基準は、彼岸の宗主国内に目を向けなくとも、植民地都市内で容易に見出すことができる。すなわち、「特典」付与の権限を有する植民者を「主人」とし、かれらに直接的に雇用される者たちだ。沖縄についていえば、被植民者たる沖縄人の圧倒的大多数は、あくまでも「周辺」労働であり、たとえ軍政府の被雇用であろうとも非熟練底辺労働者がほとんどを占めていた［喜屋武、一九八九、八二頁］。

では、「特典」を享受する者とはいったいどの層を指すのか。もちろん、それは「主人」にとってのインフォーマントおよびエージェント役を果たした一部の被植民者エリート層であろうが、日米の野合的植民地社会ではやや様相を異にしている。事実から言おう。一九五〇年代の沖縄の軍事植民地都市の形成段階には「日本（大林組、鹿島建設、竹中工務店、清水建設、大成建設、銭高組）」が建設業者として参入し、「ほとんどの事業は日本業者が落札すること」となったのだ。さらに「最低賃金（時給）でアメリカ人を一〇〇とすればフィリッピン人四三（四捨五入、以下同様）、日本人六九、沖縄人八、最高給ではその順に一〇〇、五八、一六、六という割合であった」［波平、二〇〇六、四八頁］。

植民地都市の形成過程にとって「離散住民」の生成とプロレタリア化は重要なファクターだ。そして、植民地社会沖縄では少なくとも戦前・戦中期から制度的組換えと文化的矯正において社会・身体・精神の離散状況が存在し、日本、日本人、日本語の「周辺」へと布置されていた。だが、米軍侵攻によって日本兵たちが駆逐されようと、また米軍政府の統治が開始されようとも、間接的にだけではなく、直接的にも日本人たちは沖縄を手放してはいなかった。戦後沖縄の植民地都市において、日本人たちはアメリカとの共犯的な植民者として、また「小植民者」都市プロレタリアートとして、確実に沖縄の土地から受益にあずかっていた。よって、ゼネコンを中心とした宗主国側の戦後経済復興は、沖縄の土地、労働力からの搾取においても直接的に一定の効果をあげていた。そして、沖縄の植民地都市の造形／造詣を構築することに直接加担した。

そこで、先にもあげた「失業」概念の検討に戻る。上記のように、一九五〇年代の植民地都市で沖縄人の身体に「失業」の恐怖を発動させたのは、米軍政府ばかりではない。沖縄人の身体と精神に関する機制を構築した共犯（もう一方の主犯格）として、日本人植民者は確実に定位を獲得していた。つまり、日本人植民者は沖縄人の労働的価値づけに対して、米軍統治直後も引きつづき介入した。そのとき、被植民者を労働市場の価格構造と収奪のシステムに拘束する機制として、「失業」は有効な概念だ。

ブルデューは「失業」や「不完全雇用」といった意識の創出について「世界に関する態度の転換を印すこと」と述べた［Bourdieu, 1977=1993:99］。それは「経済的窮乏に社会的欠損が重複している状態」ということである［Bourdieu, 1977=1993:73］。「失業」概念の発明とは、経済生活の側面ばかりでなく、「欠損」していること、「欠陥」であることの境界を身体や精神のシステムとして書き込むことである。そして、このシステム化のプロセスが植民地社会における「野蛮人」という隣接対と重なるとき、この残滓を払拭するための排除・監視→保護という欲望を自己構築する。

沖縄人の心性においても、排除・監視→保護のプロセスが作用していたことはいうまでもない。とりわけ植民地都市の形成過程における日米植民者の多層性は、沖縄人の劣位を幾重にも抑圧し、やがて迎える宗主国の高度経済成長に向けて、確実に「周辺」的価値づけと収奪のシステムへと組み込んでいった。一九七二年以前の沖縄について、決して米軍政府だけをもって植民地社会と理解してはいけない。むしろ、軍事要塞型の植民地都市という暴力的でファロス的な実像が「沖縄はアメリカの植民地である」という強固でシンボリックな仮像をつくり出すことに拍車をかけている。沖縄の植民地都市は、「沖縄は日本の植民地である」ことを隠蔽するための空間的モザイクとして機能を果たしたのだ。★12

4 「観光立県」都市における植民者と原住民

「観光立県」という植民地主義

二〇〇三年、沖縄県の観光産業化を推進する官僚機構（bureau）が、テレビ電波を通じて奇妙なキャンペーンを組んだ。その正式な名称を私は記憶していないが、「しましょうね」というキャッチコピーであったことは確かだ。

その映像の中身はストーリー仕立てになっていた。観光名所にたどり着けず道に迷っている観光客に対して、学校帰りの地元女子高生二名が「私たちが案内してあげます」とボランティア・ガイドを名乗り出る。また他のシリーズでは、観光客に道を尋ねられた地元の中高年の女性が、観光客が手に持っていた空き缶を親切にゴミ箱へと捨ててくれるという、至れり尽せりのストーリーだ。

沖縄人がこれらの映像をどのように受信・解読したのか私に知る術はない。しかし「九・一一」直後の一大キャンペーンと同様に、昨今の「観光沖縄」に関する言説構築は、演技／行為という身体領域にまで入り込み、直截さに窮《きわ》みを増していることを看取せずにいられない。日本のなかで最も所得が低く、最も失業率が高い沖縄人に「観光立県」を支える「理性的な市民」として無償の奉仕をせまる記号であった。

一九七二年の統治権移譲後も、周知のとおり広大な米軍基地は沖縄の地に横たわったままである。また日米地位協定によって、実質的に、米軍による直接支配の状況に大きな変化はない。ただ国籍に関する沖縄人への処置が表層部分で変わっただけである。そのような状況下、沖縄は一枚岩的な軍事基地イメージを払拭しようと躍起になったことも確かだ。その一つの方策として、これまでの基地依存経済からの脱却と、経済的な自立に向けた新たな基幹産業の創出が模索されはじめた。それが、観光の基幹産業化という「観光立県」社会の構築であったことは言うまでもない。

この観光の基幹産業化に一定の筋道をつくる契機となった国家イベントが、一九七五年の沖縄国際海洋博覧会であった。沖縄人にとっての「博覧会」といえば、一九〇三年に大阪で開催された内国勧業博覧会・学術人類館で、沖縄人の身体が展示・陳列されたことが直ちに看取されねばならない。オリエンタリズムの遊園地、あるいはそのテーマパーク的具現化としての「博覧会」とは、ナショナルなものとの引き換えに植民地支配の見世物興行が展開する空間であり、帝国主義的スペクタクルの仕掛けである。海洋博覧会においても、観光資源としての沖縄および沖縄人が日本人の眼前に呈示された。そして、観光資源としての情報化、表象化が、皇太子来訪と絡み合いながら、観

★12　そして「日本復帰」祝祭の機運が蔓延る一九七〇年に植民地都市で発生したコザ事件（いわゆるコザ騒動）に関する言説構築が「反米主義」へと回収されてきたことも再考せねばならない。事件から三年、コザ事件に参加した青年がPentagonではなく永田町の国会議事堂にバイクで激突死したことを鑑みれば、植民地主義の根源がアメリカだけにあるのではないことが看取できる。この点に関して、桐山襲の小説『聖なる夜／聖なる穴』に導かれながら、コザ事件と「激突死」を突き抜けた青年（たち）の声を、売春宿の少女の身体を介して共振させた仲里効の試論は示唆に富む。売春宿の少女には、コザの焔が見え、青年たちの歓喜と指笛（「フィフィ」）が聞き取れる。しかし、彼女の肉体を貪る常客の「ヤマト人技師」には何も見えないし、聞き取れない。否、むしろ聞き取ろうとしないし、聞く耳を持たない。この桐山の描写をとおして、仲里は「沖縄とヤマトの二つの戦後の非対称性」を看破し、コザおよびコザ事件の牙城ともいえる「反米主義」的ナラティヴを突き崩そうとする。それは、沖縄をめぐる植民地主義の根源に、他者のノイズを「聞き取ろうとしない」身体性の所有者としての日本人問題を暴露する記述でもある。

光開発への国家的投資の確約を得た舞台となった。

また、二〇〇〇年に沖縄島北部を中心に開催された主要国首脳会議（G8サミット）において強調されたことは、「おもてなし」などのホスピタリティ・マインドに関する観光文化的な色彩のキャンペーンであった。実際、先ほどの「しましょうね」キャンペーンと同様に、「沖縄の風土」そのものが「無償のホスピタリティ」として記号化され、多くの沖縄人がボランティアの名のもとで動員された。

このように、本章で言うところの「観光立県」とは、たんに実際的な観光産業基盤の整備だけを指すのではない。あくまでも、沖縄人個々の行為や身体パフォーマンス、さらに空間的、文化的造形／造詣に発動するイデオロギー的作用として広義に扱っている。よって、「観光立県主義」と言った方が意図に即しているかもしれない。

そこで、観光に関する一つの命題が浮上してくる。つまり、植民地主義と観光開発の共犯的な相乗効果だ。その手がかりとして、サイードの以下の記述が説得性をもちはじめる。若干長くなるが、重要な点なのでそのまま引用する。

> 原住民を、本来の歴史的な場所から引き離したあと、原住民の歴史を帝国主義の歴史の一部として書き換え加工すること。このプロセスは、物語を捏造して、反帝国主義的な試みをくじくことである。つまり、帝国を歴史的必然とはみなさず帝国に反対するいかなる試みも

不可能にするようなゆるぎなき帝国の存在を強調して、矛盾した過去の記憶を一蹴し、暴力——権力の行使も、異国情緒がもたらす好奇心のなせるわざにすりかえられた——を消去する物語をつくるのである。〔Said, 1993=1998:246〕

サイードの指摘は、帝国主義による暴力の「記憶」「歴史」の消去のための書き換えについて言及しているのだが、その具体的な実践手段として「異国情緒がもたらす好奇心のなせるわざ」（オリエンタリズム的趣向）の効用に着目している。そして、この「異国情緒」と「好奇心」、すなわち他者に関する一方的な表象化と欲望的な視線の権力関係を、生産と消費のプロセスとして徹底的に産業システム化した典型が観光産業である。サイードの指摘に倣えば、観光という文化的、身体的表象産業が植民地社会に対する暴力の連続性を隠蔽する効果をもちあわせていることになる。さらに、たんに植民地のあり様ということだけではなく、帝国主義の文脈に引きつけていけば、そこには必然的に統治者、植民者の心性や欲望、あるいはその欲望が押しつけてくる被植民者像の問題が鮮明に現われてくるはずだ。つまり、観光開発による植民地社会の「見どころ」の対象化であり、欲望主体（観光客）の一方的なまなざしを介した植民地文化の制度化と強化の問題である〔永渕、一九九六、三五頁〕。

そして、植民地社会において、観光の基幹産業化を通して「文化中心主義」が打ちだされたとき、植民者たちにとっては「統治の正統性の確保という政治的意図を実現する場」として都合のよい投機空間が発生する。なぜなら「文化中心主義」に対する植民者からの「恩恵」の供与は「現地社会に社会的問題をもたらすことのない「良き」統治者であることを証明する説得的な根拠とすること」ができるからである〔永渕、一九九六、三六〜三八頁〕。植民地主義の実践が観光開発という欲望と相補的に合致していくのは、植民者のための文化の姿が創出可能だからであり、それと同時に、植民地統治を大衆的な消費文化のコードにまで浸潤させ植民地主義をシステムとして強化することができるからだ。

以上の命題から、沖縄をめぐる宗主国政府（ならびに植民地エリート）による「観光立県主義」の浸潤へのシフトも説明可能である。すなわち、これまでの植民地的暴力において基礎づけられた日本と沖縄との非対称な関係を解消することなく、植民者は文化的なコードを書き換えることで支配の正統性を得ることになった。それは、一九七二年、沖縄が日本国憲法下に統治移譲されたからであり、歴史的に、そして現在進行的にみても、あらゆる矛盾が噴出するからだ。観光開発はその隠蔽に効果的である。

さらに重要な点は、それがたんなる観光開発を超えて、過去の記憶までも回収しようとする帝国主義の欲望を、正統な大衆消費文化（観光イデオロギー）へと昇華させたことである。そして、この正統性獲得のプロセスは、たんに沖縄イメージの大量生産-大量消費という行為にとどまらず、もう一つの命題へといきつく。その手がかりとなる現象が、昨今の日本人による植民地沖縄への移住とその言説空間の構築である。

沖縄移住計画と「帝国主義の楽しみ」

日本人による沖縄移住の社会現象化を知る手がかりとして、総務省統計局の「住民基本台帳人口移動報告年報」から、沖縄県と他都道府県との間の転出と転入の推移を見てみよう。そのデータによると、沖縄県は日本のバブル好況期の一九八五年から九二年にかけて転出超過なのだが、バブル崩壊後の九三年から二〇〇四年は一転して概ね転入超過となっている。たしかに、住民票の移動だけで日本人の侵入と捉えることには限界があるだろうし、民間企業での転勤族や自衛隊員など国家公務員の移動も含まれるであろう。また、バブル崩壊後の大不況を念頭に置くと、大都市の労働市場から「排泄」された沖縄人Uターン者等が含まれていることも考え方の一つとして成り立つであろう。

しかし、バブル崩壊の影響は地方都市の方が遥かに深刻であり、加えて、沖縄県の失業率の高さを考慮すると沖縄人Uターン者が転入者の大部分を占めるという考え方には無理が生じてくる。さらに、二〇〇〇年以降、関東大都市圏と福岡県（また愛知万博前後の中京都市圏）を除く全国の各都道府県で軒並み転出超過の状態にある中で、沖縄県は常に転入超過なのである。戦後最悪の不況のこの国において、全国一の高失業率と全国一の低所得の沖縄に、それでも人々がやって来るのである（二〇〇四年、沖縄県の総人口に占める転入超過率は全都道府県中第五位である）。

だが、ここで日本人の沖縄への移動を統計的数値だけで「現象」として捉えることは、沖縄と日本との関係の表層を撫でる程度のものでしかない。とりわけ、植民地主義という文脈において捉えるばあい、日本人移住者の沖縄に対する欲望および心的性向を読み解く必要がある。そして、この移住者の心的性向が単に個人的な動機づけではなく、どのような「文化的連携行為」を介し、どのような言説コミュニティを構築していったのかを分析しなければならない〔Said, 1993=1998:146 - 147〕。その分析作業を通じて、実際に移住を経験した者の心的性向を読み解くだけではなく、「これから押し寄せてくるかもしれない」予期的行為主体の性向から、沖縄という対象の認識様式を抽出することが可能なのである。

沖縄への日本人移住者の欲望発動装置、そして文化的連携と言説コミュニティの構築に関しては、近年、各種メディア等を通した「沖縄移住計画」のキャンペーン展開が象徴的である。たとえば、インターネット上のウェブ検索エンジンなどで「沖縄移住計画」にヒットするものは三二万件を超過し、タイトルと完全に一致するサイトでも一〇〇〇件を超す。その中身は、まるで沖縄に関する解剖学の如き様相を呈している。「沖縄病」「沖縄移住体験」など自己回顧録的なもの、また「おじぃ」「おばぁ」などの人物観察録、そして沖縄移住に向けた日本人のための相互支援サイト（およびマニュアル的詳細情報）である。なかには、就職活動の戦略展開やビジネスチャンス拡大に関する支援サイトも膨大に存在する。そしてサイバースペースのみならず、その文化的連携は「沖縄情報コーナー」として書店で消費行動が集約化されるほど、出版メディアにおいても同じ徴候がみられる。★13

なかでも、二〇〇四年に東京で発刊された『沖縄移住計画』（学習研究社）は、移住の行為実践主体および予期的行為主体の心的性向を読み解く手がかりとなる。『沖縄移住計画』は「定年退職後の生活や趣味の提案は出版業界でも大きなビジネスチャンス」という戦略をもとに拡大展開した。「はがきに「移住したい」というコメントが増えた」「ブームに押され「住みたい」と軽く言えるようになったのでは」というように沖縄そのものを消費対象として読者を触発し続ける〔『琉球新報』二〇〇六年二月二日、朝刊〕。

また『沖縄移住計画』より半年ほど先立って「沖縄に住む——憧れの店を開く——」と題して特集を組んだ月刊誌からは、日本人移住者（および予備軍）の沖縄に対する認識様式が垣間見えてくる。たとえば、岡山県で会社経営をしていた日本人は「事業は順調だったが、人間関係ですっかり神経をすりへらし」たことを理由に、沖縄へ移住しレストランを経営する。そして「仕事はせわしないけれど、気が楽です。あちらでの生活をあのまま続けていたら、身体を壊してましたよ」と語る〔『うるま』（七〇号）、二〇〇四年一月、八頁〕。

カフェ・バーを経営する日本人は同業者の激戦区でさえも「いい意味で競争がない」として、沖縄最大の繁華街を評する。さらに、飲食店を構える日本人は「ここだったらできるん違う」と言い放ち、普天間基地移設反対運動で消耗する沖縄島北部東海岸の地を評する。さらに「お店をする、

★13　たとえば出版物等のタイトルによくみられるキーワードを取り出してみると「楽園」で「住む・働く・遊ぶ」、「沖縄に恋する」「癒し」「爆笑」などである。

ホンマにきっかけが欲しい」と語り、失業率が県平均の約二倍に達した基地周辺市街地に侵入可能なスペースを見出した日本人が掲載されている[★14]［『うるま』（七〇号）、二〇〇四年一月、一二一〜三二頁］。

これらの日本人移住者の語りから読み取れる共通の心的性向は、やはり先述の『沖縄移住計画』編集部の語りが集約してくれている。すなわち「日本社会の働き方や生き方の価値観が変わり、そこに「疲れた都会人を癒やす沖縄」という選択肢が出てきた」という、戦後の高度経済成長とバブル後遺症を駆け抜けた者たちの語りそのものだ。そしてサイードが述べた以下のような命題に行きつく。

> 勘当された息子たちは、植民地に追いやられ、うらぶれて老いた者たちは植民地で失った財産をとりもどそうとする。（中略）進取の気性にとむ若い旅行者たちは植民地で女をあさり、異国の美術品を収集する。［Said, 1993=1998:133］

つまり、六〇余年にわたり、沖縄に対し米軍基地の被害性と加害性の過重負担を強制しつつ飛躍的に経済成長を遂げた者たちが、身勝手に「勝ち組」と「負け組」の両陣営に分かれて沖縄を欲望する。そして、植民地主義を遂行しつづけた自己の姿に対して「察しよく無関心」[★15]を装う欺瞞にみちた「疲弊」状態は、文化的連携行為を介してあらゆる世代に帝国主義の心的性向を連鎖反応させている。この心的性向とは、帝国と大衆との分業体制において植民地を再領有しようとする「帝国主義の楽しみ」であり、スペクタクル空間の確保である。「物語――つまり線的で継続的で時間的なもの――として考えるよりも、遊園地として――多元的で、不連続的で、空間的なもの――として考えたほうが、ずっと楽しい」という帝国との領有分業制なのだ［Said, 1993=1998:257］。それは、帝国とその大衆とのテーマパークの造形／造詣である。

都合よく書き換えられた「楽しい」物語、遊園地、そしてテーマパークという造形／造詣が日本人の沖縄移住現象から看取できるとき、先述の「観光立県主義」の消費文化コードと合致して

★14　沖縄市の基地周辺市街地（コザ市＝越来村）、すなわち軍事植民地都市におけるビジネス展開拠点として日本人移住者によく利用された事業が「沖縄移住計画ドリームショップグランプリ」である。二〇〇〇年から五年間続いたこの事業は、空洞化が深刻な基地周辺市街地の空き店舗対策事業の一環として募集が行なわれ、事業内容のコンペで出店優遇措置が施される。県内在住者も応募可能だが、「沖縄移住計画」という名称を見ても分かるように、県外からの移住希望者が中心であることがわかる。実際、二〇〇二年以降の応募者総数は一四一件にのぼり、そのうち六割ほど（八八件）は県外からの日本人応募者である。グランプリ受賞者は賞金五〇万円と店舗家賃・住居家賃の一年間保証、準グランプリ受賞者は半年間の店舗家賃（半額）保証という賞賜となっている。

★15　E・ゴフマンの「察しのよい無関心」（tactful inattention）の概念を用いて、米軍基地の負担強制から得られる日本人の利益共同体を問題化するための試論は［桃原、二〇〇六、一六九～一七七頁］を参照のこと。

くる。だが、チャルマーズ・ジョンソンが述べるように、この植民地的空間造形／造詣は、七二年以前とあまり大差はない。すなわち、アメリカ軍が頑なに沖縄に駐留し続ける理由とは、そこが日本政府（および日本人）の提供する楽園だからだ。地政学的要請とか、軍事訓練とはまったく別の要請、つまりゴルフ場、美しいビーチ、ショッピング・センター、超優遇的な生活手当てなど「母国ではほとんど望めないほどすばらしいもの」を、アメリカ軍は「楽しんでいる」のである［Johnson, 2000=2000：90］。

沖縄は全就業者に占める第三次産業就業者の割合が、東京都に次いで第二位である。戦後沖縄において、公共投資に伴う零細土木建築業の乱立と裏腹に製造業がほとんど育たず、他方、サービス産業が肥大化したことは偶然ではない。米軍にとって、そして日本人にとっても「帝国主義の楽しみ」を遂行し続けるために、軍事基地とセットになった楽園テーマパークを支える従順で廉価な従僕が大量に必要なのだ。

「自助」世界という概念装置

沖縄人の多くは、肥大化した第三次産業部門において時間給や契約被雇用を中心に従事する。しかし、時間給や契約のような被雇用の場でさえも確保できない高失業率のなかで、自力で事業を開始する者も少なくない。実際、二〇〇一年の沖縄県における開業率は六・三％、廃業率は七・八％で、どちらも全国で最も高い数値だ［国民生活金融公庫、二〇〇一、二七二頁］。親族、友人などインフォーマルな社会関係において資金を借り受け、細々と商売を興し、またその多くが廃業し再び失業状態へと陥る。沖縄は、日本で最も零細自営業者の角逐が激しい地域である。

では、先ほど取り上げた日本人たちの語りのように、沖縄に対して「気が楽」「いい意味で競争がない」等という妄想はどこから来るのだろうか。六〇年間広大な米軍基地を負担させ利益を得てきた当事者であるにも関わらず、その当事者たる日本人が沖縄への参入の容易さを易々と断言し、サービス産業や自営業で生き抜こうとする沖縄人の都市空間に侵入することには、どのような心性が働いているのか。それは、もはや「勝ち組」「負け組」後遺症の保障として侵入してくる「癒し」や「楽園」という「植民地ドリーム」でしかない。植民者《コロン》は、本国で自らの権力が十分に発揮されないと認知した瞬間、あるいは自己の評価や正統性が十分に得られないと認知した瞬間、次なる獲得の場として侵入や寄生が容易な弱い場所を探し出す。

そこで再び、白川フリマへ戻ってみよう。先述したように白川フリマの出店者たちは、そこを本業とする者もいれば副業とする者もいる。出店者らに共通している点は、「正規」の労働市場で生計が十分に保障してもらえないか、あるいはそこから完全に「排泄」された者たちということだ。白川フリマの店の大部分は、家族・親族による経営形態が目立ち、週末のみの生業の地として弾庫の森の一画を利用する。実際、マーケット誕生時から出店し続ける古参者を除けば、出店歴五年以内の者が目立つ。店舗やオーナーの入れ替わりは目まぐるしい。規模の大小こそあれ、出店希望者と譲渡希望者との間で「場所代」（出店権利）が売買されているケースもあり、わずかな資本金とインフォーマルな融資で参入可能なマーケットとなっている。この白川フリマに見出せる「参入のしやすさ」とは、「正規」のルートで被雇用や自営の機会確保が困難ななか実践される「インフォーマル・セクター」という労働形態なのかもしれない。

野元美佐は「インフォーマル・セクター」について、「mode of life」（生き方）として定義する小川了を取り上げ、次のように整理している。

（前略）何の社会保障も受けられず、就職のあてもないというあきらめと同時に、それでも自分たちでやっていけるのだという自負が隠されている。（中略）そのようなひとびとの自負から生まれる生き方のひとつとして考えていく。［野元、二〇〇一、二六七頁］

ここで留意しなければならないことは、野元による概念整理が一方では「自負」という積極性として、他方では「あきらめ」という諦念や絶望としてインフォーマル・セクターを扱っていることだ。先述のブルデューの概念化と同様に、被植民者の労働観と労働実態を、分断や分裂として描き出すことでは一致している。しかし、野元をはじめとする日本人研究者が植民地社会に関する労働の世界を「生き方」として言語化するとき、奇妙なことに、ある一定のイデオロギー的諸力へと収斂されてしまう。それは、「mode of life」という生活実践的言説構築であり、「隙間産業」の創生だとか、果ては「インフォーマル・セクターからの成功」として簡約的にナラティヴを達成してしまうことである。このようなポリティクスはマイノリティを対象とするマジョリティ知識人に特徴的にみられ、研究プロセス上、都合のよい被差別者像の構築、および研究資源としての原住民像の保護と関連してくる。

この「保護されるべき原住民」という対象化過程は、野元と同様にアフリカ社会をフィールドとする松田素二にも見られる。たとえば、松田はコロニアルな都市におけるインフォーマル・セクターを公的権力からの阻害（oppositional）や無関心（indifferent）の結果から生じる自助（self-help）世界として概念化したのだが、結局その論理は「柔軟で融通無垢な」原住民像の構築に落ち着きどころを持っている［松田、二〇〇一、一八八頁］。

アフリカ社会のみならず、沖縄に対する本国知識人のまなざしも例外ではない。沖縄において自営の世界や労働観に自助のストーリーが嵌め込まれたとき、インフォーマル・セクターは近年つねに「沖縄的価値」として本質化されてきた。そして、この価値が観光資源として日本人に発見され、利益共同体に取り込まれたとき、まさしく概念装置としての「mode of life」が被植民者の身体拘束性として作用する。

たとえば、マチヤグヮァ（小さな商店）で働く「元気なオジィ、オバァ」を発見し小躍りする情報誌は数知れないが、「沖縄的生き方」、そして「スローフード」とパッケージになった「スローライフ」なる言説構築は象徴的である。先ほど紹介したように「気が楽」とか「いい意味で競争がない」と発話した日本人たちに右記のような植民地的連携強化の政治実践を看取することは容易である。

さらに、社会学をはじめ、沖縄を「自助」世界として説明する社会科学の概念装置が、非対称な関係構造や被植民者の身体拘束性を強化する文化的連携行為に参入していることを指摘せねばならない。たとえば、私が長年たずさわってきた都市社会学の分野から見てみよう。

バブル経済全盛期の一九八九年、谷富夫は発展途上国の過剰都市化現象との近似的な姿を沖縄に見出そうとし、那覇都市圏へのUターン経験者の生活世界について記述した[★16]。そして「自力主義」「相互主義」「家族主義」の三つの「主義」を組み合わせることにより、「沖縄的」な定着過程と職業の選択行動を類型化する。そのなかで、自営業について「沖縄人の労働と生活の価値観」、あるいは「沖縄の風土と価値観と社会関係」の職業的表現として結論づけている〔谷、一九八九、二九九頁〕。谷の論旨からは、沖縄の生活世界や労働観を「発展途上」や「過剰都市」のモデルにおいて異質な「風土」として回収し、あくまでも日本人というポジショナリティを問わない安全な圏域から「他者」を発見しつづけようとする姿勢が看取できる。結果的に、このような類型的言説コミュニティの構築が、アカデミズム界の文化連携行為において、植民地主義と帝国主義に関する心的性向を補強することになる。

都市の空間闘争と被植民者の分断

沖縄において日本人好みな被植民者像、あるいは実践過程としての「生き方」モデルへの収斂化を回避しようとするとき、植民地都市など空間の記述においてどのような植民地主義の描写が可能となるのだろうか。すなわち、植民地そのものの記述ではなく、植民地主義の過程の記述である。そこには必然的に、被植民者の被差別的な状況／情況ばかりではなく、植民者の加害行為とその連続性や遍在性が如実に現われてくるはずだ。周知のように、植民地主義とは被植民者の存在で成立するものではない。しかし、この至極当然ともいえる植民地主義の基本要件があるにも関わらず、「書く」という行為における植民地社会の記述は「蒸発皿」化してしまい、植民者およびその加害性が姿を消してしまうのである。

たしかに、沖縄は、微細な場面に発動するポストコロニアル的な機制や性向を言語化するうえで非常に都合のよい空間だ。実際、私は白川フリマを内包する植民地都市を通して、幽閉された「原住民」の身体、「野蛮性」「容疑者」という分断の境界を浮上させるための記述を展開した〔桃原、二〇〇五、五一～七九頁〕。そして、戦後の「飢え」と「軽蔑」という分裂した精神と身体において、「正規」雇用ではなく生活の糧を自前で構築する世界（ブルデューが言うところの「小さな商店」＝「唯一の頼みの綱」）〔Bourdieu, 1977=1993：73〕の常態化を描写しようとしてきた。つまり、被植民者を専ら被写体とする植

★16　谷富夫は、高い失業率と高い労働力人口の集中率が同時併進することを過剰都市化社会として定義し、その多くが発展途上国に現存することを認めている。そして、沖縄人の都市への移動過程や労働形態をとおして「過剰」を「正常」へと昇華させてしまう「沖縄主義」の発見と概念化に重点をおいている〔谷、一九八九、二九九～三〇〇頁〕。

民地社会の記述に重点をおいていた。たしかに、被害者の生傷や傷痕を前面に差し出し「痛覚」を介した説明的記述は重要な行為である。しかし、この記述行為は、植民地社会を描写することはできても、被植民者の精神、身体、行為に「濡れ落ち葉」のように纏《まと》わりつく植民地主義という機制とその受益主体を描き、解体することには至らないのだ。

本稿は、一方では「観光立県主義」や日本人の沖縄移住現象という実態と心的性向をとおして植民地主義の記述を試みてきた。そして、最後にまとめておきたい。すなわち、都市空間の闘争や造形／造詣に関する被植民者間の分断場面をとおして、その精神と身体の細部にまで入り組んだシステムとして植民者とその加害行為を反射させ、浮上させることである。それは、軍事植民地都市から「排泄」された白川フリマという空間を介しても可能なのである。フリマ出店者、軍用地主、植民地エリートの状況／情況、そしてその語りからは、植民者の姿はいくらでも取り出すことができる。

①増殖・堆積する被植民者

二〇〇一年ごろから白川フリマに出店していたKさん（四〇歳代、男性）は、一二年間勤めていた法律事務所でリストラに遭い、同マーケットでリサイクルショップを営んでいた。出店当初は廃品を拾い集め、再生可能なものを商品としていた。大学法学部を卒業し、国連施設で研修を受けた経験もあり、法律事務所の業務で中国に渡った人物である。彼と同じように、白川フリマでは高学歴

沖縄人に頻繁に遭遇する。★17

そして彼は自らの経験的世界の中から、今日の沖縄のモノづくり〔生産〕や雇用労働の世界について語る。

結局、「県産品」とか言っても今は殆んどヤマトゥ〔日本人〕がやってるでしょ。僕が働いてた〔法律〕事務所の所長も、今はただの雇われ社長になってる。そこは本土からの投資で成り立っている会社で、社長には何の決定権も無いって。社長以外の社員はみんなヤマトゥで、出資会社から出向で来ていて、その人たちが全部決めるんだよ。こんなんでも「県産品」だからね。［二〇〇四年三月二一日、白川フリマ・Kさんの店舗］〔　〕内筆者

★17　沖縄人にとって、高学歴キャリアすらも安定した資源となり得ていない。しかし、だからと言って、白川における高学歴者参入の現象をバブル経済崩壊という時間区分で断片化することはあまり適切ではない。なぜなら、一九七五年以降の「海洋博ショック」が象徴するように、沖縄は公共事業や国家イベントへの大規模な投資にも関わらず経済崩壊を繰り返し、学歴を問わず若年層から多くの失業者をコンスタントに排出してきたからだ。Kさんは沖縄の雇用労働と自営の世界に絶望し、三度の自殺未遂を図っている。沖縄は「癒しの島」「楽園」と言われつづけながらも、男性の自殺率が常に全国上位に達する島なのである。

Kさんは、「正規」の労働の場における生産物の世界に日本人の侵入を看取している。そして、その生産物が「沖縄」を代弁しつつあることも喝破している。「正規」のマーケットで生産されつづける日本人に都合のいい「沖縄産」を徹底的に拒絶し、今やそこから排泄・解体された不用品や廃棄物を組み立て直し「自分のモノ」を作り出そうとする。

二〇〇〇年ごろまで白川フリマで衣服店を出店していたHさん（四〇歳代後半、男性）は、店舗を持たない今でも毎週末白川へと通い、商売や日雇の情報交換をしている。かつてHさんは、北部西海岸の自宅で観光客向けに土産品店を経営していた。二〇年ほど前、日本人大手資本のリゾート施設によって海岸付近の所有地を包囲され、地上げのようなかたちでやむなく土地使用の賃貸契約を結ばざるを得なくなった。賃貸料で得られるのは、年間一二万円ほどである。結局、観光客はリゾート施設内の店舗に吸収され、Hさんの土産店は破綻し、白川へと生業の地を移すことになった。Hさんは、まもなく契約が切れようとしているリゾート内の土地を施設側に売却し、手離す決心をしている。現在、彼は日雇などの短期労働を渡り歩いている。

白川フリマには数件の食堂がある。二年前に創業開店した飲食店には、平日も出店者や廃品回収業者など作業服を着た人たちが食事にやって来る。その経営者（五〇歳代後半、女性）が白川に出店するのは今回で二度目だ。つまり「白川Uターン組」である。一度目の出店で資金を得た彼女は、白川から脱出し、観光客をあてにリゾート施設の入り口付近に軽食の屋台を出店した。しかし、出店場所が施設外の公共の土地（公道）であったにもかかわらず、施設側から傍迷惑な存在として強制退去命令を受け、廃業を余儀なくされる。そして再び、白川フリマへと戻ることとなる。

白川フリマで衣料品と雑貨の店を妻と義妹と共に経営するTさん（六〇歳代、男性）は、かつて空調設備工の会社を経営していた。沖縄市内に三つの事業所を所有していたほどだ。だが、「海洋博ショック」以降はほとんど仕事が取れなくなり、結局、日本人大手ゼネコンの下請け、孫請けが常態化していく。その後、一九八〇年代初頭には会社が倒産し、しばらくは日雇で内装工に従事していた。白川フリマには九〇年代半ごろから週末のみ出店し、平日は日雇で建築作業にたずさわる。

「海洋博ショック」は、沖縄の土木建築業界に大量破綻をもたらした。そして、沖縄の零細土建業がさらに弱体化するなかで、日本政府による沖縄振興開発への莫大な投資は、日本人ゼネコンにとって格好の寄生場所となった。その後、バブルが崩壊しようとも沖縄振興策に日本人が侵入、寄生し、五〇年代米軍施設建設ラッシュ時と同様に沖縄人の身体価格はさらに周辺へと布置された。それは「観光立県」振興のみならず、近年のＩＴ特区振興においても同様である。

②植民地エリートの態度様式と植民者の姿

植民地主義による原住民の包囲網と排除は、必ずしも植民者が直接姿を現わすものばかりではない。むしろその多くは、従順で好都合な沖縄人像の先導的生産者、および情報提供者たる植民地エリートによって実行される。つまり、日本人は直接的に植民地主義を遂行しなくても、このメディア的な役割（およびインフォーマント）を果たす現地人によって遠隔支配と利益の享受が可能となる。

植民地エリートによる原住民への包囲網に関しては、先に取り上げた米軍補助飛行場の返還にともなう黙認耕作者の大量排除計画が理解しやすいであろう。しかし、白川フリマの場合は、土地の「返還」をまったくともなわないなかでの分断現象が生じており、まさに沖縄人同士による日本人の利益のための空間代理闘争の様相を呈している。

植民地官僚たる自治体行政は、日本人自衛隊員が抉じ開けてしまった「武器庫沖縄」の露呈に対して処方箋を投与するように「醜悪」と「不法」の言説を塗りたくった。それは、白川フリマ周辺に散乱する「不法」投棄物と「違法」構築物を引き合いに出すことで、「危険性」を浮上させないための排除の論理への書き換えでもある。

私もオブザーバーとして立ち会った、白川フリマ出店者、軍用地主、自治体行政、そして防衛施設局の四者による協議の場において、自治体行政官から出店者らに対し次のような言葉が浴びせられた。

市民からも苦情が来ているし、嘉手納基地の司令官からも要請が来ているんだよ。「あんなみっともないもの、早く何とかしろ」って。あんなにゴミが棄てられてて、みっともないでしょ。フェンスを張った所を見てご覧なさい。フェンスを張ったおかげで、あんなにキレイになったじゃないですか。［二〇〇四年一一月二四日、沖縄市役所内会議室］

植民地官僚は、かつてサリンガスが漏泄し、沖縄の加害性だけが大量に備蓄され、「悪魔化」を増長するだけのフェンスの向こう側こそ「キレイ」なのだと言い切ってしまう。沖縄ではエコロジカルな論理がときおり蔓延《はびこ》るが、それが植民地主義の実態を隠蔽し、植民者の責任を回避する機能を果たすことがある。それと同様に「観光立県主義」を貫こうとする植民地官僚は、エコロジカルな「生き方」「生き様」を沖縄人像として強制する。なぜなら、被植民者自ら植民地主義の暴圧を隠蔽する主体となるべく、「自然な」生き方や文化を実践する好都合な被写体となるからだ。

しかし「保護されるべき好都合な被写体」となることを原住民が拒んだとき、アルベール・メンミが記述した植民地エリートの高圧的な態度と同じような状況転換が、四者協議の場でも発現した。すなわち、穏やかで、いんぎんで、話し上手な植民地エリートは突然語気を強め、辻褄のあわない非難をぶつけてくるのである［Memmi, 1957=1959 : 83］。

嘉手納〔空軍基地〕の司令官は、もうあの〔店舗群の〕土地を返還した方がいいと言いはじめているんですよ。もし返還されたら、地主が生きてゆけないんですよ。みんな軍用地料だけしかない高齢者なんだ。とにかく不法に占拠しているのはあなた方〔出店者〕なんだから、撤去しないと何の解決にもならない。［二〇〇四年一一月二四日、沖縄市役所内会議室］〔 〕内筆者

防衛施設局から軍用地主にもたらされ、自治体行政官によって代弁された「返還した方がいい」

という司令官メッセージは、被植民者への恫喝機能を十分に果たしながら高圧的な態度へと駆り立てる。軍用地主に対しても「飢え」か「軽蔑」かという「失業」概念の機制がつねに作動している。軍用地主も失業予備軍（社会的欠格者予備軍）であることを忘れてはならない。この類の恫喝行為は「野蛮性」の境界において沖縄人を分断し、植民地主義の実践を維持しつづける効果を十分に備えている。そして、この態度豹変こそが「なぜ私の思い通りにならぬ」というルサンチマン状態であり、「野蛮なもの」を見せつけられたときの植民者の態度様式と一致している。

出店者、軍用地主、自治体行政官の三者が激しく言葉をぶつけ合うなか、防衛施設局はつねに沈黙をつづけた。それが、日本人の姿、植民者の姿そのものだ。たとえ、この協議の場に派遣された国家官僚が沖縄人だとしても、その沈黙から日本人の投影された姿を察知することは容易である。なぜなら、その黙視行為は、被植民者間の内戦を彼岸から見物し「沖縄問題」という言辞を繰り返してきた、日本人の見飽きた態度様式そのものだからだ。このとき国家官僚、地域行政官僚のいずれも、意味解釈と行為遂行の一貫した価値基準において、植民地エリートとしての態度様式を発露している。その価値基準とは、かれらの劣等コンプレックスの原基である「日本人」をモデルとして、日本語で経験し記号化された帝国の文化コードや概念装置である。日本語によって経験する「日本人」モデルは、沖縄諸語によって経験する「沖縄人」と対をなして記号を生成している。植民地エリート官僚は、日本語による実定法に基づいて行政論理を行使するたびに、また日本語によって理性的市民たることを要求する公序良俗観を身にまとうたびに、そして日本語によって「粛々と」手続きをすすめるたびに「日本人」を行為遂行しようとする。かれらは、表面的な態度様式としては、行政論理や公序良俗観に基づいて事物を読み替えているように見えるが、精神や身体感覚の深淵では「日本人」を価値基準として読み替えているにすぎない。それは、必然的に、沖縄諸語で経験する「沖縄人」を本質化し、浄化と書き換えを行ないながら遂行することになる。ポストコロニアル社会における、エリートを中心とした同化主義の敷衍を垣間見ることができる。[★18]

★18　だが、植民地エリートを中心とした同化主義の敷衍がきわめて完成度の高いものになろうとも、あの態度豹変と「辻褄のあわない」経験に植民地主義の裂け目を発見することもできる。つまり、日本人の価値基準や態度様式に対する被植民者（とくにエリート）の劣等コンプレックスは、つねに原住民の姿を「鏡」にしながら自己への内的ルサンチマンを生み出し、論理顛倒の度重なる経験を介して「未完の日本人」を消耗しつづけるからである。

5 増殖・潜行する「野蛮」な記述空間

二〇〇六年五月の『琉球新報』に、県の行政官僚を勤めてきた男性エリート部長の談話が掲載されていた。白川フリマが所在する沖縄市から県都に通勤する彼は、空洞化が進む同市の市街地についてふれ「もうすぐ団塊の世代の回帰が始まる。大勢の人たちが故郷に帰ってくる」と楽観的な視線を投げかけた。そして「逆に淘汰されて、いい物が残っていく。むしろ楽しみ」と言い放った〔『琉球新報』二〇〇六年五月九日（朝刊）〕。

この「淘汰」という言葉が都市空間のあり様に援用されたとき、すぐさま看取できるのは自然淘汰（natural selection）という概念だ。それは、ダーウィニズムを都市空間のコミュニティ分析に導入し、人種・民族の「坩堝」「サラダボウル」としてアメリカの進化を夢想した古典的都市社会学の基礎概念となっている。結局のところ、この白人中心主義的な同化統合モデルは、一方ではレイシズムに対するマイノリティの抵抗力を奪うものであり、他方では「進化なきもの」として「野蛮性」をゲットー（Ghetto）に押し込む社会設計の性格を有している。

この植民地エリートの発言で興味深いのは、地域の進化のための「社会的新陳代謝」として、自らも含めた「団塊の世代」を挙げている点である。たしかに「戦後第一世代」という言葉上の意味では、戦後復興を目撃した世代として沖縄にも共通している。しかし、アメリカの軍事統治下におかれた沖縄と、沖縄の犠牲のうえで高度成長へと飛躍した日本のその世代を、ある種の精神性や社会性を表したカテゴリーで括ることにはかなりの認識的曲解がある。

たとえば、この行政官僚は「団塊の世代」の特徴として「退職したからといって引っ込むような人たちではない」とし、「この世代をいかに働かせるか」と国策に期待している。ここで「退職」という言葉や国策への期待を露わにしているところをみると、沖縄人エリートが指すところの「団塊の世代」とは、戦後の日本人（男性）の生き方をモデルとしていることが分かる。あるいは、仮に彼の意識があえて沖縄人を説明しているものだとすれば、それは「日本人になること」を夢想し、「日本復帰」を掲げた植民地エリートだけを指示しているのかもしれない。戦後一貫した高失業率と国内最低の所得、そして国内最高の開業率と廃業率を鑑みれば「退職」を念頭においた「第二の人生」設計は、きわめて限定された沖縄人のものでしかない。

いずれにせよ、彼のような心性を備えた植民地エリートがリタイア後に地域政治に深く関わっていくことは容易に予測可能であり、植民地沖縄を日本人モデルの視線で計画、造形／造詣することも必至であろう。だが、そこで垣間見えてくるのは「社会的新陳代謝」を促す新参者に、モデルの張本人である日本人移住者が大きく想定されてくるという点である。つまり、日本人モデルを心性に備えた植民地エリートが、日本人にとって都合のよい物語や意味を空間的に用意し、「楽しみ」としての帝国主義の遂行を文化的に構築してしまう問題が生じはしないだろうか。そのとき「観光立県主義」も好都合な空間物語のヘゲモニーとして機能するであろう。まさに、モデル・マイノリティが植民地社会で果たす一義的な役割であり、そこに日本人の欲望と役割期待的な視線が横たわっている。

そして、モデル・マイノリティにとって好都合な進化の物語と社会的造形／造詣は、白川フリマの人々のような不都合な沖縄人を徹底的に排除しようとする。つまり「日本人になりたい」自己にとって「醜い自画像」の鏡となる「野蛮性」は、自然淘汰の正統性をもって度外視されるか、矯正の対象となる。

しかし、白川フリマのように「野蛮性」の処遇やその境界線が浮上するたびに、植民地エリートの「未完成度」と劣等コンプレックスは顕現する。そのとき、モデル・マイノリティの心性や態度様式を介して、さらに都市の空間闘争を介して、日本人という植民者はいつでも感知可能なのである。

たしかに、白川フリマの「野蛮性」は駆逐され、「工作」店舗群は消滅するかもしれない。だが、文化中心主義の図像と武器庫の島という現実との矛盾は、必然的に、そして遍在的に「野蛮性」を回遊させ、弾薬庫の森の葉陰に引き裂かれた木漏れ日のように「野蛮性」を浮沈させる。サバルタンが空間の歴史的言語化の抑圧に苦悩することと同様に、植民地エリートと植民者は、空間の物語を書き換えようとするたびに、増殖と潜行を繰り返す野蛮な身体空間に悩まされる。そして「野蛮性」を殲滅できずにいる植民地エリートは、植民者によってつねに容疑者扱いされるのだ。植民地エリートも、つねに疑心暗鬼に陥る。

空間をめぐる被植民者の分断境界、さらに植民者とモデル・マイノリティの裂け目を浮上させ、記述することにより、植民地主義を解体することは可能なのだろうか。それは、すべてが模索のような工作段階でしかない。だが、少なくとも理性的な「観光立県」都市の空間造形／造詣に回収されない被植民者の未決の領域は浮沈しつづけるのであり、植民地主義に抗するための「記述の始まる空間」を確保することが必要なことだけはたしかである。その記述空間は縦横に増殖し、潜行しつづける。

参考文献

Bourdieu, Pierre., 1977, *Algerie60 . Structures économiques et structures temporelles*, Minuit.（＝一九九三、原山哲訳『資本主義のハビトゥス――アルジェリアの矛盾』藤原書店）
知念ウシ、二〇〇六、「なぜ基地の平等負担ができないのか」『世界』第七四七号、岩波書店
Fanon, Frantz., 1961, *Les Damnés de la terre*, Maspero.（＝一九九六、鈴木道彦・浦野衣子訳『地に呪われたる者』みすず書房）
池田緑、二〇〇五、「心的傾向としての植民地主義――植民地主義をめぐる基礎的考察Ⅰ」『大妻女子大学紀要――社会情報学研究――』第一四号
石塚道子、一九九八、「クレオールとジェンダー」複数文化研究会編『〈複数文化〉のために――ポストコロニアリズムとクレオール性の現在』人文書院
Johnson, Chalmers., 2000, *Blowback : The Costs and Consequences of American Empire*, Metropolitan Books.（＝二〇〇〇、鈴木主税訳『アメリカ帝国への報復』集英社）
国民生活金融公庫総合研究所編、二〇〇一、『新規開業白書二〇〇一年版――九〇年代の新規開業を振り返って』中小企業リサーチセンター
コザ市編、一九七四、『コザ市史』コザ市
松田素二、二〇〇一、「現代アフリカ都市社会序説」松田素二編著『アフリカの都市的世界』世界思想社

Memmi, Albert., 1957, *Portrait du colonisé précédé du colonisateur*, Buchet / Chastel.（＝一九五九、渡辺淳訳『植民地：その心理的風土』三一書房）
喜屋武臣市、一九八九、「沖縄の米軍基地労働」沖縄労働経済研究所編『概説沖縄の労働経済』（増補改訂版）沖縄労働経済研究所
永渕康之、一九九六、「観光＝植民地主義のたくらみ――一九二〇年代のバリから」山下晋司編、『観光人類学』新曜社
仲里効、二〇〇四、「「フィフィ」と「火」の精神譜――一九七二オキナワ映像と記憶（二）」『未来』第四五四号、未來社
波平勇夫、二〇〇六、「戦後沖縄都市の形成と展開――コザ市にみる植民地都市の軌道」沖縄国際大学総合学術学会『沖縄国際大学総合学術研究紀要』第九巻・第二号
野元美佐、二〇〇一、「アフリカ都市のインフォーマル・セクター――カメルーン・首都ヤウンデの事例から」松田素二編著『アフリカの都市的世界』世界思想社
野村浩也・新垣誠、二〇〇二、「対談　暴力の現場から――「語り返し」の可能性をめぐって」『部落解放』第五〇七号、解放出版社
野村浩也、二〇〇二、「「希望」と観光にみる無意識のテロリズム」『インパクション』第一三二号、インパクト出版会
――、二〇〇五、『無意識の植民地主義――日本人の米軍基地と沖縄人』御茶の水書房

沖縄市企画部平和文化振興課編、一九九二、『仲宗根山戸日誌②――一九四五年一一月～一九四六年一二月』沖縄市
沖縄市立郷土博物館編、一九九〇、『沖縄市史――近代統計書にみる歴史』第七巻・資料編六・上、沖縄市
Said, Edward W., 1985, *Beginnings : Intention and Method*, Columbia University Press.（＝一九九二、山形和美・小林昌夫訳『始まりの現象――意図と方法』法政大学出版局）
――――, 1993, *Culture and Imperialism*, Alfred A. Knopf.（＝一九九八、大橋洋一訳『文化と帝国主義1』みすず書房）
新城郁夫、二〇〇三、『沖縄文学という企て――葛藤する言語・身体・記憶』インパクト出版会
谷富夫、一九八九、『過剰都市化社会の移動世代――沖縄生活史研究』溪水社
桃原一彦、二〇〇四、「沖縄でつづく植民地主義――沖縄国際大学ヘリ事件が呈示したもの」『インパクション』第一四三号、インパクト出版会
――――、二〇〇五、「沖縄のポストコロニアル性と都市空間の再編――基地周辺市街地の空洞化とインフォーマル・セクター」『沖縄国際大学社会文化研究』第八巻第一号、沖縄国大学社会文化学会
――――、二〇〇六、「「察しのよい無関心」と日本人／沖縄人」『世界』第七五一号、岩波書店

太平洋を横断する植民地主義

日米両国の革新派と「県外移設論」をめぐって

島袋まりあ
SHIMABUKU Annmaria

1　複数の場所から

在沖米軍基地の問題は、日米両国の合作による植民地主義の帰結である。沖縄における植民地主義は、この共犯関係によってもたらされているにもかかわらず、沖縄問題について批判的に言及してきた多くの研究は、①片方を批判しつつも、もう片方を全く無視するか、②両国の問題を視野に入れたとしても、用いる言語によって批判の対象を変えるか、③平和主義、フェミニズム、環境問題といった「普遍的」な観点から両方を超越しようとするものであるか、のいずれかであった。

日米両国の運動と学問に同時進行的にかかわっている者として、一つの国民国家の内部に自己同定できる場所を見つけだすことは困難である。善かれ悪しかれこうした状況は、両国を一纏めに、二つの言語で、同時に批判する立場性を要求してくる。国民国家内のマイノリティを抑圧するという点で両国の利害が一致している以上、こうしたアプローチは、マイノリティに対する二つの政治を同じ土俵で検討する可能性を開くといえよう。このようなアプローチによって明らかにされる政治を「太平洋を横断する植民地主義（transpacific colonialism）」と呼び、本稿の鍵概念としたい。

本稿では、沖縄における植民地主義という事例に即して、「太平洋を横断する植民地主義」を定義する。その上で、「太平洋を横断する植民地主義」を暴露する格好の素材として、在沖米軍基地を日本に移設するという「県外移設論」★1をめぐる議論について検討してみたい。

2　沖縄における植民地主義の展開

敗戦後、日本は北海道以外の植民地を喪失した。長期の占領によって日本人の反感を買う事態を恐れたGHQ総司令官マッカーサーは、一九四七年六月二七日、対日講和条約を「できるだけ早く締結すべきだ」と発言した［Nippon Times, 一九四七年六月二九日］。ところが、こうした反米アジテーション防止ともいうべき、速やかな米軍占領の終焉は、沖縄の長期的かつ集中的な占領を前提条件としていた。米軍占領から日本が解放され、国家として主権を回復するために、沖縄を犠牲にするということの重大さを意識したせいか、マッカーサーは、「沖縄人は日本人ではないため、米国が沖縄を占領しつづけることに関して、日本人は反対しないでしょう」と公言した。そして、それから三ヶ月も経たないうちに、彼の発言は見事に的中した。連合軍によってほとんど傀儡とされていたにもかかわらず、昭和天皇は、御用係・寺崎英成を合衆国対日政治顧問J・シーボルトのもとへと派遣し、「天皇は米国による沖縄占領を支持し、日本の主権を残した上で、長期の租借（二十五年か五十年、あるいはそれ以上）を提案」すると伝えることによって、政治に自らの影響力を及ぼそうとした［我部、二〇〇〇、五一頁］。したがって、一九五一年のサンフランシスコ講和条約によって、連合軍による日本占領の終焉が決定したにもかかわらず、沖縄は米軍に占領されつづけるようになったのである。

米軍は、沖縄を朝鮮半島とベトナムに対する攻撃を展開する基地の島に変えた。米軍基地建設のために、銃剣とブルドーザーで土地の接収を強行し、沖縄人を餓死する状況に追い込んだ。また米軍人は治外法権的な自由を享受していたため、殺人や強かんといった凶悪犯罪の多くは罰せられずに済んだ。これらの理由をもって、沖縄人は米軍基地に反対していた。

米軍占領から逃れる第一の戦略は、日本国への「復帰」であった。日本国は日米安全保障条約のもとにあるため、治外法権的な状況から逃れられるだろうし、日本国民と平等に扱われることで在沖米軍基地は縮小されるだろうと考えていたからである。しかし、「復帰」運動が、「本土並み」になるとの期待のなかでなされたにもかかわらず、復帰前後、沖縄以外の在日米軍基地の三分の一が

★1　本稿においては、日本（本州、四国、九州）と沖縄（琉球諸島）という用語は、宗主国と植民地の関係性を示す。日本国は、法制上、日本に加え、北海道、沖縄を含む国家を指している。

減少したのに比して、在沖米軍基地の場合はわずか数パーセントしか削減されておらず、日本と沖縄の格差はかえって広がっている〔新崎、一九九六、二二六〜二二七頁〕。

現在、在沖米軍基地が存在する根拠は、一九五一年のサンフランシスコ講和条約の二時間後に締結された日米安全保障条約による。安保条約は、日本国内に米軍基地を置くための二国間条約であるにもかかわらず、七五％の在日米軍基地は全国領土の〇・六％しか占めない沖縄県に密集している。

沖縄に米軍基地を集中させることに加え、日本政府は「思いやり予算」と呼ばれる米軍への資金供与を積極的に展開している。この事実からも読み取れるのは、米軍基地は米国によって一方的に日本国に押し付けられているのでは決してなく、日本があまりにも米軍を「思っている」ため、米国は都合よく米軍基地を置くことができるという現実である。一九九五年にウインストン・ロード国務次官補は、世界的に見ても突出した「思いやり予算」の大規模な展開のおかげで、「米国内に軍隊を置くよりも日本に置く方が安上がりになっている」と述べている〔梅林、一九九五、四五頁〕。アジア太平洋と世界中からみても、米軍基地が日本に異常なまでに集中しているのは、「思いやり予算」の規模によるところが大きい〔梅林、一九九五、四五頁〕。

安保条約の「負の産物」である米軍基地が沖縄に集中配置されるという条件が成り立ってはじめて、日本は安保の利益を享受することができる。日米安保体制によって、米国は東アジアにおける軍事的な支配を享受し、日本は国家の安全を享受する。両国の利益は、沖縄問題が日本の国内問題であるという前提のもとで守られるのだ。こうして、沖縄だけに集中する圧倒的な基地負担が象徴する植民地的な関係が隠蔽される。

政治学者チャルマーズ・ジョンソンは、以上の状況を「沖縄に対する、日米両国の永久の共犯関係」と正確に言い表わしている［Johnson, 2000：57］。これは、島に君臨し、沖縄人に対して犯罪を起こし、土地を汚染するのは、米兵であるにもかかわらず、その抑圧を遂行し、管理するのが、日本政府であるという状況をとらえたものである。

この共犯関係は、沖縄における植民地主義の基本的な特徴である。したがって、これは、「日本の植民地主義」のみならず、日米両国の利益を守る植民地主義である。沖縄研究のなかには、この共犯関係を正確に見抜いてきたものもあるが、十分に分析しきれているとはいえない。沖縄とは、ある国家の植民地主義をもう一方の国家の植民地主義の上に重ねてしまえるような、つまり両国それぞれによる、存在論的な自律性を保っている「二重の植民地主義」の交差点ではない。むしろ、それぞれ二つの植民地主義は、その存在論的成立のためにお互いの存在を必要としながら混ざり合い、作動しているのだ。本稿では、小代有希子のいう「太平洋を横断するレイシズムズ（trans-Pacific racisms）」にならって、このように共犯的に作動する植民地主義のことを、「太平洋を横断する植民地主義（transpacific colonialism）」と呼び、それに対する批判の論理を紡ぎだしていきたい。

太平洋を横断するレイシズムズから、太平洋を横断する植民地主義へ

前述したように、日本の沖縄支配は、確かに日本に対する米国のヘゲモニーを抜きに捉えることはできない。絡み合っている状況があるため、多くの論者は、東アジアにおける「抑圧移譲」の構造を論じようとする。つまり、米国は日本を抑圧し、日本はさらに沖縄に「抑圧移譲」をするように追い込まれると。

しかし、米国から日本へ、そして日本から沖縄へという捉え方はミスリーディングである。なぜなら、「抑圧移譲」論は、第一に、米国と日本は存在論的な自律を保ち、第二に、日本は沖縄とともに抑圧の「起源」である米国に対して抵抗できることを示唆しているからである。この「抑圧移譲」のモデルは、「二重の植民地主義」の存在を当然視しており、日米両国の植民地を分析の対象とする多くの地域研究の大前提となっている。

小代有希子は、「太平洋を横断するレイシズムズ」という概念をもって、この前提を次のように疑問視している。

> 近代日本における二重のレイシズムズは、日本がアジアで自らの優越性を打ち立てる根拠となる白人至上主義の妥当性を強化するために、アメリカのレイシズムを必要とした。日本のレイシズムはまた、アメリカのそれを補強した。[Koshiro, 1999:12]

小代のいう「二重のレイシズムズ」とは、第一に、日本人が西洋の人種的ハイアラーキーを内面化したこと、第二に、それが大日本帝国における他者に対する差別に帰結してしまうことを意味する。そして、ここで極めて重要なのは、日本は欧米から抑圧されているがゆえに、否応なくアジアに「抑圧移譲」をしてしまうのではなく、むしろ、「白人至上主義」は、日本のレイシズムを可能にする中枢的構成要素であり、また日本がそれを積極的に取り入れている行為者なのだということである。米国の「白人至上主義」と日本のレイシズムは、太平洋を横断して、相互に強化しあう「トランスパシフィック・レイシズムズ」なのだ。

では、「太平洋を横断するレイシズムズ」と「太平洋を横断する植民地主義」の違いとは何か?

小代は、占領期における「アイヌ、琉球人、中国人、朝鮮人」に対する人種政策に加え、黒人の米兵の地位について言及しているが、分析の射程はあくまでも日本人のレイシズムと白人至上主義の交差点に定められている［Koshiro, 1999:90, 52］。この問題設定から見れば、「太平洋を横断するレイシズムズ」は適切な概念であろう。しかしながら、太平洋の政治を分析し、議論の焦点を沖縄に合わせると、レイシズムという概念では問題の本質が捉えきれなくなる。そのため、次のような文脈から、植民地主義という概念が助けとなる。

日本人は、欧米のレイシズムに曝されてきたとはいえても、必ずしも欧米の植民地主義の被害を受けたというわけではない。一九四五年から一九五二年の占領期を除けば、日本の経済・政治的なインフラストラクチャー、文化装置は完全に乗っ取られたことはない。日本は、欧米のレイシズムの受動的な被害者では決してなく、東アジアにおけるレイシズムを正当化するために、欧米のレイシズムを積極的に利用してきたのである。しかしながら、これは単なる汎アジア主義を装ったレイシズムだけではなく、沖縄の視点から見れば、露骨な植民地主義に他ならない。ここで、レイシズムと植民地主義の違いが浮き彫りになっている。レイシズムをめぐる言説は、しばしば一つの国民国家内部の文脈に押し込められる場合が多い。しかしながら、小代が見事に分析したように、日本は米国という国民国家のレイシズムを自国の文脈で活用している。この議論の延長として、レイシズムの言説を一つの国民国家のうちに止めることによって、植民地主義が可能となっているといえる。換言すれば、植民地主義は、国民国家の境界線を越えたレイシズムであるはずだが、レイシズムという名を与えることによって、マイノリティの抑圧を一つの国民国家の国内問題として片付け、日米両国のマジョリティの利害関係が成立しているのである。したがって、戦後日米関係において、植民地主義とは、マイノリティを国内の問題として扱うことによって、植民地主義の恩恵を受ける国民国家間の共犯関係を隠蔽する作用でもある。

沖縄という事例に即して、具体的に日米両国がこうした植民地主義をどのように展開しているのか検討してみよう。

日米両国は、沖縄に対するレイシズムを「日本」という国民国家内の問題として扱うことによって「たらい回しの政治」を実行し、沖縄問題を膠着状態に陥らせてしまうことができる。つまり沖縄の側から在沖米軍基地に抗議する際、米国側はそっぽを向いて、「日本」の国民国家内の問題として一蹴する。また沖縄側が今度は日本側に抗議すると、日本人は一つの国民国家における保守派と革新派の問題として矮小化し、政党を問わない沖縄に対する日本の植民地支配の特質を見過ごしてしまう。したがって在沖米軍基地の問題に対し、米国と「日本」を自律した国民国家として設定しながら、アメリカのヘゲモニーの問題、もしくは「日本」の国内問題としてアプローチする場合、日米合作の植民地主義という側面が見えなくされてしまうのである。

国民国家の境界線を順守することで、日本だけではなく、米国の利益も守られる。なぜなら、人種化されたアメリカのエスニック・マイノリティを米国の国民国家内の問題として限定しないと、ヨーロッパによるアメリカ大陸の植民地化という事実が暴露されてしまうからだ。ポストコロニアリズム研究のほとんどが米国のアカデミーのなかから繰り広げられてきたにもかかわらず、アメリカ研究者アン・カプランが指摘するように、米国の国民国家はアメリカ大陸におけるインディアン（アメリカ先住民）の植民地化のうえで成り立っているという歴史的事実を考慮した研究は、皮肉なことに少ない。

> 文化と帝国主義を扱うポストコロニアル研究における合衆国の不在が、奇妙なことに、アメリカ例外主義を外部から再生産している。（中略）米国の大陸拡張は、帝国的拡張の絡まりあった形態としてよりもむしろ、一九世紀のヨーロッパの植民地主義とはまったく切り離さ

れた現象として扱われることがよくある。これら二つの歴史のあいだの乖離は、帝国を拡張主義の継続の一部としてよりもむしろ、二〇世紀の異常型として見るアメリカの歴史編纂の伝統を反映している。この論文集では、合衆国の国民国家建設と帝国の建設とを歴史的に同一線上のものとして、そして相互に規定しあうものとして結びつける。とりわけ、リチャード・ドリノンが主張したように、合衆国がどのようにして、過去における「インディアン嫌悪の形而上学」とインディアンとの戦いを、新たな海外のフロンティアや、新たな国境線の彼方へと輸出するのかを考察する。［Kaplan, 1993: 17］

ここでの「米国の大陸拡張」と「ヨーロッパの植民地主義」との「乖離」とはまさに、米国の国民国家形成と植民地主義をリンクさせないがゆえに生じる乖離に過ぎない。興味深いことに、アメリカ大陸を国民国家として構築していく実践には、二つの方向性がある。植民地としてよりもむしろ国民国家として米国を捉えていく「例外主義」は、「奇妙にも」「外部」から「再生産」される。このことの意味は、たとえば、日本が自らの植民地主義を不可視にするために「白人至上主義」を「必要」としているのであれば、アメリカ大陸の植民地化を「外部から」敢えて指摘するようなことはないだろうということに見出される。このように、国民国家のイデオロギーは日本から輸入される。他方で、インディアンの存在が、アメリカ大陸は単なる植民地だという事実を思い起こさせるのであれば、「インディアン嫌悪」を「輸出」しながら、内部から彼／彼女らを病理的に絶滅させようとする。言い換えれば、米国とはインディアンから強奪した土地であるという事実から目をそらすために、海外において攻撃を展開することでこのパラノイアを輸出し、そして一流の国民国家としての承認を国際社会に強要するのである。

レイシズムと植民地主義のこうした差異は、米国内のヨーロッパ系アメリカ人との平等を基準とする多文化主義の議論でしばしば見過ごされる。この議論では、ヨーロッパ系アメリカ人の植民地主義と、それにかかわる一部のエスニック・マイノリティの共犯性が分析の射程に入ってこない。また、この見方では、日米両国が、人種化されるマイノリティの問題をそれぞれの国民国家内の問題として片付け、国民国家の境界線を越えた反植民地的な抵抗の可能性を封じてしまう危険性がある。つまり、人種的な平等を追求する戦いが、一国民国家内部の問題としてのみ扱われるのであれば、沖縄人とアメリカのエスニック・マイノリティは、太平洋を横断する植民地主義の被支配者同士としてではなく、「日本人」と「米国人」という国際人として出会うしかない。沖縄人が米軍の軍服を纏ったエスニック・マイノリティと、「米軍施設・日本人立ち入り禁止」という札のかかった金網越しに向き合うときの姿は、それを生々しくあらわしている。

日米両国におけるマイノリティの位置を検討したうえで、太平洋を横断する植民地主義の定義が形作られる。太平洋を横断する植民地主義とは、ヨーロッパ系アメリカ人という覇権者と比べて、日本人は多かれ少なかれ「同じアジア人」であるため、東アジアへの支配は正当化されるというロジックによって、日米両国の国民国家におけるマイノリティを相互的に抑圧する作用を指す。

3　県外移設論は植民地主義を暴露する

日米両国が沖縄問題を国民国家内に止めようとする熱意を捉えるために、植民地主義の分析を国民国家のパラダイムに置き換えようとする事例分析として、米軍基地を沖縄から日本に返還しようとする「県外移設論」に注目したい。

では、県外移設とは何か。

一九九五年九月の米兵による沖縄人強かん事件をきっかけに、八万五千人の沖縄人が集まった「一〇・二一県民総決起大会」が開催された。多くの国々のマスコミに取り上げられ、国際社会はもはや基地の縮小を求め続ける沖縄人を無視することができなくなった。

この事態に応えて、同年一一月一九日に当時のアル・ゴア副大統領が、村山富市首相との会談で、「沖縄における施設及び区域に関する特別行動委員会＝ＳＡＣＯ」の設置を決定した。ＳＡＣＯの協議の結果、一九九六年四月一二日に当時の橋本龍太郎首相とウォルター・モンデール駐日大使の共同記者会見で、普天間飛行場を含む基地を二〇〇一年までに返還するという合意に達したことが発表された。戦後から要求しつづけてきた在沖米軍基地の整理・縮小がやっと実現するのではないかと、沖縄人はSACOに大きな期待を寄せた。

日米両政府はようやく沖縄の苦情に耳を傾けたように見えた。しかし実は、一九九五年の事件の前から、米軍はすでに老朽化してしまっている普天間飛行場の閉鎖と新基地建設を望んでいたのである〔真喜志、二〇〇〇〕。まるで沖縄人の声を聞き入れたかのように普天間基地の全面返還という夢を実現させると約束した直後、その舌の根の乾かぬうちに、SACOの中間報告（一九九六年四月一六日）では、沖縄島北部名護市にある辺野古への新基地建設という条件を盛り込んだのだった。

さらなる基地建設計画が進む可能性を想定して、沖縄の政治家、学者、ライター、市民運動家たちは、「日本国は日米安全保障条約を締結しているのだから、在日米軍基地は平等に日本領土に分散されるべき」と主張するようになった。こうして、既存の在沖米軍基地を日本本土に移転し、また米軍の新基地を日本で建設すべきという「県外移設論」が勢いを増した。

当時の知事・大田昌秀は、一九九六年の新聞労連の集会で、安保条約は、「一義的には日本国民の安全と平和を守ることを目的にしている（中略）だとすれば、国民全てがそのことを認識するとともにそれ相応の負担をするのは理の当然」であると、自民党を批判した〔大田、一九九六、一四一頁〕。沖縄女性の市民運動家らは、東京で「基地のタライ回しはやめてよ！」という即興劇で、「基地えー、こーいんしよらんがやー。（基地を買いませんかー）振興策付きー（中略）」と、日本人に挑発的な売り込みをしてみせた〔心に届け女たちの声ネットワーク、二〇〇〇、三〇頁〕。社会学者の野村浩也は、「傲慢」な保守派だけではなく、「進歩的」な左翼もまた、県外移設論に応じてこなかったことに注目して、

「「在日米軍基地の平等な負担」というのも最低限の人権要求にすぎない」と述べている〔野村、二〇〇二、三頁〕。ライターの知念ウシは、「「沖縄が好き」とニコニコ顔の日本人に「だったら基地を一つか二つ持って帰って」と言うと黙られてしまう」と述べている〔知念、二〇〇二a〕。市民運動家・國政美恵は、「ヤマトで一生懸命やっているという人たちに遠慮して、「沖縄にある米軍基地をヤマトにもっていって！」と沖縄側から言えなくなっているのではないか」と、日本領土から全ての米軍基地の撤去を主張する日本人の市民運動家を批判している〔國政、二〇〇四、五五頁〕。

以上の論者が示すように、在沖米軍基地の問題は、国民国家内の保守派／革新派の問題として片付けられるものではなく、日米両国が相互的に利益を得るものとして、太平洋を横断する植民地主義の格好の事例である。そして、県外移設論は、日本国内で在日米軍基地を平等に負担すべきだと主張することによって、米国に対する日本の「被害意識」の虚構を暴き、国民国家内における「平等」という偽善的な保障を固守するように追い込み、植民地に「負の遺産」を転嫁することなしに、日米関係の再検討をけしかける。

日米両国の国境を横断する植民地主義として問題をあらためて位置づけることによって、県外移設論者が革新派に対して奇妙な立場に立っていることが急にはっきりと見えるようになる。アメリカの民主党が一九六四年に差し出した「公民権（civil rights）」を拒否したマルコムXが、革新的な白人には目を疑うような存在であったのと同様に、県外移設論はナイーブ、危険、滑稽なものとして一蹴されてきた。しかしながら、Xが「わたしは共和党のために民主党をノックアウトしようとしているのではない」と言ったように、県外移設論者は、軍隊を美化する日米両国のナショナリストのために、日本国からすべての米軍基地撤廃を訴える革新派を潰そうとしているわけではない［X, 1989: 40］。両者は、分析の射程を一つの国民国家のうちに止めないことによって、なかなか怪しまれることのない革新派と植民地支配の関係を暴露するのである。Xの反植民地支配闘争が、アメリカの「国家保安」を脅かす海外の「外国人」からの支援を集め始めたからこそ、「公民権」はアフリカ系アメリカ人の平等追求を米国内に限定するアメだと看破することができた。一方、革新派は、沖縄を日米両国のあいだの対立として捉えることによって、それぞれの国民国家のマイノリティの共通点を覆い隠すとともに、両者の抵抗の可能性を除外してしまう。

ここで、革新的な政治と植民地主義の関係をどのように分析すればいいのかを考えてみたい。ハンナ・アレント、エメ・セゼール、アルベール・メンミが指摘してきたように、宗主国における政治は、植民地における日常と密接に結びついている。アレントによれば、海外において大規模な帝国主義を展開した英国のような国家は、「共同体において不要」となり「社会に危険」を与える「怠惰な」人間が溢れるときに、彼／彼女らを植民地に送り込むことによって、「暴力の輸出」をすることができたという［Arendt, 1976:138,150］。したがって、海外植民地という「はけ口」の分け前に大して与れなかったドイツのような国家は、ファシズムあるいは全体主義に陥りやすかったのである。したがってセゼールは、ファシズムとは被植民者ではなくヨーロッパ人に向けられた植民地主義なのだ、と正確に論じた。セゼールいわく、ヨーロッパ人は「このナチズムというやつを、それが自分たちに対して猛威をふるうまでは、許容し、免罪し、目をつぶり、正当化してきた——なぜなら、そいつはそれまでは非ヨーロッパ人に対してしか適用されていなかったからである」。それは「それまでアルジェリアのアラブ人、インドの「苦力《クーリー》」、アフリカの「ニグロ」にしか使われなかった植民地主義的やり方をヨーロッパに適用した」ものなのだ〔Césaire, 1955=2004: 36〕。

アレントの帝国主義の分析は、いわゆる「群衆（mob）」の輸出についての記述で終わっているのに対して、メンミの植民地主義の分析は、いわゆる「二流の人間」の受け入れについての分析から始まっている。彼は、植民者が植民地で時間を過ごすにつれて精神的に変化していく過程に注目している。宗主国からの追放者の多くは、最初は政治的に無関心な観光客、労働者階級の移民であるが、植民地での時間が長くなるにつれ、自らの植民地主義を自覚するようになる。自らが積極的な役割を果たしている植民地主義を批判するよりも、政治的に革新的という名目のもとで、宗主国の保守派を非難し、被植民者からの受け入れを必死に求め、被植民者との仲間意識を主張するのだ、と分析している。

メンミは、植民地主義が宗主国における政治と密接に結びついていると論じたさい、同時に、新たな権力概念を浮き彫りにしていた。つまり、権力とは、ブルジョアや保守派によって制御されている宗主国たる中心から植民地たる周辺に行使されるのではなく、植民者と被植民者の日常的な相互作用というミクロのレベルのなかで生み出されるのである。

4　植民地的な生権力——観光客から革新的な運動家へ

沖縄の現状を考えるうえで、日本人と沖縄人の極めて親密な交流のなかから植民地支配の問題を考える視点は、とても重要である。

実際、沖縄人は、日常的に植民地支配者を相手にせざるをえない。二〇〇三年に日本から来沖した観光客は、五〇〇万八〇〇〇人。これは、二〇〇四年八月時点の沖縄総人口一三五万七二一六人[★2]の三・七五倍である［琉球新報、二〇〇四年一一月一三日］。観光客だけではない。ＮＨＫの人気番組「ちゅらさん」の放送が新たな沖縄ブームの波を引き起こした後、二万七〇〇〇人の沖縄県外の住民が県内に住民票を移した［藤木、二〇〇三］。日本人は沖縄人よりも「文化資本」があるように思われているため、就職が沖縄人より有利であり、官僚組織、大学、政界などでもいいポストを得ることが多い。このため、ただでさえ失業率の高い沖縄人の就職環境は、ますます厳しいものとなる。

観光客のために設計された観光コースから外れなければ、彼／彼女らは、沖縄人は自分たちを癒し、自分たちの欲望を満たし、そして自分たちのために全力を尽くしてくれるというファンタジーから目を覚ますことなく、植民地主義を満喫して、島から離れることができるだろう。この意味で、

★2　http://www.pref.okinawa.jp/toukeika/estimates/2004/200408.xls

ハワイ研究者ハウナニ＝ケイ・トラスクは、ハワイという文脈において、商業ツーリズムは性売買と似たような機能をもつという。すなわち、観光客は、ファンタジーの世界から目を覚ますことなく、マスターベーション的に他者を搾取したあと、自らの行動を後に残したお金で正当化するのだと［Trask, 1999:140］。

一時的な来客とは違い、自らの意思で植民地に「移住」する「植民者（colonizer）」についてはどうだろうか。メンミは植民者の特徴について、宗主国で人生を成功させた人々ではなく、むしろ宗主国に適応できない人々だと指摘している。「凡庸な連中（中略）こそが償いと植民地生活とをもっとも必要としている。植民主義者は、もし彼がすっかり植民地の人なら、本国では自分がとるに足りないものだということを知っている。彼は、本国では二流の人間に戻るだろう」［Memmi, 1957=1999:116,127］。

このメンミの言葉をまさに裏付けるかのように、太田息吹は『沖縄で暮らす!!』において、沖縄に「移住」する自らの本音を暴露している。つまり、「本土」で適応しづらい日本人が一度「沖縄病」にかかると、ひんぱんに沖縄を訪れるか、「沖縄移住」を実行することで、「治療」を求めるのだと［太田、一九九八、一六］。

リストラは企業間だけではなく、その内部での競争をエスカレートさせる。誰が「肩たたき」をされた、次は誰か、自分だろうか、などと考えはじめたら、仕事にも集中できない。

誰も本当のことを話さなくなるし、信頼しなくなる。疑心暗鬼に陥り、会社として協調性を失っていくことだろう（中略）。たとえリストラで一企業としての支出コストは抑えられたとしても、前述のようにこれでは社会全体の支出コストの増加につながり、結果として社会に新たなストレスを生み出すことになっていく。そしてすでにそうした矛盾は社会に相当まん延しているように思われる（中略）。その状態が進行すれば進行するほど、沖縄にあこがれる人も増えていくだろう（中略）。私も沖縄にのりこんだのではなく、逃げ込んだといった方が適当なのかもしれない（中略）。ある転職関係の本に「自己逃避だけの転職だけはするな」と書かれているのを見て心にグサッときたことがある。今から思えば、自己逃避の転職でなにが悪いのかと思う。嫌だ嫌だと思いながら勤めつづける方が、精神的にも身体的にもよほど悪いではないか。自己逃避も立派な理由の一つになると思う。［太田、一九九八、一〇八～一一一頁］

太田が正確に述べている通り、日本でリストラされる労働者が増加すればするほど、「社会全体の支出コストの増加につながり、結果として社会に新たなストレスを生み出すことになっていく」。そして、日本社会における「矛盾」を解消できない場合、それを植民地で発散する「治療」[★3]を処方する。こうした分析は、カール・マルクスの『資本論』からずっと指摘されてきている、資本主義と植民地主義の関係についての基本中の基本であると言える。

太田は、「海が見える部屋」を求め、沖縄の失業率が日本の二倍近くである事実を認め、競争倍率の高い「公務員」の仕事を沖縄人から奪う戦略まで記述している。正直な書き手である彼は、体調を崩し、真に病気に病む沖縄人と入院生活を味わったときに、「病院の前には米軍基地がそびえたち、窓の外をながめても気分転換にはならなかった」というエピソードまで紹介している［太田、一九九八、九二頁］。植民地主義という「治療」が効果をあげるためには、その産物である米軍基地から目を逸らさないといけないのだ。そうしないと、「気分転換」にはならないからだ。

太田は植民地主義という「治療」を施すために、一方的に沖縄人にその病気を押し付けないといけないという自覚に必然的に突き当たるはずである。つまり、日本企業の中のストレスについて問題視する能力があれば、日本内部のストレスを沖縄社会に発散すれば、沖縄人にとってみれば、それが新たなストレスとなるということを分析できたはずだ。

しかし、彼は目を逸らすことを選んだ。これは、彼の言葉を借りれば、「立派な」「自己逃避」である。そして、自己逃避を可能にするために、植民地主義という「覚醒剤」が必要となる。日本人は植民地主義という「覚醒剤」によって、「精神的にも身体的にも」楽になれる。その一方で、それによって生命力が吸い取られる沖縄人はますます深刻な症状に喘ぐしかなくなる。こういう意味で、太田のような「自己逃避」をする日本人は、衰弱し、病いを患う沖縄人の存在に依存している。植民地主義中毒末期症状だ。

メンミも植民地主義に依存していく植民者を次のように描く。

自ら植民地にたどりつこうと決心した時には、彼にもいささか彼らのことが気にかかった。だが、それは、たぶん不愉快な風土（中略）が気にかかったのと同程度だった。ところが、今やそれらの人々が突然、地理的あるいは歴史的装飾の単なる一要素であることをやめて、彼の生活のなかに居をすえるにいたったのだ。彼は、彼らを避けようと心にきめることさえできない。彼は彼らとたえず関係して生きなければならない。なぜなら、彼にその生活を許し、彼が植民地で探そうと決意したのはその関係にはほかならないし、実入りが多く、特権を作り出しているのはその関係だからだ。彼は、もう一方の皿に被植民者が乗っている秤の一方の皿にいる。彼の生活水準が上がるのは、被植民者のそれが下がるからだ（中略）。彼が楽に息づけば息づくほど、被植民者の息はつまる一方なのだ。［Memmi, 1957=1959:14-15］

メンミが指摘するように、宗主国と植民地は切り離された真空ではない。植民者は被植民者と「たえず関係して生きなければならない」。たとえば、植民者が自らの「文化資本」を生かし、就職したとき、生活するための手段がなく、生まれた島から追い出され、他の土地へ出稼ぎに行かざる

★3　正確にいえば、宗主国の内部矛盾を植民地に発散する植民者／植民地主義者の「病気」と、植民地支配から傷を受けた「病気」は、決して同じではない。前者はあくまでも植民地支配を強制する「犯罪」であり、後者は「治療」が否定されつづける「負傷」である。

をえない沖縄人の顔を思い出さなくてはならない。それを、彼らをやさしい心で歓迎する植民者向けの沖縄人の顔とすりかえてはならない。基地反対運動においても、植民者がいつのまにか前面に立ち、「沖縄人がやらないから」とか、「能力をもっている沖縄人がいないから」などと言って、沖縄人の先頭に立つようになったとき、それは植民者に依存させられないための自立心を育む機会を奪っているのだという事実を否定してはいけない。結局、彼／彼女の植民地に対する愛着は、宗主国を否定するためのファンタジーであると同時に、ありのままの宗主国への病理的（犯罪的）な執着である。愛する植民地が植民地として成立するのは、植民地を見劣った存在とするような、比較対象としての宗主国があるからなのだ。

メンミによれば、この矛盾に直面したとき、植民者には二つの選択肢がある。それは、「自らを受け入れる植民者」になるか、自分が植民地主義者であるということを否認する「自らを拒む植民者」になるかの、どちらかだ。

「自らを受け入れる植民者」はもっとも戯画化されやすい植民者である。彼／彼女は無礼で、自らのレイシズムを露呈し、その特権を遠慮なく悪用する。彼／彼女は、宗主国において周縁化された存在であるからこそ、優越感を取り戻すために、被植民者に対してもっとも暴力的に振舞う。したがって、「植民主義者は当然本国人よりも右なのだ」[Memmi, 1957=1959:81]。このようにメンミはセゼールに続いて、ヨーロッパにおけるファシズムは、植民地で醸成されたうえで宗主国に輸入されるのだということを、はじめて指摘した論者の一人である。

メンミがユニークなのは、ファシストやナショナリストを自認する「自らを受け入れる植民者」と対比される、左翼の「自らを拒む植民者」について論じていることだ。後者は前者の正反対であるようにみえるかもしれない。だが、宗主国におけるアイデンティティ・クライシスを、植民地を通じて表現しているという意味で両者は同じコインの両面である。前者が、「本国人よりも右」であるのだとしたら、後者は被植民者からの愛や承認を追い求めることによって、本国の右翼という仮想敵に対して、自らがいかに反対の立場にいるのかということを強調する。メンミいわく、「裏切り者になると決心した彼には、被植民者の立場をただ単に受け入れることだけでは十分ではなく、彼は彼らに愛されなければならないのだ」［Memmi, 1968:103］。ここにこそ、社会学へのメンミの貢献がうかがえる。「左翼の植民者」は、周辺にいる植民地の被植民者と、帝国の中心にいる保守派との間の「破壊的な」関係を強調しつつ、彼／彼女が植民地で被植民者と「生産的な」関係を築き上げることで、「連帯人（ally）」として自らの存在をアピールするのだ。

フーコーの生権力概念の植民地主義という文脈への適用

ここで、メンミが描いた「左翼の植民者」の戦略を理解するために、ミシェル・フーコーの「生権力」概念を導入してみたい。フーコーは、亡くなる直前にコレージュ・ド・フランスの講義のなかで、国家とレイシズムの関係を説明するために、「生権力」について詳細に言及している。

フーコーは、近代的レイシズムとは、権力によって一方的に絶滅させるような破壊的なものではなく、国家が生存可能な人口、あるいは絶滅可能な人口を制御するという形式において遂行されると議論している。すなわち、生権力とは、死なせるという致命的な権力ではなく、生かせるという再生産的な権力であり、いかなる身体が再生産され、健康に生き、繁栄を奨励されるのか、その取り決めを行なうことが人種関係の重要な要素となるのだというのである。だからフーコーは、生権力の事例として優生学（特定の人種が再生産を促進する一方、他の人種の再生産を妨げる）、公衆衛生（どの人種が衛生な環境で繁栄でき、どの人種が不衛生な環境で衰弱するかを管理する）、社会福祉（どの人種が経済的援助を受理でき、どの人種が繁栄する可能性のない貧困でいるのかを管理する）に着目した［Foucault, 1997=2003:239-263］。

人類学者アン・ストーラーは、国家とレイシズムの関係を分析するフーコーの生権力概念を、さらに植民地という文脈に適用した。彼女は、ジャワにおけるオランダの植民地主義の研究で、まさに「生命を生み出す権力」として、異人種間混淆の戦略に注目している。だが、植民地における生権力の形態は、これだけではない。生権力的再生産を拠り所にしている植民者と被植民者のあいだの性交、友好、救済するための社会福祉機関、政治的な「連帯」の全てまでに、ストーラーの議論を敷延することができる。グローバル政治における沖縄の反基地運動の重要性からみて、ここで沖縄に在住する「左翼の植民者」に分析の焦点を絞りたい。

沖縄で反基地運動に関わる西智子の事例は、沖縄人と親密な関係を築きながら、連帯しようとする「左翼の植民者」による「生権力」の戦略について考えるうえで、とても重要な示唆を与えるものである。

西智子は、一九六七年佐賀県生まれで、一九八九年にはじめて沖縄の土を踏んだ。[4] 西の書いた文章には、沖縄人とともに家庭を築いたこと、カウンセラーとして沖縄女性と関わった経験、反基地運動で沖縄女性との連帯の可能性を感じた経験について言及されている［糸数・新垣・西・砂川、一九九九］。

一九九八年五月、普天間飛行場返還は沖縄県内の新たな基地建設と引き換えにされるという予感を持ちながら、草の根の運動を展開する宜野湾市などの沖縄の女性たちが東京に行って、「県外移設」を主張した。その沖縄女性に対する疑問を、西は「私たちは「県外移設」を選択するのか」と題された文章のなかで、次のように述べている。

私たちが闘うべき相手は誰なのか。そして一緒に闘ってきた人たちは誰なのか。違うテーマの運動でも（例えば、原発、HIVの薬害感染、廃棄物、先住民族アイヌ、在日韓国朝鮮人、女性差別等）、根っこのところ（敵）は共通している。「県外移設」を打ち出すとき、この人たちとの連帯はどうなるのか。この人たち自身の運動を追いつめることになるのではな

★4　http://www.culture-archive.city.naha.okinawa.jp/top/main/show_item3.php?keyvalue=10050100　二〇〇四年八月一日閲覧

いか。ここ（沖縄）もあっち（ヤマト）も状況が変わらないのは、圧倒的な力でそれをねじ伏せているものがあるからだ［西、一九九八、五七頁］。

西は、日本人と沖縄人の「共通している」敵が具体的に誰なのかについては、定義していない。だが西の「根っこのところ」の共通の「敵」は、日本国家の暴力と共犯する保守派だと推測できよう。そう定義すれば、国家の暴力の被害者（被爆者、ＨＩＶの薬害感染、女性）と日本の植民地主義の被害者（アイヌ、在日朝鮮人、沖縄人）との間の区別を抹消できるからである。こういう意味で、西の議論には、メンミが言うところの帝国／植民地の二分法を右翼／左翼の二分法に置き換える「左翼のメトロポリタン」の特徴を見出せる。ただし植民地における生産的でミクロな力関係を、帝国の中心における破壊的でマクロな力関係に置き換えようとする点において、西の文章はあくまでも「左翼の植民者」の特徴を示している。

では、西の呼びかける「連帯」は、いかなる意味で植民地的生権力の徴候を示しているというのか。まずは、「私たちが闘うべき相手は誰なのか」という発言から考えてみよう。西は、闘っている「私たち」という範疇に沖縄人とともに日本人である自分を挿入している。「私たち」に自分を入れることによって、沖縄女性と「連帯」していることが、突然、問われるはずのない事実として現われる。そして自分を含める「私たち」と、「「県外移設」を打ち出す」ことで連帯を断ち切る人たちとの間に、二項対立が設けられている。さらに「私たち」との連帯を断ち切る県外移設論者が、運動の内部から運動自身を追い詰めてしまう破壊的な存在とされる。

一見すると、「圧倒的な力」で運動家を「ねじ伏せている」「敵」よりも、草の根のレベルで、西のような日本人と「連帯」した方が、沖縄の問題解決に繋がるように見える。とりわけ沖縄に根を張り、沖縄人の支援に取り組むカウンセラーとして勤め、沖縄人とともに基地反対運動に関わっているため、遠く離れた「圧倒的な」「敵」と比べて、西の立場は簡単に批判することはできないのである。沖縄人が日本人にサポートを求めざるを得ない状況に追い込まれたときは、その説得力はさらに増すことだろう。

だが、これこそまさに「生権力」のもつ危険性である。どんな関係が「生かされてもいい」のかが特定されるところでは、どんな関係が静かに「殺されてもいい」のかについても決められている。西の「連帯」の政治戦略では、県外移設という政治的な立場に賛成する沖縄女性と賛成しない沖縄女性を対抗させるための条件が設けられている。この問題設定では、「殺される」のは県外移設に賛成する沖縄女性である。このように、良心的日本人の存在によって、県外移設の主張が封殺されていくような状況が生み出されているのである。野村浩也は、基地運動で進歩的な日本人との連帯を、的確にも「死の連帯」と呼んでいる［野村、一九九七、四一頁］。

5　「アメリカが一番悪い」——太平洋における「抑圧移譲」の問題

西の、日本国における植民者・被植民者の区別を抹消する行為は、日本全体を抑圧する「アメリカ」を想定する、いわゆる「アメリカ人」の共犯によって支えられている。

以上の問題を、C・ダグラス・ラミスの議論を事例として検討してみよう。ラミスは、一九六〇年～一九六一年に海兵隊として初めて来沖し、その経験からアジア人に対する米兵の露骨な差別意識を痛感した。米軍を満期除隊になった後、帰国せず、沖縄から日本に渡り、政治学者として、ほかの日本の左翼とともに、日米安保の本格的な批判に乗り出した［Lummis, 1982］。三〇年近くの日本生活を経て、二〇〇〇年に沖縄に「移住」してきたが、そこで「世界観が少しずつ変わって」、「別の国に住んでいるような気持ち」をもった、という［ラミス、二〇〇三、二〇一頁］。東京にいては、日米安全保障条約のもたらす結果は抽象的にしか考えられなくても、沖縄においては、まさにそれは植民地主義そのものである。

> 復帰後も、沖縄県民がその成立に参加したわけではない安保条約の下で、基地は残っています。安保体制が半世紀続いた現在、その不平等と押しつけを感じなくなった人が多くいます。このように圧迫を感じる能力の損失を「意識の植民地化」といいます。もちろん基地の近くに住む、その圧迫を毎日のように経験している人々には、このような無感覚の意識に

なる傾向はすくないです。日本の領土の〇・六%しか占めないのに七五%の米軍基地が置かれている沖縄は、このような植民地化された意識が、日本全土のうちで最も見当たらない地域でしょう。植民地化された意識、つまり米軍基地を日本につれてくる安保体制を支持し、その恥に気がつかない意識が、一番集中して存在している地域が東京・永田町です。〔ラミス、二〇〇三、一四四頁〕

ラミスのこうした議論においても、「左翼の植民者」の特徴を見出せる。西と同様に、在沖米軍基地問題の批判対象として、東京・永田町に構える日本政府に焦点を合わせる。しかし西と違って、ラミスは米国批判をする「(ヨーロッパ系)アメリカ人」として見られているからこそ、米国に徹底的に追随していこうとする保守派を批判するうえで、日本の革新派には、彼は非常に稀有で重要なアクターとなる。

こうしたラミスの役割は、沖縄在住(当時)の日本人作家の池澤夏樹と日本在住の沖縄人社会学者の野村浩也との有事法制についての鼎談で、浮き彫りになっている。池澤が、日本から沖縄に移住した「イミグラント(移民)一世」[★5]の立場から日本人を批判しようとしたら、野村はこれに対して、それは「コロン(植民者)一世」と言い換えられるべきではないかと指摘する。そして池澤と対照的に、ラミスは躊躇せずに、自称「アメリカ人」という自らの立場を明らかに開示している。「アメリカ人」であるからこそ、日沖関係について言及する立場にはないと発言している。

僕は沖縄に住んで二年、県民でもないから沖縄に関して語る資格はないけれども、ここにいる米軍は何のためにいるのか、何をやっているかということについて、アメリカ人として話していいと思うのです。（中略）日本と沖縄との関係の議論になると、僕はあまり発言できる立場にない。米軍基地が押しつけられているから日本、いわゆる本土に平等に分担すべきだということは、沖縄の人なら言える。僕はカリフォルニア出身ですが、もちろん米軍基地は全部なくなってほしいけれども、太平洋側に出ている基地が全部カリフォルニアに戻ってきたら少しましになるとは思うから、戻すという運動があれば、それには賛成します。カリフォルニアだけで新しい基地をつくろうとすることへの住民の反対運動があれば、それも支持します。二つは絶対矛盾なのだけれども。〔池澤・ラミス・野村、二〇〇二、九三、一〇一頁〕

ここでは、「アメリカ人」である以上、在日米軍基地の平等分担――すなわち県外移設――について言明する「立場にない」が、そう主張する沖縄人に対して理解があるという論点が示されている。付け加えてラミスは「アメリカ人」として、自身の生まれた「太平洋側」のカリフォルニアに米軍基地を「戻す」運動があれば、それに賛成できるという。

確かに日本人たる植民者としてのポジショナリティを隠蔽し、沖縄への「イミグラント（移民）」というアイデンティティを主張する池澤よりも、「アメリカ人」としてのアイデンティティを明確にするラミスは、単にポジショナリティを開示するという作法を守ったうえで、鼎談に参加しているように見えるかもしれない。しかしながら、それぞれの「顔」が違っていても、このアイデンティティ・ゲリマンダリングは、全く同じ支配的な効果を生み出すという点においては、一切変わりはない。つまり典型的なオリエンタリズム構造においての、「アメリカ人よりも日本人は沖縄人に近い」という日本人の発想は、「あなたがたアジア人は、われわれアメリカ人と全然違う」という「アメリカ人」の発想と共犯関係にある。したがって、池澤とラミスがそれぞれに装うコスチュームが違っていても、太平洋という舞台における植民地主義の演技は完璧に調和している。

ラミスは、先述の「抑圧移譲」を前提としているからこそ、日本と沖縄に対して良心的な「アメリカ人」を演じることによって、「太平洋側」から基地を撤去する企てを骨抜きにしている。沖縄問題に介入するために、彼は米国を第一に批判すべきだという。言い換えれば、ラミスは沖縄を倒す日本の一番先頭のドミノとして、自らを位置づけているのである。したがって、米国が日本を倒すのを先にやめなければ、日本に「沖縄を倒すな！」と言える立場にない、と。

★5　興味深いことに、池澤は「イミグラント」ではなく「コロン」であるという野村による指摘をさらに掘り下げ、沖縄を「僕の土地」と呼ぶ池澤のポジショナリティを的確に分析した知念ウシ著「空洞の埋まる日」が二〇〇二年九月に雑誌掲載されてまもなく、池澤本人は一〇年間ほど居を構えた「土地」を突然飛び立ち、フランスのフォンテーヌ・ブローに移住した［知念、二〇〇二b］。

しかしながら、小代の「太平洋を横断するレイシズムズ」という概念が提示しているように、日米両国の権力構造は、相互依存関係にある。日本は必然的に米国の「白人至上主義」的な抑圧を「必要」としている。なぜなら、日本は米国の植民地主義を問わないかわりに、米国は日本の沖縄支配を問わない約束を結んでいるからだ。「太平洋を横断するレイシズムズ」という概念を、太平洋における「抑圧の移譲」という概念に置き換えることによってみえてくる、日本がいかに米国を沖縄支配のために利用しているかという事実に、ラミスは目を逸らしているのである。

保守派を批判するために、ラミスの立場は日本の左翼に利用されているといっても、彼はまったく受動的であるというわけではない。

沖縄に米軍基地があるのは、日本がアメリカからの抑圧を沖縄に移譲しているからだというドミノ説を日本側に提供するためには、彼は先頭で日本を抑圧しているという米国のナショナル・アイデンティティを纏わなければならない。ここで沖縄問題が太平洋を横断するのである。なぜならば、ラミスが「太平洋側」に在住しているときに見せかける米国のナショナル・アイデンティティは、米国内の人種関係に対する理解と切り離せないからなのである。

ここで、米国内の人種関係について言及するラミスの文章は示唆に富んでいる。日本への米国のヘゲモニーに対する批判と矛盾せず、ラミスは米国内における日本人または日系人に対するヨーロッパ系アメリカ人のレイシズムを一貫して批判している。反日感情と、一九六九年にアジア系アメリカ人の運動が産声を上げた地域であるサンフランシスコで生まれ育ったからこそ、歴史的な資料と個人の経験を引き合いに出しながら「黄禍」について言及している。

一九八五年出版の「ステレオタイプとしての日本人観」では、一九〇五年の日露戦争から日本のバブル経済の頂点に至るまでの反日感情を概観している。ラミスの分析によれば、日露戦争は日系人にとっては、転換期となった。東アジアにおけるロシアの影響力を抑止することを望んだため、ヨーロッパ系アメリカ人は日本を支持していたものの、日本が戦争に勝つと、白人国家としてのナショナル・アイデンティティに脅威を与えたため、日本礼賛がただちに反日感情に変わったという。結果として、サンフランシスコでは反日感情が高揚し、一般学校から日本人が退学を余儀なくされ、中国人と同じ学校への入学を、白人が要求した。日本政府は、この事件を白人によるレイシズムとして認識したため、中国人より優れていると主張して、白人とともに学ぶ一般学校への再入学を陳情した。セオドア・ルーズベルト大統領は、日本人に一般の学校への在学の権利を保障する代わりに、労働階級の国民に旅券を発行せず、もうすでに米国に在住している日本人の家族、ビジネスマン、留学生などのエリートだけに渡米を許可すると約束する紳士協定を一九〇七年に日本政府と結んだ。貧しい日系移民を排除することで、根本にあるレイシズムの問題を葬ろうとした米国と日本の行為を、ラミスは「階級の連帯」と定義している。

紳士協定に至るまでの以上の歴史的な叙述は、アジア系アメリカ人史の教科書に書かれていることと相違点がほとんどない。むしろ、日本国在住の自称「アメリカ人」として、日本人と「アメリカ人」の共犯関係をどう位置づけているのかという点に注目すべきである。日本人の中国人嫌悪という「もう一つの差別が働いている」事実をラミスは認めつつも、結局米国の日本に対する差別に、分析の重点を置いている。すなわち、「日本に対する差別意識は、残念ながら完全になくなっていないですね」と最後に結論づける〔ラミス、一九八五、四二頁〕。

ラミスはここで、日本が東アジアに対して植民地主義を行使するために、太平洋の両岸で日本人は白人至上主義の被害者であると強調する形で、白人至上主義を積極的に利用している日本の役割を論じる作業を怠っている。たとえば、日露戦争は単なる、「有色の国家」たる日本と「白人の国家」たるロシアのあいだの戦争であるだけではなく、朝鮮半島と満州にとっては、日本による植民地支配の開始を意味していた。一九〇五年の「桂・タフト協定」によって、米国は朝鮮半島の日本の権益を保障するのと引き換えに、日本は、フィリピンに対する米国の権益を保障した。さらに、この協定だけで米国は安心できなくなると、一九〇八年、ルート国務長官と高平小五郎駐米大使が「高平・ルート協定」を結び、日本がフィリピンに加えハワイに対する権益を保障する代わりに、米国は、日本が日露戦争で獲得した満州に対する権益を保全すると約束した。また同協定では、朝鮮半島への日本の支配権と満州における役割をさらに承認した代わりに、中国大陸への拡張を限定するように約束した。これらの場合、フィリピン、ハワイにあった太平洋における白人至上主義＝米国のヘゲモニーが、朝鮮半島や満州にあった日本の植民地主義を可能にした。ルーズベルトは米国における白人至上主義に対する日本人の怒りに応えたのではなく、日本を中国と違って、東アジアを植民地化するための欠かせないパートナーとしたのである。

このように人種関係は決して「国内」のエスニック・マイノリティ問題だけではなく、いわゆる「国外」の問題である植民地主義と密接に結びついているのである。白人至上主義を強調することによって、日本人は東アジアにおける被植民者を均質化（オリエンタル化）し、彼／彼女らに対する植民地支配を正当化してきた。同様に、白人ではない全てのエスニック・マイノリティは等しく抑圧されていると主張することによって、「アメリカ人」は米国内の異なるエスニック・マイノリティを均質化（アメリカ人化）してきた。このように、東アジアにおける被植民者の「オリエンタル化」と、米国における異なるエスニック・マイノリティの「アメリカ人化」は、太平洋を横断する植民地主義の相互作用に過ぎない。

県外移設論に対するラミスの立場には太平洋を横断する植民地主義がみられる。つまり、もっとも沖縄に基地を直接に強制しているのは、日本であるにもかかわらず、ラミスは東アジアに対する「アメリカ人」としての自らの立場を先に考えないといけないと論じる。この立場は、西の連帯の政治と決して矛盾しない。日本国内の被植民者とマイノリティを均質化する西は、米国内の異なるエスニック・マイノリティを均質化するラミスと共犯関係にある。

ラミスは、日本と沖縄の植民地的な関係を捨象しようとする西のような革新的な日本人への批判を怠っている。なぜならば、危険なことに、その批判が自分にはね返って来るからだ。では、その批判がはね返ってきたときに、どんな「アメリカ」が見えてくるのだろう。それは、インディアンから土地を強奪し、アフリカ人を強制連行し、第三世界の労働力を搾取した、すなわち植民地主義によって正当化された白人国家としての「アメリカ」にほかならない。このため、ラミスが正確に指摘しているように、米国へ移民した日系人が、他のアジア系アメリカ人と同様に人種差別をされてきた事実があるとしても、彼/彼女らを、アメリカ大陸を植民地支配してきたヨーロッパ系アメリカ人の共犯者ではなく、ヨーロッパ系アメリカ人中心の米国の被害者としてのみ認識してしまうのは、皮肉なことに、日系人のアメリカ人化（均質化）に加担する行為になるのだ。

6 太平洋を切り開くために

本稿の問題意識の根底には、沖縄を支配する日米両国の共犯関係がある。植民地的な生権力という概念を分析に織り込むことによって、日本政府の保守派だけではなく、米国に責任を転嫁する革新派こそが、日米安全保障条約の不平等を沖縄に押し付けていることを明らかにした。さらに、米国のエスニック・マイノリティの政治に触れることによって、米国内のエスニック・マイノリティを同化するために、米国が東アジアにおける日本の植民地主義を必要としていることを明らかにした。この分析の結果、存在論的に自律性を保つ植民地主義ではなく、相互依存関係にある太平洋を横断する植民地主義を浮き彫りにした。

この分析が、日本国及び米国における被植民者/エスニック・マイノリティの政治を同時に再検討する道を少しでもひらくことになればと思う。日本と米国で研究してきた者として、そして、沖縄と米国で社会運動をしてきた者として、日米両国を同時に、一纏めに批判することの重要性を痛感させられた。本稿には、日本語版に加え英語版が存在するが、二つの言語で同時に発表するという前提のうえで書き始めたため、あらかじめ「翻訳」の過程を拒否せねばならなかった。そして、日米両国を同じ地平で同時に批判することによって、両国における被植民者／エスニック・マイノリティが、各々の国民国家内での平等の追求に終始するという罠に陥ることなく、太平洋を覆いつくす植民地主義に抵抗する道を切り開こうとした。

マルコムXが四〇年以上前に主張したように、平等の追求は米国の国境で止まるのではなく、同時に世界の被植民者の解放を通じて達成されるのである。「左翼の植民者」と異なり、多くの被植民者／エスニック・マイノリティは、故郷たる植民地に赴き、同胞たちとともに反植民地の戦場で戦う贅沢はできない。いや、被植民者／エスニック・マイノリティはそもそも植民地支配の暴力によって故郷から追い出された歴史があるから、なおさらその贅沢をつらく思い知らされるばかりであろう。「左翼の植民者」が植民地というファンタジーに逃避する一方で、宗主国の被植民者／エスニック・マイノリティは生き残るために支配者の現実に直面せざるを得ない。だがそのなかで、植民地主義とは「土地」「血」「言語」の問題ではないことを念頭に置くことが大事だ。むしろ抵抗とは、これらのいわゆる「喪失」の経験を、領土的、血統的、言語的な障壁を越える新たな共同性の根拠にし、植民者が目を覚ますまで語り続けることである。それこそが、最終防衛線なのだ。

参考文献

新崎盛暉、一九九六、『沖縄現代史』岩波書店

Arendt, Hannah., 1976, *The Origins of Totalitarianism*, Harcourt.

Césaire, Aimé., 1955, *Discours sur le colonialisme*, Présence Africaine.（=二〇〇四、砂野幸稔訳『帰郷ノート・植民地主義論』平凡社）

知念ウシ、二〇〇二a、「私たちの癒しの島どこに」『朝日新聞』二〇〇二年五月一四日（夕刊／全国版）

――――、二〇〇二b、「空洞の埋まる日」『部落解放』五〇七号、解放出版社

Foucault, Michel., 1997, *Lectures de Michel Foucault. "Il faut défendre la société"*, Seuil.（=2003, David Macey trans. *"Society Must Be Defended": Lectures at the Collège de France, 1975-1976*, Picador).

藤木勇人、二〇〇三、「スローライフの思想を」『沖縄タイムス』二〇〇三年三月二〇日（朝刊）

我部政明、二〇〇〇、『沖縄返還とは何だったのか――日米戦後交渉史の中で』日本放送出版協会

池澤夏樹／C・ダグラス・ラミス／野村浩也、二〇〇二、「座談会：沖縄から有事を問う」『世界』七〇一号、岩波書店

糸数貴子・新垣栄・西智子・砂川秀樹、一九九九、『窓をあければ――暮らしの中のジェンダー話』ボーダーインク

Johnson, Chalmers., 2000, *Blowback: The Costs and Consequences of American Empire*, Henry Holt.

Kaplan, Amy., 1993, "'Left Alone with America': The Absence of Empire in the Study of American Culture" in *Cultures of United States Imperialism*, ed. by Amy Kaplan and Donald Pease, Duke University Press.

Koshiro, Yukiko., 1999, *Trans-Pacific Racisms and the U.S. Occupation of Japan*, Columbia University Press.

國政美恵、二〇〇四、「ヤマトのあなたへ」『けーし風』四四号、新沖縄フォーラム

心に届け女たちの声ネットワーク、二〇〇〇、「基地のタライ回しはやめてよ！」『けーし風』二六号、新沖縄フォーラム

Lummis, C. Douglas., 1982, *Boundaries on the Land, Boundaries in the Mind*, The Hokuseido Press.

C・ダグラス・ラミス、一九八五、『日本人論の深層——比較文化の落し穴と可能性』はる書房

——、二〇〇三、『なぜアメリカはこんなに戦争をするのか』晶文社

真喜志好一他、二〇〇〇、『沖縄はもうだまされない——基地新設＝SACO合意のからくりを撃つ』高文研

Memmi, Albert., 1957, *Portrait du colonisé précédé du portrait du colonisateur*, Buchet-Chastel.（=1990, *The Colonizer and the Colonozed*, Earthscan Publications).

Memmi, Albert., 1957, *Portrait du colonisé précédé du portrait du colonisateur*, Buchet-Chastel.（＝一九五九、渡辺淳訳『植民地——その精神的風土』三一新書）

——, 1968, *L'homme dominé*, Gallimard.（=1968, *Dominated Man: Notes Toward a Portrait*, Orion Press).

西智子、一九九八、「私たちは「県外移設」を選択するのか」『けーし風』一九号、新沖縄フォーラム

野村浩也、一九九七、「日本人へのこだわり」『インパクション』一〇三号、インパクト出版会

――――、二〇〇二、「ポスト・コロニアリズムと日本人／沖縄人」『部落解放』五〇三号、解放出版社
太田息吹、二〇〇〇、『沖縄で暮らす!!――移住・滞在のすすめ（増補改訂版）』同時代社
大田昌秀、一九九六、『沖縄　平和の礎』岩波書店
Stoler, Ann Laura., 2002, *Carnal Knowledge and Imperial Power: Race and the Intimate in Colonial Rule*, University of California Press.
梅林宏道、一九九五、「米国の戦略と米軍基地」『世界』六一六号、岩波書店
Trask, Haunani-Kay., 1999, *From a Native Daughter: Colonialism and Sovereignty in Hawai'i*, University of Hawai'i Press.
X, Malcolm., 1989, *Malcolm X Speaks: The Last Speeches*, Pathfinder Press.

シナリオ

ユタヌヤーカラタイムトラベル２００４

——古琉球人は未来の沖縄の夢を見たか

知念ウシ *chinin ushii* ＋ 座安松 *zayasu matsu*

那覇市泉崎一丁目、日本帝国琉球総督府沖縄県庁前で普天間基地の即時閉鎖、辺野古海上基地建設反対を求める集会が開かれている。その横に、琉装の若い男女が迷い込んできた。

女　ぃえー。うまー、まーやがやー？

男　やくとぅやー、まーなとーがやー？

女　あっしぇ、でーじ、いふうなとぅくるやっさー。

男　ぃえー。んちまー。あんしまぎさる、グ

（日本語訳）

沖縄県那覇市、県庁ビル前で普天間基地の即時閉鎖、辺野古海上基地建設反対を求める集会が開かれている。その横に、琉装の若い男女が迷い込んできた。

女　ねー、ここどこ？

男　そうだな。どこなんだろう。

女　ほんと、変なところね。

男　ほら、見てみろよ。あんなに大きな城！

スク！

女　やんやー。あかりん　くゎらくゎらとぅ　ちちょーっさ。

男　ぃえー、あま、んちまー。まぎーはくん　あまにんくまにん　あちゃーひっちゃーそーっさー。

女　あんすくとぅよーやー。ぬーやがやー。パッパラパッパラーそーんやー。うとぅるさっさー。

男　やさやー。山ししぬぐとーさやー。

女　やんどーやー。あぎじゃびよー、なーなー、わったーや、まーんかいちょーがやー？

男　やくぅとぅよー。だー、ちゅんかいとぅーてぃんだな。

女　とーとー、とぅーてぃまー。とぅーてぃまー。

女　ほんと。灯りもあかあかと燃えている。

男　おー、あれ、見ろよ。大きな箱があっちこっち、走っている。

女　本当ね。何だろう。パッパッパーって音もしている。怖いわ。

男　そうだな。イノシシみたいだ。

女　うん、あー本当に、私たちどこに来てるんだろう？

男　まったくな。よし、人に尋ねてみよう。

女　うんうん、聞いてみて。

男　とー。……　やーがとぅーてぃまー。
女　は？　わんがなー？　はー。やーがとぅーてぃまー。
男　いいー。やーがる　とぅーてぃくぃれー　わんねー。うとぅるさるむんぬ。
女　はっしぇ。やーや。　ひっちー　かっちー　うぬふーじーどーやー。ありんくりん、むる　わんにんかい　さしやーなかい。わんにん　うとぅるさんどー。
男　はー、やーが、やーが。やーや　ちゅーばーやしぇー。
女　はっしぇー。（ため息をつき、意を決したように、近くにいる人に話しかける）い、ぃえー、ぃえーたい、ぐびりーやいびーしが、うまー、まーなとーいびーがやーたい？
県民広場にいた人　は？　ここは沖縄県の那

男　よし。……　おまえが聞け。
女　え？　私が？　もう、あなたが聞いてよ。
男　いや、おまえが聞いてくれ。俺は怖い。
女　もう、あなたって。いつもこうよね。あれもこれも私にさせて。私だって、怖いのよ。
男　おまえ、聞けよ。おまえ強いだろ。
女　まったくもう。（ため息をつき、意を決したように、近くにいる人に話しかける）あ、あのー、失礼ですが、ここはどこなんですか？
県民広場にいた人　は？　ここは沖縄県の那

女　覇市泉崎、県民広場ですよ。
（驚いて）ぃえーぃえー、ぬーがらー、いっちょーんどー。いふーなくぅばやっさー。
男　やくとぅよー。くんちょー、ぬーんでぃいちょーが？
女　あんすくぅよー。ぃえー、くんどーやーがる、とぅーてぃまー。とー。
男　わ、わかたん。（深呼吸して、同じ人に向かって）ぃえ、ぃえーさい、うまー、ルーチューぬウチナーどぅ　やいびんどーやー？
県民広場の人　琉球？　ええ、沖縄ですよ。
女　ぃえー、ルーチュー、ウチナーんでぃいちょーるふーじーどー。
男　やんやー。（その人にもう一度）あんしぇー、うんじょー、ルーチューぬうくゎた、ウ

女　覇市泉崎、県民広場ですよ。
（驚いて）えー、何か言ってる。変な言葉。
男　そうだな。この人は何って言ってるのかな？
女　うん。ねー、今度はあなたが聞いてみてよ。ほら、早く。
男　わ、わかったよ。（深呼吸して、同じ人に向かって）あ、あのー。ここは琉球の沖縄ですよね？
県民広場の人　琉球？　ええ、沖縄ですよ。
女　わー、「沖縄」って言ってるみたい。
男　ああ。（その人にもう一度）それじゃあ、あなたは、琉球の方、ウチナーンチュなん

チナーンチュなとーいびーんな？？

県民広場の人　そうですよ。

女　ぃえー、ぃえー。「やんどー」んでぃいちょーるふーじーどー。

男　やくとぅよー。（さらに、その人に）あんしぇ、うんじょー、ぬーんでぃ　いふーなくぅばちかてぃ　ウチナーぬくとぅばちかてーういびらんなー？

県民広場の人　はー、なんでこれ、標準語さー。あんたなんかが使っているのが、方言でしょう。あのー、お二人って、民謡の方？

女　ひょうひゅんほ？

男　ぬーんでぃ？？　ほーげん？　うれー、ぬーやが？　かまりーがやー？　ぃえー、ウシィ、やー、わかいみ？

女　ぃーぃいー。わからんしが……　ぃ

ですか？

県民広場の人　そうですよ。

女　ねーねー、「そうです」って言ってるみたい。

男　そうだな。（さらに、その人に）じゃあ、あなたはどうして、変な言葉をしゃべって、ウチナーグチで話していないのですか？

県民広場の人　えー、だって、これ、標準語でしょ。あなたたちが使っているのが、方言でしょう。あのー、お二人って、民謡の方？

女　ひょうひゅんほ？

男　何？　ほーげん？？　それ何？　食べられるもの？　ウシ、おまえわかる？

女　う、ううーん。わかんないけど……

えー、マチュウ、あんしが、わんねー、ぬーがら、うぬくとぅば、まーがらうてぃ、ちちゃるくとぅ、あるふーじーやっさー。いぇー、ありやさ、あり。アラカチぬ　やっちーが　唐旅んかい行ちゃるばす、あまうてぃ　唐ぬ歌から、高麗ぬ歌、ヤマトぅぬ歌、あまくまぬ歌、習てぃけーてぃち、わったーんかいちかちょーたしぇー。あぬくとぅば　んかい
　にちょーっさー。いぇー、うれー、ヤマトぅぬくとぅば　や　あらんがやー?

男　あんやみ?　やんやー。やしが、ぬーんち、ウチナーンチュでーむんぬ、ウチナーぬくぅとぅば　あらん、ヤマトぅグチそーがやー?

女　あんすくぅとぅやー。いぇー、マチュウ、んちまー。くとぅば　びけーんあら

ねー、マツ、でも、私、なんとなく、この言葉、どこかで聞いたことあるような気がする。ああ、あれよ、あれ。新垣の兄さんが中国に留学したときに、中国の歌、朝鮮の歌、日本の歌、いろんなところの歌習って帰ってきて、私たちに聞かせてくれたでしょう。あの言葉に似ているような気がするんだけど。これって、日本の言葉じゃないかな?

男　そう?　そうか。でも、どうして、ウチナーンチュなのに、沖縄の言葉使わないで。日本語で話しているんだろう?

女　そうだよね。ねーマツ、見てみて。言葉だけじゃないよ、この人たち見かけも大

んどー。くんちゅたー、かーぎしがたん、
いっぺー、かわとーっさー。
男　やんやー。からじん、んな、だんぱち
そーんやー。
女　あんすくぅとぅよーやー。
男　キジムナーがウランダすがいそーるふー
じーやっさー。ふーじんねーらんやー。
女　あんすくぅとぅよーやー。あっしぇ、
ふーじんねーらん。ぃえー、マチュウ。
男　ぬーが、ウシィ？
女　やーん、からじん　ねーんなとーん
どー。
男　あいっ!?　やん？（頭を触って）
いぇー?!　カタカシラ、ねーんなとー
ん。じゃーふぇーなとーっさー。
女　あんすくとぅよー。うれー、ちゃーな
とーがやー。あっしゃびよー（じろじろ

分変だよ。
男　ああ、髪を結っていない。みんな切り落
としている。
女　ほんとに！
男　髪も赤くして、キジムナーが西洋の格好
しているみたいだね。みっともない。
女　ほーんと。なんて格好悪いんだろう。
あっ、マツ。
男　何だよ、ウシ？
女　あなたもカタカシラなくなっているよ。
男　えっ!?　そう？（頭を触って）あっ?!
なくなってる。大変だ。
女　本当に。これ、どうなっているの。（じ
ろじろ見て）だっさーい。

見て）、ふーじんねーらん。

男　あいやーなー、うれー、ちゃーなとーがやー？

女　あんすくとぅよー、だーなー、わったーや、ちゃーなとーがやー？　うまー、まーやが？　なまからー、わったーや、ちゃーすが?!　……だー、マチュウ、

男　ぬーが、ウシィ？

女　やーがる　わっさんどー。やーが、わんにんかい　イッペーうむさるとぅくまんかい　いか！　んでぃいち、ユタぬやーんかい　そーてぃんじゃーに、だー、うぬふーじーなとーっさ。うまー、まーやが？　わったーや　ちゃーなとーが？はっしぇ、やーがる　わっさんどーやー。

男　ぃえー、ウシィ、あらんどーやー。やー

男　なんてこった、どうなっているんだ？

女　あー、私たち、どうなっているの？　ここはどこ？　これから私たち、どうしたらいいの!?　ちょっと、マツ。

男　何だよ、ウシ。

女　あなたが悪いのよ。あなたが私に、とてもおもしろいところがあるから行こうって、ユタの家に連れて行って、そしたらほら、こんなことになった。ここはどこなの？　私たちどうなってるの？　もう、あなたが悪いのよ。

男　ウシ、それはちがうだろ。おまえが毎

がる、めーなち、かんなち、うむこーねーん、うむこーねーん、でぃいち、あびーとーたくとぅ、わんがユタんかいそーてぃんじゃーに　そうだんし、あんさーに　ユタんかい　しかさってぃ、うり、うぬ　しむち　みしらってぃ。未来のウチナーや　いっぺー　うむさるとぅくる　やくとぅ、タイムトラベルさーに、あしびーがいちゅみ？　んでぃ、ちちゃくとぅ、やーん　いちぶさん　でぃいちょーたしぇー。あんすくとぅ、くまんかい　ちょーんどーやー。わしんなけー。

女　あんしが、かーぎ、しがた、くとぅばん　かわてぃ、うりがみらいぬウチナーなー？
（県民広場にいる人に）ぃえーたい。わっ

日、退屈だ退屈だ、って言っているから、俺がユタに連れて行ってやって、相談して、そしたら、ユタに話をのせられて、ほら、この本見せられて、未来の沖縄はとても面白いからタイムトラベルして遊びに行くか、って聞いたら、おまえだって行きたいって言っただろう。それでこんなふうにここに来たんだよ。忘れるなよ。

女　でも、姿、形、言葉も変わってしまって。これが未来の沖縄なの？
（県民広場にいる人に）あのですね、私たちはユタに未来の沖縄はとてもすばらしくたーや、ユタんかい　みらいぬウチナーや　いっぺー　上等なとーんでぃ、ちかさってぃ、うまんかい　ちょーいびーしが、ふんとーに　なまぬウチナーや　じょーとーなとーいびーんなー？

県民広場の人　とーんでもない。問題ばっかりですよ。大変なんです。

男　やしが、うりっ！　うりがる　ユタんかいむたさったるシムチやいびーんどー。（沖縄観光のパンフレットを見せる）うりんかい　とー、「癒しの島」「南国の楽園」「パラダイス」「ユートピア」んでぃ　かかっちょーいびーんどー。　うれー、ゆくしどぅ　やいびーんなー？

県民広場の人　はー！「癒しの島」？　そんなの嘘に決まってるでしょう。

女　あきさみよー。また、ユタぬゆくしむ

なっていると聞かされてここにきたんですけど、本当に今の沖縄はそうなっているんですか？

県民広場の人　とーんでもない。問題ばっかりですよ。大変なんです。

男　いや、しかし、これ！　これがユタにもらった資料です。（沖縄観光のパンフレットを見せる）これに、「癒しの島」「南国の楽園」「パラダイス」「ユートピア」って書かれてますよこれは嘘なんですか。

県民広場の人　はー！「癒しの島」？　そんなの嘘に決まってるでしょう。

女　えー。また、「ユタの嘘つき」ってこと？

にーなとーんなー？　あんまよー。

男　はっしぇよー。ユタぬゆくしむにー。あいえーなー。（あらためて周囲を見渡して）うりがるみらいのウチナーなー？　じゃふぇーなとーっさー。

女　あんすくとぅよー。とーあんしぇー、ぐすーよー、うんじゅなーたー、ぬーんち、くまんかい　うっさぬちゅ　あちまとーいびーが？

県民広場の人　（二〇〇四年）八月一三日、宜野湾市の沖縄国際大学に普天間基地の米軍ヘリコプターが落ちてきて、校舎の壁にぶつかって炎上したんですよ。奇跡的にも犠牲者は出なかったんですが……次落ちてくるときは必ず、多くの犠牲者が出るはずですよ。ですから、私たちはそんな危険な普天間基地を一日も早く、

もう。

男　まったく。「ユタの嘘つき」か。はー、あー。（あらためて周囲を見渡して）これが未来の沖縄だっていうのか？　大変なことになってるな。

女　そうね。ところで、みなさん、どうして、ここにたくさんのひとで集まっているんですか？

県民広場の人　（二〇〇四年）八月一三日、宜野湾市の沖縄国際大学に普天間基地の米軍ヘリコプターが落ちてきて、校舎の壁にぶつかって炎上したんですよ。奇跡的にも犠牲者は出なかったんですが……次落ちてくるときは必ず、多くの犠牲者が出るはずですよ。ですから、私たちはそんな危険な普天間基地を一日も早く、

閉鎖してほしいんです。日本とアメリカは辺野古の海を壊して基地をつくり、そこに普天間基地を移そうとしているんですが、それも沖縄が基地から解放されるものではないから、やめてほしいんです。それを知事に訴えに県庁前に集まっているんですよ。

男　ぬ、ぬー？　ケンチョウ？　チジ？

女　ベイグンキチ？　フテンマキチ？

女・男　うれー、ぬーやが？　かまりーみ？

広場の人　県庁って、あの建物ですよ、ほら。

（県庁ビルを指差す）

女　ぃえー、ありがなあ。まぎー石敢當《いしがんどう》んでぃ、うむとーたしが。

広場の人　知事というのは、沖縄で一番エライ人ですよ。

男　ぃえー、あんしぇ、すいうふぐしくぬ

閉鎖してほしいんです。日本とアメリカは辺野古の海を壊して基地をつくり、そこに普天間基地を移そうとしているんですが、それも沖縄が基地から解放されるものではないから、やめてほしいんです。それを知事に訴えに県庁前に集まっているんですよ。

男　な、何？　ケンチョウ？　チジ？

女　ベイグンキチ？　フテンマキチ？

女・男　何？　それ食べられるもの？

広場の人　県庁って、あの建物ですよ、ほら。

（県庁ビルを指差す）

女　んまあ、あれが。大きな石敢當《いしがんどう》だと思っていた。

広場の人　知事というのは、沖縄で一番エライ人ですよ。

男　ああ、それじゃあ、首里城の王様が那覇うしゅがなしーめーがなーふぁんかいやーうちーそぉーがやー？

女　やるはじやー。あんしぇ、ベイグンヘリ、フテンマキチんでぃいしぇ、ぬーやみしぇーびーが？

広場の人　日本とアメリカが沖縄にたくさん軍事基地を置いているんですよ。そのうちの一つで宜野湾市にあるのが普天間基地で、そこからヘリコプターがたくさん飛ぶんです。それが最近民間地域に落ちたんです。

女　はー？　グンジキチんでぃ　いいしぇ、ぬーやいびーがやーたい？

広場の人　戦争の練習をしたり、準備をして、出撃するところです。ヘリコプターというのは、（ちょうどその時、バタバタバタと、上空を二機の米軍ヘリが通過）あっ、

に引っ越されたのかな？

女　そうなんでしょうね。それじゃあ、ベイグンヘリ、フテンマキチっていうのは何ですか？

広場の人　日本とアメリカが沖縄にたくさん軍事基地を置いているんですよ。そのうちの一つで宜野湾市にあるのが普天間基地で、そこからヘリコプターがたくさん飛ぶんです。それが最近民間地域に落ちたんです。

女　うーん？　グンジキチというのは何ですか？

広場の人　戦争の練習をしたり、準備をして、出撃するところです。ヘリコプターというのは、（ちょうどその時、バタバタバタと、上空を二機の米軍ヘリが通過）あっ、

あれです（指をさす）。

男　いぇー、ありがるピリプクゥター？　あんし、やがまさるまぎーやなかーぎーとぅいやさやー。

広場の人　いいえ、鳥ではないんですよ。あれは機械です。戦争の時に同時にたくさんのひとを怪我させたり殺したりするための爆弾や兵士を運んだり、爆弾を下に落としたりするものなんです。

女　あいいぇーなー。あんでぃやりー。あんしぇー、ぬーんち、ウチナーんかい、うっさきーなーいくさぐぅとぅんあちまとーいびーが？　ぬーんち　ニッポンとアミニカんでぃる　たとぅくまぬくにぬきち、ウチナーんかい　うかさっとーいびーが？

広場の人　日本がアメリカと戦争をしたと

あれです（指を差す）。

男　へー、あれがピリプクゥター？　なんて大きくてうるさくてブサイクな鳥なんだろう。

広場の人　いいえ、鳥ではないんですよ。あれは機械です。戦争の時に同時にたくさんのひとを怪我させたり殺したりするための爆弾や兵士を運んだり、爆弾を下に落としたりするものなんです。

女　なんですってー。そうなんですか。それで、どうして、そんな戦争するためのものが沖縄にたくさん集まっているんですか？　なんで、日本とアメリカという他国の基地が沖縄に置かれているんですか？

広場の人　日本がアメリカと戦争をしたと

き、アメリカが沖縄に攻めて来たんですよ。
男　はー？　ぬーんち、日本とアミリカぬ戦するばす、ルーチューんウチナーん関係ぬあが？
女　あんすくとぅよーやー?!
広場の人　沖縄は日本になったでしょ。
男　は？
広場の人　だからー　日本っていうのはヤマトゥーのことさー。
女　ぬーうー？　ルーチューがヤマトゥになたんでぃ？　いみんくじんわからん　まちがーぬひぶん。
広場の人　琉球は一六〇九年に日本に攻められて日本の植民地にされたんです。そのときはそのまま国の形は残ったんですけど、一八七二年から、その琉球国も滅

き、アメリカがここに攻めて来たんですよ。
男　え？　どうして、日本とアメリカが戦争するときに琉球、沖縄が関係があるんだ？
女　そうよね?!
広場の人　琉球は日本になったでしょ。
男　え？
広場の人　だから、日本っていうのはヤマトのことですよ。
女　なあに？　琉球がヤマトになったって？意味がよくわからないわ！
広場の人　琉球は一六〇九年に日本に攻められて日本の植民地にされたんです。そのときはそのまま国の形は残ったんですけど、一八七二年から、その琉球国も滅

ぼされて、ついに日本の一部にされたんですよ。でも、ずっと差別的な扱いを受けてきているんです。六〇年前も日本は沖縄に軍事基地をたくさん置いて、戦争をしたので、その敵のアメリカが沖縄に攻めてきたんです。そのときウチナーンチュは日本軍からもアメリカ軍からも殺されて、四人に一人の割合で亡くなりました。アメリカはその戦争に勝って、沖縄を占領しました。最初は、日本本土を攻撃するための基地として、その後は、朝鮮、ベトナム、アフガニスタン、イラクなどを攻撃する基地として、日米で協力して使っています。もう、六〇年になります。三〇年前に沖縄の「施政権」と呼ばれる支配権をアメリカは日本に渡して、沖縄は日本に「復帰」したというこ

ぼされて、ついに日本の一部にされたんですよ。でも、ずっと差別的な扱いを受けてきているんです。六〇年前も日本は沖縄に軍事基地をたくさん置いて、戦争をしたので、その敵のアメリカが沖縄に攻めてきたんです。そのときウチナーンチュは日本軍からもアメリカ軍からも殺されて、四人に一人の割合で亡くなりました。アメリカはその戦争に勝って、沖縄を占領しました。最初は、日本本土を攻撃するための基地として、その後は、朝鮮、ベトナム、アフガニスタン、イラクなどを攻撃する基地として、日米で協力して使っています。もう、六〇年になります。三〇年前に沖縄の「施政権」と呼ばれる支配権をアメリカは日本に渡して、沖縄は日本に「復帰」したというこ

とになっているんですが、基地は減っていません。それどころか、日本の基地も置かれているし、さらに、日本とアメリカは、沖縄にこれからまた新しい基地をつくろうとしてます。住民は基地の中に住んでいるようなもので、被害を受け続けているんです。ああもう、言っててほんとにいやになってくる！

女・男　あきさみよー!!　でーじなとーーん。（ふたり気絶する）

男　（目覚めて）ヤマトゥや　うとぅるさんでぃ　ちちょーたしが、ふんとーやたんやー。

女　（目覚めて）あんしぇ、ルーチューやヤマトゥんかい　ふるぶさってぃ、くにとぅらりやーに、また、アミリカーんかいせめらってぃ、いくさばんかいさってぃ、

とになっているんですが、基地は減っていません。それどころか、日本の基地も置かれているし、さらに、日本とアメリカは、沖縄にこれからまた新しい基地をつくろうとしています。住民は基地の中に住んでいるようなもので、被害を受け続けているんです。ああもう、言っててほんとにいやになってくる！

女・男　な、な、なんてこった……。（ふたり気絶する）

男　（目覚めて）日本は恐ろしいと聞いていたが、本当だったんだな。

女　（目覚めて）そ、それで、琉球は日本に滅ぼされて国を奪われて、次には、アメリカが攻め入って来て、戦場にされ、私たちの子孫たちがたくさん殺された？　あ

わったーくゎんまが、うふぉーくくるさったるばーい？　あんまよ〜〜

男　あんすくとぅ、ウチナーグチまでぃんむる　いくさんかい　さったるばすい！

広場の人　日米両政府は、辺野古の海を埋め立てて、新しい基地をつくろうとしています。金武では、住民の住むすぐ近くに、実弾で練習する都市型戦闘訓練施設を建設しているんです。民間地域に流れ弾が飛んでくるかもしれません。また、普天間基地や嘉手納基地から、いつ墜落するかもしれない軍用機が私たちの頭の上を飛んでいます。そして、その飛行機はアフガニスタンやイラクに行って、人を殺しています。殺される側にとって、沖縄は「悪魔の島」です。沖縄戦でたくさんの人が殺され、そのまま基地として占

ああ〜〜

男　それで、言葉まで戦争で殺された、というわけか！

広場の人　日米両政府は、辺野古の海を埋め立てて、新しい基地をつくろうとしています。金武では、住民の住むすぐ近くに、実弾で練習する都市型戦闘訓練施設を建設しているんです。民間地域に流れ弾が飛んでくるかもしれません。また、普天間基地や嘉手納基地から、いつ墜落するかもしれない軍用機が私たちの頭の上を飛んでいます。そして、その飛行機はアフガニスタンやイラクに行って、人を殺しています。殺される側にとって、沖縄は「悪魔の島」です。沖縄戦でたくさんの人が殺され、そのまま基地として占

領され、兵隊たちによる事件で犠牲になり、さらにその基地があることで、私たちは他の地域の人々を殺すことに加担させられている。沖縄人の身体からは血が流れたまま、その手は殺戮の手として血塗らされているのです。

女　あいいぇーなー。あんしぇーなまぬウチナーや　じごくんかいなとーさやー。わったーくゎんまがや　あんしあわりそーんなー。うっうううっ〜〜。(涙)

男　やんやー。みらいぬウチナーや、「南の楽園」「癒しの島」ぬーぬーし、うれーあらん。「地獄」、うぬまーまやさ。

女　あんすくぅとぅよーやー。わったーゆーぬちゅ、うやふぁーふじ、しんかぬちゃー、んな　しそんはんえい　めーなちうがんそーにくらちょーるむんぬ、

領され、兵隊たちによる事件で犠牲になり、さらにその基地があることで、私たちは他の地域の人々を殺すことに加担させられている。沖縄人の身体からは血が流れたまま、その手は殺戮の手として血塗らされているのです。

女　な、な、なんてこと……。まるで地獄……。私たちの子や孫たちはこんなつらい目にあっているなんて……。うっううっ。(涙)

男　ああー。未来の沖縄は、「南の楽園」「癒しの島」とかなんとか言っているけど、そうじゃない。「地獄」、そのままだ。

女　そうね。私たち時代の人々、ご先祖さまも仲間たちも、皆、子孫の繁栄をあんなに毎日祈っているのに、子孫たちがこんなふうに苦しむとわかれば、もう心安ら

くぁんまが　うぬふーじー、あわりするくとーわかりーねー、だーもー、くくるやしやしーとぅ、いちちぇーうららんどー。

男　やんどーやー。ぃえー、ウシィ　わったーよー、わらばーなさんしぇーましやあらに？　あわりするさだみやるむんぬ。

女　あんまよ……　やんやー。わらばーなさんしぇーましやさや。あわりさしぶこーねーらんむんぬ……　ぃえー、わんねー、うぬゆーやしかん。わったーゆーんかい　けーいぶさっさー。

男　やさやー。けーらぃー。んだ、けーら。ぃえー。あんしが、ウシィよー。わったーん、さんねーならんくとぉあんどー……。

かに生きてはいられない。

男　うん。なー、ウシ。俺たちも子どもはつくらない方がいいんじゃないか？　どうせ苦労する運命なんだから。

女　まあ、そんな……。でも、そうかもしれない。こんな苦難を負わせたくないもの……。ねぇ、私、もうこの時代は嫌い。私たちの時代に戻りたいわ。

男　そうだな。帰ろう、帰ろう。だけど、ウシよ。俺たちにはしなければならないことがあるよ。

女　ぬーやが、マチュー？

男　ちじんでぃいるちゅんかい、いちゃてぃ、「うぬふーじー、ウチナーんかいなしてーならんどー。うやふぁーふじ、くゎんまがんくとぅ　かんげーてぃむぬぐとーはんだんしーよーやー」んでぃち、わったーが　うやふぁーふじだいひょうっし、ならーさんでーならんどー。

女　あんしが、ヤマトゥとぅアミリカーんかい　くにとぅらりとーるんでぃいるむんぬ、うぬちじんでぃいるちゅんかい、ちからやあがやー？

男　あっしぇ、いかなくにとぅらりとーるんでぃち、ルーチューぬちじてぃんがなしーめーが　ならんむんやならん　んでぃいいしぇー、ぬーがら　ちからやあ

女　何？　マツ。

男　知事という人に会って、「こんな沖縄にしてはだめだ。先祖、子孫のことを考えて、物事は判断しなさい」と、俺たちが先祖を代表して、教えて来よう。

女　でも、日本とアメリカに国を奪われているというのだから、この知事という人に何か力はあるのかしら？

男　たとえ、国が奪われていようとも、琉球の知事様がダメなものはダメだといえば、力はあるはずだ。

るはじどー。

女　あんやがやー？　やれーましやしが……とー、あんしぇー、まじゅん、行っちんだな。

男　やんどー。とー、りっか、りっか。あんしぇー、ぐすーよー。わったーん行っちちゅーさやー。互ーに、うみはまてぃちばらなやーさい。

女　どぅー　ちーちきてぃ　きみそーりよーたい。あんしぇー、さちないびら。

女　そうだったらいいんだけど……　それじゃ、一緒に行きましょうか。

男　うん。行こう、行こう。それではみなさん、私たちは先に行きますね。お互いにがんばりましょう。

女　お体大切にしてくださいね、それじゃ、お先に。

二〇〇四年一〇月一三日　沖縄県那覇市泉崎県民広場「夕まんぎーの道ジュネー」にて公演

第III部　抵抗の記述にむけて

同定と離脱
清田政信の叙述を中心にして

金城正樹
KINJO Masaki

1　沖縄におけるポストコロニアル状況

　脱植民地化を希求したかつての民衆運動や反乱が鎮圧され、その後の制度化された秩序世界でも引き続いて生きていかざるを得ない時代性、こうした苦難を伴う時代性のことをポストコロニアル状況と呼んでおこう。[★1]脱植民地化の可能性がもはや不可能に近いこの時代状況において、植民地権力と比して劣勢の位置を生きることを強いられている人々にとって、「脱植民地化」「解放」という言葉は、一体どのような有効性を持ち得るのだろうか。

　周知の通り、第二次世界大戦後、かつて植民地と呼ばれていた多くの地域は国民国家として次々と独立し、「解放」されていった。その一方、一九四五年四月一日に沖縄本島へ上陸したアメリカ軍は、ただちに南西諸島とその周辺海域を占領地域に定め、旧日本軍用地跡及び民有地を強制接収し、軍事基地の建設を進めた。大日本帝国の敗戦は沖縄に新たな軍事占領をもたらし、国民国家として独立するという擬似的な解放さえもあり得なかったのである。あらゆる面で軍事優先を打ち出したアメリカ軍の沖縄統治は、島ぐるみ土地闘争のような住民の反感を生みだすが、軍と沖縄側が軍用地問題をめぐってとりあえず妥協点に至ることによって、運動は沈静化されていく。一九六〇年代以降に勢いを増した日本復帰運動も、日米安全保障体制を維持するために基地は残し、施政権だけを日本に「返還」することが合意され、核と軍事基地の完全撤廃、日本国憲法の完全適用を望んでいた人々の希望を根底から裏切る形で収拾が図られていった。戦後の「沖縄解放」の契機（大日本帝国の崩壊、島ぐるみ土地闘争、日本復帰運動）は、すべて打ち砕かれ、ねじ伏せられていったのである。

大江健三郎は『沖縄ノート』のなかで、日本復帰後も核兵器が沖縄から撤去されないということがわかっていながらも、その現実を変更することも、一指さえ触れることができない人々の悔しさや苦しさを、「壁にうちあてられて血を流す頭」という表現で喩え、「あいまいな言葉で、漠然たるものいいで、暗示しているものの、その実体がはっきりした時、驚きがあり怒りがあり、そして行きどまりの壁にうちあてられて血を流す頭があるのみだ、という認識ほどにも、人間を狂気めいた絶望に導くパターンが、他にあるであろうか？」［大江、一九七〇、五一頁］と述べている。大江の言うこうした「怒り」や「狂気めいた絶望」は、一九六九年一一月二一日深夜の佐藤－ニクソン会談の共同声明を、「すでに裏切られた夢の破片からわずかな希望でも見つけられはしないか」［川満、一九八七、一三〇頁］という締め付けられる思いで見ていたという川満信一にも共有されている。いくらもがいても、もはや核兵器によって殺される危険を甘んじて受け入れる以外に方途がないような現実が、ある者を狂気に陥らせ、ある者を自死へと駆り立てていくありようを、川満は「死亡者台帳からの異議申し立て」という副題の付いた評論文「わが沖縄・遺恨二十四年」のなかで詳細に記述している。

沖縄人が圧倒的に不自由のなかで生きていかざるを得ない現実を冷徹に受け止め、理解していたのは、いわゆる「沖縄学の父」と呼ばれている伊波普猷も同様であった。彼は遺書のような以下の記述を残して、一ヶ月後に世を去っている。

さて沖縄の帰属問題は、近く開かれる講和会議で決定されるが、沖縄人はそれまでに、そ

★1　ポストコロニアリズムという語をめぐって、鵜飼哲はかつて次のような説明を与えている。「ポストコロニアリズムの「ポスト」は、コロニアリズムが終わったという意味ではない。コロニアリズムは終わらない、終わることができない、終わらざるコロニアリズムと言っていいような現象、一般の意識においては過去とみなされていながら現代のわれわれの社会性や意識を深く規定しているような構造、それをどう考えるのか、それとどう向き合っていくべきかという問題提起が、この接頭辞には含まれている」〔鵜飼、一九九八、四二頁〕。鵜飼の記述に付言すれば、コロニアリズムがもはや「終わることができない」ということがわかってしまった絶望のなかでさえ、常に解放の夢の途上に立っているという認識が重要である。そのためには「ポスト」の世界で生き続けていくうえでの意味や根拠を探そうとするだろう。この点は本稿全体を貫いている問題意識でもある。

れに関する希望を述べる自由を有するとしても、現在の世界情勢から推すと、自分の運命を自分で決定することのできない境遇におかれていることを知らなければならない。彼等はその子孫に対してかくありたいと希望することはできても、かくあるべしと命令することはできないはずだ。というのは、廃藩置県後僅々七十年間における人心の変化を見ても、うなずかれよう。否、伝統さえも他の伝統にすげかえられることを覚悟しておく必要がある。すべては後に来たるものの意志に委ねるほか道がない。それはともあれ、どんな政治の下に生活した時、沖縄人は幸福になれるかという問題は、沖縄史の範囲外にあるがゆえに、それには一切触れないことにして、ここにはただ地球上で帝国主義が終わりを告げる時、沖縄人は「にが世」から解放されて、「あま世」を楽しみ十分にその個性を生かして、世界の文化に貢献することができる、との一言を付記して筆を擱く。[伊波、一九九八、一九四頁]

「自分の運命を自分で決定することのできない境遇」「かくあるべしと命令することはできない」「沖縄人は幸福になれるかという問題は、沖縄史の範囲外」という絶望的な文言は、まさに沖縄解放の可能性がほとんどないに等しく、これからも支配の現実に甘んじて生きていかざるを得ないと敗北を受け入れてしまっているようにも読めてくる。しかし伊波は、屈服して生きていく以外に方途がないとして、敗北を宣言したわけではない。大日本帝国崩壊後も植民地主義が終わらないという伊波の「リアリスティックな予見」をめぐって、大江は次のように書いている。

米軍政の支配下の「にが世」へむけてリアリスティックな予見をいだきつつ、その反対の極に、すなわち「あま世」のイメージに、本土復帰した沖縄をおくのではなく、とにかく米軍政のもとでこれから長く生き延びねばならぬ沖縄人の運命ということを、そのものの考え方の軸にすえて、それがつづまるところは、沖縄人の自立という方向を指していることを信じ、それにつなげて、伝統さえも、ことなった他の伝統におきかえられることを覚悟し、「後に来たるもの」、後に来たる新しい沖縄人に、きみたちの意志を、まったき自由のうちに解放せよと呼びかける、そのような態度で将来の沖縄を思い描く想像力が、伊波普猷の生涯の終わりにおける思想であった〔大江、一九七〇、一二八〜一二九頁〕

大江は、伊波における「にが世」から「あま世」に至る沖縄解放の過程を、「本土復帰した沖縄」のような制度的な意味として理解したのではなく、「将来の沖縄を思い描く想像力」として、つまり今現在とは異なった現実や共同性を絶えず夢みようとする人々の知覚として理解したのである。言いかえれば、脱植民地化とは、ある一つの制度的な場所から別の制度へ移行することによって、支配がすべて終わってしまうことを意味しているのではなくて、脱植民地化の夢を絶えず見続けようとする人々の知覚そのものに関わっているのである。そして、圧倒的な支配関係のなかで、このような知覚を働かせる人々のありようとして、ただ無意識によって支配されている身体そのものではなく、あるいは制度のなかで代理／表象(representation)される主体でもなく、主体と身体の間を這っていくような行為体(agent)のような存在が浮かび上がってくるであろう。

大江や伊波におけるこうした知覚は、一九五〇年代後半の島ぐるみ土地闘争の敗北と運動主体の荒廃を目の当たりにし、「今、我々は、怒ることさえできない自分に怒り、意識下にふくれる怪物のうごめきを確かめているのである」［清田、一九五九、一五頁］と敗北後の心情を綴った清田政信（一九三七年～）の記述のなかにも見いだされるだろう。本章では、一九五〇年代から六〇年代にかけての日本や沖縄で、かつて「前衛」と呼ばれていた党をはじめとする各種の運動主体が抱え込んでいた党派的な性格、いわゆるスターリニズムが表面化したとき、党を離脱していった清田が、その後の沖縄解放の運動と思想の可能性をどのように批判的に継承しようとしていたのか、この点について考えてみたい。沖縄、日本の区別なく、この時代に共通していることは、党という政治主体の束縛から解放された新しい思想が展開され始めたという点が挙げられる。たとえば、一九六〇年代後半の全共闘、反戦、ベ平運の運動経験を「転機」としてとらえている栗原幸夫は、その「転機」の背景として、やはり「〈唯一の党〉」としての日本共産党への絶対的な信頼が崩壊したことを指摘している。「スターリン批判は、この党の実態がじつは特殊日本的なものではなく普遍性をもっているのではないかという疑問をわたしに抱かせることになる」と栗原は当時を振り返りつつ、「政治路線ではなく〈党〉というものの体質にこそ最大の問題があるというのが、わたしの経験的な結論になっていた」と言い切っている［栗原、一九八九、一八～一九頁］。そして栗原は、党によって集約化されない運動や人々の結集のあり方の可能性を考えようとしている。本稿も、こうした人々の共同性や関係性を、清田の叙述とともに考えようとしている。もちろんこの人々は、複数的で、多様で、予測不可能な力を秘めた群衆や人々として、アントニオ・ネグリとマイケル・ハートのマルチチュード（multitude）の議論とも幾分重なるであろう［Hardt & Negri, 2000］。人々を代理／表象すると想定されていた〈党〉が、人々を抑圧し始めていくという矛盾した現実があり、その党の下で運動を担い、あるいは動員されていった人々の運動や政治、そして運動主体に対する大きな失望がある。そこでは〈党〉のような政治主体によって、一体何が押し殺されてきたのかということが最大に問われてくるだろう。このような前衛党から脱却するとともに、新たな思想的試みが開始されたのが六〇年代であったという意味では、清田も明らかに栗原の言う「転機」のなかに立っていたのである。まずこの点から議論を始めたい。

2　「敗北を所有する者」と六〇年代

一九五六年、「土地を守る四原則」★2を黙殺したプライス勧告が発表された後に、島ぐるみ土地闘争と呼ばれる米軍基地拡張に抗議する住民運動が沖縄本島全域に急速に広がり、沖縄住民の反基地感情が高揚していく時期があった。こうした土地闘争の展開をめぐっては、従来の沖縄戦後史研究のなかでは、いわゆる条件闘争だったにせよ、「一〇年間の米軍事支配に対する総攻撃としての性格」〔新崎、一九七六、一四七頁〕として肯定的に解釈されてきた傾向がある。しかし見方を変えれば、土地闘争の発生は、圧倒的な支配関係のなかで、米軍当局と協調関係を結ぶことにより経済援助と沖縄自治の可能性を引き出していくという人々の期待と交渉が、プライス勧告によって裏切られ、破綻して迎えた結末だったとも言える[★3]〔鳥山、二〇〇四、一三八～一四八頁〕。それゆえに土地闘争に直面した米軍側が「琉球人と米人の衝突を避けるための予防措置」〔新崎、一九七六、一五九～一六〇頁〕として本島中部地域に無期限のオフ・リミッツを発令すると、基地経済に依存しているために米軍との全面対決は避けたい中部地域の各自治体は「反米的」な集会の開催は許可しないと相次いで声明を発表、土地闘争は急速に衰勢し始めた。また抗議デモや集会に参加した琉球大学の学生、特に沖縄人民党の指導のもとで結成された非合法共産党に属していた学生党員は、軍と大学当局による言論弾圧を受け、デモ参加の責任者とされた学生は除籍処分にされ、学生運動は崩壊した[★4]。

　土地闘争時代、琉球大学国文科の学生だった清田政信も、学生会を通じて非合法共産党に加わっている。その後、闘争が敗北し、学生運動が崩壊したときの状況について、批評文「詩と体験の流域」のなかで「明日への展望を可能にするには、どうしても、その軌跡をたどる必要がある」という前置きとともに、次のように振り返っている。「多少告白めくが、最初の総けっき《ママ》の際、私は友人とサークルで語り合い、不安と動揺のなかでも、実践の根底にある連帯感を信じ、沖縄の未来について語り合った。（中略）それが学生会執行部の学生七名の退学処分。市長選挙における民連の勝利と、間髪を入れない米国政府の弾圧。そして『琉大文学』の停刊処置。布告の布令。その時、間借りに立てこもって、講義に出ない学生、単位稼ぎに精出していた学生の区別なく、政治の力のリアリティーを、いや応なく感じさせられたと思う」〔清田、一九六〇、四七頁〕。

また土地闘争が敗北していく一方で、スターリニズムに対して批判的な契機を見いだせずに、日

★2　恒久的な軍事基地保有を意図した米軍側の軍用地料一括払いの方針に対して、一九五四年四月三〇日、立法院は一括払い反対、適性補償、損害賠償、新規接収反対を内容とする「軍用地処理に関する請願」を全会一致で可決、これがのちに「土地を守る四原則」あるいは「四原則」と呼ばれ、のちの土地闘争の基本的な指針になっていく。

★3　米民政府と協力関係を築き上げることによって、沖縄自治の活路を確保しようとした政治潮流と、その政治潮流が敗北していった結末としての島ぐるみ土地闘争を批判的に捉え直した新たな成果として、鳥山淳「破綻する〈現実主義〉──「島ぐるみ闘争」へと転化する一つの潮流」〔法政大学沖縄文化研究所編『沖縄文化研究三〇』法政大学沖縄文化研究所、二〇〇四年〕を参照。

★4　沖縄非合法共産党の詳細をめぐっては、以下の史料を参照。加藤哲郎・国場幸太郎編／解説『戦後初期沖縄解放運動資料集　第二巻　沖縄の非合法共産党資料（一九五三～五七年）』〔不二出版、二〇〇四〕、森宣雄・国場幸太郎編／解説『戦後初期沖縄解放運動資料集　第三巻　沖縄非合法共産党と奄美・日本（一九四四～六三年）』〔不二出版、二〇〇五〕、鳥山淳・国場幸太郎編／解説『戦後初期沖縄解放運動資料集　第一巻　米軍政下沖縄の人民党と社会運動（一九四七～五七年）』〔不二出版、二〇〇五〕

本共産党と協調路線を進めていく沖縄人民党と、こうした党のあり方に疑問なく追随していく周りの学生党員たちに清田は深く失望し、一九五八年始め頃には党を脱している。[★5] 脱党と同時期に『琉大文学』編集者の一員となり、翌年から同誌で本格的な記述活動を始めている。一九五九年に、岡本定勝、いれいたかし、中里友豪たちと同人誌『原点』を創刊させ、さらに琉球大学を卒業した後に、岡本定勝、東風平恵典、松原伸彦、宮平昭らとともに同人誌『詩・現実』を発刊させている。『詩・現実』は、大学卒業後の清田の表現拠点となった雑誌であり、この雑誌が創刊された経緯について、「ブント−革マルと再編につぐ分裂の中で、『琉大文学』のグループは全員、組織から去った。その間一九五九年には革新統一（民連）から立候補して当選した市長の裏切り的な右傾化、市民社会体制への癒着はいちじるしく、一九六一年には再び保守から市長がでた。そういう情況で思想の営為を続けるには雑誌をつくる以外にない、と討議を重ねたあげく、一九六二年五月に同人誌『詩・現実』を発行した」［清田、一九九二、二〇七頁］と述べている。

学生運動の鎮圧と、その再編、あるいは人民党自身の裏切り行為によって、それら政治主体や組織に対して絶望した清田は、さしあたりその時点で思想的な基盤をすべて失ったといえる。そして、それ以後の清田の著述には執拗に思えるほど、五〇年代の土地闘争、前衛党、学生運動、あるいは六〇年代以降に再編された運動組織に対する批判が繰り返し登場してくる。たとえば、「わが五〇年〜六〇年代に行動した青年たちを連帯させたのは、異民族による土地収奪と直接施政を拒否する綱領があったためだ。だがその時点で農民の飢えがほんとに青年たちの思想を深化する要因になり得たかどうか疑問の余地が残されている」〔清田、一九八一、三二頁〕[★6]、「土地闘争において農民が団結したというだけで、原始共同体に直結させ農民の既存組織を拡大すれば独立できるというのはスターリニズムが大衆社会に浸蝕されたときおきる一現象」〔清田、一九六七a、一〇頁〕、「一九五四年の「土地闘争」で学園の最も知的であるべき学生たちが農民たちの生活擁護の戦線へおもむき、そこでさ

★5　清田の脱党時期が一九五八年始め頃だと本稿が指摘する論拠は、彼が脱党して「数ヶ月経って全学連の日共批判と脱党があり、一年もたって本土の指令でやっと脱党できた者たちによって、沖縄の反代々木の組織分派はできたのだ」〔清田、一九六八、一六頁〕という清田の指摘に依拠している。「全学連の日共批判と脱党」とは、全日本学生自治会総連合（全学連）が一九五八年五月の第十一回大会でソ連と日本共産党を「スターリニズム」「官僚主義」と批判したことと、共産党指導部が党の指導に反発する学生党員を除名処分としたことを指していると思われる。後に除名者を中心に共産主義者同盟（ブント）が結成されている。沖縄では、清田の脱党後も党に残った学生たちが、日本のブントとの交流を深め、最終的には日本共産党との一体化を推進していた人民党から党を脱した。その後学生たちは、琉大マルクス主義研究会（琉大マル研）を新たに結成している。清田が言及している「沖縄の反代々木の組織分派」とは、琉大マル研を指しているものだと考えられる。琉大マル研については以下の文献を参照。山里章『逆流に抗して　沖縄学生運動史』〔琉球大学学生新聞会、一九六七年〕、新崎盛暉編『ドキュメント　沖縄闘争』〔亜紀書房、一九六九年〕、中屋幸吉『名前よ立って歩け　中屋幸吉遺稿集　沖縄戦後世代の軌跡』〔三一書房、一九七二年〕。

めているべき現存の反連帯の意識をどれだけ戦いのなかで持続したか。（中略）革命される素材としての「農夫」など、どこにもいやしないのだ。革命されるべきなのは、農民と知的学生たちのつくりだす関係を支えている思想と生活への志向のあり方なのだ」［清田、一九七三b、一六頁］、「五八年から六三年までぼくらを結びつけた組織やサークルは徐々に問い返された。会社の管理職、政治家のおかかえ秘書、大衆組織の職業オルグなど、彼等はひとしなみに痛手のない無難な道をえらび、自分たちの挫折に荷担しないで、大衆の自然発生に荷担した。だから土地闘争が農民を組織し得たかに思われた時、それは農民の所有の原野を組織の地平に固執させる陳情団にすりかえられた」［清田、一九八一、二八九頁］。

清田と親交があった人々がよく論じているように、前衛党や学生運動に対する清田の執拗な批判の要点は、脱植民地化を目指したかつての運動の「敗北」の意味を、その後、思想的にどのように捉えていくのかという点に集約される。たとえば、詩人の新城兵一は、「六〇年の政治的変動の政治過程を通じて、ぼくらの眼の前にあらわになってきたのは、自称前衛を誇る日本共産党の無謬性の神話と前衛思想の崩壊、進歩性の名の下にぼくらを牛じっ《ママ》てきた権威の喪失であったが、おそらくこの歴史の深刻な劇は、多くの文学者思想家の意識構造の基底部分を痛打せずにはおかなかった」とし、「敗北と挫折の重い波に押しつぶされながら真摯にあろうとした者は等しく「真の思想とは?」という苦痛にみちた問いを自問せずにはおれなかったはずだ」★7［新城、一九七〇、五七頁］と述べている。そして、このような「困難な課題を自らに課した者」として清田を取り上げている。

「敗北と挫折の重い波に押しつぶされながら真摯にあろうとした」という新城の指摘は、受け入れがたさのあまり敗北と挫折を忌み嫌うのではなくて、むしろ敗北者の位置に、清田が「真摯」に留まり続けようとしていたということを指している。たとえば、沖縄支配の現実に対して思想や文学がどのような関係性を結びうるのかという問題をめぐる座談会で、「対峙する現実に対して僕らがいろいろな強さというものを持つ必要がある」〔清田・東風平・島・又吉・川満・岡本・田仲、一九六三、五一頁〕と発言した川満信一に対して、清田は「文学は、現実に敗北してもいい」「文学者というのは、現実にいつもまけている方だ」「強者は文学しない」〔清田・東風平・島・又吉・川満・岡本・田仲、一九六三、五一頁〕と反駁している。断然優位な物資力と動員力を誇る占領体制に比べれば、「僕ら」はものの数ではないし、そのような圧倒的に不釣り合いな力関係の「現実」において、「僕ら」は「いつもまけている方」なのである。こうした「現実」に対して、川満は「まけてはいけないよ」〔清田・東風平・島・又吉・川満・岡本・田仲、一九六三、五一頁〕と、政治的正しさの観点から言えば、ごく当然

★6　初出は清田政信「黒田喜夫論——破極を超える視点——」『琉大文学』第三巻第八号〔琉球大学文芸部、一九六七年〕に所収。初出での参照箇所は文法的に不自然な箇所が目立つため、引用は清田政信『抒情の浮域』〔沖積舎、一九八一年〕から行なった。

★7　新城兵一『負荷と転位』〔脈発行所、一九九三年〕に再所収。語の誤りが修正されている場合は、こちらから引用を行なった。

な見解だが、敗北というものを到底受け入れがたい事柄として捉えている。
政治主体は秩序や制度のなかで代理／表象されねばならず、それゆえ秩序や制度の闘いに「勝利」することに意義を見いだし、そして当然だが、「敗北」は絶対に避けなければならない。なぜなら敗北とは、公的な領域から疎外されること、他者化されること、つまり代理／表象されないことであるからである。しかし清田は、運動に敗北して行き場を失っていった者の位置に「真摯に」寄り添おうとし、「敗北」の意味を思想的に深めようとしたのである。清田のテクストのなかに、自死した者、狂気を宿した者、運動から離脱した者、市民社会に馴染めない者の話が多数登場してくるのは、彼がいかにこうした代理／表象され得ない者たちに深く関わろうとし、またそこに新たな政治の可能性を確保しようといたのかを如実に物語っている。★8
それと同時に、そこには表現者としての問題も横たわっている。もし敗北者が、その名の通り何らかの欠如の意味を含んでいるとすれば、欠如の烙印を押されたまま彼ら／彼女らが生きていくことは可能であろうか。おそらく不可能である。生きていくためには、何らかの意味を新しく見いださねばならず、まさしくそこに清田が表現を行なう根拠がある。敗北者でありながらも、生きる意味を見いだすために、彼は、勝利–敗北の価値意識に深く囚われた政治主体のあり方を問題視しながら、「敗北も勝利も支配のくびきにつながれたものにすぎないという意味で同次元」〔清田、一九六六、四〇頁〕と断言し、自分が詩を書く根拠はこうした「敗北・勝利の次元を超出すること」〔清田、一九六六、四〇頁〕だと述べている。そして勝利者の対立項である敗北者に欠如の烙印が押されているのなら、清田はまずこうした図式と呼び名を拒否しながら、敗北者の位置を自分から積極的に選び取っていくことは「単なる敗北者」とは異なると次のように強調している。

表現者にとって意志的に敗北を下降する時《ママ》すでに彼は単なる敗北者ではない。彼は敗北を意志することによって敗北を所有するからだ。敗北を所有する者とは、それを対象化しうる者のことを言うのだ。〔清田、一九六一b、四一頁〕

★8　現在に至るまで、清田は文学を「政治」から切り離そうとした詩人として見なされている。しかしこのような一面的な「政治」という言葉の理解の仕方は、清田の思想を検討する場合、様々な混乱や誤解を招く可能性がある。つまり清田の時代において「政治」という言葉が持っていた意味と、近年の現代思想のなかで再設定されてきた「政治」という言葉の意味は明らかに異なる文脈において議論されており、両者は厳密に分けて捉えるべきだと考える。前者における政治は、人々の欲望を秩序や主体のなかに置き換えていく党派性——つまり清田にとっては前衛党やスターリニズム——を指し、後者はかかる主体や規範と同一化できない残余的な領域に関わる。清田が前衛党を辞めた一九六〇年前後、政治という言葉がまさしく前者の意味で占拠されていた言論状況を、わたしたちが十分留意しておく必要があるように思われる。彼は前者の「政治」を拒否したのであり、両者を混同すると彼の思想を十分把握しきれなくなる可能性がある。

「敗北を所有する」というのは、敗北者や他者のなかに欠如を読み取り、それを忌み嫌って「主体化＝（党への）従属化」（subject）の道へ回避することではなくて、積極的に敗北者になっていくこと、自分自身が客体のように他者に変わり続けようとすることであり、清田の言い方を借りれば、「オブジェに化するのをおそれるよりも、すすんでオブジェと化し、それをはみ出すことによる主体の破産の現場で人間存在の条件を追訊すること」〔清田、一九六一b、四一頁〕である。主体を否定しつつも、未知なる新しい存在を深く追求しようとする、こうした思考のありようを、清田は「オブジェへの転身」と呼んだ〔清田、一九六一b、四一頁〕。詩人の宮城英定が、「清田の詩においては存在が異質（女）を求め、実存のことばを芽吹かせ、不安のただなかにことばを屹立させる」〔宮城、一九九四、六頁〕と指摘し、また同じく詩人の松原敏夫が、「詩と思想は清田にとっては政治の変革よりは存在の変革であった」〔松原、一九七四、一九頁〕と述べているのも、清田の詩的表現には、存在への強烈な執着が滲み出ているとともに、他者という別の存在に生まれ変わろうとする欲望が常に蠢いているからである。清田の代表的作品「ザリ蟹といわれる男の詩篇」でも、主体を否定した後に、表象／代理され得ない存在へのノスタルジアを醸し出すとともに、そこに行き着きたいという強い願望が溢れている。

もののこわれるまたたきの時
廃墟に露出した水道管の亀裂を　ひそかに噴き上がる水は

転生の予感にみちてふるえ　夢みる土を濡らし
不感無覚の夜に　否定肯定の旅はわびしいが
若い革命家の声のすいこまれる
緑の群衆の　台所の　糸車のむこう
死滅した自我の廃墟に種子は芽ぶくか〔清田、一九六一、二〇頁〕

新城兵一がこの詩のなかに、「現実の生存の与件そのものすべてを空無にして新たに生れ変わろうとする転身への野望」、「「ここ以外の」どこかの世界に甦がえる己れを夢みること」〔新城、一九七〇、六四頁〕として、敗北者の転身の夢を見いだしたように、「死滅した廃墟」のなかから何らかの意味や根拠を探し求め、新しい存在へ至ろうとする夢と欲望は、それ自身が清田にとってものを書く根拠であり、彼を詩的表現へと掻き立てる原動力なのである。敗北者の位置から、新しい存在を希求していく清田の思想は、「成熟」（一九六二年四月制作）のなかにも表現されている。

あたかも空の涯になげだされて吊るされているように
ぼくらの中に吊るされている言葉を言いだすまでには
途方もない夜の領域を歩まねばならぬ

遠さのうちに叫びつづける声は
未来の鳥を触知したか。
背負いきれない憂いを越えて
忘れられた願いごとたちが
萌えようとして枯れた樹の梢のごとく
朽ちゆくのをいつになったら開示しよう。
暗さのみちる不眠の時代だから
ぼくらのめざめに魂のかたちであらわになり
途方もない深みへ落ちる
一人の女がうずくまり　遠い海をゆさぶるから
ぼくの眠りは夢遊の海に曝されている。
もう光は記憶をあふれさせないとしても
乳房は薔薇の水脈を氷らせはしないだろう
少しずつ悲しみの色をくもりのない言葉にはぐくむのをたすけるために
ぼくは夜の領域を歩かねばならぬ。
西風のやわらかい感触で
おもむろに唇をついてかたられる言葉を待っていよう。

ぼくら自身を存在へ開示しながら。〔清田、一九七〇、九八〜九九頁〕

ある物事や状況に向かって書き始めるにあたり、まずもってその根拠を記述行為によって考え始めるという堂々めぐりの問いかけ自身が、すでに困難なものであるいうことを敢えて了承しながらも、しかしそれでもなぜ書こうとするのかという問いかけを、清田は自分に課していく。そして記述へ駆り立てようとする他者に出会うために、自分の意識の下の方へと引き寄せられていくように叙述し始める。「ぼくらの中に吊るされている言葉を言いだすまでには／途方もない夜の領域を歩まねばならぬ」のだ。

彼にとって記述を開始する地点は、不動の位置につなぎ止められることなく、〈ぼくら〉の無意識のなかで、つかみどころなく無限大に広がり続けている「途方もない夜の領域」としてある。あらゆるものを白日のもとに可視的にさらけ出す「昼」のはるか彼方に浮遊し、混沌とした「夜の領域」に向かって、記述の根拠を言葉で思考する行為自体が、表現者の思考と叙述を全面的に突き動かす原動力となり、表現者の存在を生かし続けている。そして「夜の領域」を一手に引き受けて、「おもむろに唇をついてかたられる言葉」を待ちわびながら、いまだに実現し得ない「成熟」の夢を見ようとする。

未完なる記述の根拠を〈いま－ここ〉にある記述者の存在に何とか重ね合わせ、「成熟」の夢を行為遂行的に営んでいくことが、〈書く〉ということを意味するのなら、清田にとって書いていくことと生きていくこととは、常に同じ意味なのであり、言葉は単なる伝達手段などではなく、行為する生き物のような様相を呈してくる。そして「ぼく」という一個の存在者の根拠を深く掘り下げてゆく過程で、「ぼく」は「成熟」を果たしたときに出会うかもしれぬ「ぼくら」という共同性の夢を予感し続けているのである。

　この「ぼくら」という表現をめぐっては、『琉大文学』第三巻第五号〔一九六四年〕に掲載された清田の評論文「詩における死者と行為」でも論じられている。「体験の記述がそのまま詩になることはあり得ないし、ぼくらの思想とも直接かかわるものではないように、体験が語られる素材である限り、人はいくばくの、体験の見聞をもつにとどまる」、「事件の見聞を所有しながら、事件に馴れ、事後承認と化する時《ママ》、生活の安全を手に入れるのだ」。「詩における死者と行為」の論点の一つは、出来事を「体験の見聞」「事件の見聞」として事後確認的に体系づけていく歴史中心主義への批判がある。

> いかなる体験も公共性に賦されて一行のキャッチフレーズと化し、体験の隠蔽された意味は解明されることなく忘れさらされる。いや、そもそも公共の地平で解明される体験などあり得ないのだ。自己の記憶の深みへ、視線を無限に吸いこむ闇の瞳孔へ執する時《ママ》、言葉を失ってうずくまる形こそが、さけがたく〈ぼくら〉と呼ばせる体験の陰影を保ったまま、深い律動をはらんで開示されるはずだ。

表現とはこの律動をはらんだ名づけがたい固形にアクションを導き入れることだし、ぼくらは陰影のざわめく深みに引きこまれながら律動に乗って行為する時、自分だけに原因をもつ〈現在〉のめくるめきのただ中で広さの感覚をずっしりにぎりしめる。深々と澄んだ理智の静謐と、強烈な赤の幻想を共存させる次元に表現の触発された地帯が横たわっているとすれば、そこへ誘致しながら離脱をもたらす流動を生きるのが、詩における行為だと云える。
[清田、一九六四、三四〜三五頁]

〈ぼくら〉という主語があたかも約束の地のように予定立てられてしまうとき、それはまさに言葉によって生きようとすることをやめてしまうだろう。〈ぼくら〉が到来するかどうかは、あくまでもいまはまだわからないという表現者の揺れと危機感のなかで、清田は言葉を行為として生きようとする。次の展開を未決定に保留し続けながら、「ぼく」の「成熟」した姿である〈ぼくら〉は到来するかもしれないが、しないかもしれないという予測不可能性、もしくは宙づりの感覚がそこにある。予測不可能というのは、未来がまだ何も決まっておらず、あらゆる可能性の広がりを有しているということでもある。それゆえ「広さの感覚をずっしりにぎりしめる」のである。〈ぼくら〉の実現の可能性／不可能性の両義性を〈現在〉において同時に所有しようとする記述の途上で、〈ぼくら〉はむしろ寓意的に表現されて、存在し続けているのである。

それゆえ、詩「成熟」においては、開け放たれたように「遠さのうちに叫びつづける声」を外に向かって発することによっては、「未来の鳥」は「触知」できないのである。的を絞って言い当てようとする叫びの声でもって、予感や危機感を一気に解体させてしまう方向ではなくて、「ぼくらの中に吊るされている言葉」や「おもむろに唇をついてかたられる言葉」をある行為の兆しとして予感し、叫びの一歩手前の地点において、清田は〈ぼくら〉を表現の可能性として生かし続けようとする。たとえ「願いごとたち」が「成熟」する日を見ることなく「朽ちゆく」のをただ見続けることに「憂い」があり、「いつになったら開示しよう」という記述者をせき立てるような苛立ちがあるにせよ、堰を切ったように叫ぶことは固く禁じられ、むしろ「ぼく」は苛立ちと危機感をつねに携えながら、「言葉を失ってうずくまる形」で、不在である〈ぼくら〉を待ちかまえ続けている。「ぼくら自身を存在へ開示しながら」。「叫びつづける声」をとどろかせて言葉を使い尽くし、危機感を解消した果てには、表現者が表現者である根拠は失われ、そこで待ち受けているのは言葉の枯渇と死しかない。

存在しないものを存在させようとする行為遂行的な表現は、〈ぼくら〉という存在が、現実に成就するかどうかという予定調和論とは無縁であり、〈いまーここ〉において夢をひそやかに確認し続けている持続的な行為のなかに、表現者を表現者として存在せしめる根拠がある。発話主体の根拠を問い始めるということ、つまり他者を希求するということは、それ自体がすでに政治的であり、いまとは異なる新しい未来を展望するために、清田は立ち尽くし、うずくまり、そして「何か」を待ちかまえているのである。

3　同定と離脱

清田が〈ぼくら〉という新しい共同性の予感を表現していく必然性をもう少し深く検討するためにも、多少迂回し、戯曲作品の『人類館』と、奥野路介、冨山一郎の研究に触れておきたい。戯曲『人類館』は、沖縄が日本に復帰して間もない一九七六年に初上演された。『人類館』に登場してくる調教師、男、女は、一人につき一人の役柄に完全に自己同定して演じるのではなくて、それぞれナショナリスト、皇軍将校、教師、娼婦、精神異常者、鉄血勤皇隊、郷土防衛隊、ひめゆり部隊、運動家などの複数の役柄と関係性を演じる。日本語が不得意な沖縄人を敵のスパイとして斬殺した帝国軍人こそが実は沖縄人であることが明らかになったり、再会した旧知の三人が沖縄語で語らいながら集団自決しかける場面に移り変わったり、戦場で学徒兵を引率する教師が戦後の復帰運動の指導者役に転じると、学徒兵役の男と女は復帰運動に動員される運動家に転じたり、調教される側だった男が最後に調教師になってしまうなど、まったく無関係に思われる役柄や、ときには対立しているはずの反対の立場の役柄にさえ憑依的に転身する。時間と空間を横切って複数の顔が隣接して登場してくるため、登場人物のアイデンティティは一貫性を欠き、ほとんど分裂しきっており、戯曲は変奏曲のように展開していく。

この複数性をめぐって考察したいのは、アイデンティティ克服論でも、パロディ論でもなく、あるいは転向論でもない。沖縄人を斬殺するような帝国軍人になった沖縄人も、斬殺された沖縄人も、支配者－被支配者、加害者－被害者、同化者－抵抗者などの二項対立のうち、どちらか一方だけの項に振り分けたり、同定したりすることができない。それぞれ異なる政治主体へ向かう人々の複数の経験を表現した役者三人の身振りは、お互いに反目し合っているというよりも、むしろ不可視的に隣り合い、連なっている。しかしこの連なりは、具体的経験の共有や言語の伝達を直接的に媒介にして集合し、結集しているわけではない。

党派的分断、あるいは意志のまとまりを喪失した精神障害を連想させるこの複数性は、マイノリティと称される人々が植民地主義のなかで生きのびていくためには、そのほとんどが植民地権力に直接対抗しようとするどころか、すんなりと位置を乗り換えて無頓着にどこにでも転がり込んでいく様相をうまく表している。そして結末的には、植民地権力と共犯化する位置になだれ込んでいく共同性が描かれている。ここで留意しておきたいのは、日本ナショナリズムという歴史的結果を取り上げて、それをもたらした原因を遡行的に探して出して批判することではなくて、あらゆるところへ恣意的に転がり込むように複数の主体を転戦していく過渡性と、そこにおける人々の現在性についてである。

このような問題意識を設定したときに重要なのは、植民地主義の共犯化に結実していった共同性を、事後確認的に、同化や皇民化の歴史の一色で塗りつぶしてしまうのではなく、このあらゆるところへという恣意性、予測不可能性、そして未決定性を現在において遡及的に蘇らせることだと考える。歴史記述の対象を生成途上の行為体のようにとらえたとき、たとえば奥野路介が、「廊下についで考えることはたぶんまず消尽点について考えることである」という書きだしとともに、廊下を通過していく時間の総量（＝歴史）を廊下の長さに見立てて、次のように書いているところは、非常に示唆に富んでいる。

この廊下は往路のない遠近法（パースペクティブ）である。それは近景から遠景へと続いているように見える。だが自身を往路のない不断のプロセスにあるものと見なすいじょう、われわれの「いまとここ（nunc et hic）」は過渡であり、とめどなく遠景に向かう過渡であって、遠景を実現する根拠ではない。（中略）つきあたりの壁の背後に予感される消尽点の存在こそ眼前の廊下を廊下としてわれわれの知覚のなかに成立させるのであり、ここでもやはりこの見えない消尽点が、過渡としての現在に根拠を付与するものとして遊歩する人を「牽いて」いる。その人は原因から結果の方角に歩いているのではない。結果の位置にあるものがじつは目的であり、遊歩に先行する原因であるとともに遊歩を可能にする条件でもある。〔奥野、一九九三、二四八頁〕

歴史記述で取り上げようとしている人物を、奥野の寓話のなかで廊下を遊歩している人物に置きかえてみたい。廊下を歩くという行為自体には、ある結末をもたらす根拠や原因は存在せず、その行為性を可能せしめている根拠や原因は、歩いて目指しているはるか彼方の到達目的地、つまり消尽点の方へと投げかけられている。目的が原因のように機能するとき、奥野はそれを「原因（cause）」ではなく、「目的因（final cause = telos）」と呼んでいる。しかし同時に、この消尽点は、遊歩者がそこに立つことを拒んでいることによって、それが行き止まりではないとも奥野はいう。「消尽点を見据える人の視線は停止しない。この視線はさらに前方をイメージしている」〔奥野、一九九三、二四九頁〕。長く続く廊下がはるか彼方の先で一点となって収斂していく消尽点から、ふたたび四方に広がり始める四角錐の空間は「間違いなく実在するにもかかわらずわれわれがその中に実在することは金輪際あり得ない」世界であり、遠くから視線を投げかけるしかない遊歩者にとってこのような世界は「反世界」「ついに在らざる場（u-topos）」「夢」〔奥野、一九九三、二四九頁〕、あるいは「永遠の「彼は誰」に立つなんらかの「神」」〔奥野、一九九三、二六〇頁〕と奥野は表現している。そしてファシズムを思考するということは、ファシズムを経験的な時代や場所のなかに押し込めることではなくて、「ながい時間の廊下を消尽点とその向こうのあの永遠の「彼は誰」に向けて徒労のうちに遊歩し続けることであり、遊歩し続ける人間の危険を、いちどは身にうけようとすることである」〔奥野、一九九三、二六〇頁〕と述べている。

この廊下の寓話を受けながら考えたいのは、歴史を分析する者の位置を分析対象の「いまとここ」の過渡的位置に重ねて配置しながら、歴史を分析していくという試みについてである。[★9]そのような分析的位置で要求されているのは、たとえば、人類館的なナショナリズムに行き着いた史的事実性を、文字通りにナショナリズム批判という言語行為によって、その積み上げられてきた歴史の連続性を遡及的に追認したり、ナショナリズムを生みだした特定の過去のなかに「原因」を探しだしたりすることではない。考えてみたいのは、ナショナリズムにたどり着いたゆえに単一直線的に連続していると「原因」づけられた過去の「起源（origin）」を、あらゆるところへ転がり込む契機を保持し、未来はまだ何も決まっていないような「始まり（beginning）」として、つまり「根拠」を欠いた「いまとここ」として読みかえ、生成途上の夢をふたたび書き開いていくことである。[★10]「遊歩し続ける人間の危険」を他者化せずに、記述者自身が「身にうけようとすること」が必要なのである。そして、人々の主体へのアイデンティフィケーションを、廊下を遊歩し続けている継続性、「いまとここ」というプロセスとして理解しておきたい。

★9　歴史にかかわろうとしているこのような記述者の位置性は、内部観測的な位置である。たとえば松野幸一郎は、以下のように述べている。「内部観測は観測が局所過程であることを自認しており、全体がいかなるものであるかについて事前に言及することを一切していない。内部観測は言語の統合機能にその礎を求めている点において超越論的ではない。その礎はあくまでも言語の内にある」［松野、二〇〇〇年、一九頁］。松野の述べている「内部観測が事後に作り上げたものでしかない」という「全体」こそ、事後確認的な歴史体系である。

行為や出来事が収斂していくと仮構されている消尽点の手前で常に始まりを想起するということは、過去の出来事を時間の了解構造体系（＝歴史）から解き放ち、危機感に満ちた行為性を蘇生させることでもある。そして何よりも、そのような始まりの場面は解釈に先行して不変的に存在しているのではなく、始まりを始まりとして遡及的に指し示し、解釈し、読み込んでいるのは、いま現在の分析者や記述者自身にほかならない。方法論的な観点から述べれば、記述者が歴史や文学のテクスト上でなすべきこととは、歴史批評、文学批評の名のもとで記述対象を他者化して切り離すことではなく、生成し続けている記述対象に寄り添いながら記述していくという試みである。寄り添うということは、記述者自身が記述対象とともに生成していくこと、記述対象の他者に転身していくことであり、「自分自身の時代が以前のある特定の時代と出会っている状況布置」［ベンヤミン、一九九五、六六四頁］において反－予定調和的に生きるということである。

以上で述べた問題を明瞭にするためにも、アイデンティフィケーション／自己同定（identification）をめぐって二つの問題意識を設定しておきたい。

第一点は、すでに多少述べたが、少なくともある人々とその政治的位置の結びつき、つまりアイデンティフィケーションは必ずしも自然的、必然的、絶対的な根拠に基づいているのではなく、恣意的で、過渡的であり、プロセスであるということ。言い方をかえれば、主体への同一化のプロセスは、ひたすら一方的に、無意識的にイデオロギーを受容し、同化（assimilation）することを意味しているのではなく、ある場面では主体化の運動と極力一致しようとするし、別の場面においては主体化から離反していくような、常に運動し続けている予測不可能な行為であるということを念頭に置いておきたい。規律やイデオロギーによって、ただ受け身的に支配されているだけの身体、つまりアイデンティフィケーションを無意識的な行為として一面的にとらえてしまうのではなく、規律による支配も受けているが、同時に外部世界を知覚していくような存在の可能性を残しておきたいのである。

しかし、ある場面で政治主体と一致しようとし、別の場面では離反するような人の行為のありようが、無意識的な同化とは異なるという説明でもって、個人の意志と責任倫理でアイデンティティの選択と移動を行なっているととらえてしまうのも早まった判断である。この第二点は最初の点と

★10 〈始まり (beginning)〉という概念と、その論議については、エドワード・サイードが『始まりの現象』で詳細に論じている。サイードは「始まり」と「始源」を概念上明確に区別したうえで、「始まり」とは「距離をおいて考えることの出来る観念とは異なり」、「すでに進行中の課題」であり、「最初は始まりにすぎず、何ものかへ向かっての準備なのであるが、それにもかかわらず、始まりを通りすぎないうちに多くのものをすでに蓄えている」[Said, 1975:13-14=1992:16]と述べている。本章が清田の叙述の中で考えたいポイントは、この取り残された「多くのもの」にかかわっている。また、「私の中心的興味は、とくにある始まりの結果として生じる意味に関して、始まりが内包するものを経験し定義しようと意識的になるとき、何が起きるかということである」[Said, 1975=1992:6]という同書でのサイードの問題意識を本稿は大幅に共有している。

も密接にかかわるが、位置の政治学（politics of location）が恣意的であるということは、自由意志によって任意的なアイデンティティを選別したり、位置の変換を自在に試みたりしているという意味には必ずしもならないし、仮に他者に対して意志表示を明確に行なったうえでのアイデンティフィケーションでさえ、はたしてそれを「人の意志」にもとづく行為や効果として取り扱うべきなのか、その判断には慎重さが要求されてくる。

ではアイデンティフィケーションとは、そもそも何のためのアイデンティフィケーションなのか。つまりある主体に自己同定を行なっていく根拠を、人の意志や決意に還元できないとすれば、その根拠をどのような形で論じうるのかという基本的な問題が取り残されたままである。「結果の位置にあるものがじつは目的であり、遊歩に先行する原因であるとともに遊歩を可能にする条件でもある」という廊下の寓話は、アイデンティフィケーションを可能せしめている根拠は、同定を行なっている行為者のイデオロギー性や、歴史的起源に文字通りに同定できるものではなくて、行為者が描いている未来や夢に差し向けられているということを示唆している。

たとえば、沖縄学の先駆者と位置づけられている伊波普猷が「琉球史の趨勢」で日清戦争直後の沖縄の社会状況について次のように述べた箇所は、この問題の所在をより明瞭に滲ませている。

何人も大勢に抗することは出来ぬ。自滅を欲しない人は之に従はねばならぬ。一人日本化し、二人日本化し、遂に日清戦争がかたづく頃にはかつて明治政府を罵った人々の口から帝

国万歳の声を聞くやうになりました。〔伊波、一九一一、一一三頁〕

「一人日本化し、二人日本化し」「帝国万歳の声」というナショナルな響きを持った伊波の発話は、そのまま彼自身の「意志」の問題として片付けられない別の問題、つまり暴力という問題を浮き彫りにしている。日清戦争（一八九四〜九五年）は明治日本による琉球藩廃止と沖縄県設置からわずか一五年後に起きており、旧王府の支配者層や知識人の間では頑固党（親中派）と開花党（親日派）に分かれた勢力同士の対立が依然として続いている。清国の南洋艦隊が廃藩置県後の沖縄を襲撃するという流言が広がったとき、当時沖縄尋常中学校の生徒であった伊波の中学や師範学校では日本軍を援護する義勇隊が組織され、射撃訓練が連日のように行なわれている。また旧薩摩藩出身者を中心にして日本の商人や官吏も、頑固党一派をはじめとした沖縄人の反乱に備えて武装自警団を組織している。沖縄尋常中学校での射撃訓練をめぐって「中学時代の思出」としか言及されていない伊波自身のテクストについて、冨山一郎は『暴力の予感』にて、次のように述べている。

義勇隊の中で銃を構えていたという経験は、直截な文体において表現されるのではなく、換喩的な表現に結びつきながら言葉を生みつづけることになる。それは、暴力が主題として登場しない伊波の作品から、暴力をどのように読み、記述するのかという問題でもあるだろう。死者のかたわらにいる者の言葉は、決して暴力を直接には表現しない。〔冨山、二〇〇二、一二六頁〕

いうまでもなく、射撃訓練の銃口は「敵」として想定されている清軍をはじめ、戦乱に乗じて謀反を起こすと見なされている沖縄人に向けられている。冨山は、日本ナショナリズムに傾倒していく伊波の言説を、自由な主体を前提にした伊波個人の意志や責任倫理には還元させずに、「殺された死体の傍らにいる者は、次の瞬間には共犯者として殺す側に立つかもしれない」、「殺されるという切迫感を回路にして殺される側への一体化が常に存在している」〔冨山、二〇〇二、一二頁〕と述べている。「帝国万歳」という「殺される側への一体化」、つまり帝国主体へのアイデンティフィケーションは、伊波個人の国家観などに原因づけて還元させるのではなく、「殺されるという切迫感」こそが論じられなければならないとしている。

しかし冨山の論述がさらに重要なのは、伊波のテクストが「暴力を直接には表現しない」という事実性をもって、伊波が自分でも気づきもしないような暴力の存在に侵蝕され、無意識のうちに同化しているというような一面的な理解を避けている点にあると思われる。つまりアイデンティフィケーションを無意識的な行為や効果としてとらえてしまうあまり、人の知覚の可能性をテクスト上から完全に消し去ってしまうようなことは避けながらも、アイデンティフィケーションという行為が、人の「意志」という説明では覆い尽くしきれないある過剰さを背負い込んでしまっていることが判明してきたとき、その過剰性をどのような文体において記述していくべきなのか、そしてその過剰性を読み取っているのは、何よりもテクストの読解者であり、記述者自身であるという問題設

定へと向かうのである。[★11]

冨山はこの過剰性について、制御不可能な力の存在に対して「身構える」という身体動作を表す動詞とともに、「予感する」という知覚動詞を設定して論じている。予感という知覚は、「それが何であるのか認識できないけれどもその存在を感知してしまうような、曖昧な知覚」〔冨山、二〇〇二、三四頁〕と述べている。[★12] またこの知覚は、認識対象のなかに点在している徴候から、来たる病を推し測ろうとする症候学的な認識形態と同一であり、徴候は病を治療する医者や、法による統治を招きかねないので、さしあたり予感という認識形態は医者や法の認識形態とも重なる。しかし冨山においては、徴候を、治療されるべき対象としてとらえるのではなく、むしろ「警句」(アフォリズム)として永続的に保持していくべき存在として設定されている。「新たな法に向かうことが予測される力の作動状況であると同時に、そこには予測には収斂しない統治とは別の力学の展開が、いいかえれば未来を別物として措定する好機が、常に存在する」〔冨山、二〇〇二、四〇頁〕。伊波普猷は殺されるかもしれないという暴力を予感するなかで、沖縄人が生きのびるために、沖縄の個性とその開花の可能性を叙述し続けたのである。それゆえ、「帝国万歳」の連呼によって、彼を単なる無意識的な日本ナショナリズムの共犯者に位置づけてしまうのではなく、囲われた帝国のなかから、伊波が記述を通して、沖縄の個性の開花を夢みようとし、そして沖縄人が生きていく意味を見いだそうとした伊波の知覚こそが論じられなければならないだろう。

伊波が感じ続けた暴力の予感は、戯曲『人類館』が作品のモチーフとした人類館事件にも深い影を落としている。一九〇三年の第五回内国勧業博覧会の会場外に設置された民間パビリオン「学術人類館」で「北海のアイヌ」「台湾の生蕃」「朝鮮人」とともに「琉球婦人」が展示されていることに対して、当時の琉球新報は「人類館を中止せしめよ」という社説を掲げ、「台湾の生蕃《せいばん》、北海道のアイヌ等と共に本県人を撰びたるは是我に対するの侮辱これより大なるあらんや」〔『琉球新報』一九〇三年四月一一日〕と抗議した。帝国日本が朝鮮半島、アイヌモシリ、台湾といった新たな領土を地理的に拡大していくなか、これらの地域では数多くの人々が軍事的な弾圧によって虐殺されたり、土地を追われたり、死の危機にさらされている。つまり弾圧死に一番近い位置にいる人々の隣に「琉球人」が同じように陳列されたのである。「侮辱」というのは、同じように殺されたくないという身振りだと言える。この事件をモチーフにした戯曲『人類館』で繰り広げられる沖縄人の皇民化、戦場動員、復帰運動などの複数の運動の基底にも、やはり同様の予感が入り交じっているが、同時に暴力からの解放の夢が込められている。そして解放の夢を見る人々の運動の傍らには、買春される女性、「精神病患者」、敵軍の「スパイ」として斬殺される郷土防衛隊員など、運動主体から排除されていった他者、逆に言えば、生きのびるための運動や動員を暴力的に引き起こしていく他者が隣接して存在しているのである。

このように運動や動員における人々を取り巻く過剰性をめぐっては、冨山が『近代日本社会と沖縄人』〔冨山、一九九〇〕『戦場の記憶』〔冨山、二〇〇六〕で扱った戦前期沖縄人の生活改善運動のこととも論点が幾分重なっている。沖縄の人々を駆り立てていった生活改善運動を強制的な皇民化や

同化政策の結果によるものとはせずに、「あるべき生活が生活道徳として受容された」［冨山、二〇〇

★11 「死者のかたわらにいる者の言葉は、決して暴力を直接には表現しない」という説明は、言い方をかえれば、記述対象のなかに暴力の存在を証明する明確な証言や史料を探し出してくることが本質的には不可能であるということを表している。しかしそもそもこの過剰性は、歴史中心主義的な観点から、伊波本人に本当に付着していたのかどうか、その証拠となるべき証言や史料を人類学的に探し集めてきて発見されるものではない。アイデンティティを分析するという行為は、分析者自身が歴史的過去を生きた人々との関係性に巻き込まれてしまっていることを意味し、分析自身がすでに歴史性を有している行為である。それゆえに、分析行為は分析主体自体を揺るがしかねないのであり、そこでは既存の歴史研究における分析者／分析対象の安定した関係性は、崩壊の危機に直面せざるを得ない。またそうであるがゆえに、アイデンティティを分析し、そして記述していく行為は、不可避的に分析者、記述者自身の知覚を問題化していくことにつながっていく。冨山が「予感」という知覚を、記述対象で取り上げられている人々だけが有している知覚としてとらえず、「予感という知覚は、全体主義を思考する奥野のものでも、戦争機械を思考するドゥルーズ＝ガタリのものでもあり、また私のものでもある」［冨山、二〇〇二、四五頁］と述べているのは、まさに前述の関係性を不断に問題化し続けているためである。

★12 「暴力の予感」の「予感」という言葉は、奥野の「未来の不確定性のなかにようやく恐怖をもって予感しはじめるなにがしかの「未知の地上権力」」という記述箇所から示唆を得た概念であると、冨山によって述べられている。

六、七八頁〕という観点から冨山は論じなおし、道徳として受容した人々の論理とは一体何だったのかを理解するために沖縄方言論争を取り上げている。この方言論争において、柳宗悦を中心とする日本民芸協会のメンバーが沖縄語の文化的価値の重要性を論拠にして標準語奨励運動に反対したのに対して、奨励派が多くを占める沖縄出身者の間では、沖縄語は劣等で負の価値をもった沖縄文化の一部として見なされていると同時に、当時多くの沖縄出身労働者が流入していた日本や南洋群島での沖縄差別を乗りこえて、成功するためには標準語奨励は「必要」だとの認識が沖縄人の間に広がっていた点を冨山は読み取っている。

（沖縄文化を劣等とする認識）に共通しているのは、それが県外流出における生活の「必要」という意図と並存している点である。すなわち、沖縄語払拭は「沖縄文化」を遅れたものと見なす価値基準にとって合理的であるばかりでなく、県外での差別を克服し成功するという目的を達成する戦略的手段としても合理的なのである。いわば、M・ウェーバーのいう価値合理性と目的合理性が一致しているのである。〔冨山、二〇〇六、七八頁〕（ ）は引用者

つまり沖縄文化が「今の日本に失われた純粋な日本らしい文化」「国宝的価値」とする柳たちの価値合理性には目的合理性が何一つ伴っていないのに対して、「日本人」になるという沖縄人の生活改善運動における主体化のありようは、「劣等」という価値性を絶対的な意味として内面化して

いくような一面的な運動ではなくて、「生活の「必要」に応じて対応する、生活者としての戦略的な主体が設定される」〔冨山、二〇〇六、八五頁〕としている。「戦略的な主体」という冨山の読み取りを通じて見えてくるのは、柳たちとは異なり、資本主義社会において「県外での差別を克服し成功する」という奨励派沖縄人たちが置かれている社会的な位置性と、権力と交渉しながら危機的な状況を切り抜けて、生きのびていこうとする知覚の存在である。

こうした平時における生活規律による主体化の運動が、戦時には軍律による主体化、つまり戦場動員へと受け継がれていく事態として『戦場の記憶』では沖縄戦が論じられている。冨山は、戦場各地で続発した日本軍の住民虐殺を契機に、平時から戦時まで協力してきた沖縄人の間から日本軍に対する強い恨みや怒りが噴出してくるとともに、「日本人になる」という主体化のプロセスから離脱していく新たな動きを読み取っている。

受け入れがたい運命を前にして、沖縄語を駆使してそれを切り抜ける防衛隊員。自決命令のなかで突然発せられる「リカ・シマンカイ」(さあ村へ帰ろう)。投降の相談、説得においいて使用される沖縄語。沖縄語での日本兵非難の会話。戦場で夜ごとくりかえされる琉球民謡の唄い。戦記において散見されるこうした沖縄語の世界は、生活改善運動において「道徳的犯罪」だとして禁止され、戦場においては「スパイ」の標識になっていた沖縄語での語りや唄いが、同じく戦場においてまさしく抵抗の言説として、登場したのである。〔冨山、二〇〇

六、一二三頁〕

戦場から人々が離れ、規律が崩壊していく混沌とした光景は、文字どおり「日本人」という主体と一致し続けようとする運動からの離脱を意味している。★13　しかし戦場において醸成された人々の混沌とした過剰性と離脱は、同時に新たな主体化を呼び込んだともいえる。つまりポストコロニアル状況としての戦後とは、主体から離脱していった人々を新たな主体編成と秩序のなかに取り込んで処理していく展開にほかならないからである。★14

戯曲『人類館』の終わりかけのところで、戦争で廃虚になった郷土を見渡しながら、調教師が次のように切り出す場面がある。「ご覧。見渡す限りの焼け野原だ。私たちの郷土は、文字通り焦土と化してしまった」。「何もありはしない。あるのは、焼けただれた土くれだけだ」〔知念、一九九四、一二八頁〕。しかし「焼け野原」「焦土」「焼けただれた土くれ」という廃虚となった土地の風景は、「新生沖縄県」「郷土の再建」「日本国民」「母なる祖国」へと続く。男と女が「祖国」へ去っていった後、一人取り残された調教師は胸の内から込み上げてくるものを吐き出すかのように叫ぶ。

……行ってしまった。誰も彼も行ってしまった。だが、これで良いのだ。
（空を見据えて）歴史が、真実繰り返されるものならば、未来よ！　何もかも焼き尽くして

滅びてしまうがいい！　おまえの似姿さながらに、しつらえられたこの額縁も、いずれは記

★13　同様に清田政信もやはり、戦場の村でこうした混沌とした出来事について語っている。少年時代に故郷の久米島で沖縄戦を経験した清田は、米軍の久米島上陸前に島のある女性が自決しかけたことに触れ、自分の生死を天皇制の國体に一致させようとする主体化のあり方を「民衆の存在のひずみ」［清田、一九七三a］と呼んでいるが、こうした主体形成と対比させて、家族全員で山中に戦時避難していたときの出来事を次のように記している。「私の父は村の人たちが山ごもりをしている時、米軍が行軍している道の側の畑で芋を掘っていた。弾薬に当たって子供たちが死ぬ前に、飢え死にしたのでは何のための避難かわからないではないか、と言って家と山を食料を運んで往復していた」［清田、一九七三a］。清田は、敵と味方に分かれた戦場のなかを食料を探しに出かけていった父親の行為に、戦場動員から離脱した人々の過剰性を読み取り、こうした過剰性を「家族が生きのびるところまでは生きのびようとする生活者の独自の思想」［清田、一九七三a］と述べている。

★14　この点について冨山は以下のように述べている。「山之内靖が整理したように、戦争の社会に及ぼす影響の不可逆性があるとしたら、それは戦争によりひきおこされた変化をその後どう制度化していくかにかかっているといえよう。とするなら、この戦場に固着した主体の処理こそ、制度化のプロセスであるといえる。逆に、かかる固着した主体こそ、制度化の流れを最深部で拒否する主体でもあり、これこそが安田武や橋川文三ら戦中派の個人主義的な実感主義にほかならない」［冨山、二〇〇六、一三〇頁］。

憶の底に沈んでしまうほかないのだ。

歴史は時として人を欺く。欺きつつ警鐘を鳴らし続けているのだ。

歴史が真実繰り返されるものならば、芋で綴られた人類の歴史もまた、終わる事はないだろう。〔知念、一九九四、一二八頁〕

戦後の時間がすでに先行していながら、調教師一人だけが戦争の廃虚のなかに取り残されて、立ち尽くしているような場面である。人々が廃虚のなかから「百万県民、島ぐるみ」でふたたび運動主体を立ち上げられていく傍らで、清田が土地闘争後の世界からなかなか歩み出せなかったように、やはり同じように佇立しているのである。解放の展望が開けてこず、「人を欺く」「繰り返されるもの」「終わる事はない」という同定と離脱を繰り返すマイノリティの歴史性には絶望するのだが、「終わる事はない」ということは、未来が何も決定されておらず、行き止まりではないということであり、いまだに植民地解放の夢に向かって廊下の途上に自分がいるということを告げている。それゆえ『人類館』という作品は、歴史がどれだけ人を欺き、絶望させようが、解放に込められた人々の夢を再び浮き上がらせようとする。こうした廊下の途上から、沖縄の日本復帰が現実味を持って迫ってくる時期に書かれた清田の叙述とともに再び考えてみよう。

4　帰還と脱出

清田政信の「帰還と脱出」は一九六八年九月に執筆され、翌年の一二月に沖大文学研究会より出版された『発想』第三号に掲載された。雑誌『現代の眼』の「編集者の求め」に応じて、中野好夫編『沖縄問題を考える』（一九六八年七月）を一部通読したうえで、沖縄の帰属問題に対する清田自身の批評が展開されている。★15 ちなみに「帰還と脱出」が記述される前年の一九六七年一一月一五日、日本の佐藤首相とアメリカのジョンソン大統領は、日米首脳会談において「両三年以内に返還の期日を決める」と共同声明を発表、沖縄の施政権返還の方針が決定されている。戦後沖縄の帰属問題がまさに日本復帰という結末に向かっていく途上のなかで、清田は「帰還と脱出」を書いていたのである。

戦前の沖縄人の皇民化、日本兵による沖縄住民虐殺、日本兵に対する沖縄人の怒り、戦後の沖縄独立論、全軍労（全沖縄軍労働組合連合会）、復帰運動をはじめとした六〇年代の新しい運動の興隆など、「帰還と脱出」では、沖縄人が近代の抑圧のなかを何とか生きのびようとしてきた様々な記憶が呼び起こされ、言及され、その時間感覚は錯綜としている。琉球からヤマト世、ヤマト世からアメリカ世、そしてアメリカ世からヤマト世へと、抑圧から離脱し（＝脱出）、生きのびていくための運動動員や主体形成（＝帰還）があり、そして再び鎮圧されて、また運動が再開されていくというような、帰還と脱出の反復した記憶を想い起こしながら、沖縄解放の夢を書き留めようとしている。

たとえば清田は次のように書き始めている。

> 復帰というからにはどこかに帰ることだ。それがたとえ自ら脱出した故郷や国だとしても、あるいは自らえらぶ行為とかかわりない外的な力による理不盡な分断にしても、現在おかれている情況からの脱出として志向されるかぎり、故郷や国からの脱出とみまがうほどの相貌を呈するとき未来に加担する行為となるだろう。復帰と脱出というさかむき《ママ》にはじきあう情況をV字形につき射さる支点にひきしぼって発動する論理が、母のふところに帰るという「民族感情」を止揚し、変革する支点となるだろう。したがって祖国に帰るのではない。母のように迎えてくれる祖国などはあり得ないはずだし、たとえあり得ても、それは故郷や国から脱出した者たちを受けいれるよりはうさんくさいよそ者として冷遇するのがおちだろう。市民社会ではその逆だとしても、思想はそれを転化してコンミュー《ママ》ンの共感域を不可視の情念として開示しうるだろう。ところで「祖国」とはなんだろう。沖縄には帰る「祖国」などないのではないか。一九四六年アメリカによって日本から分離されたときぼくらは「祖国」を失ったのではないか。〔清田、一九六九、三〇頁〕

軍事占領からの脱出が、日本復帰という新たな帰還を招き寄せてしまうなかで、清田はうずくまり、待ちかまえる位置において、詩「成熟」で見いだしたような「ぼくら」を読者に語りかけながら確認している。「ぼくらは「祖国」を失ったのではないか」と。主体と同定し、離脱し、そして離脱が新たな同定を引き起こしていく一歩前の地点で、つまり清田の言い方を借りれば、「V字形につき射さる支点」において、沖縄解放の夢を取り逃がさないように清田は書いているのである。いいかえれば、それは主体から離脱した過剰性を書き留めていく行為でもある。

たとえば、郷里の久米島の村で沖縄戦を経験した清田は、「わが少年時の体験」として、負傷して自分の村へ逃亡してきた本土出身の脱走兵と、戦闘終結後に自分の村へ戻ってきた帰還兵とが遭遇したときに村で起きた出来事を書いている。村には米軍がすでに進駐してきている。本土出身であるにもかかわらず、脱走兵が「敵」との戦闘を放棄して自分の家で母と姉の看病を受けて終戦を迎えた事実を知った帰還兵は、激しい怒りにかき立てられて脱走兵を殺害しようとするが、彼の家族や他の村人が帰還兵を何とか説得し、その怒りを押しとどめた。脱走兵は米軍が村から撤収した

★15 「帰還と脱出」は、もともと『現代の眼』の編集部の執筆依頼で書かれたが、「諸般の事情」によって当誌に掲載できなかったと「追記」が記されている。その後「帰還と脱出」は沖縄研究会編『沖縄解放への視角』〔田畑書店、一九七一年〕にも転載され、清田の批評作品集、『情念の力学』〔新星図書出版、一九八〇年〕にも所収された。『情念の力学』所収ではいくつかの修正箇所が点在しているが、引用、参照は基本的に『発想』から行ない、前後関係から推測して明らかに矛盾している場合や、誤解を与えかねないような表現箇所は、引用者の判断で『情念の力学』から引用を行なった。

後に日本へ帰ったという。

沖縄出身兵のこの怒りには、日本人から差別されるいわれがないということを示すために戦場動員に参加したのにかかわらず、「敵」と戦って当たり前とされている本土出身兵が戦闘を放棄した「裏切り」に対する反感が込められている。またこの感情は、前節で取り上げたように、戦場各地で頻発した沖縄住民虐殺、住民の集団自決直後の米軍への投降などの日本軍の「裏切り」によって噴出し、「日本人になる」という主体化から離脱していく際に醸成された同様な感情として理解する必要がある。久米島では、島に駐屯していた鹿山正海軍兵曹長率いる通信兵たちによって、「敵のスパイ」と見なされた村人が殺害されている。

帰還兵の怒りと暴力は脱走兵に差し向けられ、「同国人である民衆」の殺し合いに連なっているが、「帰還兵が殺そうとしたのは国家であるがそれが元兇を遡及する論理をもつとき〔中略〕国家を告発する論理がみちびきだせるのではないか」〔清田、一九六九、三三頁〕と清田は述べている。国家暴力を反復するのではなく、しかしだからといって帰還兵の暴力をただちに否認するのでもなく、主体化にかけた人々の夢が裏切られ、怒りと暴力を抱えて主体から溢れだしていった過剰な部分は、その後どこへ向かったのか。日本復帰を目の前に控えて清田が批判的に思考し、記憶に留めようとしているのは、まさに主体から離脱していったこの過剰性の行方にある。

軍隊は国家の意思を体現し、その意思を実践する組織であり、その軍隊からの脱走は文字どおり国家に対する最大の反逆を意味する。そして脱走兵は国家から脱出し、村に行き着いた。その一方でこの村は、主体のなかに賭けた夢が断ち切られ、怒りとともに主体から離反していった帰還兵の帰ってくる場所でもある。それゆえ、主体から脱出してさまよっている人々を受け入れる村と、主体から脱出した人々の帰るべき場所としての村、そこには二重の意味の村がある。

後者における村の経験とは、かつて軍に協力していた村が日本軍の「裏切り」によって軍との対決が不可避になってきたとき、協力から反軍へ移り変わっていったこととも対応している。冨山一郎は、日本軍の住民虐殺に反発した沖縄住民が「日本人」という主体から離脱していく過程を検討した際に、住民武装による反日本軍闘争の展開が準備されたことと、そこで「沖縄民族」という言説が登場してくる点について注目しているが、主体から離脱した人々の帰るべき場所としての村と、この「沖縄民族」は重なっていないだろうか〔冨山、二〇〇六、一二八〜一二九頁〕。またそれは、戦後の日本共産党の「沖縄民族の独立を祝う」「沖縄人は少数民族」〔『アカハタ』一九四六年三月六日〕という沖縄独立論や、日本と沖縄に進駐してきたアメリカ軍を解放軍と認知した解放軍規定とも重なってしまっていないだろうか。[★16] 新崎盛暉によれば、沖縄独立論や解放軍規定は日本共産党だけに限った認識ではなく、戦後初期の沖縄人民党や沖縄民主同盟にもこうした認識は広く共有されており、結成されたばかりの人民党は「日本軍閥を撃砕し沖縄人を解放したアメリカ軍に感謝」「日本政府に対し戦争被害の賠償金全支払要求」〔新崎、一九六八、二六頁〕という認識さえ有している。[★17] 戦時における主体からの離脱（脱出）は、戦後制度のなかで「沖縄民族」「沖縄独立」「米軍＝解放軍」という新たな政治主体を呼び込んだのである。

帰還兵にはカタルシスもないように村も解放されたのではない。この固有の体験の意味が、戦後の現実に生きられるとき、「解放軍」規定の誤りは明白だし、日本と沖縄の革新勢力は、戦後現実を批判する思想の有効性においても村の農夫の体験をこえることができなかった、とはおそらく言えるのだ（中略）以前からぼくなどが固執してきたのは、帰属感の未分化にある共同体の不可視性を安保の現実でどれだけあらわにし、組織しうるかということだ。★18〔清田、一九八〇、三四九～三五〇頁〕

清田においては、主体から離脱していったこの過剰性は、解放軍にも、日本にも同一化できるものではなく、そもそも問題にしようとしているのは、脱出した後に、再びどこかに帰還しようとする主体のあり方自身である。それゆえ清田は、主体化の一歩手前で何が押し殺され、忘却されようとしたのかを思考するのだ。たとえば負傷した脱走兵を介抱した母と姉がアメリカ軍に通報せずに脱走兵をかくまったのは、彼女らが日本の国民主体に同定し、そこに帰属していたからではなくて、むしろ、いかなる政治主体によっても代理し得なかったからである。脱走兵と帰還兵を同時に受け入れた村の共同性を、清田は「原情緒」〔清田、一九六九、三三頁〕と呼んでいる。

しかし、ここでは清田は、主体に同定するのは間違いで、離脱するのが正しいというようなアクチュアリティを欠いた議論を立てているわけではない。たとえば『沖縄問題を考える』の論者の一人である井上清は、人類館事件で浮き彫りになったアイヌ、台湾先住民などの他のマイノリティに対する沖縄人の激しい差別意識や、沖縄出身の皇軍兵と住民が戦争で本土出身者以上に猛烈に戦って大きな犠牲を払った歴史性に触れながら、「沖縄県人が「忠良な皇民」となることで差別からのがれようとしたのは悲劇的誤算」〔井上、一九六八、二三一頁〕と論じている。これに対して、清田は、「民衆がまもったのは共同体をなりたたせる原情緒の喚起であり、それは必ずしも「忠良な皇民」になることではない。（中略）ちなみに負傷兵をかくまわず、米軍に情報を提供しとれば「忠良な皇民」にならず、「悲劇的誤算」からまぬかれたか、というと必ずしもそうではないだろう」と批判している。清田においては、皇民化にせよ、戦場動員にせよ、人々が運動主体と同定していくような現実が存在するということが、議論の前提としてまずある。そして圧倒的に劣勢の位置にある人々が、

★16　日本共産党は第五回党大会（一九四六年二月二四日）で沖縄人連盟全国大会に「沖縄民族の独立を祝うメッセージ」を送り、「沖縄人は少数民族として抑圧されてきた民族であります」という見解を出している。
★17　独立論を主張した各政党は対日講和七原則が発表された時期から日本復帰論に転じていくが、「独立論的主張を明確に批判したうえで復帰（返還）論に移行したわけではない」〔新崎、一九六八、二六頁〕と新崎盛暉は指摘している。
★18　『発想』では「帰還兵と脱走兵にはカタルシスもないように……」〔清田、一九六九、三四頁〕の箇所が、『情念の力学』では「帰還兵にはカタルシスもないように……」に修正されている。

運動のプロセスで解放の夢を見てきたということと、また解放の夢を託された主体によって裏切られてきたということは、さしあたり矛盾し、対立し合う。帰還と脱出は「さかむき《ママ》にはじきあう」のである。しかし矛盾し、対立し合う両者を、「V字形につき射さる支点」において、清田は思考し、生きのびようとする人々の知覚を書き留めようとしている。彼はこうした知覚を「ラジカルな情念形成の予兆」［清田、一九八〇、三五一頁］と呼んだ。★19

「過去を歴史的に関連づけることは、それを「もともとあったとおりに」認識することではない。危機の瞬間にひらめくような回想を捉えることである」［ベンヤミン、一九六九、一一一頁］というベンヤミンの言葉は、敗北者たちの夢を、再びわたしたちの記憶のなかに甦らせる。敗北した歴史を「「もともとあったとおりに」認識する」だけなら、新たな共同性の予兆や前触れを感じ取る知覚が一切何も存在していなかったように、そこには、ただ抑圧された無抵抗の歴史しかないだろう。復帰運動が挫折していくなかで、沖縄県内では「沖縄の崩壊」が叫ばれ、それに条件反射するかのように「反復帰論」や「沖縄自立論」がにわかに活気を帯びてきた。復帰論はもちろん、崩壊論にも、自立論にも加勢することがなかった清田は、敗北を文字通りに崩壊や欠如としてしか捉えきられないところに、こうした思想の限界を早い段階で見抜いていたと言えよう。彼は、現在をもたらすことになった過去を想起し、単一直線的な時間軸を混乱させながら、可能態としての別の未来を――つまり〈ぼくら〉を――夢見ようとする。「危機の瞬間にひらめくような回想を捉える」とは、このような夢を見る知覚を終わりなく働かせることにほかならない。真の意味で「敗北」に抗するには、このような新たな知覚を作動させながら、夢の途上を遊歩し続ける以外にないのである。

★19 『発想』での「未来に創出される情念のヴォルシェヴィズム形成」〔清田、一九六九年、三四頁〕という箇所が、『情念の力学』では「未来に創出されるラジカルな情念形成」に修正されている。

参考文献

『アカハタ』一九四六年三月六日
新崎盛暉、一九六八、「沖縄「問題」の二十余年」中野好夫編『沖縄問題を考える』太平出版社
——、一九七六、『戦後沖縄史』日本評論社
ベンヤミン、ヴァルター、一九六九、「歴史哲学テーゼ」高原宏平・野村修訳『ベンヤミン著作集1 暴力批判論』晶文社
——、一九九五、『ベンヤミン・コレクション1 近代の意味』浅井健二郎・久保哲司訳、筑摩書房
知念正真、一九九四、「人類館」沖縄文学全集編集委員会編『沖縄文学全集 第一一巻』国書刊行会
Hardt, Michael, Negri, Antonio, 2000, *Empire*, Cambridge, Massachusetts: Harvard University Press.（＝二〇〇三、水嶋一憲・酒井隆史・浜邦彦・吉田俊実訳『〈帝国〉——グローバル化の世界秩序とマルチチュードの可能性』以文社）
井上清、一九六八、「日本歴史のなかの沖縄」中野好夫編『沖縄問題を考える』太平出版社
伊波普猷、一九一一、『古琉球』沖縄公論社
——、一九九八、『沖縄歴史物語 日本の縮図』平凡社
加藤哲郎・国場幸太郎編／解説、二〇〇四、『戦後初期沖縄解放運動資料集 第二巻 沖縄の非合法共産党資料（一九五三〜五七年）』不二出版

川満信一、一九八七、「わが沖縄・遺恨二十四年――死亡者台帳からの異議申し立て」『沖縄・自立と共生の思想「未来の縄文」へ架ける橋』海風社
清田政信、一九五九、「持論の試み　變革のイメージ」『琉大文学』第二巻第八号（通巻一八号）、琉球大学文芸部
――、一九六〇、「詩と体験の流域」『琉大文学』第二巻第一〇号（通巻二〇号）、琉球大学文芸部
――、一九六一a、「ザリ蟹といわれる男の詩篇」『琉大文学』第三巻第一号（通巻二一号）、琉球大学文芸部
――、一九六一b、「オブジェのへの転身」『琉大文学』第三巻第一号（通巻二一号）、琉球大学文芸部
――、一九六四、「詩における死者と行為」『琉大文学』第三巻第五号（第二五号）琉球大学文芸部
――、一九六六、「血液のメタフィジック」『琉大文学』第三巻第七号（第二七号）琉球大学文芸部
――、一九六七a、「詩的断想（Ⅲ）」『詩・現実』三号、詩・現実の会
――、一九六七b、「黒田喜夫論　――破極を超える視点」『琉大文学』第三巻第八号（第二八号）、琉球大学文芸部
――、一九六八、「谷川雁論」『詩・現実』五号、詩・現実の会
――、一九六九、「帰還と脱出」『発想』三号、沖大文学研究会
――、一九七〇、『清田政信詩集　光と風の対話』思潮社
――、一九七三a、「生活意識と上昇　天皇制に裏切られた悲劇」『沖縄タイムス』一九七三年一月二七日

――――、一九七三b、「眼の受難　――大岡信論」『詩・現実』七号、詩・現実の会
――――、一九八〇、『情念の力学 沖縄の詩 情況／絵画』新星図書出版
――――、一九八一、『抒情の浮域』沖積舎
――――、一九九二、「沖縄戦後詩史」沖縄文学全集編集委員会『沖縄文学全集　第一七巻　評論一』国書刊行会
清田政信・東風平恵典・島成夫・又吉真・川満信一・岡本定勝・田仲有、一九六三、「座談会　文学の自律性について」『琉大文学』第三巻第四号（第二四号）、琉球大学文芸部
栗原幸夫、一九八九、「転機を準備したもの――ごく私的な回想から」『インパクション』五九号、インパクト出版会
松原敏夫、一九七四、「廃墟の詩神　清田政信論」『群島』第四号、群島同人
松野幸一郎、二〇〇〇、『内部観測とは何か』青土社
宮城英定、一九九四、「イカロスの業火　――炎えるエロスと鎮めるタナトス」『脈』四九号、脈発行所
森宣雄・国場幸太郎編／解説、二〇〇五、『戦後初期沖縄解放運動資料集　第三巻　沖縄非合法共産党と奄美・日本（一九四四～六三年）』不二出版
中屋幸吉、一九七二、『名前よ立って歩け　中屋幸吉遺稿集　沖縄戦後世代の軌跡』三一書房
奥野路介、一九九三、「機械と純系　「全体主義」の回路とは何か――ヨハンセン・ユンガー・アーレント」『現代思想』第二一巻第二号、青土社

『琉球新報』一九〇三年四月一一日
Said, Edward W., 1985, *Beginnings: Intention & Method*, New York: Columbia University Press.（＝一九九二、山形和美・小林昌夫訳『始まりの現象――意図と方法』法政大学出版局）
新城兵一、一九七〇、「ザリ蟹といわれる男の詩編」『発想』四号、沖大文学研究会
――――、一九九三、『負荷と転位』脈発行所
冨山一郎、一九九一、『近代日本社会と沖縄人――「日本人になるということ」』日本経済評論社
――――、二〇〇二、『暴力の予感　伊波普猷における危機の問題』岩波書店
――――、二〇〇六、『戦場の記憶』日本経済評論社
鳥山淳、二〇〇四、「破綻する〈現実主義〉――「島ぐるみ闘争」へと転化する一つの潮流」法政大学沖縄文化研究所編『沖縄文化研究』三〇号、法政大学沖縄文化研究所
鳥山淳・国場幸太郎編／解説、二〇〇五、『戦後初期沖縄解放運動資料集　第一巻　米軍政下沖縄の人民党と社会運動（一九四七～五七年）』不二出版
鵜飼哲、一九九八、「ポストコロニアリズム――三つの問い」複数文化研究会編『〈複数文化〉のために』人文書院
山里章、一九六七、『逆流に抗して　沖縄学生運動史』琉球大学学生新聞会

この、平穏な時期に

東京タワージャックにおける富村順一の「狂気」をめぐって

冨山一郎
TOMIYAMA Ichiro

まだ武装闘争による植民地化の否認が行われていない時期には、有害な刺戟の総量が一定の限界を超えると、植民地原住民の防禦陣地は崩壊し、そのときこの人々の多くが、精神病院に入れられることとなる。したがって、植民地化の成功したかかる平穏な時期には、抑圧から直接生み出された精神病が常に厖大に存在する。［Fanon, 1961=1969:144］

1 鎮圧のあとで

鎮圧後の「平穏な時期」が状況を支配する中で、鎮圧された者たちを記述しようとする時、私はいかなる言葉を根拠に、こうした者たちを語ればよいのだろうか。何を反乱といい、何をもって鎮圧されたと考えればよいのだろうか。あるいは殺されていった死者たちを語る自分の営みと、鎮圧後の「平穏な時期」の中で生きる自分とを、どのように折り合いをつけていけばいいのだろうか。平穏が平穏ではなく、鎮圧後なのだとすれば、それはとりもなおさず「後」という時間が、強いられた時間であることを意味している。ポストコロニアル状況という設定が意味を持つとすれば、この言葉が、「平穏な時期」がいまだ継続する叛乱と鎮圧の中にあるということを開示していく作業と、密接にかかわっているからに他ならない。だがそれは、平穏に対して叛乱あるいは鎮圧を対峙させることではない。そこでは「平穏な時期」は、依然として確保され続けるであろう。ポストコロニアル状況という設定において重要なことは、既に「平穏な時期」を生きてしまった者が、生きることそれ自体において別の可能性を見出す営みなのであり、こうした営みの中において、言葉の果たすべき役割を引き受けることに他ならない。またこうした言葉の役割は、ある状況を対象化して客観的に分析するというより、記述者が記述者自身の生きる世界を別物に変えていくような作業であるだろう。

まず、民衆運動と呼ばれる叛乱が鎮圧されていくということは、どのようなことなのだろうかという問いから考えてみよう。あるいは叛乱とは、そもそも何か。こうした民衆運動をめぐる叛乱と鎮圧については、たとえば、運動の契機をどこまでも悟性的に考え、立ち上がった者たちの行動様式に合理的説明を加えようとする作法があるだろう。そしてその説明限界において、強固な意志をもった特別な人という変革者像が打ち立てられることになる。こうした人物が、合理的説明においては粉砕されるしかない最後の決起に立ち上がり、そしてやはり粉砕される。あるいは、説明できない領域に文化や規範を導入することで、つじつまをあわせる説明もあるかもしれない。こうなると鎮圧は、抵抗の源泉たる固有の文化の文化破壊へと置き換えられる。

だが、問題は運動という範疇であり、秩序に抗うといったとき、何をもって「抗う」と呼ぶのかということにあるのではないか。そしてもし秩序に抗うということが、「平穏な時期」の秩序を形成する力関係においてしか構想されないのなら、圧倒的弱勢の位置からの抵抗や解放の可能性は、すでに思考の外にあるのではないか。残された仕事は、せいぜいのところ、結果的に生じた力関係の移動を時系列的にトレースするだけに終わるのではないか。叛乱に対しては、鎮圧後の秩序を構成しているベクトル場においては表現されない力と、その力が牽引していく場所を見出していく必要があるのではないか。この作業はすぐさま、鎮圧された者たちを、どのような史料や残された言葉を根拠に記述するのかという問題に行き当たるだろう。そして、闘いや抵抗の言葉を拾い集め、叛乱と鎮圧を描き出すという作業自体に、「平穏な時期」における言葉の分類格子が、既に前提として入り込んでいるのではないか。多くの混乱した言葉を収集し、そこに抵抗や解放の筋道を想定しようとしたとき、同時にそこでは分析者が抵抗と考えるその前提自体が、問われているのではないだろうか。

たとえば安丸良夫は、結局のところ鎮圧され現状に復帰していった百姓一揆において、その熱狂的な「集団的オージー」に注目する。★1 常軌を逸した熱狂こそが、叛乱を生み出すのだ。だが安丸は、重ねて次のように述べている。

民衆の熱狂的な活動が、伝統的な共同体の祭りの中においてではなく、また、あらたな形態の祭り的オージーの中においてのみではなく、こうした敵対的階級関係を開示し、打ちこわしというたたかいを遂行するなかでこそ発揮されるものであったことに注意する必要がある。（傍点原文）［安丸、一九七四、二五四〜二五五頁］

安丸は、もとより変革者の合理的判断が民衆運動であるとみなしているのではない。だが同時に、常軌を逸した熱狂が民衆運動だといっているのでも、ない。安丸にとって民衆運動というカテゴリーは、合理的判断でも、合理性を越えた固有の心性にあるのでもなく、熱狂が「敵対的階級関係を開示」するという点に求められている。ここで促すべき注意は、この敵対関係は既存の力関係の分析において描かれる関係性や階級構造のような、悟性的に定義されている関係ではないということである。それは、あくまでも熱狂が「開示」する関係なのであり、理解しがたい行動に打って出た者こそが切り開く、別の現実なのだ。安丸のつけた傍点の強度を、読みすごしてはならないだ

★1　民衆運動史を研究する安丸良夫の叛乱についての記述については、別稿でも論じた［冨山、二〇〇四］。

ろう。したがって最大の焦点は、熱狂それ自体でも前提とされる敵対関係でもなく、関係を「開示」するという動詞にある。まただからこそ、この一揆にかかわる熱狂的な「オージー」について安丸は、次のような長い注釈をつけるのだ。

> 集団的オージーのこうした性格は、人類史を貫徹するものであると思われるが、ここでは、アルジェリアの民族解放闘争のなかできたえあげられたF・ファノンの分析を援用してみたい。フランスの植民地体制のもとにあったアルジェリアでは、鬱屈した抑圧性の増大のなかで、原住民の感情は「一触即発」の状態へとたかまってゆき、ヨーロッパ人の精神病理学者に原住民はヒステリーだと呼ばせるような状態になるのだが、そうした緊張状態が踊りと憑依《ポセシオン》のなかで一時的に解消されるのだ、とファノンはのべている。踊りは、「何でも許される自由な集い」であり、そこで、「蓄積されたリビドー、妨げられた攻撃性」が解消される。（中略）しかし、ファノンによれば、解放闘争の発展の中で、人々は自らを解放する闘争を実践的に推進するようになると、民衆のこれらの行為（憑依）によせる愛着が「奇妙に失われていく」のである。〔安丸、一九七四、二五九〜二六〇頁〕（　）は引用者。以下同様

精神病理学の対象でもある憑依は、どこまでも「一時的」であり、結局のところそれは収拾され、そして秩序は回復する。だがこの現状復帰のプロセスに、安丸はファノンに言及しながら別の可能

性を探ろうとするのだ。それは、確かに熱狂が失われていく鎮圧のプロセスでもあるが、その冷却はたんなる現状復帰ではない。またたたからといって、鎮圧後におとずれる秩序を前提にした上で測定される変動でもないのだ。それは、憑依こそが見出すことのできる新たな地平であり、熱狂はこの新たな地平へと流れ込んでいく。

ファノンは、安丸が引用している箇所において、憑依への愛着が「奇妙に失われていく」とした後、「原住民は現実的なものを発見し、自分の実践活動、暴力の行使、解放の企図を通して、現実を変えていくのである」と述べる [Fanon,1961=1969:36]。このファノンのいう「現実的なるもの (le reel)」の「発見」は、安丸のいう「開示」と重なるだろう。そして次の問題は、現実から見れば異常な熱狂が発見した別の現実的な敵対関係が、誰に、そしていかなる言葉によって、現実として開示されるのかということである。ここでも注意を促せば、発見し開示するという連なりの中で姿を現わすこれらの動詞の主語である登場人物を、鎮圧後の秩序における主体でもって充当してはならないということである。あるいはそれは、別の現実を知り、その存在を認めるということがどのような言葉による営みなのかということであるだろう。

悟性的な力関係の計算においては根拠を見出すことができない行動が、秩序に飲み込まれる一歩手前において発見した別の現実を、「平穏な時期」に内在する可能性として認めていこうと思う。鎮圧されることがわかりきっていた行動を、結局は負けてしまったという事後的な地点から評価するのではなく、別の現実への起点として見出そうと思うのだ。

2 「これ以外には方法がなかったのです」

既に鎮圧された現実の中で、叛乱に別の現実の可能性を認めることの困難さは、鎮圧後に登場する圧倒的な暴力の存在にもかかわっている。たとえば鎮圧後を支配する圧倒的な暴力の存在を前にして、構想される別の現実への一歩は、どのようなものなのだろうか。「もし解放が生命の危険を必要とするならば、支配も死への心理的恐怖を必要とするだろう」[Bulhan, 1985:121]。暴力が「平穏な時期」における秩序を維持しており、その暴力が生命にかかわることである以上、死を恐怖する主体は常に支配される主体であると、とりあえずいえるかもしれない。だがしかし、この支配される主体が溶解していく過程は、すぐさま既存の力関係において表現され、意味を獲得するわけではない。この恐怖からの離脱は、既存の関係の変更に反映されるとは限らないからである。この既存の秩序における主体の溶解とその溶解の秩序における意味づけとの間に隙間を設定することは、鎮圧後に叛乱の可能性を認めていく営みにかかわっている。また別の言い方をすれば、圧倒的な暴力への抵抗を効果や手段の問題にしないために、ぜひともこの隙間が必要なのである。

抵抗が効果や手段の問題になった時点で、すでに敗北が既存の力関係において刻印されることになる。また同時にその抵抗を行なう者は、負けるとわかっていても立ち上がった悲壮な叛乱者として、あるいは悟性的な計算が出来ない異常者として描かれていくだろう。だが重要なのは、尋常ではない者が行なう悲壮な決起を賞賛することではない。そうではなく、圧倒的な力による鎮圧状態においても、いいかえれば表面的にはベクトル量が固定してしまっているように見える場においても、この支配される主体の溶解は、すでに始まっているのであり、そこに別の現実への道筋を認めていくことではないだろうか。

一九三〇年沖縄県国頭村本部に生まれ、沖縄戦を生き延び、米軍物資の奪取をくり返し幾度も検挙され、一九五四年の沖縄刑務所の暴動に参加し、奄美を経て日本に密航し、鹿児島、宮崎、大阪、東京、北海道に移り住み、山谷で日雇い労働者として生きていた富村順一は、繰り返される米軍犯罪と基地の存続という現実の中で、警察の妨害に遭いながらも、沖縄問題、そして日本人と天皇の戦争責任を街頭にて訴え続けるが、一九七一年六月二六日、新宿駅にて街頭活動をなさんとする富村に対し、警察立会いの下で国士舘学生により殴る蹴るの暴行が加えられた。

> そうしてその後、私は日本においては、沖縄人民として沖縄問題を訴える自由がなかったわけです。だから私は、東京タワーにたてこもったわけです。〔富村、一九九三、一三〇頁〕

そして、国士舘学生と警察が一体となった弾圧の一一日後、富村は東京タワーに人質とともに立てこもる。

> これ以外には方法がなかったのです。〔富村、一九九三、一二五頁〕

富村順一の行動の意味は明確である。[★2]事前に計画を練り、シャツには「アメリカは沖縄よりゴーホーム」「日本人は沖縄のことに口を出すな」「天皇裕仁を絞首刑にせよ」「美智子も売春婦になってその罪をつぐなえ」と書き、展望台に子供がいた場合のためにチョコレートを二〇本用意し、米国人を人質に取ることだけを考え、居合わせた朝鮮人観光客を自らの行動を説明したあと解放し、未成年者を解放し、米国人に包丁を突きつけながらも、「殺しはしない」「自分の言いたいことを言うためにこれをやったんだ」と告げ、同時に「私は場合によっては皆さんに被害を与えんでも、私は死んでやる」と囁いた富村の闘いは、人に包丁を突きつけながらも殺意のある攻撃ではなく、圧倒的弱勢の位置にいる者が暴力的鎮圧の恐怖に耐えながら踏み出した行動といえるだろう［富村、一九九三、二四六〜二四七頁］。

またその行動の意味は、その後の獄中手記や公判闘争においても極めて明確に語りだされることになる。というよりも、この事後的に語りだされた主張において彼の行動は理解されることになったのだ。米国と結託して沖縄を支配する日本、沖縄を売り渡した天皇、沖縄戦において沖縄人と朝鮮人を虐殺した皇軍、頻発する米軍犯罪、ベトナムへの出撃……。その行動がいかに衝撃的であったとしても、あるいは賛同を得られないものであったとしても、獄中手記や法廷陳述において明らかになった富村の主張内容は明解であり、その行動も、この主張にそって理解されることになる。

こうした富村の主張に対して私は、すぐさま首肯することは出来ない。たとえば「売春婦になって罪をつぐなえ」という主張は、私には受け入れがたい。だが、今この小稿で行なおうとしていることは、こうした明確な主張内容をとりあげ、富村の行動をこうした内容に切り縮めた上で、その是非を論評することではない。すぐさま主張に賛同を表明したり批判を加えたりする前に、明確なそして判断しやすい主張として彼の行動を想定することにより何が消されていくのかという問題を、まずは考えたいのだ。

「平穏な時期」における圧倒的弱勢の位置における抵抗は、明確なるスローガンではなく、理解しがたい行動としても登場する。フセイン・A・ブルハンは、ファノンの暴力論を論じながら次のように述べる。

> 暴力を独占し、そこから利益を得ている者たちは、例によってその暴力を、必要であり、正当であり、すべての人の利益であると判断する。だがこうした社会秩序の暴力から自分を守ろうとするあらゆる動きは、恐怖の眼差しにさらされ、そして不法であるとみなされる。被抑圧者には、自己を守り権利を享受すべき正当な法も許されない。マルコムXが「あらゆ

★2　富村の東京タワーでの行動に対しては、その翌日から救援運動が開始されている。こうした救援運動の中で彼の行動がどのように意義付けられ、意味を派生していったのかという問題については、これから考えなければならない課題である。

る必然的な手段で」と自己防御を宣言したときのように、被抑圧者たちのリーダーによる自己防御にかかわるあらゆる見解は、スキャンダラスなもの、あるいは社会への脅威、さらには狂気に向かう人間の錯乱状態における叫びとして、すぐさま非難されることになる。[★3]

死への恐怖に抗いながら、秩序から離脱しはじめる者たちの行動は、了解しがたい狂気に向かう錯乱状態として非難（denounce）される。富村の行動もまた、「狂気のタワージャック」「犯人は精神異常か」という見出しで報道された。[★4] また秩序からの離脱へのこうした非難において、精神医療が大きな役割を果たすことはいうまでもない。狂気への非難はメディアによる表象ということだけではなく、なによりも精神医学という科学と医療という制度において物質化されているのだ。だがこの問題に入る前に、ここでブルハンのいう狂気に対しては、前述した安丸の「オージー」やファノンの「憑依」とかかわらせながら、更なる注釈が必要である。

狂気は、たんなるラベリングの問題ではない。いいかえれば、狂気は抵抗の主体に対する偽りの表象ではないのだ。狂気をめぐる表象が社会防衛に根ざしていることは確かだが、狂気をたんなる虚偽のレッテルとして理解する限り、その背後に真実として見出される抵抗主体は既存の秩序の中で明確に定義されることになる。またこうした作業は、偽りのレッテルの背後には抵抗の主体として解釈可能な存在が隠されているという思い込みにもとづいている。

だが、狂気が力として登場する時、その力を既成の秩序の中で定義したうえで測定し、その定義された力から演繹的に狂気の背後に隠されている抵抗の主体を想定し、それを狂気の代わりに当てはめた上で、狂気をその抵抗の主体へのレッテル貼りだとして指弾する作業には、抗うことそれ自体への問いかけが、あるいはいかなる言葉において抗うことが描かれるのかという問いかけが、完全に消失している。それは鎮圧後の秩序にもとづくベクトル場の範囲を、狂気にも拡大することでしかない。この認識の拡大においては、既存の秩序を前提にした抵抗主体が、すなわち勝ち目はないが強固な決意を持った抵抗主体が、偽りのレッテルである狂気の背後に見出されるだろう。その結果、勝ち目のない戦いに決起した者たちの位置には、狂気に代わって強固な決意が補塡されるだけである。だがしかし、偽りのレッテルの背後に闘う民衆を探そうとするこうした思い込みが裏切られ、そこには容易には了解し得ない混乱した言葉が存在するとしたらどうだろうか。更に解釈の精度を上げて、抵抗の主体をつきとめればよいのだろうか。それでも混乱した言葉は、更なる深部に放置されるだろう。

くりかえすが、問われているのは抵抗それ自体であり、何をもって抵抗と考えるのか、どのような言葉により抵抗を、そしてそれが開示する未来を語るのかという問題に他ならない。ブルハンが

★3 [Bulhan, 1985:121]。また、[冨山、一九九八] も参照。
★4 富村公判対策委員会・富村順一獄中手記編集委員会「読者の皆さんへ」[富村、一九九三]。

言及しているマルコムXの「あらゆる必然的な手段で（by any means necessary）」という一歩の意義は、武器の種類や武装の程度の問題でもなければ、狂気の背後に武装闘争を展開する冷徹な革命的決意が隠されているということでもない。強固な決意と手段としての武装というという考えからは、恐怖に抗いながら秩序から離脱する者たちが発見するある必然性、すなわち悟性的には必然化されない行動とそれが必然的な事態として浮かび上がる始まりの瞬間が、やはり見失われている。この始まりに現実を認めるということこそが、この「あらゆる必然的な手段で」という言葉を読む者に問われているのではないか。

包丁を持って立てこもるという直接行動が、その行動をおこした者自身の残した明確な政治的主張において説明される時、その行動は賛同か反対かを表明しうる極めて了解しやすい物語とともに提示されることになる。また「あらゆる必然的な手段で」という一歩は、決意に満ちた行為者による武装の問題として、了解されるだろう。あるいはこうした暴力的手段の排除として、狂気が持ち出されることだろう。またそこでは、主張は正しいがやり方が間違っているといった意図と手段にかかわる安易な区分法も登場するだろう。だが富村の行動において重要なのは、包丁を持って立てこもるという手段の是非なのだろうか。あるいは、明確に語りだされた政治的主張の正しさなのだろうか。行動が行為者の明確な主張において根拠をあたえられ、説明されることが、実は、熱狂が開示し憑依が発見する別の現実の登場を妨げているのではないか。

富村の主張は明白であり、その主張が表出される言葉を根拠にして、彼の行動は完全に理解可能である。だが、「これ以外には方法がなかった」という彼の行動が切り開いた地平は、明白な富村自身の主張や法廷陳述の再読においてのみ開示されるのだろうか。明確な法廷での意見陳述において政治の意味を構成することは、混乱した言葉のみが残されている行動を政治の外へと再度埋葬することにつながるのではないだろうか。この埋葬は、政治にかかわる二つの種類の言葉があるということでもなければ、一方を他方に還元するということで解決することでもないだろう。富村の行動とともに登場すべきは、この明確な運動の言葉においては想定できない領域から始まる未来なのではないか。私が考えたいのはこの点である。

3　狂気の体現者

ところで富村の行動を考える際、『現代の眼』（一九七一年五月）に掲載された岡本恵徳の「富村順一　沖縄民衆の怨念」は、重要な論点を提示する。冒頭は次のように始まる。

> 一九七〇年の七月八日、富村順一が東京タワーの展望台上で、米人に刃物を突きつけることで行なった〝告発〟は、在本土の沖縄出身者にとってもきわめて衝撃的なできごとであった。当時の新聞でも報道されたように、それは「気違い沙汰」とも狂気とも評されるところ

の、まさに〝常軌を逸した個人の行為〟と一見うけとられかねないものであった。その意味では、彼の行為自体は衝撃的なものであるとはいえ、この問題にかかわっていく人たちのそれぞれの内部にオリのように沈殿し、くりかえしふきあげてくるような重いものを持っているようには、最初見えなかった。★5［岡本、一九八一、一二二頁］

この書き出しは極めて重要である。「在本土の沖縄出身者」という名乗りとともに岡本が述べているのは、「衝撃」であり沈殿する「オリ」である。理解しがたい事件を岡本は、「狂気」として外に追いやるのではなく、まず衝撃として体内に取り込んだ。衝撃を受けたものは、衝撃の後に、衝撃を媒介にしながらその意味を探りだす。その意味はすぐさま了解することはできないが、衝撃は切り捨てられることなくオリとして体の内部に沈殿し、思考はそれを起点にゆっくりと始まるのだ。そしてこうした思考の中で、岡本は富村を「怨念の狂気の体現者」とよぶのである。

おそらく、みずからがそのひとりである沖縄の民衆の怨念を、みずからの存在するまぎれようもないあかしとして突出させ、そのことによって日常性による稀釈を拒絶するためには、富村はまさに怨念の狂気の体現者として、東京タワーの展望台に登らなければならなかった。［岡本 一九八一、一二三頁］

今こうした岡本の思考の展開を議論することが、目的なのではない。ただこの文章にかかわって、岡本の富村の行動にかかわる思考について新城郁夫が、それが岡本自身の「衝撃的存在＝怨念の狂気」［岡本、一九八一、一二三頁］に媒介されたものであり、そうであるが故に岡本は、富村の法廷陳述の主張を、まるで自分の陳述のように、より鮮明に論理化し再構成し、更にその先を描き出したのだと指摘している点は重要である[★6]［新城、二〇〇三b］。いいかえれば富村の行動は、「平穏な時期」を支配する分析的理性を突き破り、まずは衝撃として登場したのだ。だがその衝撃が、富村の法廷における主張の再読において描かれる時、いいかえれば明確なる主張を担う言葉たちにおいて描きなおされる時、やはり理解しやすい物語が動き出す。だが、先取りしていえば、富村の行動の衝撃が生み出した痕跡は、行為者の動機説明や法廷での意見陳述の内容により補塡されるものではないということだ。

何度もくりかえすが、富村の主張は明白である。その明白な主張を衝撃として受け取った岡本は、さらなる地平を切り開こうとしたのである。だがそれは、やはり、富村における狂気の問題ではない。またたからこそ、新城が「岡本は富村の狂気の言葉に自らのそれを癒合させながら、「沖縄人

★5　同論文は後に［岡本、一九八一］に所収。ここでは同書から引用する。
★6　新城は岡本の論述を「富村の言葉に寄り添いつつもその臨界を更に推し進め新たな局面を開示しようとしている」と述べる。［新城、二〇〇三b、一三七頁］。

であることから」の「告発」をそこにしのばせていると」と述べるとき〔新城、二〇〇三b、一三五頁〕、なされるべき狂気をめぐる批判作業が、新城においてオミットされていると思うのだ。そこでは岡本の衝撃と富村における狂気の問題が、一体のこととして安直に再解釈されている。

岡本が富村から受けた衝撃を富村の「怨念の狂気」として表現しなおしたことがもつ力をうけとめながらも、富村にかかわる狂気の問題を、岡本の「怨念の狂気」の中でのみ解釈してはならないと考える。極めて理知的な富村の法廷での意見陳述を根拠に抵抗を描くならば、富村における狂気の問題とは、明確な主張を押し隠すために貼られたレッテルということになり、隠されようとした真の主張こそ衝撃を生むということになる。また激しい告発を行なう言葉のみが脚光を浴びてしまうのなら、たとえ衝撃を媒介したとしても、人々は主張への賛同においてしか繋がることが出来なくなる。

ここで、もし主張がなければ、すなわち明確な意見として了解しうる言葉が残されていなければ、と仮想してみる必要があるだろう。後段で述べるように、もし、精神医学や精神医療の制度において幽閉され病状として分析された言葉しか鎮圧後には残されていなかったとしたら、どうなのだろうか。そして、この幽閉された言葉から反乱を、幽閉した制度批判とともに考えることこそが、「平穏な時期」においてなすべき行程なのではないか。このような行程の中で富村の行動を考えるためには、富村における狂気の問題を、彼の激しい主張と実力行動に置き換えてしまってはならないのではないか。

たとえば、一九七五年、当時皇太子だったアキヒトの沖縄来訪に抗議して、単身、嘉手納基地ゲートで自死した船本洲治は、一九七六年に大阪拘置所において虐殺されることになる鈴木國男が精神病院に措置入院させられたことをうけて支援活動（S闘争）を展開した。この支援への結集を呼びかけるために執筆した一九七二年二月八日の日付のある文書の中で、船本は幾度も富村順一に言及している。「全ての精神「異常」者ならびに「犯罪」者は、S闘争支援共闘会議に結集せよ！」という見出しを持つこの呼びかけ文では「S」という表現が使われている。この「S」について、鈴木國男を「個別S」としながら、次のように船本はいう。

それ（S）は、永山則夫であり、若松善紀であり、金嬉老であり、李珍宇であり、富村順一であり、むしろこれらの「有名人」というよりも、同じ背景の中で苦悶する、もっと無数の抑圧され虐げられた無告の人々のことである。〔船本、一九八五、二二頁〕

船本が列挙する一連の名前に富村が入れられるとき、その名前の連なりをどのように議論すべきなのだろうか。私が次に考えたいのは、この船本によって受け止められた富村の行動である。たとえばこの連なりには、精神鑑定を強要され、その上で一九七五年東京拘置所において死刑に処された「横須賀線電車爆破事件」の若松善紀がいる。恋人への憎悪により彼が仕掛けた爆弾は、一人を殺し、一三人に重軽傷を負わしたとされている。この事件と富村の行動が連なる水脈を考えようとするとき、法廷陳述における明確なる富村の主張を再構成し、「怨念の狂気の体現者」として岡本により語りだされた富村では、圧倒的に不十分ではないだろうか。それとも、若松のようなただの犯罪者として記憶されてしまう者たちは、明確な主張をする富村とは違うということなのだろうか。

狂気の問題を、倫理的正しさや了解しやすい主張に還元してはならないのだ。またそれは、運動における広がりを、明確な主張へのただの賛同サークルに切り縮めないためにも、また正しさを主張する個人をロマン化しないためにも、必要なことなのだ。だからこそ、富村の行動をめぐっては、とりえず別の水脈を想定しなければならない。

4　取調室

一九七六年の『新沖縄文学』（三十三号）に掲載された知念正真[★7]の戯曲『人類館』では、富村と彼の行動を暗示する記述が登場する。[★8]そして今注目したいのは、富村の行動から六年を経て刊行された戯曲『人類館』が、どのような場所に富村を再登場させたのかという点である。富村は戯曲において、二つの場面で登場する。一つは「取り調べ室」、今ひとつは「精神病院」である。新城がいうように戯曲『人類館』の場面設定は、「〈監獄〉的空間のアナロジー」であり、戯曲の展開の中で登場する「人類館」、「取り調べ室」、「精神病院」、「法廷」といった場面は、それぞれが閉塞した空間ではなく換喩的な連鎖の中におかれている〔新城、二〇〇三a、六五頁〕。この連鎖において、「取り調べ室」と「精神病院」に登場する富村の存在は、この二つの場面が個別の空間として固化するのを突き崩しながら、両者のつながりをそれぞれの場面において指し示す狂言回しのような連結機として登場している。まず「取り調べ室」の場面である。

調教師　なめるんじゃねぇ、富村。貴様の腹はよめているんだぞ。何もかもお見通しなんだ！　さぁ、妙な小細工をしないで、何もかも吐いてしまえ。
何が目的なんだ！　誰に頼まれた！

男　……私は、……帝国主義とは、何か……、民主主義とか、社会主義とか……、私には何もわかりませんです。

調教師　だったら、何故、あんな大それたことをしたんだ？　誰に頼まれた？

★7　戯曲の署名は知念正真ではなく、ちねん・せいしん、となっている。
★8　この富村の記述は、いくつかの転載の後に消えている。この変更が何を意味するのか、あるいは富村にかかわる表現がこの戯曲全体にどのようにかかわるのかということについては、その上演空間も含めてこれから検討する必要があるだろう。

男　……。

調教師　包み隠さず、白状するんだ。

何をひがんで、あんな大それた事を考えついたんだ？

男　……私は、何ひとつひがむことなく、毎日を楽しく送っておりましたが、私が小学校三年の時です。ズボンがやぶけて、シリが見えるので、私はお友達と学校へ並んで行かずに、ひとりで、裏門《ウダ》を通りました。そのところを仲宗根先生に見つかり、「何故君は本門を通り、天皇へイカに、サイケイデイをしないのか」と、学校の先生をはじめ、学友たちにも、ふんだり、けえたりやらでました。そのことで、私は学校にいかなくなりました。

調教師　（極度に脅えて）き、貴様ァ……

男　（淡々と）申し遅れましたが、無条件でタワーから降ろした朝鮮人の若い人が私について来て、何度も何度も「朝鮮マンセイ、沖縄マンセイ」と言っておりました。

調教師　……反乱だ。暴動だ！

ここでの「男」の発言は、明らかに富村の獄中手記における「帝国主義とは何か」という表題のついた一九七一年一〇月八日の手記［富村、一九九三、二一二頁］や、一九七〇年一一月二六日の「米軍沖縄上陸」［富村、一九九三、二一一頁］のそれぞれが、対応している。また、犯罪動機を探ろうとする「調教師」に対し、自らに刻印された全歴史を表現しようとする「男」の応答は、刑事事件として処理しようとする法廷に対し「沖縄人民」として自らの行動の意味を主張した富村自身の法廷闘争にも直結するだろう。またそれは富村が、第九回の公判の最後に、「沖縄では基本六法は紙くずであります」〔富村、一九九三、二五七頁〕と発言したこととも かかわる。すなわち、日本という国の治外法権の場所として、また問答無用の布令・布告において統治された場所として刻まれてきた歴史を、日本の刑法において解釈し、犯罪として処理していくプロセスこそ、この法廷に他ならない。そこでの要点は、犯罪の成否をめぐる法的判断ではなく、法の適用それ自体にあるのであり、次に考えなければならないことは、こうした歴史の法への圧縮と簒奪において、いかなる暴力が作動しているのかということだ。

そして戯曲では、次にこの「男」を「精神病院」に登場させる。そこでは、「本日は当精神病院へ、ようこそお越し下さいました」から始まる「調教師」の長い一人語りに、「天皇の人民裁判を要求する！」「天皇は戦争責任をとれ！」「沖縄の血の叫びを聞け！」「正田美智子も売春婦になれ！」という叫びが挿入されている。この叫びが、富村の行動を念頭においたものであることは明らかだ。さらに、この「精神病院」の場面において「調教師」が語りだすのは、沖縄の「精神病患者」の多さであり、それを「歴史の展開点において、常に彼らが精神の最も奥深い所、すなわち、魂の深淵において、苦悩しているからであります」としたうえで「戦争後遺症患者」と呼ぶのである。[★9]

戯曲『人類館』では、富村順一は司法にかかわる「取り調べ室」と医療に関わる「精神病院」を横断する存在である。しかもその横断の中で、かつての戦場と継続中のベトナム戦争が戦争神経症として不断に想起されている。ここでは富村の行動は、さまざまな事象をつなぐターミナルのようだ。この戯曲『人類館』が描き出した富村をめぐる連鎖の広がりを受けとめながら、もう一度富村にとっての狂気をとりあげよう。

五月一三日の日誌より／琉球大学教授は富村を怨念との狂人と云う。／沖青委の松島さんが現代の眼を差し入れ、何故に私は狂人なのか、私の様な狂人が沖縄問題を主張する前に私に狂人と云う、知識人は、なぜ沖縄人民の権利を主張しないのか、正常な人間は、知能のひくい私の様な人間が理論的に沖縄人民の権利を訴える事が出来ないから、刃物により、表現した事をたんなる狂人で解決すべきか、報道関ケイ者も狂人と云う前にゴマカシの無い眼で正当な立場から沖縄問題を報道すべきでないか。／私を狂人と云う警察、検事達は狂人には人権がないと考えているのではないか。正常な人間や知識人が正当な正しい政治を行わないから、私の様な狂人が正当な権利を主張するのでないか。だが狂人も人間としての権利がある。狂人が自分の権利を主張しない前に、正常な人間は狂人の権利を保ゴすべきでないか。／正常な人間よ、しいかりして下さいよ。〔富村、一九九三、一〇九頁〕

再度、岡本と富村の関係に立ち戻らなければならない。そして今考えたいのは、岡本が切り開いた「怨念の狂気」という地平の意義をうけとめながらも、富村の狂気をそこに委ねてしまわない作業である。たとえば富村と岡本の共振を探ろうとした新城郁夫は、この引用部分について次のように述べている。

そこに見出されるべきは、法体系のなかで他者化される「狂人」というポジションを敢えて選んでみせるという論理の発言であり、狂人をはじめとして、心身障害者、在日外国人、性的マイノリティーといった法体系にとっての他者を生み出すことで法そのものを強化し維持させていこうとする〈法の暴力〉それ自体を、自らを「他者」化することを通じて露呈させていこうとする知性的な意思である。［新城、二〇〇三b、一三三頁］

ここには、批判的に検討しなければならない重要な論点が出されている。それは法という問題で

★9　このいわゆる戦争神経症をめぐる一つの焦点は、一九六六年に沖縄で初めて行なわれた「精神衛生実態調査」をどのように批判的に考えるのかという問題であり、またそこでは、病状にされてしまった言葉を、沖縄戦にかかわる記憶としてどのように語りなおすのかということが問われなければならないだろう。本稿とのかかわりで述べるなら、歴史家にとって聞き取りやすい語りと、病状の言葉が並んでいるわけではないのだ。この区分そのものが問題なのだ。［冨山、二〇〇六］を参照。

あり、新城がいう「狂人」を選び取るという問題である。だが付け加えるなら、狂気は法外に位置しているのでは、断じてないということだ。重要なのは選び取る、あるいは選ばないということがいかなる事態なのかという検討を、制度批判とともに進めなければならないということであり、富村にとっての狂気の問題は、この点を凝視しながら議論を進めなければならない。くりかえすがそれは、すぐさま岡本の「怨念の狂気」とは重ならない水脈へと向かう作業にもなるだろう。

先に引用した富村の「日誌」に登場する、「私を狂人と云う警察、検事達は狂人には人権がないと考えているのではないか」というときの狂人を、制度批判とともに考えていくには、岡本の衝撃に繋げるのではなく、富村が尋問を受ける取調室にこの「狂人」を引き戻して読まれなくてはならないだろう。富村が警察や検察に狂人と呼ばれる時、そこでは何が作動しているのか。いかなる暴力が予感されているのだろうか。新城のいう富村は何を選び取ったのかという問いは、極めて具体的な暴力の作動や制度において確定しなければならない問題であり、先取りして言えば、「選び取る」という動詞を用いることの適切さも同時に問われるだろう。そしてこの「日誌」の記述は、逮捕時の取調室の状況をつづった別の箇所と合わせて読む必要がある。しかも極めて事実確認的に。

(検事は)まず私の顔を見るなり医官が居るから医官にみせて、その後で取調べをすると言って居り、私の主張を頭から受け入れてくれず、とう〳〵検事は私を取調べする事が出来ず、何一つ聞きもせず、私を警察に帰しました。そして検事と警察一体になり私を無理矢理に、気違いとしてどんでもないところに送りこむジュンびをして居りまして、又私に刑務所に行くよりその方が君に取り、くらし良いかわからないと言い、検事と警察は公判などする方法はして居りませんでした。〔富村、一九九三、九二頁〕

ここで言及されているのは、精神鑑定である。この精神鑑定にかかわる状況は、一九七〇年一一月一八日の第四回公判における富村の意見陳述における、「警察署側は、私がいくなり「富村・てめえ・何だなあ・頭ちょっと冷して、病院へ行って又、行ったら早く出られるし、これは裁判したんじゃおそくなってしまうぞ」こう言う」という発言でも確認できるだろう。★10 取調室で検察官が富村を狂人と名指すことは、マスコミにおける表象やラベリングということではない。そこには、刑法第三九条の「心神喪失者の行為は罰しない」にかかわる起訴前司法精神鑑定と、一九六五年に「改正」された精神衛生法の定める措置入院がまずもって想定されなければならない。すなわち取調室での狂気は、刑法から精神衛生法への法のスライドの問題であり、同時にそれは、刑法と医療にかかわる法という、がんらい性格の異なる二つの法体系が織り成す一連の権力の作動の問題である。またこの富村の記述からは、検察官がいわゆる起訴便宜主義にもとづき、当初から富村に対しては裁判ではなく措置入院を考えていたことが見えてくる。この検察官の判断は、狂気の封じ込めとい

★10　富村「第四回公判意見陳述」〔富村、一九九三、二四五頁〕。

うことではなく、富村公判対策委員会が「公判闘争経過報告」で指摘しているように、天皇批判が裁判で登場する事態に対する、検察の保身も含めた封殺と考えるべきことだと思われる。★11 これが、富村の取調室における狂気の問題だ。

岡本の文章を読んだ富村が、「何故に私は狂人なのか」といいながら狂人から自らを引き離そうし、また他方で、「正常な人間や知識人が正当な正しい政治を行わないから、私の様な狂人が正当な権利を主張するのでないか」といいながら狂人である自分を引き受けようとする時、そこからまずもって感得されるべきは、富村が法外に位置する狂人の位置を選び取っているかどうかではなく、富村にとって狂人は、自分ではないがすぐ傍らの場所に精神鑑定という制度により定義された存在であるということだ。彼の言葉は狂気の言葉ではないし、彼も狂人ではない。だがしかし、狂人に作動している暴力は、既に他人事ではない。次の瞬間には、富村に襲い掛かるべく待機している。富村はこの暴力を予感したのだ。この切迫した状況、そしていまだ決着がついていない状況の中で、富村は狂人から身をはがそうとし、またそれを引き受けようとして身構えているのである。そしてここでいう狂気や暴力とは、まずもって精神鑑定と「改正」精神衛生法の作動の問題なのだ。狂気は狂気として富村の現前にあるのではない。取調室においてはあくまでも法や制度として登場するのである。そしてこの法や制度は、富村の叛乱を語る言葉の在り処に決定的にかかわる。

5　精神鑑定

一九六四年三月二四日、米国駐日大使エドウィン・O・ライシャワーが刺された事件を受けて、一九六五年になされた精神衛生法の「改正」は、精神疾患を持つ人々を日常的に地域社会において登録し、監視し、通報制度の拡大により強制的に措置入院に処することを推進するものである。また同法の「改正」では、病院を中心とした医療制度と警察制度が緊密に連携していくことが定められている。いうまでもなくそこには、精神疾患と刑法上の犯罪を関連付けようとする考えが底流にあり、この動きは七〇年代に焦点になる刑法「改正」、保安処分へとつながっていき、現在の心神喪失者等医療観察法に至る。またこうした精神医療を媒介とした地域管理体制は、一九七〇年の大阪での万博や沖縄での海洋博における治安管理として具現していくことになった。[★12] 取調室において富村の前に登場した精神鑑定と措置入院は、医療と警察、あるいは司法が急接近するなかで登場した制度に他ならない。また、先に述べた船本洲治の「S闘争」が示すように、こうした「改正」精神衛生法において目指された地域管理体制において、富村が生活をしていた寄せ場は一つの焦点になる。

沖縄から日本の大都市地域への人の移動は、一九六〇年代を通して急増する。とりわけ一九六〇

★11　富村公判対策委員会「公判闘争経過報告」〔富村、一九九三、二二四頁〕。

年代後半は、その増加が著しい。★13 新規学卒者の場合は集団就職という形をとったが、何度かの転職の後に寄せ場に向かった者も多い。富村同様に、生き延びるために沖縄を後にした者は、一九六〇年代後半に急増するのだ。こうした地下水脈に広がっていく人々とともに、富村がいる。

「K」もその一人だ。沖縄の北部で生まれた「K」は、一八歳になった一九六六年に大阪の中小企業に就職し、その後転職を重ね、沖縄、神奈川を移動しながら、何度か傷害事件を起こした。一九七二年四月、東京で運転助手として働いていた際、雇用主を切りつけ、殺人未遂の容疑で逮捕され、起訴前精神鑑定の後に不起訴になり、措置入院となった。★14 あるいは一九六八年、宮古島から大阪に集団就職した「Y」がいる。「Y」は劣悪な労働条件の中で郷里と大阪を往復しながら職を転々とし、差別的暴言を浴びせた元雇用者宅に放火し、放火と殺人の容疑で逮捕され、大阪拘置所内で自死した。★15 一九六〇年代に急増した沖縄からの人々の流れという一つの地下水脈の上に、個別の「K」や「Y」がいる。

★12　一九五〇年に施行された精神衛生法は、沖縄では、一九六〇年に琉球政府によりほぼ同じ法が施行されている。また一九七五年の沖縄海洋博をめぐっては、当時皇太子であったアキヒトの来沖にともない、精神疾患を持つ人たちのリストアップがなされ、予防拘禁が行なわれようとした。〔島、一九八二、一六一〜一六二頁〕を参照。またこうした海洋博における治安管理と関連して、一九七〇年、厚生省は「人口過密な都市その他の地域」において、「精神障害者の実態を把握」

するための個人カード作成の指示を「精神衛生特別都市対策要項」として取りまとめており、さらに大阪万博では「日本万国博覧会会場における精神障害者またはその疑いのある者に対する取り扱い要項」を大阪府衛生部長通達として作成し、警察官通報と措置入院の連携を促している。こうしたことは国体開催や天皇が動くたびに各地で引き起こされていく。［野波、一九七二］を参照。日本社会におけるこうした治安管理の動きと、布令・布告において統治された「復帰前」の沖縄における状況をどのような連関において考えるかということについては、あらためて検討したいが、地域管理体制の強化が、様々な場所で同時並行的に展開していたことは確かだろう。富村への精神鑑定も、こうした治安管理の経緯と個別の場所を越えた広がりの中で登場したものである。

★13 ［冨山、一九九一、一二三八頁］の表1および表2を参照。とりあえず数値だけ述べれば、沖縄の流出人口は一九五五年から一九六〇年においては四八六六九人だったのが、一九六五年から一九七〇年においては六万五六三七人に膨張している。

★14 「K」はその後、二人を殺害する。［野田、二〇〇二］所収の「事例11」。また野田によれば、この「事件」は法務省が保安処分の必要を示す事例として取り上げられているという。

★15 「Y」をめぐっては、関西を中心にすぐさま救援運動が展開する。この「Y」をめぐる救援運動の重要性をどのような場で、どのような言葉で考えるべきなのかということについては、本稿での富村をめぐる議論も含め、これから取り組むが、そこでも私は、「Y」と「K」が同時に語られる道筋を求めていきたいと思う。また「Y」をめぐっては多くの文書が残されているが、ここでは［大阪人権博物館、二〇〇〇、七六〜七九頁］をあげておく。

「K」は精神鑑定を受け、「Y」は受けていない。だがこの者たちが刻み、刻まれた痕跡に眼をこらす時、両者は、同時に語られなければならない。そしてその際、富村が明確な主張を持たず、彼の言葉が精神鑑定にかけられ精神疾患の症状として分析されることを仮想してみることが、やはり必要なのではないか。富村の傍らには、「Y」も「K」もいるのだ。この富村と「Y」や「K」との繋がりは、どのような言葉において発見され、存在の根拠を獲得するのだろうか。ここに精神鑑定という制度の問題がある。

近代刑法においては、行為者自身の過去の行為への証言が責任能力の問題と絡んで、決定的に重視される。[★16] こうした中で刑法第三九条にかかわる精神鑑定とは、いかなる言葉を証言としてみなすのかということについての判断に他ならない。つまり、言葉が生み出す意味内容にもとづく賛否や司法的判断ではなく、いかなる言葉を意味のある言葉として定義するのかという言葉の分類作業を行なうのである。この分類は当然ながら法廷の領域を確定するのであるが、それにもかかわらずこの分類は、司法的判断ではなく、医学という科学的真理にもとづいた鑑定として遂行される。

M・フーコーが一九七四年にコレージュ・ド・フランスの講義で行なった精神鑑定にかかわる考察も、この点にかかわる。すなわち司法の領域を、言葉への科学的区分において縁取り、司法自身を存立させる制度こそ精神鑑定なのであり、その鑑定は、「自らに固有の真理と権力の諸効果を備えるような言表、司法的真理の生産における超合法的とでも呼ぶべきものを備える言表」であり、その「超合法」性は、「正義を決定するためにしつらえられた制度と真理を言表する資格を持った制度とが互いに出会うような地点」に登場するのである［Foucault, 1999=2002:13］。真理の名のもとにおいて言葉を区分する精神鑑定は、有罪か無罪かという司法的判断を超えて、法的秩序の根幹を形成する制度なのである。

だからこそ、富村の行動を彼の明確なる法廷陳述の言葉において意義付けることは、既にこの精神鑑定という制度を前提にしていることになる。また精神鑑定が担う言葉の分類は、法廷内部のことだけではない。すなわち問われているのは、鎮圧後の「平穏な時期」に開廷される法廷において資格が与えられた言葉により、その叛乱は記述できるのか、という問題だ。またこの言葉の区分への批判的検討は、精神鑑定にかけられた「K」とかけられなかった「Y」を繋げていく言葉の在り

★16　またこうした意思と行為を一体化した近代刑法における人格規定は、自由意志にもとづく契約においてこそ行為（労働）は商品として交換され、したがって意思の表示と契約の履行としての行為（労働）を一体のものとして設定することにおいてこそ資本制が成立するということと関係する。逆にいえば、意思の表示と行為が一体化しないような人間は、極めて厄介な存在ということになり、乱暴にいえば、精神鑑定という制度により支えられているのは、労働力が商品として流通することを押し通さざるを得ない資本制に他ならない。さらにいいかえれば、社会的に承認される意志は、既に鑑定にかけられた後の結果なのであり、この不断の鑑定の中で私たちは生きているのである。こうした刑法における精神鑑定については、言語行為からいかに制度批判を行なうのかという問題として、改めて検討したい。

処にかかわっている。

では鑑定の結果、司法のプロセスからはずされた言葉はどこに向かうのか。確かにこうした言葉たちは狂気として扱われるのだが、ここでいう狂気とは、言葉には常に了解不能な前言説的な領域がまとわりついているという解釈学的設定では、ない。あるいは言語的秩序の背後には現実的なる存在が潜んでいるという精神分析学的問題でもない。了解できる言葉と狂気の言葉が、卓上に並んで解釈を待っているわけではないのであり、このことは、ファノンのいう「現実的なるもの（le reel）」を「発見」するということを、言語解釈にすり替えてしまわないためにも確認しておく必要があるだろう。そして鑑定の結果、司法のプロセスから外れた言葉には、次の展開が準備されている。すなわち言葉を個人の病状として分析するという対処法である。それは同時に、がんらい司法的判断において審議すべき行為を、個人の病状とみなすことでもある。

精神鑑定は、行為から行動様式へ、犯罪から存在様式への移行を可能にし、そしてその存在様式を、まさしく犯罪そのものとして、ただし、いわば一人の個人の行動様式のなかで一般性の状態にある犯罪そのものとして、出現させるのです。［Foucault, 1999=2002:18］

そして存在様式としての病状、存在様式としての犯罪には、治療と同時に司法的判断を越えた断罪が下されることになるのだ。真理の名の下に言葉を症状として分析し、治療の名の下に司法的判断を超えて断罪する。フーコーはそこに「医学的でも司法的でもない、全く別の権力」の登場を見る［Foucault, 1999=2002:29］。取調室における富村に対して待機し、富村が感知していたのは、この権力のことだ。この権力は、彼の行動とその行動にかかわる主張がいかに事実として明確であっても、行為の事実関係ではなく個人の属性や来歴を根拠に強制力を作動させる。しかも重要なことは、この強制力の根拠をめぐって、強制力をこうむる本人には一切の発言権は存在しない。いいかえれば強制力の根拠は本人には示されず、その暴力は問答無用であると同時に事実確認を根拠にすえていない以上、常に錯誤の中にある。★17 そこには選択の余地はなく、ただ身構えるだけである。富村の「何故に私は狂人なのか」という言葉は、この問答無用の強制力とともに読まれなければならないのだ。

また言語行為に前言説的な領域、いいかえれば無意識の領域をあらかじめ設定し、そこに解釈を与える営みは、既に、言葉に分類法を持ち込んだ精神鑑定の土俵の内部にあるといえる。提示されているのは、言説と前言説という言語行為にかかわる領域や、象徴界と現実界という精神分析的領域なのではなく、証言と病状なのであり、どちらも精神鑑定という制度の内部にある。そしてこの区分自身がすでに制度が作動した痕跡に他ならない。一方が正常で他方が異常ということではなく、また一方が事実で他方が妄想ということでも断じてなく、どちらも新たな権力の登場の中で起きている一つの徴候なのであり、したがって制度にかかわる言語秩序あるいは象徴的秩序と前言説的なあるいは無意識的な領域を、別個の戦線として設定すべきではないのだ。この二つの領域は、領域区分を維持しつづける制度への批判、またこの区分により存立する秩序への批判の中でこそ出

会うことになる。しかも広がりをもって。★18

富村における取調室での狂気の問題は、富村の行動や主張が、船本のいう無数の「S」、あるいは労働力として包摂されていく沖縄出身者の無数の「K」あるいは「Y」との連携を垣間見せた瞬間ではなかったのか。またその連携は、資本に包摂された者すべてにかかわるのではないか。そして精神鑑定とは、この連携に深々と分断を持ち込む力に他ならない。個別富村においては、精神鑑定はなかった。だが、その制度が維持している秩序は富村に対しても、そして私にも、存在し続けている。またのだからこそ、富村が「S」や「K」や「Y」と繋がる可能性を、再び埋葬してはならないだろう。そして船本は、この「S」や「K」や「Y」の広がりを、すばやく感知したのである。この広がりを慎重にかつ具体的に議論していくために、私は、岡本の「沖縄の民衆の怨念」ではなく、船本における富村の狂気を、起点として確保する。その上で、こうした精神鑑定における「超合法」的で問答無用な強制力と、占領にかかわる布令・布告を、区分するのではなく重ねて議論することが、やはり重要である。だがそれは、両者を同じ支配形態と見なすことではない。類型的な区分や同一視は、どちらも統治の地政学的徴候である。

資本は区分を超えて人びとを包摂する。個別富村も密航により占領地を抜け出し、労働力として包摂された。だがその身体には、占領の経験が刻印されているのであり、その経験が「これ以外には方法がなかった」という表現形態を獲得しようとするとき、狂気として精神鑑定にかけられるのだ。したがって精神鑑定と占領の重なりを「発見する」ことは、「平穏な時期」において叛抗

に踏み出した者たちが、過去のものとされた鎮圧や、あるいは地理的に区分されているようにみえ

★17　ロボトミー手術をめぐるカルテをもとに、長野英子は、手術の直前を次のように述べる。「手術前、手術台の上にて「どれ位切るんですか、かんべんして下さいよ、馬鹿になるんでしょ、殺されてしまうんじゃないですか、殺さないでください、お願いします、家に帰らせて下さい、先生、大丈夫でしょうか、死なないですか、先生、先生、本当に死なないでしょうか、先生、先生……」といったと克明に患者の声を書き取った上で、そのカルテには「常同的な訴えを繰り返す。優雅さが全然ない」と書かれていました。殺されようとしているときに、脳を切り取られようとしているときに、優雅な人間などいるか！　このような命がけの訴えまで、「病状」「症状」として無効化され、とりあげられないのが私たち「精神病」者なのです。」［長野英子、一九九〇、四頁］。ここでえがかれているのは、事実を誤認した医療ではなく、事実性とは関係なく問答無用で行使される強制力なのだ。そしてこの強制力は、二〇〇三年に成立した心神喪失者等医療観察法においても明確に制度化され、今、発動されてきている。

★18　無意識は精神疾患の原因ではない。「無意識というのはつくり出し、設定し、流れさせるべき実体であり、戦いとらねばならない社会的・政治的空間なの」であり［Deleuze & Guattari, 1977=1994:37］、現実的なものを象徴的秩序に縫い合わせていく遂行的行為は、たんに言語行為として独立して展開するのではなく、制度を発見し、制度に抗い、そして制度に支配されない広がりを生成していくのだ。あえて精神分析学についていえば、私はこのような道筋を夢想している。それはまた、精神疾患の治療を、制度論的批判へ結びつけながら、言表行為の集合的な再連携（アジャスマン）を遂行するフェリックス・ガタリにも通じる方向である。

る占領と、叛抗という状況の中で邂逅する可能性に他ならず、こうした可能性を想像することにより、六法全書が支配する社会と占領地の安易な区分は、打破されることになるだろう。富村の狂気は、鎮圧後の「平穏な時期」に、資本への包摂とともに蔓延する傷の群れであり、だからこそ傷から始まる道筋は、鎮圧後を支配する秩序の中で縫合されていくのでもなければ、「沖縄の民衆の怨念」に帰着するのでもなく、傷が生まれ変わる別の未来へと向かわなければならないのではないか。

参考文献

Bulhan, Hussein Abdilahi, 1985, *Frantz Fanon and the Psychology of Oppression*, Plenum.

Deleuze, Gilles & Guattari, Félix, 1977, *Politique et psychanalyse*, Des Mots Perdus.（＝ジル・ドゥルーズ／フェリックス・ガタリ、一九九四、『政治と精神分析』杉村昌昭訳、法政大学出版会）

Fanon, Frantz, 1961, *Les Damnés de la terre*, Maspero.（＝フランツ・ファノン、一九六九、『地に呪われたる者』鈴木道彦・浦野衣子訳、みすず書房）

Foucault, Michel, 1999, *Les Anormaux. Cours au Collège de France (1974-1975)*, Gallimard.（＝ミシェル・フーコー、二〇〇二、『ミシェル・フーコー講義集成5　異常者たち』慎改康之訳、筑摩書房）

船本洲治、一九八五、『黙って野たれ死ぬな　船本州治遺稿集』全国日雇労働組合協議会編、れんが書房新社

長野英子、一九九〇、『精神医療』現代書館

野田正彰、二〇〇二、『犯罪と精神医療――クライシス・コールに応えたか』岩波書店

野波行夫、一九七一、「地域管理社会と精神医療」『序章』六号

大阪人権博物館、二〇〇〇、『ヤマトゥのなかの沖縄』大阪人権博物館

岡本恵徳、一九八一、『沖縄文学の地平』三一書房

島成郎、一九八二、『精神医療のひとつの試み』批評社

新城郁夫、二〇〇三a、『沖縄文学という企て――葛藤する言語・身体・記憶』インパクト出版会

――、二〇〇三b、「岡本恵徳序論――『富村順一　沖縄民衆の怨念』論における法への喚問」『琉球アジア社会文化研究』第六号
富村順一、一九九三、『わんがうまりあ沖縄――富村順一獄中手記』柘植書房新社
冨山一郎、一九九一、「六〇年以降の沖縄の復帰運動と労働力の流入」『大阪社会労働運動史　第四巻』有斐閣
――、一九九八、「対抗と遡行――フランツ・ファノンの叙述をめぐって」『思想』八八六号
――、二〇〇四、「鎮圧の後で」『情況』四四号
――、二〇〇六、「言葉の所在と記憶における病の問題」冨山一郎編、ひろたまさき・キャロル・グラック監修『歴史の描き方3、記憶が語りはじめる』東京大学出版会
安丸良夫、一九七四、『日本の近代化と民衆思想』青木書店

アシス・ナンディ インタビュー

植民地主義後の植民地主義

——Colonialism after colonialism

Ashis NANDY
アシス・ナンディ
＋
聞き手・訳 知念ウシ
chinin ushii

沖縄人、インド人に反植民地主義を学びに行く

知念ウシ　インタビューに応じて下さってありがとうございます。私は英語のネイティブ・スピーカーではありませんので、ゆっくりお話し下さると助かります。

アシス・ナンディ　私もそうですよ。おまけに私にはベンガル地方の強いなまりがありますから、聞き取りにくいんです。

知念　今日は植民地主義についてお話ししていただきたいと思います。私は沖縄人です。植民地主義について学べば、私たち沖縄人はもっと沖縄の状況がわかりやすくなるのではないかと思っています。私の仲間たちは沖縄に現われる問題を「植民地主義」でとらえようとしています。沖縄は「植

民地的」とよく言われて来ましたが、私たちは、植民地である、と言い始めています。植民地主義について理解を深めることは、私たちにとってとても重要です。

植民地主義後の植民地主義

知念　まず、最初にお聞きしたいことは、一九六〇年代に多くのアジア、アフリカの国々が植民地から独立しましたが、それでも、植民地主義はまだ存在する、とお考えですか？

ナンディ　ええ、人々の心の中に存在します。経済や政治、文化などの他の多くの領域に存在しますが、特に人々の心理に存在しています。

　第二次世界大戦前、植民地主義はより直接的でした。もし、ある国を征服し物理的に支配できるのなら、それは宗主国のものになりました。それは植民者という権力者にとって恥でもなんでもありませんでした。植民地原住民を文明化してあげている、社会的にも政治的にもよりよく変えてあげている、と正当化していました。

　第二次世界大戦後、植民地が独立を達成し始めると、そのような直接的でむき出しの植民地主義や植民地保有のために暴力を用いることは、不可能にそして時代遅れになりました。植民地主義は今やもっと間接的になりました。植民地を持たなくても、依然として国々、人々を支配できます。つまり、植民地主義を内面化した被植民者を利用するのです。この被植民者たちは直接的な植民地主義こそ好みませんでしたが、実践的な植民地経営を内面化し学び、植民者という権力者の目で世界を見ました。かれらは独立後でも、かれらの前の支配者の真似をしたのです。

知念　独立後、権力を得て、国を統治し、支配層となる被植民者が、依然として植民者の目を通して国を支配しているのですね。そして、それを利用して植民者は依然として植民地を支配できる、というわけですね。

ナンディ　ええ。被植民者のエリートたちはどういうわけか植民者による法の作り方、普通の人々に対する統治の仕方、扱い方こそが物事の正しいやり方で、政治や国際関係の正しいやり方なのだ、と思っています。被植民者は大変な努力をして、植民者のようになろうとしています。植民地を奪い搾取する国々を「先進社会」とか「発展社会」と呼び、自らも「前進」し、「進歩」し、「発展」しようとし始めました。これは第二次世界大戦後の世界で広く見られる特徴です。

基本的な意味で、直接的な植民地主義は終わりましたが、間接的な植民地主義はまだ終わっていない、と言えます。世界は未だに、植民者と被植民者に分けられています。しかし、今や、被植民者は自らを植民地化されていると感じたり、考えたりしません。なぜなら、植民者の目標が被植民者の目標にもなってきているからです。

知念　被植民者が植民者のようになる……。

ナンディ　ええ、自分自身の意志でね。かれらは理想の政治、社会に対する輸入された考え方、植民地主義の歴史に支配されるようになりました。どちらも支配者がかれらに残したものです。

知念　そのような第二次世界大戦後の〝新しい〟植民地主義についてもう少し説明していただけま

すか。私たちがそれに気づくにはどうしたらよいでしょうか。

ナンディ　次のような特徴に気がつくとよいでしょう。第一に、植民地エリートたちは、以前の支配者たちによって定義づけられたくない、といいつつも、自分たちそしてその国の普通の人々にかかる言葉で、自分たち自身の未来を定義づけることができていません。かれらは、植民者がかつてやったのと同じやり方で、かれらの将来を定義し始めています。発展・進歩しようとし、イギリスやフランスのようになろうとします。かつての宗主国が被植民者の理想となっています。第二に、何が国にとって好ましく、必要なことかを判断する物差しのすべてが、借り物だということです。旧宗主国に結びついた知識体系さえ、理想のものとし、自分たち自身の固有の知識体系を軽蔑するようになりました。第三に、旧植民地の近代的エリートたちが内面化したことは、かれら自身の国の西洋化せず、近代的エリートのように考えない普通の人々を、植民者がするように軽蔑することです。中国やインドという第三世界における最も力のある国において、このような普通の人々に対する軽蔑が存在することが見てとれます。軽蔑だけでなく、人々に対する恐れもあります。神経質になって不安になることは、人々はエリートに合意しないかもしれない、賢く選択しないかもしれない、分別のないばかげたことをするかもしれない、と神経質にまで不安がります。多くの旧植民地では、民主的権利の抑制された機能は進歩、開発、急進的社会変革の名の下で正当化されます。自由を制限すれば、社会を「よく」統治でき、もっと「進歩した」社会、植民者の社会のようになる、ということです。未来の独立に関するビジョンを発展させようとするのではなく、これらの社会では、未来それ自体が植民地化されているのです。

例えばもし、近代的インド人にあなたの理想のインドはどんなものか、将来どんなインドになってほしいか、と質問すれば、たいていの人、さらにかれらの中のラディカルな人たちでさえ、ヨーロッパや北アメリカと言うでしょう。中国やキューバと言う人も少数ながらいるでしょうが、インドはインドのままでは成功できない、というほとんどコンセンサスに近いものがあるでしょう。

知念　なるほど。よくわかります。

ナンディ　もう一つ、アジア・アフリカ社会の植民地主義を特徴づけるものとして、どの被植民者社会も他の被植民者社会とその経験から学ぼうとしない、ということがあります。たとえある被植民者社会が西洋より成功した経験を持っていても、他の被植民者は西洋から学びたがります。

知念　植民地化されたところというのは、分断されていて、被植民者同士は尊敬し合わず、学び合わないのですね。

ナンディ　そうです。そして、もし、あなたが北米やヨーロッパから学ぶとしても、欧米はあなたから何も学びません。一方通行なのです。そして、あなたも他の植民地社会から何も学びません。かれらもあなたから学びません。

知念　これが多くの旧植民地と植民者に見られる現象で、「現代の植民地主義」とお呼びになっているものですね。

ナンディ　ええ、「植民地主義後の植民地主義（Colonialism after colonialism）」です。

知念　植民地主義は時に無意識に、旧被植民者と旧宗主国社会によって持続しているのですね。

ナンディ　そうです。両サイドのエリートたちは、たいていこのことに関して既得権益を持っています。

植民地主義の歴史的タイプ

知念　先日、ご自宅に夕食にお招きいただいたときに、私たちは植民地主義について話をしました。スペイン・ポルトガルの植民地主義と、二〇世紀初めの英仏の植民地主義についてお話し下さって、この二つには違いがある、とおっしゃっていました。スペイン、ポルトガルとイギリス、フランス、オランダの二つです。後者のタイプでは、かれらは植民地社会を植民地化する「使命」を持っており、「善意」で支配していました。かれらは続けなくてはならないと信じていた、と。

ナンディ　そうです。かれらは被植民者に対していいことをしているつもりだけでなく、進歩の理論というものを持っていました。それによってかれらは征服した社会を幼稚、イギリスの植民者セシル・ローズがアフリカ人について語ったように「半未開の半子ども」だと見ていました。インド人や中国人に対しても同様に考えられました。これらの国々は老い衰れ退廃していくものと見られました。これがほとんど恒久的な支配を確実にしました。

ダグラス・ラミスが私に、トクヴィルから見事な引用を教えてくれました。それは植民地主義の初期の型とその後の型の違いを一つのセンテンスに要約するものです。トクヴィルによると、初期の植民地主義も残酷で無慈悲なもので、多くの狂気が含まれているが、それ自体には限界がある。その意味では、かれらは最終的には異人種結婚して定住し、植民地化された社会の一部となる。後者の植民地主義では、植民者は、自らその土地を文明化している、法の支配、統治方法、近代的知識、進歩を教えている、と考える。その過程で、かれらは初期の植民地主義がやった以上に組織的に被植民者の文化、文明を破壊する。

知念　なるほど、イギリスやフランスの植民地主義のほうが、被植民者の社会を組織的に破壊しているのですね。

ナンディ　ええ。なぜなら、法の支配によって、植民者はかれらの支配を制度化しました。かれらは被植民地社会固有の知識体系や生活基盤を破壊し、被植民者に新しい生活基盤や知識を与えました。そうやって、被植民者本来の世界は何も残らなくなります。植民者は植民地原住民に本質的に敵対し、根本的に対立する、制度化された構造を持ち込みました。

知念　そのような考え方は現代の植民地主義にも残っていますよね。

ナンディ　ええ、まずこれらの態度は西洋や北米といった植民地主義権力の中に存在し続けています。また今では、被植民者自体が同じ態度を内面化し、もし、かれらの同胞が「十分に近代化」「十分に西洋化」していない場合、同胞に対して同様にふるまいます。

知念　このことをうかがって、ショックを受けました。なぜなら、私自身、無意識にどこか深いところで、私の同胞たちの本来の社会というものは、実は「時代遅れ」で、「文明化」されておらず、世界の「進歩」に遅れており、私たちは変わらなければいけない、と思っていることに気づいたからです。

被植民者にとっての変革の必要性と民主主義

ナンディ　ええ、そうですよ、私たちは変わらなければなりません。しかし、私たちの物の考え方にしたがって、です。

知念　〝私たちの物の考え方〟ですか。

ナンディ　よい社会とは何か、についての誰か他の人の考え方ではなく、私たちの物の考え方です。私がそう言うとき意味するのは私やあなたといった個人の物の考え方でなく、人々が参加し民主的に到達した考え方です。外の専門家ではなく人々（the people）自身が、自分たちがどうなりたいかを決めなくてはなりません。

　私たちは本当に変わらなければなりません。根源的な変化、根本的な変化が必要です。しかし、この変化は民主的な参加を通じて、普通の人々からもたらされるものでなくてはなりません。世界の支配者が必要とする変化など私たちは必要ありません。私たちに必要だと私たちが考える変化が必要なのです。それが人民の主権です。

知念　私は今、民主的手段と聞くと、即座にそれを西洋風なものとしてイメージしてしまうことに気がつきました。しかも、旧宗主国の普通の人々は私たちがすでに民主的な制度を持っているとは考えないようです。
そこで、うかがいたいのは、どのようにして私たちは、私たち普通の被植民者の人々の間に民主的なあり方を発見するか、ということです。

ナンディ　普通の人々には、本来民主的な傾向があると思います。なぜなら、民主主義が自然であり、独裁制はそうではないからです。ですから、民主的になるように教育される必要などありません。私が意味する民主主義とは、四、五年おきの投票とか、ときたまテレビの前に座って政治イベントを見る、というようなことではありません。
民主主義とは、より多くの参加を意味します。意思決定のプロセスに人々がより大きな役割を持ち、自由に議論し、これまでエリートの専門家が本当の地元の利益とはちがうのに決めて来たことを政治化する試み、を意味します。専門家によるいかなる決定も神聖視されてはなりません。すべての決定は政治的に、民主的になされるべきです。

知念　つまり、私たち植民地原住民がすでに持っている、本来の民主的センス、態度、才能の上に築かれるべきだ、ということですね。

ナンディ　そうです。
私たちが住んでいる社会の多くは個人だけではなく共同体に基づいています。私たちの社会とは単に個人的なものではありません。個人も存在しますが、共同体もあります。そして、共同体を基盤とする社会は、しばしば共同体間、あるいは共同体内部で物事を民主的に決定する、とてもおもしろい方法を持っています。多くの部族社会が紛争を解決し、集団的決定をなすための精巧に作り上げられた儀式化されたやり方を持っているように。たとえ、ほとんどの人は自分自身がまったく民主的だとは思っていなくてもです。

知念　私たちに必要なのは、私たちを「西洋化」に憧れさせる植民地主義のイデオロギーを見抜いて克服し、私たち本来の民主的態度、行動の幅を拡大することなんですね。

エリートを信じるな

ナンディ　現在、私たちはますます支配されていると思います。むき出しの暴力ではなく、たとえかなり顕著なものに見えたとしても経済力でさえなく、何よりもまず、思想、知識、特に知識体系を通して支配されています。私たちは自分が持っている知識を信用せず、有名な人々、権力のある人々とつながった知識に価値を置きます。

知念　完全に植民地化された私たち、伝統が奪い取られ、共同体が破壊され、土地に近代的な建物や高速道路が造られたりした上で、私たちはどのように共同体をつくり直し、私たちの民主的な伝統を再発見することができると思いますか。

ナンディ　確かにかれらは破壊しようとします。すでに崩壊させられた共同体も多く、本来の知識の基盤も壊されています。しかし、それでも、こういった共同体や、知識体系はとてつもない回復力を示して来た、というのも事実です。専門家が望むように死に絶えることを、それらは拒否して来ました。

沖縄でも、戦争や様々な軍事的影響、多くの崩壊にもかかわらず、伝統の多くは生き残り、沖縄の人々はまだ自らを共同体だと考え、沖縄がどうあるべきかについて、アメリカや日本が考えているのとは違う、自分たちの考えを持っているのではないですか。そう確信していますよ。

知念　あなたは人々を信じているのですね！

ナンディ　ええ、私は大いに信頼しています。民主主義とは、第一に私たちが人々を信じることによるゲームです。しかし、現代の民主主義はますます、操作的なものとなっています。あらゆる種類のメディアを通じて人々は動員され、選挙が身近にある時以外は受動的であってほしいと期待されます。これは民主主義ではありません。これはセフォークラシー（psephocracy）であって、選挙だけで支配する政治制度です。この種の民主主義は、まったくもって選挙で勝ったか、負けたか、によって成り立ちます。そのような民主主義でいったん選挙に勝てば、仕事となるのは次の選挙であり、いかに権力を持ち続けるか、が主な関心事となります。これがセフォークラシー（psephocracy）の意味です。私たちは民主的なプロセスを開かなければならないと思います。

知念　私たちはその際、外から来たもの、専門家とか、官僚とかのエリートを信頼してはいけない、ということですね。

ナンディ　学者もですよ。

知念　私たちは、私たちが本当に欲し、感じるものを感じ、考え、理解する。それが私たちを気づかせ、変革を起こす力を与える。私たちは私たちの未来に関する政府、官僚、専門家、学者の計画にノーということができるようになる。こういうことですか。

ナンディ　まったくそのとおりです。

知念　お話しをうかがってよかったです。元気が出て来ました。

ナンディ　ありがとう。

植民者がその無意識の植民地主義を自覚するには

知念　どのようにしたら、私たちは植民者にかれらの植民地主義的性格を気づかせることができるでしょうか。植民地主義は無意識だとおっしゃっていますね。では、どのようにしたら植民者に植民地主義を自覚させられるでしょうか。あるいは、その必要はないとお考えですか。

ナンディ　その必要はあります。少なくともある程度は。しかしその自覚は異なった仕方でやって来ると思います。環境破壊の恐怖、過剰消費の恐怖、心臓血管病の恐怖、ガンなど様々な恐怖。これらはまさに現在私たちに迫ってきていることです。植民地主義権力者の社会で多くの人は地球温暖化や、超近代的な軍備を欲して巨額な金を費やしてなされる軍備競争を心配するようになっています。核武装自体にアメリカは三兆ドルから五兆ドルを費やして来ました。そのごく一部を使えばアメリカから貧困をなくせたはずです。しかし、その選択をしようとはしません。私たちは今やこれらの事実に直面しています。これらは、支配者の社会においてよく知られています。

知念　植民地主義は〝自宅〟に、つまり、支配者の社会に帰って来るのですね。

ナンディ　まったく、そのとおりです。アメリカ人の一三％が貧困ラインを下回った生活をしていることは偶然ではありません。そして、その二大政党のいずれも、マニュフェストで貧困について何か真剣なことを語ってはいません。だれもそのことを気にしないのです。

知念　アメリカでも日本でも、それがかれら自身の植民地主義が原因だとは認識していないようです。日本では、社会のモラルが堕落し、人々は互いを信用せず、競争は激しく、子どもは「殺し合い」、政府は汚職にまみれています。私はこれは、百年も越えるかれらの植民地主義の結果なのではないか、と思っています。日本人はかれらの「外」にいる他者、より弱い人々に酷いです。これがかれら自身に帰って来ているのです。

ナンディ　植民地主義はいつも堕落します。それは植民地化される客体のみならず、植民地化する主体をもだめにします。そして、あなたが今日本について語ったことはすべての植民者社会に当てはまります。女性の地位や、ビクトリア朝イギリスでの子どもたちの扱われ方、大英帝国の最盛期の様子を見れば、まちがいなく、同様なことがあるでしょう。

知念　植民地主義は植民者自身を堕落させるのですね。

ナンディ　ようするに、支配には常に対価が伴うのです。決してただではありません。植民者が被植民者に押しつけた社会のあり方が、やがて、自分の社会のあり方となっていくのです。これがゲームの本質というものです。

沖縄で同時進行する三つの植民地主義

知念　これまで三種類の植民地主義について話していただきました。一つは初期のスペイン、ポルトガルの植民地主義。二つめはイギリスとフランス。三つめが現代も続く植民地主義。

沖縄ではその三種類の植民地主義が現在同時に進行している感じがします。大変考えさせられる着眼点です。お話しをうかがえてとても参考になりました。

なぜ「ポスト・コロニアル」という言い方をしないのか

知念　ところで、「ポスト・コロニアリズム」という言い方もありますよね。日本ではその表現のほうが流行っているのですが、そうはおっしゃらないのですか？

ナンディ　時々は使います。しかし、「ポスト・コロニアル研究」の意味では用いません。なぜなら、私にとって「ポスト・コロニアル」は単に、「直接的な植民地主義が終わった後」という年代的な事実しか意味しないからです。でも別に構いません。多くの人が私をポスト・コロニアル学者と呼びますが、気になりません。ただ、自分自身ではそう言わないだけです。それは私の物の見方ではないのです。

知念　「ポスト・コロニアリズム」という言い方をすれば、現在も続く支配の歴史が見えなくなるとお考えなのですか。

ナンディ　いいえ、そうは思いません。ポスト・コロニアルの学者たちがすばらしい仕事をしていることを否定できません。

私が言いたいのは、自分をそういうふうに呼びたくないということです。なぜなら、私はちょっと違う見方をしているからです。私は植民地主義を、多くの段階を経て来た人間の支配の問題ととらえています。私は植民地主義を、人間性、人間の人格そのものに特徴を刻んできた、ある特有な支配の種類と見ています。これが私の関心事であり、植民地主義がどんな人間を生むのか、が知りたいのです。

ジェノサイドへの抵抗——沖縄戦――〝最高級〟の大量虐殺

知念　わかりました。では、最後に、次の研究計画を教えていただけますか。

ナンディ　今、ジェノサイド（集団殺戮）について研究しています。そして、いかにジェノサイドが人々に抵抗されているか、を書きたいです。誰が、なぜ、抵抗し、また、この草の根の抵抗が公的で官僚的で政府がコントロールする抵抗より、いかに、ジェノサイドを効果的に妨害できうるかについて知りたいですね。私は、誰がなぜ抵抗するか、に関心があり、政府ではなく、人々の中にジェノサイドに対する抵抗の源を見いだしたいのです。

知念　普通の人々の中に、なんですね。

ナンディ　南アジアにおける一九四七年のジェノサイドに関する私の研究において、多くの例証があります。

知念 私は、私たちの経験、沖縄の人間が第二次世界大戦で経験したことも米軍、日本軍双方によるジェノサイドなのではないか、と思います。ですから、その研究の中で、私たち沖縄人の経験にも注意を払っていただけるとうれしいです。

ナンディ もちろんです。沖縄戦では、実質的にすべての沖縄人家族に影響があったと聞いていますが、本当ですか。

知念 はい。

ナンディ すべての家族のうちのだれかは必ず死んだ、とか。

知念 そう言えるかもしれませんね。絶滅した家族もいます。

ナンディ 絶滅……。沖縄人の何%が死んだのですか。

知念 正確な数字はまだわかっていませんが、三分の一とも、四分の一とも言われています。

ナンディ それは〝最高級〟の大量虐殺ですね。

知念 ……(絶句)。いつか沖縄にいらしてくださいね。

ナンディ ええ、もちろん、喜んで。

知念 どうもありがとうございました。

ナンディ お礼なんていいですよ。お話しして私も大変勉強になりました。来てくださってありがとう。

二〇〇五年一二月三日、インド、デリーのCSDS(発展社会研究所)にて。

アメリカで在沖米軍基地の日本〝本土〟お引き取り論を語る

知念ウシ
chinin ushii

アメリカで語る

みなさん、こんにちは、知念ウシと言います。沖縄から来ました。沖縄人で、女性で、今までのところ異性愛者です。ライターで、沖縄の反基地アクティビストで、米海兵隊普天間基地周辺に住む女性を中心とした基地反対グループ、〝カマドゥ小《ぐゎ》たちの集い〟のメンバーです。

ご招待ありがとうございます。これから、「沖縄問題」を象徴するものとしての「基地問題」についてお話ししたいと思います。このことについてみなさんと議論できるのを楽しみにしています。

グローバリゼーションと沖縄

今回のシンポジウムの全体のテーマは「グローバリゼーションを問う」です。

ご存知のとおり、グローバリゼーション

とは、アメリカが主導するプロジェクトですが、日本政府は積極的にその一部を担おうとしており、それは日本の国益にかなうものだとされています。そのような日本の関わりにおける鍵となっているのは、日米の軍事同盟であり、それは沖縄を犠牲にすることで成り立っています。アメリカは、東アジアにおける自らの重要な軍事基地支配を維持するために、日本の沖縄への差別を利用しています。

今日、アメリカと日本は沖縄の基地負担を減らそうと装っていますが、それは本当ではありません。

沖縄は一九世紀後半琉球国が日本国に武力征服されて以来、日本の利益のために犠牲にされる立場であり続けています。ですから、今日の状況は過去からの継続と言えます。日本による沖縄差別には長い歴史があり、問題は現在の「基地問題」だけではありません。

日本は今日国家として、「日本」に対して「沖縄」と、分けられて構成されていると言えます。「沖縄」というのは、日本に〝捨て石〟にされている地域という意味です。そして、「日本国民」というものも「日本人」と、それに対して「沖縄人」とで構成されていると言えるでしょう。「沖縄人」とは日本人にとっての〝捨て石〟にされる人、という意味です。

在沖米軍基地の日本移転負担平等論

日本国内に置かれている米軍基地の七五％が、国土面積のわずか〇・六％を占める沖縄に集中していることはよく知られています。この公式では、「米軍基地」とは単に米軍専用に使用する施設を意味しました。今や、日本の防衛庁（二〇〇七年一月から防衛省）は全在日米軍基地を日本自衛隊も使用できると発表しました。おめでとうございます！　有名な七五％という数字はなんと不思議なことに一瞬にして〇％となったのです。基地は依然として存在するというのに。

私たち「カマドゥ小たちの集い」は沖縄から基地をなくすことが難しいのであれば、沖縄にある米軍基地をまず日本に移し、すべての日本国民が負担を平等に担うべきではないか、と呼びかけています。

沖縄の負担は、国土面積比率から計算して〇・六％になるかもしれません。人口比率からいって、一％になるかもしれません。または、日本国家全四七都道府県の内の一県であるということから、四七分の一になるかもしれません。あるいはより公平にいえば、これまでの過重負担の長い歴史を埋め合わせるために〇％であるべきかもしれません。

在日米軍基地の存在を規定する日米安全保障条約には、「日本国に置かれる米軍基地は沖縄に置かれるべきである」という条項はありません。そして、基地が沖縄に置かれるべき地政学的理由などないことは、米軍自体の証言や多くの研究がすでに明らかにしています。

なぜ日米安保が成立しているのか

なぜ、日本政府は日米安全保障条約——今や「日米同盟」——を締結でき、沖縄にのみこのような過大な負担を負わせる政策がとれるのでしょうか。それは主に、日本の政治家や官僚の個人的な性格の問題ではありません。その理由とは、そういう政策の結果としてかれらが権力を失うことは決してない、ということをかれらが知っていることです。つまり、与党はこの問題で絶対に選挙に負けることはないでしょう。これは、日本国民の多数派はこの政策に反対していない、つまり、賛成していることを意味します。

一方観光産業においては、私たちは〝沖縄ブーム〟のさなかにあります。毎年五〇〇万人の観光客（沖縄県民人口のほとんど五倍の数）が日本から沖縄にやって来て、私たちの文化で遊び、私たちの山や海をうろつきます。私たち沖縄人は初めは期待しました。日本人が沖縄にやって来ることは、かれらが、例えば、戦争、平和、基地問題など考え出すきっかけになるのではないか、もしかれらが沖縄の歴史を学んだとしたら、かれらは自分たちのふるまいを反省し変えることにならないか、と。かれらが沖縄の文化を知れば、その文化を生み出した沖縄人の苦悩を想像し、沖縄への日本人の責任を考え出すだろうと。ですから、沖縄人は日本人旅行者に親切にしようと努力して来ました。しかし、期待は未だかなってはいません。日本人の態度は変わりません。日本人はその問題に〝無関心〟という立場を取り続け、沖縄人の〝捨て石〟化を続けています。

もちろん、多くの日本人は沖縄滞在中、親切でいい人に見えますし、沖縄へ同情を示すこともあります。しかし、日本に帰った後、かれらが政権を倒したり、その沖縄政策を変えさせたりするのを見たことは、残念ながらまだありません。

〝沖縄ブーム〟として、沖縄は、本や、雑誌、テレビ番組で取り上げられ、「癒しの島」と語られます。しかし、沖縄の島々はだれにとっての癒し効果を持つのでしょうか。そして、このようなメディアが基地問題などに注目することはまれです。これは、沖縄人を悩ます基地問題について日本人は関心がない、という意思表示と受け取れます。このように沖縄人は侮辱されています。

もちろん、一貫して頑固にも政府のこのような安全保障政策に反対している日本人たちも少数ですが、います。しかし、残念なことに、かれらは政権を倒したり、政策を変えさせたりするのに成功していません。そして、残念なことにかれらはその失敗のツケを払っていないといえます。払わされているのは沖縄人なのです。

ほとんどの日本の平和運動家は、沖縄から米軍基地を日本に移すことに抵抗を感じます。「平和主義」に反する、と言って。これは「平和主義」と沖縄差別をやめることのどちらを選択するかと迫られて、平和主義を選んでいることになります。これはかれらにとってだけの「平和主義」となってしまい、沖縄人の「平和主義」は排斥されている結果になっていないでしょうか。

沖縄人という立場から見れば、日本人の立場というのは、政府の政策に賛成しようが、反対しようが、あまり変わらなく見えるのです。政府の政策への賛否に関わらず、かれらは依然として、そのなくせない、持続する政策である在日米軍基地を平等に負担しないでいい、という特権的立場にいるからです。

日本政府の沖縄を犠牲にする政策は日本の圧倒的に多数の世論によって支持されてきており、反対派はそれを変えることができないできました。そして、日本人一般はその結果を、望む望まないにかかわらず、享受してきました。

日本に米軍基地を置く根拠である日米安保条約が締結されたとき、沖縄はそれに賛否を表明する資格さえ与えられていませんでした。そして現在その日米安全保障条約が〝即時に〟廃棄されると期待することは残念ながら難しいようです。それをどんなに希望し願っていようと否と。実際、それは日米軍事同盟として強化されています。そして、相変わらず確かに、沖縄を〝捨て石〟にし続けることが日米の利益にかなうようです。

利益が対立している沖縄人と日本人

日米安保条約が日本国と日本国民、あるいは日本人に安全を保障するという利益を本当にもたらしているかどうかは、議論のあるところです。しかし、このような安保体制から日本人はある利益を得ています。

それは何でしょうか。

ほとんどの基地を沖縄に置いて見えなくすることで、自分の土地にこのような基地を置くことを屈辱であると感じなくていい、という利益です。日本人はそれを自分たちへの侮辱（であればかれらは怒るでしょう）ではなく、沖縄の屈辱と考えることができます（だから、かれらは沖縄へ「同情」を感じることができるでしょう）。また、日本人は基地がもたらす事件事故の恐怖の中で暮らさなくてよくなります。さらに、かれらはこれらの基地が他の国を攻撃し、罪のない人々を殺すことに使われている事実に責任を感じなくてもよくなります。かれらは、基地がアメリカのするいかなる戦争でも正当な反撃目標となることを心配しないでもよくなります。

第二次世界大戦後の六〇年間に渡って、日本人はこのような状況の下、生まれ、育ち、社会化されてきました。

この意味で、日本人と沖縄人とでは利益が対立してしまっています。

そして、このような分断対立状況が、圧倒的多数の日本国民（＝日本人）の安保政策支持をもたらし、日米両政府は沖縄への基地押しつけを基盤とした東アジア政策を安定的に維持できてきました。アメリカは、日本政府と日本人の沖縄人への、このような態度を利用しているといえます。

沖縄人が平等を求めること

この状況に私たちはどのように立ち向かえばいいのでしょうか。

私はまず、平等を求めます。

すなわち、日本人は自らの米軍基地を、沖縄からまず自分のところに引き取るべきだと思います。ですから、在沖米軍基地は日本に戻し、平等に負担することを考えるべきだと思います。なぜなら、在日米軍基地を積極的にも、消極的にも欲しているのは日本人の方だからです。

日本国において、沖縄以外の日本の領土面積は九九・四％を占めます。つまり、日本には多くの土地があります。すでに日本中に多くの空港も滑走路もあり、オリンピックを誘致したがるぐらいの土地もあります。

また、もし、日本人が〝自分のところ〟に基地を持ちたくないというのなら、かれらは自分で行動を起こし、それをなくすことができるでしょう。

グヮム等移転案に反対する

日米両政府は普天間基地の県内移設を条件として、沖縄島の嘉手納基地以南の米軍基地をグヮムに移し、それをもって沖縄の基地負担を減らすと言っています（それによって、これまでの在日米軍基地の七五％の負担率が七四％か七三％になるそうです！）。沖縄にはこれに賛成する人々もいます。普天間基地のグヮム移設を唱える政治家や、さらに、ハワイやフィリピンへの移設を主張する政治家もいます。

しかし私はそれには反対します。日本に米軍基地を置きたがっているのは日本人です。ですから、責任を取るべきなのは日本人本人です。なくせるのも日本人自身です。そして、グヮムやハワイの島々はなによりも、そのネイティヴの人々に属するものです。もしそこが「アメリカの領土」であるから米軍基地が置かれてもいい、というならば、同様な論理で沖縄が「日本領土」である以上そこに基地を認めてもいい、ということになります。

ましてや、フィリピンはアメリカの領土でもない外国であり、さらに、国民投票で米軍基地撤退を可決実現したところです。そういうところにどうして、沖縄人が米軍基地を移せと言えるでしょう。

ただ、このように、さらなる弱者に日米の国力に便乗して基地を移そうとする「醜い沖縄人」は、沖縄から基地をなくそうとしない日本人が生んだものとは言えないでしょうか。沖縄から基地をなくそうとしない、できない、しかし、引き取ろうともしない圧倒的な日本国民＝日本人に対して、何を言っても無駄だという現状認識が、沖縄人のそのような選択を引き出しているのではないでしょうか。基地を押しつけられる沖縄人、グヮム人、ハワイ人、フィリピン人を分断し、自ら基地を欲しながら、それを自分の問題とせず（反対闘争も含む）基地の負担から逃れるという〝漁父の利〟を得ようとしている日本人こそが「もっとも醜い」のではないでしょうか。沖縄人のグヮム、ハワイ、フィリピン移設論を批判する日本人は、沖縄から基地をなくすか、引き取るか、すべきではないしょうか。

「やさしい沖縄人」への反論

「自分の痛みを他人に押しつけてはいけない」、したがって、基地は日本に移すべきではない、という沖縄人もいます。すると「平和を愛するやさしい沖縄人」として日本人に好意的に評されるようです。この意見に対する私の返答は、

（1）この痛みは「私たち」の痛みではありません。日米安全保障条約を支持しているのは日本人である以上、その政策がもたらす痛みはかれら本人に属するべきです。私たちに、ではありません。そして、もし、かれらがその痛みを好まないというのなら、他人に押しつけるのではなく、自分自身で痛みをなくす、すなわち、基地をなくすべきでしょう。

（2）日本人は単なる「他人」ではありません。かれらはこの状況を創り出している主体です。グヮムやハワイのネイティヴの人々こそが「他人」です。

（3）私たち沖縄人は誰にも基地を押しつける権力など持っていません。私たち沖縄人は、日本国の国会で〝在沖縄米軍基地日本移転特別措置法〟を賛成多数でも、ぎりぎり過半数でも可決させることはできません。私た

ちは沖縄人は、日本国の公務員を動員して、豪華なカラーパンフレットを持って移転を説得させるため戸別訪問させたりすることはできません。機動隊を動かすこともできません。基地移転の実施に応じて、振興策＝お金をあげることもできません。しかし、日本人はできます。日本政府のやることをそのままさせておけばいいのです。私たち沖縄人にできるのはグヮム、ハワイ移転案に賛成して、〝私たちの痛み〟（他人の犠牲になることによる痛み）をその当地のネイティヴの人々に押しつけることとです。また、私たちが沖縄に基地があることを許し続ければ、私たちは次の世代の沖縄人たちへ基地を押しつけることの共犯者となります。私たちは自分の子どもたちを、基地は必要だけれど自分で負担はしたくない、という日本人のために提供してしまうことになります。ですから、子どもたちのためにも、私たちは日本人に言わなくてはなりません。自分たちの「支持する」政策の責任は自分で取ってくれ、と。

性暴力の移転も認めるのか

そうなると、次のような懸念が湧いて来るでしょう。つまり、性暴力についてはどうなるのだろうか、と。

よく知られているとおり、在沖米軍基地の最も醜い側面とは、それが沖縄の女性や子どもにもたらす性暴力です。基地の日本移転は、この性暴力の移転も意味するのでしょうか。その結果、日本の女性や子どもが性暴力の被害を受けたら、私たち沖縄の女性はその責任を取れるのでしょうか。

しかし、その前に、なぜ日本人女性は同じ

ように問われないのでしょうか。「沖縄人の女性や子どもを犠牲にして米兵から性暴力を（かなり高い割合で）受けないで済む利益を得て来た責任を、あなたはどう取りますか」と。

したがって、私の答えは右と同じになります。日本人の女性たちは、彼女たちの政府の政策の結果の性暴力が主に沖縄人女性に被害をもたらして来たという事実を負わなくてはなりません。

日本政府の政策による苦しみは私たちではなく、その政策に賛成し、あるいは反対していても覆せない本人である女性を含めた日本人自身が担うべきです。もちろん、性暴力の被害を甘んじて受けろ、ということではありません。私が日本の女性に言いたいのは、「私たちを犠牲にするのではなく、自分で自分自身と子どもたちを守って下さい」ということです。そして、もし、日本の女性たちが自ら日本から基地をなくそうと立ち上がるならば、それによって、日本人女性は沖縄人女性と連帯、シスター・フッドが結べるようになるのかもしれません。

他のアジア人にとって

米軍の脅威にさらされる他のアジア人、例えば、南北の朝鮮人やフィリピン人、中国人の立場からは、沖縄から日本に米軍基地が移ったとしても、「そこ」にあるのは変わりません。むしろ、この沖縄からの声が日米に利用されて、日本の軍拡を進め、東アジア、さらに世界の緊張を高めることにならないかと不安になるのではないでしょうか。

確かにそうです。これはとても危険な主張です。

そして、たとえ、沖縄から米軍は去っても自衛隊は去らないかもしれません。逆に取って代わるかもしれません。沖縄から米軍は去っても日本人は沖縄人への植民地主義をやめないかもしれません。

問題は、日本人の主体性なのです。

他のアジア人が、（もしかしたら、日本人自身でさえ）信用できないと警戒しているものと、沖縄人が闘おうとしているものは同じものだと思います。つまり、アメリカに守られ続けている日本の終わらない帝国主義、それを支える日本国民一人一人の心のあり方です。日本人の沖縄に対する植民地主義に象徴されるもの。また、それに共犯することになる沖縄人の日本人と同化された心性。その双方を打ち破ろうとするのが、在沖米軍基地を日本人がまずきちんと引き取ることを求める、日本国内県外移転平等負担の主張なのです。

日米の帝国主義の要をはずす

沖縄人が日本人に平等を求め、日本人がそれに応答し自らに沖縄人との平等を突きつけるとき、日本、アメリカ、国家、基地、軍隊、戦争、平和、東アジア、民族、人権、歴史、未来、つまり、日本の近代国家の成立以来からこれまでのことを考えざるをえなくなるでしょう。それが、安保賛成派も反対派も共に真摯な議論を始める契機とならないでしょうか。このとき、これまでのような軍事政策をあらためる国民的議論にしていけないでしょうか。この過程が国家を揺るがせ、軍隊や戦争のない社会、世界への途をつくっていけないでしょうか。

日本は日米関係のネガティヴで屈辱的な部分を沖縄におしつけ、あたかもそれが〝沖縄の屈辱〟であるかのようにして、無視し、第二次世界大戦後の日米関係をつくって来ました。このようにして、日本とアメリカは、共犯して東アジアへの帝国主義を続けて来ました。したがって、「沖縄問題」は沖縄の問題ではなく、日本とアメリカの問題です。

米軍基地の日本国内県外移転平等負担を求める沖縄からの声とは、平等を求める声です。それは、「同じ日本人として認めて下さい」という懇願ではありません。「平等になら喜んで基地を負担しますよ」という意味でもありません。それは、「沖縄を差別するな、捨て石にするな、植民地化をやめてくれ、近代以来の他民族・他地域を犠牲にする生き方をやめてくれ、責任をとってくれ」という日本人への呼びかけなのです。このことは、自衛隊の配備や増強を止めることへもつながっていきます。

これは、東アジアでの日米の帝国主義の要をはずそうとするものです。

アメリカ人はどういう立場をとるのか

アメリカ人のなかには、「アメリカが東アジア・西太平洋に米軍基地を押しつけている以上、その地域全体から米軍基地をなくすべきで、どこに移すかの議論には賛成できない」と考える人もいるでしょう。

沖縄人は沖縄から基地をなくすため、戦後六〇年努力して来ました。しかし、これまで、まだなくせていません。むしろ基地は強化されています。それは沖縄人の力量不足なのでしょうか。私がここで言おうとしてきたのは、沖縄人だけで沖縄の未来を決められないのは他の圧倒的多数の日本国民、つまり日本人による沖縄差別にもとづいた民主主義が原因なのではないか、ということです。それと共犯してアメリカは東アジアでの帝国主義を続けています。私は日本以外のアジア、韓国やフィリピンなどに基地を移すことを主張していないことに気がついて下さい。繰り返しますが、近代以来、沖縄を犠牲にして日本が帝国主義を行使し、それとアメリカが結託しています。そういう東アジアにおいて、沖縄人から日本人へ、その日米の帝国主義の要石を外すための呼びかけを行なっているつもりです。

問題は、このような日本人の植民地主義、沖縄人差別にアメリカ人はどういう立場をとるのか、ということです。「地域全体から米軍基地をなくすべきで、沖縄の日本移転の声には賛成できない」というのなら、現状では結局、「沖縄にこのまま置いておけ」ということになってしまわないでしょうか。沖縄人の目からはそれは、沖縄に基地を置き続けようとする日本人と共犯しているように見えてしまいます。

もしかしたら、自国の軍事政策を改めさせる国外からの基地撤退という大きな世論を（まだ）つくれないアメリカの平和運動は、沖縄から基地を撤退させる国内世論を（まだ）つくれない日本の平和運動の方に無意識にシンパシーを感じ、自己を問うことをさけたいがために、日本人も問いたくない、という反応が出て来るのでしょうか。

沖縄人の主体性

これまでの話から、私が沖縄人の立場を「無垢で善なる正しい被害者」としてとらえ、「基地をなくせない自分たちの運動の弱さを他人のせいにしている」と感じる方もいるかもしれません。

六〇年の長きにわたり、基地を押しつけられ、沖縄は社会も個人の精神状態も歪むことを余儀なくされています。一方で、〃基地が動かせない以上〃、と、闘うことを放棄し、基地から利益を引き出そうとするものも出て来ます。それがさらなる、基地押しつけを「呼び」、それに共犯、加担しています。他方で、このような状況に沖縄人として責任をとり主体的に取り組もうとする人々がいます。その中には、そうしようとするあまり、この状況の日本人問題としての側面を見落とし、沖縄（人）問題としてのみ扱ってしまうことがあるように思います。それによって、主体的に取り組み責任をとるべき日本人を免責してしまい、結果として、日本人による基地押しつけと共犯してしまう結果になってはないか、と思います。自分も自分の子どもも含めて、他の沖縄人も基地を押しつけられることが当たり前で、沖縄人の存在意義が反基地闘争にある、と心の奥深くで思わされているのではないか、と思います。これは、このような態度が通りがよい、つまり、日本人に評判がよいという利益を得られることにも関係があるのかもしれません。近代以来の植民地化で沖縄人に教育された、沖縄人と日本人の不平等が当たり前であるという〃日本人中心主義〃〃日本人優越主義〃と関わっているのかもしれません。

これは、まさに私や私の仲間たちがこのような精神状態の中にいたのであり、そして、それによって沖縄から基地が動かない状況に加担しているのではないか、と私たちは気づいて来たのです。そこで、私たち〝カマドゥ小たちの集い〟はこのようなことを打ち破るためにも、一〇年前から在沖米軍基地の県外、日本〝本土〟移設の問題提起を行なっています。

地球上から基地がなくなる最初の日に

私もこの地球上からすべての戦争、基地、軍隊がなくなって欲しいと願っています。しかし、「地球上からすべての戦争、基地、軍隊がなくなる」最後の日にやっと沖縄から基地がなくなることを、待つことはできません。それはいったい、いつになるのでしょうか。私はまず、自分の場所から基地をなくすのが沖縄人の責任だと思います。競争する意味ではなく、志とし、それぞれの人が、「地球上からすべての戦争、基地、軍隊がなくなる」最初の日に自分の土地から基地をなくすように努力すべきだし、実際、世界中でそのように人々は努力していると思います。

日本人も日本の地で〝自分の〟基地をなくすように今後そのような努力がもっとされていくことを期待します。

アメリカの基地を沖縄からなくすために、アメリカ人がどのような態度をとるのかも、沖縄人は見ています。

二〇〇六年五月一二日アメリカ、スタンフォード大学日本研究者の会（東アジア研究センター）のシンポジウム「グローバリゼーションを問う――現代日本を横断するアイデンティティ政治」円卓討議「沖縄と日本におけるジェンダー、植民地主義、軍事主義」での英語による発表をもとに日本語に書きおこし加筆した。

あとがき

本書は、日本解放社会学会創立二〇周年記念出版事業の一環として企画されたものであり、同じく松籟社より二〇〇六年一一月に刊行された狩谷あゆみ編『不埒な希望——ホームレス／寄せ場をめぐる社会学』に引き続いての出版となる。

刊行までの経緯を報告すると、まず、二〇〇三年三月の学会総会において、学会創立二〇周年（二〇〇四年三月）を記念する出版事業が承認され、以下の編集委員が選出された。

亘明志　中根光敏　福岡安則　志村哲郎　鐘ヶ江晴彦　山田富秋　中島勝住　河口和也　狩谷あゆみ　大庭宣尊　塚田守　野村浩也

その後、編集委員会でいくつかのテーマを設定し、それぞれのテーマごとに編者を決め、依頼原稿と公募原稿で構成される論文集を出版することとなった。そして、学会誌『解放社会学研究』（年一回発行）において過去に特集されたテーマのなかから、「寄せ場／野宿者」「性／ジェンダー」等とともに、本書のテーマとなる「ポストコロニアリズム」も決定された。また、学会による企画という理由から、学会誌と同様に、それぞれの原稿に対して三人の査読者が評価とコメントを付し、執筆者がコメントを考慮してリライトする形式で編集を進める方針をとった。査読作業をお引き受けいただいた方々には、この場をお借りして感謝申し上げたい。

結果的に、依頼原稿七本、公募原稿一本、計八本の論文原稿を中心に本書を編集する運びとなった。ところが、査読を経てのリライトという込み入った作業を依頼原稿にも要求したため、それぞれの論文の完成時期に大きなバラつきが生じ、二〇〇四年度中という当初の目標から出版が大幅に遅れてしまった。公募論文をはじめ早くから完成稿をお寄せいただいた方々には、たいへんご迷惑をおかけしたことをおわびしたい。

本書が企画された時点では、まだ出版社も決まっていなかったが、日本解放社会学会事務局長中根光敏氏のご尽力により、松籟社の竹中尚史氏（現、洛北出版）にお引き受けいただいたことで、出版が実現することになった。その後、竹中氏が独立されたことにより、編集は夏目裕介氏に引き継がれた。お二人と相坂一社長には、学会からの出版経費補助は一切できないという法外な申し出を寛大にもご承諾いただき、どんなに感謝しても感謝しきれない気持ちでいっぱいである。

しかも、夏目裕介氏には、出版に至るまでのすべての編集工程でたいへんなご苦労をおかけしただけでなく、本書にぴったりのタイトルまでつけていただいた。優秀な編集者に出会えた幸運を実感しつつ、あらためて御礼申し上げたい。

ひとつ心残りなのは、わたしの力量不足から、執筆者相互の批判をやりとりする対話空間を本書のなかに確保することができなかったことだ。その空間作りのための努力を今後も惜しまないことを約束して、執筆者の皆さんに感謝の気持ちをお伝えすることにしたい。皆さんひとりひとりが、それぞれ独自の方法で、植民地主義と闘ってきたからこそ、本書は生まれることができたのだから。

そして、最後にもう一度呼びかけたい。植民地主義に訣別しよう。本書がひとりでも多くの読者と出会い、植民地主義との闘いの一助となることを願って。

二〇〇七年六月　野村浩也

金城正樹（きんじょう・まさき）KINJO Masaki

大阪大学大学院文学研究科博士後期課程

「倒錯する民衆への眼差しと現在性」（『文学史を 読みかえる 6　大転換期――60 年代の光芒』共著、インパクト出版会、2002 年）

冨山一郎（とみやま・いちろう）TOMIYMA Ichiro

大阪大学文学研究科教員

『近代日本社会と「沖縄人」――「日本人」になるということ』（日本経済評論社、1990 年）、『暴力の予感―伊波普猷における危機の問題』（岩波書店、2002 年）、『増補　戦場の記憶』（日本経済評論社、2006 年）、『記憶が語りはじめる』（編著、東京大学出版会、2006 年）

アシス・ナンディ（あしす・なんでぃ）Ashis NANDY

インド発展社会研究所元所長上級研究員・心理学者

邦訳論文として「暴力の 20 世紀」（『20 世紀の夢と現実――戦争・文明・福祉』彩流社、2002 年）。2007 年第 18 回福岡アジア文化賞大賞受賞

知念ウシ（ちにん・うしぃ）chinin ushii　むぬかちゃー（ライター）

「日本の友人たちよ。基地持って帰ってから、またんメンソーレー」（『あなたは戦争で死ねますか』共著、NHK 出版、2007 年）、「「琉装」さーに、東京歩っちゅん」（『人類館――封印された扉』共著、アットワークス、2005 年）、「ウシがゆく」（『沖縄タイムス』2005 年より連載中）

執筆者一覧（執筆順・★は編著者）

★野村浩也（のむら・こうや）NOMURA Koya　広島修道大学教員

『無意識の植民地主義』（御茶の水書房、2005年）、『社会学に正解はない』（共著、松籟社、2003年）、『人類館』（共著、アットワークス、2005年）、『文化とアイデンティティをめぐるポリティクス』（共著、広島修道大学総合研究所、2005年）、*Okinawan Diaspora*（共著、University of Hawai'i Press、2002年）

池田緑（いけだ・みどり）IKEDA Midori　大妻女子大学教員

「心的傾向としての植民地主義」（『社会情報学研究14』、大妻女子大学社会情報学部、2005年）、『NPOの電子ネットワーク戦略』（共編著、東京大学出版会、2004年）など

郭基煥（かく・きかん）KWAK Kihwan　愛知大学ほか非常勤講師

『差別と抵抗の現象学――在日朝鮮人の経験を〈基点〉に』（新泉社、2006）
「羽根を交わす蝶たち――李良枝の物語における異邦人感覚が向かうところ」（『シリーズ物語り論1　他者との出会い』共著、東京大学出版会、2007年）

C・ダグラス・ラミス（ちゃーるず・だぐらす・らみす）

Charles Douglas LUMMIS　政治学者

『普通の国になりましょう』（大月書店、2007年）、『憲法は政府に対する命令である』（平凡社、2006年）、『世界がもし100人の村だったら』（共著、マガジンハウス、2001年）、『ラディカル・デモクラシー』（岩波書店、1998年）

桃原一彦（とうばる・かずひこ）TOUBARU Kazuhiko

沖縄国際大学総合文化学部教員

「都市的身体の表象化と沖縄人ネットワーク」（『都市的世界／コミュニティ／エスニシティ』共著、明石書店、2003年）、「沖縄のポストコロニアル性と都市空間の再編」（『沖縄国際大学社会文化研究』第8巻、沖縄国際大学社会文化学会、2005年）

島袋まりあ（しまぶく・まりあ）SHIMABUKU Annmaria

東京大学大学院人文社会系研究科単位取得満期退学

コーネル大学大学院東アジア文学専攻博士候補（PhD Candidate）

『ポストコロニアリズム』（共著、作品社、2001年）、『アジア新世紀3――アイデンティティ』（共著、岩波書店、2002年）、「雑種性の政治と混血児」（『解放社会学研究』第16号、2002年）

植民者《しょくみんしゃ》へ――ポストコロニアリズムという挑発《ちょうはつ》

2007年11月15日初版発行

定価はカバーに
表示しています

編著者　野村 浩也
発行者　相坂　一

〒612-0801　京都市伏見区深草正覚町1－34
発行所　㈱松　籟　社
SHORAISHA（しょうらいしゃ）

電話　075-531-2878
FAX　075-532-2309
振替　01040-3-13030

印刷・製本　モリモト印刷（株）

Printed in Japan

ISBN 978-4-87984-253-4 C0036